新世纪高等学校教材
历史学系列教材

普通高等教育"十一五"国家级规划教材

U0659619

中国史学思想史

（第3版）

ZHONGGUO SHIXUE
SIXIANGSHI

吴怀祺 ◎著

北京师范大学出版集团
BEIJING NORMAL UNIVERSITY PUBLISHING GROUP
北京师范大学出版社

图书在版编目(CIP)数据

中国史学思想史(第 3 版) / 吴怀祺著. —北京:北京师范大学出版社,2016.8
新世纪高等学校教材. 历史学系列教材
ISBN 978-7-303-20115-0

Ⅰ. ①中… Ⅱ. ①吴… Ⅲ. ①史学思想－思想史－中国－高等学校－教材 Ⅳ. ①K092

中国版本图书馆 CIP 数据核字(2016)第 028057 号

营 销 中 心 电 话　010-58802181　58805532
北师大出版社高等教育分社网　http://gaojiao. bnup. com
电 子 信 箱　gaojiao@bnupg. com

出版发行:北京师范大学出版社　www. bnup. com
　　　　　北京市海淀区新街口外大街 19 号
　　　　　邮政编码:100875
印　　刷:北京东方圣雅印刷有限公司
经　　销:全国新华书店
开　　本:730 mm×980 mm　1/16
印　　张:28.25
字　　数:490 千字
版　　次:2016 年 8 月第 1 版
印　　次:2016 年 8 月第 1 次印刷
定　　价:48.00 元

策划编辑:刘松弢　　　　　责任编辑:刘松弢　焦鹏航
美术编辑:焦　丽　　　　　装帧设计:包　丹
责任校对:陈　民　　　　　责任印制:陈　涛

序

　　史学思想史是史学史的一项分支学科，它和其他分支学科一样，都在起步阶段。

　　从 60 年代起，吴怀祺同志就有志于中国史学史的研究。十余年以后，他考上了北京师范大学史学史的研究生，提出了关于郑樵的研究，就表现出他对史学思想史研究的特殊兴趣。1992 年，他的《宋代史学思想史》出版了，这是他在这方面研究的最初成果。现在，他又写出了《中国史学思想史》，论述了中国史学思想的发展和有关各时期的不同特点，论述了史学和经学、玄学、理学、事功之学、经世之学、实学之间的关系，论述了近代史学思潮和马克思主义在中国的传播。

　　这书对中国史学史学科的建设有所推进，是可喜的。还希望作者继续开展工作，做出更多的成绩。

白寿彝

1996 年 1 月 8 日

目 录

第一编 从原始的历史意识到史学思想

第二编 中世纪史学思想的形成与发展

第一编　从原始的历史意识到史学思想

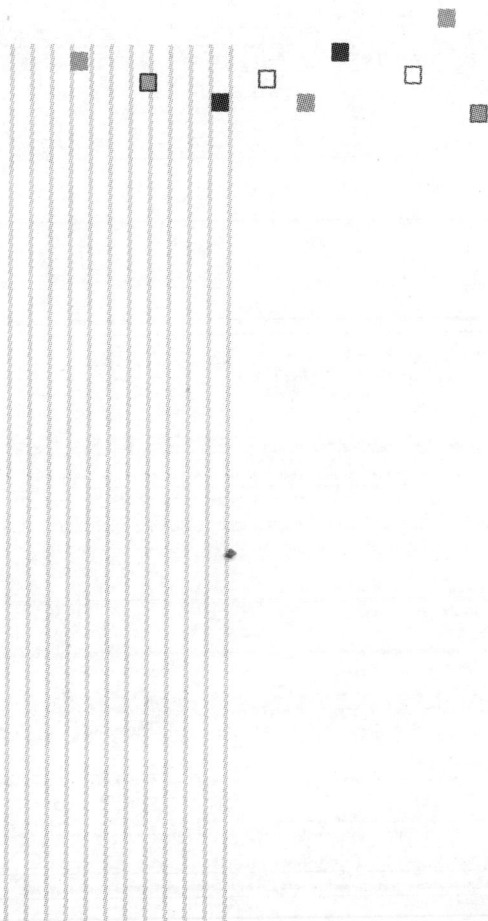

第一章 绪说

第一节　民族文化与史学思想

史学思想史研究的意义与价值，要从时代学术大背景下进行思考。

史学思想的研究是振兴民族文化，振兴民族史学的需要。一百多年来，中国社会的变化真是太大了，在大变动的社会中，包括史学在内的民族文化经历了大动荡。学科同样经历了重大的变化，或说是从古代学术向近代"转型"，或说是学科上"重组"，还有的说是对古代文化"经史子集"的学问来一次"推倒重新洗牌"。这些提法是否恰当，可以讨论，但从中我们可以体察到文化上的大变化带来的学科变异。在这样的大环境下，作为理论性较强的史学思想的学科，本身就是这种大动荡的产物，这一百多年的学科历史留下的思考，对发展新世纪的史学很有启迪。

一百多年来，中国社会发生了巨大变化，外来思潮涌入中国，中国学人努力学习，对传统的文化进行熔铸，努力参与世界范围内理论上的诸子争鸣，寻找振兴中国文化的途径。

一百多年来，史学发展深受西学的影响，史学走上近代化或者说现代化的道路。从世界范围说，近代西方学术处在强势的地位，他们在理论的阐述上，也是表现出一种"话语"的强权[1]。

一百多年来，我们大多数史家基本上是按照西方史学理论的命题、框架，重新解读古代传统史学，进而去思考、争论、写作和研究。例如：

——什么是历史？

——什么是历史真实？

---

[1]　关于"话语权"的问题，经济、外贸、网络、媒体方面人士议论得较多。近年来，包括史学在内，文化的话语权问题也开始为人们关注。

——史学家能不能反映出过往的历史？

——史学学科是怎样的一门学科？

——历史学是不是科学？历史学是艺术，还是科学？

——历史研究法的特点是什么？

…………

围绕这些问题，引发出的相关问题就更多了：历史是进化的，还是退化或循环的？历史的主体是什么？历史可不可以认识？历史可不可以提供借鉴？历史学有没有存在的理由？等等。

纷纷扰扰，一百年来中国史学家在自己的著作中，写出不少宏论，提出无数答案，他们的思考是认真的，其中不乏精见。通过讨论，学者们开阔了视野，深化了思维，为传统史学的解喻提供了新的切入点；由此引发各种争论，形成各种史学思潮、流派，这些是在古代史学史中不曾见到的景观。

集中讨论这些问题的著作，大致可以归结为三种：一是史学通论、史学概论、历史哲学类；二是历史研究法一类；三是中外史学史一类。相关的论文数量很多，另外，其他各类史著中，也有涉及类似议题的内容。

中国史学家渴求新知，在这些重大史学理论问题上，竞相展示自己的才华，提出各种看法；但另一个普遍现象是，中国传统史学原有的重大思想理论问题被冷落了，没有受到应有的重视。这些重大的思想理论问题在学术领域内没有机会得以展开系统的讨论，表现出民族史学话语权的失落。例如：

——究天人之际的思想；

——历史发展大势的论述；

——历史盛衰论的通变思想；

——民本思想；

——实录、直笔论；

——史书的体裁、体例论。

…………

这些问题涉及宇宙观、历史本体问题、历史运动问题、历史认识问题、史料学观点、史书编纂方法问题、史学社会功能问题等。这些重大问题的讨论，难道没有意义吗？但是，这些问题在西方思维方式的理论框架内，很难展开讨论。

一个多世纪来，我们有一些史家在自己的著作中讨论过上述问题，但总体来说，实在不对称。这不能不引发我们很多思考：

——几千年中国史学有没有思想？

——中国民族史学的认识对于当代史学发展有没有价值？

——在 21 世纪，中国史学要走向世界，寻找发展途径，民族传统史学思想的遗产真的是毫无作为？难道只有靠西方学人的理论，中国史学才能找到出路？

——这些问题，近代中国史学家讨论过，但没有成气候，这究竟是怎样一回事？

中国近代，有的史家从民族史学理论中，从传统的经史子集的学术中，挖掘出有价值的认识。他们的成功与不足，甚而出现的某些谬误，都为我们的进一步讨论打开了思路。我们重视结果，更重视近代学人在建构近代史学学科上，努力参与世界范围诸子争鸣的精神。

中国学人向西方学习很用功，相当谦虚，一百多年来，中国学人走向世界，寻找思想武器，在输入西学上，做出的业绩相当惊人①。中国学人为了翻译西方学术名著，有的穷尽了毕生精力，有的师生数代人不断努力，所以做出了很大的成绩②。例如，何炳松在译介、述编西方史学史、历史研究法等方面，做的工作就相当辛苦，也有成绩。这些工作对发展民族史学

---

①　以商务印书馆为例，据有关资料，1902 年，张元济先生进入商务印书馆担任编译所所长以后，以开发民智、传播科学文化为主旨，积极组织翻译出版世界名著。仅哲学社会科学方面的译著，包括蔡元培所译科培尔的《哲学要领》等，在两三年内就印行了九十多种。到 20 世纪 20 年代初，《名学浅说》已印行十一次，《天演论》更印行了二十次之多。1921 年，王云五先生接任商务印书馆编译所所长，继而担任商务印书馆总经理后，此项译事更大有进展，逐渐形成系列，并汇编为《汉译世界名著》丛书。在商务印书馆印行的两辑《万有文库》中，就有《汉译世界名著》二百余种。新中国成立后，为适应社会主义文化建设的需要，介绍国外学术文化的工作逐渐被提上党和国家的议事日程，制订了《外国名著选译十二年规划总目录》，于 1956 年开始实行。1957 年商务印书馆恢复独立建制，此后拟订了《哲学社会科学重要著作选译目录》，共选书 1614 种左右。到 1966 年，已出书近三百种。党的十一届三中全会以后，随着改革开放和现代化建设的进展，商务印书馆的译介世界名著工作也进入了一个新的阶段。20 世纪 80 年代初，商务印书馆开始分辑出版《汉译世界学术名著丛书》，为系统地了解、研究各种思潮和各种流派，更好地进行学术文化积累，创造了更为便利的条件。如果加上各地各类出版社翻译的西方学术著作，总数在千种以上。

②　我们只要读一读人民出版社出版的 4 卷本《柏拉图全集》的"中文版序""中译者导言"，就会相当感动。

是同样重要的，今后还要继续做好。

20世纪80年代以后，史学研究面向世界，译介西方史学理论及方法论专著和文集的相当多①，有一批重要作品②。

此外，中国学人用中文写出一批研究西方史学史、欧洲史学史及历史哲学之类的专著，还出版了一些相关的文集。这些作品对开阔学人的眼界很有益，并且新的思潮、新的观念被介绍进来。有关的史学理论问题的学术讨论成了热门议题，但现在的问题是：

——20世纪重视翻译、介绍中国民族史学思想、史学理论著作的西方学人，有几人？

——就是我们自己的学人，把中国史学向世界介绍的有几人？我们学贯中西的学人，在译介西方学术作品的同时，能以一定的精力向世界传播中国传统史学的，又有几人？

——难道中国真的是一个没有思想的"历史大国"？

我们古代先贤讨论的重大史学理论命题，自然更不可能被放到桌面上来。综合这些现象，我们认为，到了近代，中国民族史学的话语权失落了，说得好听一点，是话语权转移了。

----

① 参见于沛：《解放思想，实事求是和外国史学理论研究》，《史学理论研究》，1998年第4期。张广智：《近二十年来中国的西方史学史研究（1978—1998）》，《史学史研究》，1998年第4期。此前有刘泽华主编：《近九十年史学理论要籍提要》，北京：书目文献出版社，1991年版等。

② 商务印书馆出版的：康德《历史理性批判》、李凯尔特《文化科学与自然科学》、文德尔班《哲学史教程》、斯宾格勒《西方的没落》、古奇《十九世纪历史学与历史学家》、克罗齐《历史学的理论和实际》、汤普森《历史著作史》和杨生茂选编《美国历史学家特纳及其学派》等。上海译文出版社出版的：巴勒克拉夫《当代史学主要趋势》、勒高夫《新史学》、茹科夫《历史方法论大纲》和张文杰等编译《现代西方历史哲学译文集》等。华夏出版社出版的：巴尔格《历史学的范畴和方法》、米罗诺夫《历史学家和社会学》、伊格尔斯主编《历史研究国际手册》、哈多克《历史的思想导论》、雅斯贝斯《历史的起源与目标》、摩尔《民主和专制的社会起源》、托波尔斯基《历史学方法论》和波普尔《历史决定论的贫困》等。中国社会科学出版社出版的有柯林武德的《历史的观念》。社会科学文献出版社出版的：沃尔什的《历史哲学——导论》、勒高夫等主编的《史学研究的新问题新方法新对象》等。上海人民出版社出版的：汤因比《历史研究》，田汝康、金重远选编《现代西方史学流派文选》，以及王建华等译《现代史学的挑战——美国历史协会主席演说集（1961—1988）》等。生活·读书·新知三联书店出版的有德雷的《历史哲学》等。人民文学出版社出版的有维柯的《新科学》等。

通过对百年以来历史学科发展史的回顾，希望能激发起我们进一步研究西学与传统史学的愿望，希望我们不光能输入外国史学，而且还能在研究中国传统史学理论、史学思想上下功夫。并且，我们还应把中国丰富的传统史学思想理论推向世界，进而在新的高度上建设我们民族的历史学。传统史学思想的价值是明显的，我们在后面相关的章节中还要讨论，这里可以先举出几点来：

——历史变化的"趋势说"。在认识历史过程发展上，在认识全球化趋势上，这样的学说都具有重大意义。从韩非到马端临、王夫之，他们对这一理论都有重大贡献。

——历史盛衰论。历史本身就是盛衰变动的，盛中有衰，盛衰相互连接，衰可以复盛。一国一民族的盛衰又和周边乃至世界的盛衰变动相互联系。与此相关的是历史运动的通变观。时代不断发展，一个时代的历史经验是一个时代的产物，因此，借鉴历史总是和历史条件联系在一起的，要注意现实的变化。

——民本思想。认识历史变化与社会变革中的民为邦本、民贵君轻理念，以及这些观念在当前时代下具有的价值。

——风俗人心关乎社会治理与安定的观点。时代的风俗是一件大事，风俗状况在一定意义上说，是社会和谐的风向标。

——关注国家与民族命运的历史忧患意识。每一时代的史学家、学人，总是系念着民族的兴衰荣辱，具有时代的责任感。

——天人相关的思想。历史发展总是将人类社会与自然环境联系在一起，孤立地看社会发展要求，而忽视环境的因素，一定会受到自然的惩罚。

——在史学工作上，还有历史学的编纂思想与理论。刘知幾的《史通》与章学诚的《文史通义》中的论述，今天仍然有重大的理论价值。此外，还有史料整理与考辨的方法论、历史文献学思想、历史文学的理论和历史教育思想等。

史学思想史研究，不只是史学问题，还是一代学术发展、社会发展要思考的专题。本书对上述问题在相关的章节会提出自己的思考，下面先初步提出四个方面问题做一些说明，进而帮助我们理解史学思想研究的意义。

一是天人关系的问题。这是历史的根本问题，是涉及宇宙观、历史观的问题，讨论这一问题对于理解"什么是历史"或者说"何谓历史"之类的问题，能有更好的解喻，观察问题的视野也会更开阔。离开宇宙发生而局限在"人事"方面，要对普遍的"历史"有准确的理解，难以办得到，往往只好偷换概念，把"什么是历史"的争论，换成"什么是人的历史"，或者"什么是有文字以后的历史"。逻辑的"同一律"在争论中也被置之脑后。

天人关系的讨论，表明人类历史与自然历史分不开，生态、环境、资源、地理等，其中任何一项，都会影响一个民族、一个国家，以至于全球历史的发展。

早在汉代，司马迁就把"究天人之际"，作为史家第一项大任务提出来。西方还说中国民族史学没有思想，没有历史意识，真不知从何说起。

二是历史盛衰的问题。历史盛衰的问题，同样是以司马迁为代表的中国史学家研究历史的基本点。历史是一个盛衰变动的过程，盛衰不断变动，又相互包含，见盛观衰，这些对于世界史学都是有贡献的。无论是通史、断代史、专门史，乃至妇女史、环境史、风俗史等，都是在观察这个天地内的相关事项的变动，用英文比较形象的说法，是"ups and downs"（上升与下降）。历史事物总是在这样的态势下表现出来，人们不断思考，从中得出有益的认识，事情就是这么清楚地展现。

三是学术创新思维。在中国传统学术中，创新的意识得到最清晰地表述，提倡"成一家之言"和"独断之学"的精神，并且指明了创新的途径。

司马迁在记述其父的《论六家要旨》时，以《易大传》的学术基本思想，作为他的学术信念："《易大传》：'天下一致而百虑，同归而殊途。'夫阴阳、儒、墨、名、法、道德，此务为治者也，直所从言之异路，有省不省耳。"史学迅速成为一门发达的学术，与这种融会各种学术而成一家之言的创新精神，是有关系的。有的西方学人说中国史学中没有历史意识，没有思想，除偏见之外，大约他们没有读，或者压根读不懂中国史学名著。

四是忧患意识。这是推动民族向前发展的清醒意识，也是史家的时代感与责任感的体现，是历代史家从事史学工作的出发点。

上面提到的中国传统史学中的史料学思想、史书编纂法、历史教育思想等，这些用我们民族传统史学话语表述的思想理论，难道没有价值？不值得讨论？

为了建设21世纪的史学，在吸收世界上先进文化的同时，一项十分重要的工作，就是要重视民族史学思想的研究，吸收世界上各类有益的思想理论，使民族史学大步走向世界。

一百多年来，中国史学家充满民族感情，渴望史学为民族振兴贡献力量，渴望民族史学振兴。1902年，梁启超写的《新史学》就是为进行史界革命而写的檄文。在总结出旧史学的弊与病之后，他说：

今日欲提倡民族主义，使我四万万同胞强立于此优胜劣败之世界乎？则本国史学一科，实为无老无幼、无男无女、无智无愚、无贤无不肖所皆当从事，视之如渴饮饥食，一刻不容缓者也。然遍览乙库中数十万卷之著录，其资格可以养吾所欲、给吾所求者，殆无一焉。呜呼！史界革命不起，则吾国遂不可救。悠悠万事，惟此为大。新史学之著，吾岂好异哉！吾不得已也。①

梁氏提倡的新史学从表面上看，是否定传统史学，但其立意是希望以新史学作为救国的途径，把新史学作为振兴民族的大事。

何炳松在 1927 年出版的《历史研究法》中指出，即使是历史研究法，中国在这方面的成就也是值得称道的，不必妄自菲薄。他说：

唯吾国史籍，虽称宏富，而研究史法之著作，则寥若晨星。世之习西洋史者，或执此为吾国史家病。殊不知专门名家之于其所学，或仅知其然而终不知其所以然，或先知其然而后推知其所以然。此乃中西各国学术上之常事，初不独吾国学者为然也。西洋史家之着手研究史法也，不过二百年来事耳。然如法国之道诺（P. C. F. Daunou）、德国之特罗伊生（J. G. Droysen）、英国之夫里门（E. A. Freeman）辈，或高谈哲理，或讨论修辞，莫不以空谈无补见讥于后世。至今西洋研究史法之名著，仅有二书。一为德国格来夫斯法尔特（Greifswald）大学教授朋汉姆（Ernst Bernheim）之《历史研究法课本》（*Lehrbuch der Historischen Methode*），出版于一八八九年（清光绪十五年）。一为法国索尔蓬（Sorbonne）大学教授郎格罗亚与塞诺波（Ch. V. Langlois and Ch. Seignobos）二人合著之《历史研究法入门》（*Introduction aux Études Historiques*），出版于一八九七年（清光绪二十三年）。两书之出世，离今均不过三十余年耳。

吾国专论史学之名著，在唐有刘知幾之《史通》（中宗景龙时作），离今已一千二百余年。在清有章学诚之《文史通义》（乾隆时作），离今已达一百七八十年。其议论之宏通及其见解之精审，决不在西洋新史

①　梁启超：《饮冰室合集》，北京：中华书局，1989 年版，文集之九第 7 页。

学家之下。唯吾国史学界中，自有特殊之情况。①

他在《通史新义》中又说：

> 吾国近年来史学界颇受欧化潮流之激荡，是以努力于通史编纂者颇不乏人。其对于西洋史学原理之接受，正与一般政治学家、经济学家、新文学家同，一时顿呈饥不择食活剥生吞之现象。偏而不全、似是而非之通史义例因之遂充斥于吾国现代之史著中。……一时学说纷纭，莫衷一是；大有处士横议、百家争鸣之概。诚不可谓非吾国史学界复兴之朕兆也。②

在中西文化碰撞之下，他看到"史学界复兴之朕兆"。他希望在"若干年后，民族复兴，国家安定，文化工作日异而月不同，我如能和高佣先生、各位教授以及各位学生，促膝围坐，清茶淡酒，纵谈史学，回话当年，那末，我们目前所身受的一切艰苦都已得到无价的心灵的快慰了！"③

同时代的学人李则纲指出，史学应当适应社会的变化而变化，要使中国民族史学进行更新，开新局。他说："……现在的世界。正急向转型方面趋走，许许多多的学问，固然发生动摇，而最难支危局的，更莫如历史学。我们知道历史这件东西，曾做过上帝和僧侣的傀儡，曾充过帝王和贵族的侍役，曾被颂为帝国主义者的护符。然而时代的转轮，已准备把历史学过去的一切劳绩和光荣吞噬下去了。历史学旧有的产业和荣誉，既势难持续；就历史学本身讲，也应和转形期的时代协调，另辟新的局面，肩起人类最大任务，为社会作学术的前锋。"④

钱穆在《国史大纲》的《引论》中说："故欲其国民对国家有深厚之爱情，必先使其国民对国家已往历史有深厚的认识。欲其国民对国家当前有真实之改进，必先使其国民对国家已往历史有真实之了解。我人今日所需之历史智识，其要在此。"⑤

---

① 何炳松：《何炳松文集》，第4卷，北京：商务印书馆，1997年版，第4、5页。
② 何炳松：《何炳松文集》，第4卷，第86页。
③ 何炳松：《何炳松文集》，第2卷，第704～705页。
④ 李则纲：《史学通论·序》，上海：商务印书馆，1935年版，《序》第1、2页。
⑤ 钱穆：《国史大纲》，上册，北京：商务印书馆，1996年版，《引论》第3页。

有一个重要问题要提出来。近代史家有不同的主张、不同的流派，但总体上说，振兴民族史学是共识。可以以柳诒徵为例，有文章指出，"柳诒徵之所以强调中国的特殊性，其用意在于希望能以此恢复民族的自信心，可见他仍希冀以思想文化的方式，解决当时的外患问题。……柳诒徵提出中国文化的特质，如能从民族主义的角度加以分析，或许比较容易触摸到事实的真相，而非表面上的传统与西化之争"①。

中国学人渴望振兴民族史学，还体现在对西方学人曲解、贬损中国民族史学言论的抗争。

近代西方学者中很多人，对中国传统史学进行曲解、贬低，他们认为中国的历史典籍是丰富的，但没有史学思想。可以说这是二十世纪西方流行的见解。他们的议论，引起中国史家的不满和愤慨。很多留学海外的中国学者，感受更深，反映也最为强烈。

20世纪60年代，杜维运在英国剑桥大学问学期间，留心中西史学的比较，撰成《与西方史家论中国史学》一书，这是中国史学家全面系统地与西方学者就中国史学进行对话的专书。

作者把西方史学家分成三类，分析了这三类史家对中国史学的态度。第一类是所谓的西方正统史学家，"在欧洲，治欧洲史以及欧洲国别史的史家，往往被视为正统史家（academic orthodox historians）"。这一类史家观念褊狭，历史的视线不够广阔，欧洲以外的世界及其历史，在他们的心目中不占重要地位。西方正统史家论及中国史学，是极尽蔑视嘲弄之能事，偶尔也有称赞的语句，但很少能触及中国史学的精华。②

第二类是西方非正统史家。所谓非正统史家，是"治亚洲、美洲史或非洲史的西方史家"。这些史家视野比较开阔，观念较西方正统史家开明，但

① 彭明辉还说："'五四'时期的学术思想本来即存在矛盾之吊诡，以反儒学传统为中心的讨论，往往忽略了'五四'人物反儒学之终极目的是为了中国的富强。……在反儒学传统与民族主义之间，存在着千丝万缕的关系。"彭明辉：《柳诒徵与〈史地学报〉》，柳曾符、柳佳编：《劬堂学记》，上海：上海书店出版社，2002年版，第244、245页。

② 这些史家有汤普森（J. W. Thompson）、瑞查森（Alan Richardson）、艾尔顿（G. R. Elton）、卢克斯（John Lukacs）、浦朗穆（J. H. Plumb）、葛兰特（Michael Grant）、马尔威克（Arthur Marwick）、白特费尔德（Herbert Butterfield）等。参见杜维运：《与西方史家论中国史学》，台北，东大图书有限公司，1981年版。

他们对中国史学了解得很少。①

第三类是西方汉学家。杜维运以为，这些汉学家有学术上的宽容，而又略具基本知识，是西方研究中国历史的专家，他们论中国史学，有时能发表极为珍贵的意见。②

一些西方学人即使在谈到中国古代史学具体问题时，也是带着傲慢与偏见。他们认为，古代中国人主要从事于农业及手工业，简单的生活使中国人对历史的态度出现了问题，即他们所谓的"寂静主义"③；也就是说，中国民族史学没有活力，没有思想。到近代，中国在海外的留学生不少，但"中国学者受西方历史的特殊训练者，绝无仅有"。所以欧洲人、美国人、澳洲人、日本人，甚至非洲人都能写出中国历史书，但中国人却不能写出有水准的西洋史，"可几于大学或研究水准者，真如凤毛麟角"④。

杜维运在《中国史学史》第三册中再一次阐明自己的心愿，他在这本书的结篇中说：

---

① 这些史家有奈芬司（Alian Nevins）、瓦尔班德（T. W. Wallband）、巴容（Jacques Barzun）、卡耳（E. H. Carr）、魏吉瑞（A. G. Widgery）、巴拉克劳甫（Geoffrey Brraclough）、麦尼耳（W. H. McNeill）、傅尔（N. E. Fehl）、但斯（E. H. Dance）。

② 中国史学是西方学者所谓的汉学中的一项，如早期的法国的沙畹（Edward Chavannes）等。在 1961 年编纂的《中日史家》（*Historians of China and Japan*）一书中论及的学人有：浦立本（E. G. Pulleyblank）、毕斯利（W. G. Beasley）、房德龙（Van der Loon）、何四维（A. F. P. Hulsewe）、傅吾康（Volfgang Franke）、福赫伯（Herbert Franke）、杜希德（D. C. Twitchett）、戴密微（P. Demiéville）、哥芮（J. Gray）、白乐日（E. Balazs）以及瑞特（Arthur F. Wright）等。

③ 中译文见杜书第 119～120 页；英文原文见杜书第 130～131 页：Throughout their history the masses of Chinese have been occupied with agriculture and handicrafts. Their lives have been essentially simple and it is from this standpoint that we may understand their attitudes to history... The Chinese attitude to history may be called Quietist. (A. G Widger, *Interpretations of History*, *From Confucious to Toynbee*, 1961, p. 15, p. 18.)

④ 中译文见杜书第 124 页，英文原文见杜书第 135 页：There are hundreds of books on Chinese history written by Europeans, Americans, Australians, Japanese and even Africans. There are very few indeed authoritative studies in Western history by Chinese on the university or research level. (N. E. Fehl, "*Introduction: Some Problems in the Relation of Chinese History and World History*", in Sir Herbert Butterfield Cho Yun Hsu & William H. McNeill on Chinese and World History, p. 8.)

平情而论之，中国史学自有其缺陷，然十九世纪以前，中国史学遥遥领先西方史学，是不争的事实。十九世纪以后，西方史学进入黄金时期，中国史学趋于式微，也是史学的潮流。当今之时，中国史学界以广阔的胸襟，恢宏的眼光，综合中西史学，取其精华而弃其糟粕，则超越的宏观的与美善的史学，将悠然而出现。经世的大业，不朽的盛事，尽在于此，愿与国人共勉之！①

这里还应当指出，20 世纪的 80 年代，汪荣祖在中西史学比较上，扎实地进行探索，他出版的《史传通说》是以刘勰的《文心雕龙·史传》篇中的史学思想作为主干，进行中西史学比较。可以说，这是以中国民族话语，进行中西史学比较的第一部专书。作者于 2002 年又出版了《史学九章》，这本书后面的几章对中国史学进行了深入研究，第五章是《西方史家对中国传统史学的理解与误解》，全面评述了西方学人对中国传统史学的认识，注意从史学的属性讨论问题。他批评西方学人把中国传统史学简单地归为"儒家史学"，又认为这种史学从属于政治，是道德的工具，史学没有独立品格，因此也就没有西方的"史学意识"。这些言论表明：

近代西方独霸世界，在学术圈里也不免有文化的天朝观，认为一切现代学术的根源都在西方，所有非西方学术，莫不属于前现代的古文明。所以，不少著名的西方史学家，虽不曾真正接触到中国传统史学，就信心满满地说，历史意识(historical mindedness; historical consciousness)乃西方独有的东西，故史学史必须追溯到希腊与犹太之根，无论印度或中国皆属"无史"(ahistorical)。有不少西方史家认为，西方人到 19 世纪之具有近代史学意识，就像他们于 17 世纪已具备了科学意识一样，而亚非文明在过去既无历史意识，至近代欧化，才接受了近代西方科技，以及获致近代西方的史学意识，并以欧洲的史学概念与名词来重新规划亚非国家的历史。②

西方学人学术偏见是"西方独霸世界"意识的体现，"在学术圈里也不免有文

① 杜维运：《中国史学史》，第 3 册，台北：三民书局股份有限公司，2004 年版，第 529 页。

② 汪荣祖：《史学九章》，台北：麦田出版社，2002 年版，第 136～137 页。

化的天朝观"，通过"史学话语权"表现出了文化上的霸权主义。

西方史家对中国民族史学的扭曲，具体一点说，主要有：一是史书"主观的褒贬有违客观"；二是"御用史官替政治服务，失之真实"；三是"编抄史书无异剪贴簿，枯燥无趣"。汪荣祖逐项作了评述，指出以西方现代史学标准来评论中国传统史学，存在偏见。对中国传统史学，"西方史家看不清庐山真面目，只恐庐山仍在云雾缥缈间"①。

总之，振兴民族史学，推进民族史学走向世界，是海峡两岸绝大多数学人的共同心声。

第二节　史学思想、史学理论与史学思想史

史学本身又是一门历史的学科。古代的"史"，与近代的"史学"，有联系又不是等同的概念；古代史学思想和近代的历史哲学有联系，但并不是一回事；传统的史学思想与近代的史学理论有联系，也不能等同。在史学史上，中外的历史思维相通又不尽一致，有些地方的差异相当悬殊。以西方历史哲学的概念、范畴，来总结中国史学思想，可以有新的解读，打开新的思路；但由于思维的特点不一样，也会出现削足适履的情形，甚而得出错误的认识，认为中国传统史学没有思想，当然是说如同西方那样的历史哲学式的史学思想。从民族史学的实际出发，总结丰富的民族史学的思想，可以把握民族史学的特点，可以较好地进行中外史学比较，可以更好地评价中国史学在世界上的地位。研究中国史学思想，可以清楚表明融会中西史学，对于发展当代史学的重要性。

到了近代，中国史学明显受到西方史学的影响，传统的史学思想也发生了变化，专门的史学理论著作产生了，相关命题的讨论放在史学思想范围内研究，更有新解。应当注意的是，传统史学的相关论点、命题本身的含义，在讨论时，把问题放在史学思想的长河中进行研究，更可以看出其中的继承与流变。

史学思想史的研究，是建设有中国特色的马克思主义史学的需要。

为了振兴民族史学，要以马克思主义理论为指导，并且和民族历史、民族史学的实际结合起来，建设有民族特点的马克思主义史学。

中国马克思主义史学发展离不开对传统史学的批判吸收。传统史学思

---

① 汪荣祖：《史学九章》，第 161 页。

想和方法论对中国马克思主义史学的发展有着十分重要的意义。郭沫若、侯外庐等老一辈马克思主义史学家在传统史学研究上有重要成就，对传统经学、子学的研究也是突出的。郭老对《周易》的理解，从思维定式方面论述了古代《易》学的成就，沟通了《周易》辩证思维与黑格尔的辩证思维。范文澜先生的经学成就是突出的。郭老的先秦诸子研究是他史学研究的重要组成部分，他的《管子集校》在《郭沫若全集·历史编》中占了相当大的篇幅。侯外庐一生四度研究老子思想，前后经历了二十多年①。这些都直接影响到他们的史学事业。郭沫若说到他的《中国古代社会研究》时指出，他没有离开罗振玉、王国维二家的业绩。侯外庐先生在《韧的追求》中说到他自己的创造，一个重要方面，是乾嘉学者治学传统与成果对他的影响，但他又不是盲从古人。"我之所以一向欣赏乾嘉学派的治学严谨，一向推崇王国维的近代研究方法，而未至于陷入一味考据的传统，一个相当重要的原因，便在于《资本论》方法论对我的熏陶"②。这说明把马克思主义的唯物辩证法和传统史学思想方法结合起来，对于建设中国马克思主义史学是多么重要。

二十世纪八九十年代，白寿彝先生发表了《谈史学遗产答客问》四篇，以及其他一系列论著，系统地阐发了他对史学遗产的见解，论述了中国古典史学中的优良传统在我们新时期史学建设中的价值。这其中包括史学思想、历史编纂学、历史文学以及历史文献学和历史教育等。他领导当代中国学人完成的多卷本《中国通史》正是他这一思想的落实。除了思想内容外，这部著作采用的新的综合体裁，也是在批判吸收中国纪传体史学体裁的长处后形成的。白寿彝先生的史学实践，实际上是在史学思想、历史编纂学、历史文学、历史教育各个方面，全面地批判总结传统史学遗产，探讨中国史学的民族特点。

20世纪以来，传统史学的命运，给我们一个重要启示，这就是民族史学传统在新的历史时期可以得到新生，生出新的活机，而新时期的历史学也只有充分地吸收民族传统史学的精华，才能适应新的时代需要。我们把中国史学放在社会发展的大背景下研究，重新审定中国民族史学在世界上的地位，为的是继承民族史学优秀传统，增强民族自信心，建设有民族特色的新史学，使史学在社会主义精神文明建设中发挥自己的作用。

---

① 参见侯外庐：《韧的追求》，北京：生活·读书·新知三联书店，1985年版，第276～277页。

② 侯外庐：《韧的追求》，第91页。

马克思主义史学家注重从文化史角度审视史学。吕振羽指出，在对待文化传统上，有两种倾向要反对：一种是所谓的文化贩运主义；另一种是文化闭关主义，即文化上的排外主义，或者说是文化上的保守主义。新史学家要以世界史的眼光对待传统文化，振奋民族精神。他说：

> 孙中山先生曾说过，要"迎头赶上"，不再走欧美所走过的道路。这对于我们的民族新文化来说，便将不同于欧、美、日本资本主义的文化，将是比它们进步的一种新型的文化。①

"迎头赶上"便是我们解决这一矛盾问题的实践方针。吕振羽借用孙中山的话，就是要使我们民族文化"迎头赶上"，从而把文化的开放与先进性的要求结合起来。今天重读这段话，我们仍然能受到很大的启发。

中国马克思主义史学家创造自己的新史学，重视史学的民族性。在总结中国马克思主义史学发展经验时，白寿彝先生指出，李大钊、郭沫若与侯外庐在中国马克思主义史学发展历程中具有开创性地位。他称赞侯外庐的建树，强调他在"马克思主义史学理论民族化"上的贡献，说：

> 外庐同志的书，在四十年代的马克思主义史学地位中应有它的特殊地位。四十年代，马克思主义史学著做出版了很多，史学界的几大家都已出来，并有不同的著作、不同的贡献。但有一点，外老是突出的，这就是，他研究中国历史是想把马克思主义史学理论中国化，也可以说把马克思主义史学理论民族化。这一点很重要。别的马克思主义史学著作宣传了马克思主义的理论，也试图把马克思主义的理论同中国历史结合起来，但是把中国历史特点抓出来，这在外庐同志是最突出的。②

在纪念侯外庐同志的会上，白先生说："我们今天纪念外庐同志的学术成就，……应该把他创始的马克思主义史学民族化的工作继续下去。"③总结

---

① 吕振羽：《中国社会史诸问题》，上海：华东人民出版社，1954 年版，第 162 页。
② 白寿彝：《白寿彝史学论集》，（上），北京：北京师范大学出版社，1994 年版，第 415 页。
③ 白寿彝：《白寿彝史学论集》，（上），第 416 页。

好我们民族史学遗产，研究史学史，进而建设好我们的马克思主义史学，是振兴民族史学，走向世界的正确的道路，他说：

> ……要建设有中国民族特点的马克思主义史学，要站在世界前列，不能一般化，真要拿出东西来。我们国家的历史最长，史学一向是最发达的，现在不应该落后，应该大步往前走。①

我们要努力吸收国外优秀的史学成果作为我们创新史学的借鉴。20世纪前半期，中国史学受到西方以及稍后苏联史学的影响是明显的，这种影响有正面的也有负面的。新中国成立后，大陆地区主要是受到苏联史学的影响，由于种种原因，与世界其他地区的史学交流可以说基本中断了。进入到改革开放的历史新时期，这一情况得到根本的改变，中国史学获得新的活力。但如何把世界上的有活力的思想和民族史学的实际结合起来，是摆在我们面前的重要任务。这个问题不解决，直接影响21世纪民族史学的建设和发展。因此，一定要从时代的高度研究民族史学思想。

重视中国古代史学思想的研究，进一步发掘史学的民族精神，特别是在21世纪全球化趋势下，努力吸收世界文化的精华，坚持和发展包括史学在内的文化民族性的品格，是十分迫切的任务。

当代中国史学问题，至少有两点要考虑，一是史学的时代性，二是史学的民族性。这是20世纪史学的两个焦点，也是21世纪全球化趋势下，史学发展的两大中心问题。

中国历史与世界历史是相互影响的，因此，应当把中国史与世界史联系起来思考，讨论中国史的进程，认识中国史发展的大趋势，讨论历史学建设问题。

史学发展的历史告诉我们，史学观念更新，带来的是历史学大发展。建设有中国民族特点的马克思主义史学，要站在世界前列。我们认为，要用自己的民族语言，努力发掘民族史学思想的宝库，吸纳世界上一切有价值的史学理论，建设出民族的、科学的、时代需要的史学理论。这就是结论。

史学思想研究的对象，史学思想研究的内容很丰富，归结起来，是两个部分：一是史家（包括思想家）对客观历史的认识，二是关于史学工作方

---

① 白寿彝：《中国史学史论集》，北京：中华书局，1999年版，第394～395页。

面的认识。

史学思想研究的第一个部分，是对客观历史的认识，这又有两个方面：

——对历史社会和历史过程的认识。关于历史的认识体现为对历史社会、历史过程有各种观点，如历史进化的观点、历史退化的观点，历史循环论、历史停滞论，等等。

——对历史发展动力的认识。关于历史动力的见解，有天意史观、神权史观、英雄史观、经济史观、地理环境论等。

应该说明，这两个方面往往联系在一起，思想家的思想并非简单划一，在一生的学术生涯、政治活动中，史学家、思想家前后的观点可能有各种变化。

史学思想研究的第二个部分，是关于史学工作的认识。史家对客观历史的看法，总是经过史学工作，通过著作和其他形式反映出来。史家对史学工作的认识也有两个方面：

——"如何工作"的问题。史家对这个问题的认识，体现为史料学观点、历史编纂思想、历史文学观点和历史研究方法论。在这些问题上，史家见解不一，有的自觉地或明确地提出某种思想、观点；有的因袭前人的方式工作，实际上是接受前人的认识；有的有相应的作品，有的提出一定的主张，缺少相应的作品。史学思想的研究对这些情形应当考虑到，总结他们的思想，特别是那些超越前辈的闪光点。

——"为什么工作"的问题。对这个问题的认识，体现为史学价值论、史学的社会功能的观点。史家治史总有一定的目的，对治史的意义会有不同的认识。思想家对史学工作的价值，对史学工作在学术中的地位，也有自己的见解。在中国史学思想史上，诸如"垂训"的观点、"资鉴"的思想、史学"经世致用"的观点、爱国史学思想等，都是对史学工作意义的认识。这里要注意到，在不同时期，不同的史家、思想家那里，同是一个命题，却有非常不同的内容。与此相关的，则是历史教育思想。

史学思想本身又是历史的事物，史学思想在变化过程中，在不同阶段，形成各种思潮，在这样的思想史的长河中，熔铸成民族精神，构成民族品格。

史学思想史作为一门独立的学科被提出来，并且为这门学科的发展作了奠基工作的，在中国是李大钊同志。1920年，李大钊印发了《史学思想史讲义》，"历在北京大学、朝阳大学、女子师范大学、师范大学、中国大学讲授史学思想史、社会学等科"。《史学思想史讲义》包括的篇目有《史观》

《鲍丹的历史思想》《鲁雷的历史思想》《孟德斯鸠的历史思想》《维柯及其历史思想》《孔道西的历史思想》《马克思的历史哲学与理恺尔的历史哲学》以及《唯物史观及其在现代社会学上的价值》等。李大钊的史学思想史研究，重点考察文艺复兴时期到 19 世纪末 20 世纪初的欧洲学者的历史观。重点研究的人物有文艺复兴时期法国的鲍丹（Jean Bodin，现译为博丹），法国启蒙思想家孟德斯鸠，18 世纪意大利的历史哲学家维柯（Vico，现译为维科），法国资产阶级革命时期理论家孔道西（Jean Antoine Condrcet，现译为孔多塞），法国空想社会主义者桑西门（Saint Simon，现译为圣西门）等，涉及的人物还有马基雅弗理、伏尔泰、康德、赫尔德、黑格尔、梯也里、米涅、基佐、孔德等。在讨论欧洲史学思想问题时，李大钊把中国古代史学思想史上的各种历史观点与之作了初步的比较。

新中国成立前有各种史学史、史学概论、历史哲学之类著作，这些著作讨论了中国史家的思想和有关的史学思想的问题。

应该着重指出的是侯外庐先生主编的五卷六册的《中国思想通史》这一巨制。这部书把中国史学思想作为中国思想发展史的重要组成部分，对中国重要的史学家司马迁、班固、刘知幾、马端临、章学诚等人的历史观点、史学思想作了专门的论述。重要的章节有第二卷第四章《司马迁的思想及其史学》、第六章第四节的《班固的庸俗思想及其人文思想》，第四卷（上）第五章《刘知幾的进步的史学思想》，第四卷（下）第十九章《元代马端临进步的史学思想》及第五卷第十三章《章学诚的思想》。关于孔子、王夫之、黄宗羲、顾炎武等人的各个专章也很重要。

侯外庐先生在《中国思想通史》中撰写的《刘知幾的进步的史学思想》《元代马端临进步的史学思想》，对于史学思想的内涵在实际上给予明确说明，展示研究史学思想的方法及研究史学思想史的思维途径。新中国成立后，他在一系列的著述中，进一步说明史学思想研究的任务、意义，史学思想研究和史学史研究的关系，对各种历史观点作了总结、说明。对中国历代史家的史学思想和各个历史时期史学思想变化作了更深入的研究。

新中国成立以后的几十年，特别是 20 世纪末以来，史学思想的研究在许多史学史著作中得到加强，研究史学思想的学术论文的数量超过以往任何时期，论文的学术水平有很大的提高。无论从史学史学科建设方面看，还是从现实史学发展需要上看，史学思想研究工作都需要进一步开展下去，并且要求我们写出一些史学思想史的著作。史学思想史学科得到时代的雨露滋润，会进一步发育、壮大。

关于史学思想的研究途径、方法，除了一般历史研究的要求外，总结近代学人的经验，原则上还可以提出几点来，供大家参考、讨论：

——史学思想史研究要考察史学思想和社会现实的联结。一定的史学思想总是一定的社会政治、经济在史学领域内的反映，史学思想随着社会的发展而变化。离开这一方面去探讨，史学思想就会变成天马行空、独来独往的东西，史学思想的内容实质便无法得到科学的说明。

史学思想是一定的社会存在在史学领域的折光，但不是一种消极的反映。史学思想通过历史著作、历史教育或其他方式对社会产生影响。在这个问题上，应当看到历史作品、历史教育工作产生的影响，也要看到作品产生的影响受多种因素的制约，诸如特定的历史环境条件、史家特定的经历和地位等，都影响史学思想产生的效应。

——史学思想史的研究要考察史学思想和哲学思潮的关系。史学思想和哲学思潮的关系特别密切，一个时代的哲学思潮在不同程度上或远或近地对史学思想产生影响，一个时代的哲学对人们思考历史问题产生作用。人们对客观历史的认识，研究历史的方法，都和哲学关系密切，哲学对史学思想其他部分也产生作用。当然这种作用的具体情况又和一定社会的各种条件相关，对这种作用的具体情况又要作具体的分析。而史学思想的历史观点、理论，本身又是哲学思潮的组成部分。

——史学思想史的研究要考察史学思想的渊源流变。我们国家的学术史研究有着考镜源流的优良传统。一个时代的史学思想不是突然产生的，它继承前辈的思想又发展前辈的思想，即使是相同的命题，在不同的时代又有着非常不同的内容。我们应当用辩证的观点认识史学思想史上的继承、发展与创新。

——研究史学思想史，要研究史学思想各个部分之间的辩证关系。史学思想由两个部分构成，即史家对客观历史的认识和史家对史学工作的认识，每个部分又有两个方面。史学思想各个部分之间互相区别又互相联系，互相影响又互相作用。史家的历史观点，即对客观历史的认识，一般的在史学思想中起支配性的作用，影响史学工作。而史家关于史学工作的认识体现在史学各个方面。用一定编纂形式反映研究成果，采用适当的文字表述内容，这些方面的成效影响到能否很好地把史家对客观历史的认识表述出来。因此，研究史学思想要把各个部分既互相联系又加以区分来研究。

——研究史学思想史要努力从本民族史学实际出发，探索民族史学的特点，总结民族史学思想的特征。在这方面，不能一般化。特点总在比较中形成，因此，中外史学比较，对于研究中国民族史学的特点，就不是可有可无的了。这种比较可以有多种方法。

——研究史学思想史要借鉴中外史学的成果和方法。近代以来，西方史学在研究方法论方面有很多成果，值得借鉴，这对于开启思路，扩大视野，十分必要。

——研究史学思想史要结合有关的著作研究。这似乎不是个问题。我们强调这一点是要求对史家、思想家的著作，特别是代表作，要下大功夫研究。有的史家的史学思想在史著中没有充分反映出来，我们可以结合其他有关材料，如文集、语录、师友交往的记载等，进行综合分析。史家反映自己的观点可以有不同的办法，有的在史论，史书的序、赞语中，直接表述自己的观点；有的通过材料处理，选词炼句等方式表达一种观点或一定的思想倾向。我国史学上有个传统，史家寓论断于叙事中，注意把自己的观点和史文融为一体。孔子说过："我欲载之空言，不如见之于行事之深切著明也。"史书文字往往凝结了史家心底的呐喊，"知其言""知其所以言"，如此，方能更好地把握史家的思想。

史学思想史的研究，除遵循一般方法的历史研究法外，上面几点有必要提出来，这是近代史学思想史研究的成功经验，是应当继承的优良传统。

最后，应当说明，基于中国民族文化的特点，要重视从思维的高度研究中国民族史学思想。

第二章　从原始的历史意识到史学思想

第一节　从图腾崇拜到祖先崇拜：原始的历史意识

史学思想的最初形态是原始的历史意识。白寿彝先生说："中国史学的历史，可以从远古的传说说起。所谓远古，是指有文字记载以前的遥远的时期。在这时期，虽还不可能有史学，但追本求源，还是要从这里说起。"[①]最初的史学思想的历史，是探讨历史意识发生和发展的历史。

据考古材料，约170万年前，我国境内出现了人类，出现了原始人群，这就是我们中华民族的先祖。我们的先祖在极其困苦的条件下，过着"穴居野处"的生活。远古的先民，在那洪荒的岁月里，不但要运用原始石器劳动，还要制造、改进这些粗糙的石器。正如恩格斯说的，人们为了能够"创造历史"，必须能够生活。但是为了能够生活，首先就需要衣、食、住以及其他东西。因此，人类第一个历史活动，就是生产满足这些需要的资料，即生产物质生活本身。这也是人们仅仅为了能够生活就必须每日每时都要进行的一种历史活动，"因此任何历史观的第一件事情就是必须注意上述基本事实的全部意义和全部范围，并给予应有的重视"[②]。我们应当从原始人的物质生产、生活的本身，考察原始历史意识的发生及其特点。

语言在劳动中产生了，意识也产生了。最初的历史意识就是在同自然斗争中、在生产活动中产生的。

原始人不但要生存，还要发展，只是消极地适应自然以求生存，而不求发展，人类将永远不能最终脱离动物状态。原始人从过往的行动中，逐

---

① 白寿彝：《中国史学史》，第1册，上海：上海人民出版社，1986年版，第197页。

② 《马克思恩格斯选集》，第1卷，北京：人民出版社，2012年第3版，第159页。

渐地领会、总结出自己活动成功与失败的原因，这就是经验的积累。对过往行动经验的积累和教训的总结，体现为历史意识。

生产生活的经验的积累，既是必然的也是必需的。历史意识体现为生产生活经验的积累，又使原始人有意识地积累经验。原始人在不断地积累生产、生活经验中，掌握同自然斗争的知识，增强同自然斗争的本领，开拓新的生产领域，扩大了获取生产、生活资料的范围。在这个过程中，由于对自然认识逐步加深，又使生产工具得到改进。所以说，原始的历史意识在生产劳动中产生，又促进了生产发展、生活改善，使原始人一步步地脱离动物状态，促进原始人向现代人过渡。所以说，历史意识从一开始又蕴含了发展的意识，蕴含了对历史自身的突破。

原始历史意识的另一种表现是对自身来源的追寻，对自己部落、氏族起源的追溯。这首先和图腾观念糅合在一起。在氏族社会里，个人是无法和自然进行斗争获得生存资料以进行生产活动的，当时社会生产力低下，这就决定了原始人要结成一定规模的群体进行活动。在一定的地区内活动着的原始人群体追溯自身的来源，根据其自身的生产和生活及环境的特点，加上传说的影子，从对自然物、灵物的崇拜进而构造出图腾，作为部族崇拜物。在中国历史上，崇拜的图腾有自然现象，有植物、动物，还有其他自然物，如山、川、日、月等。

图腾崇拜中的历史意识既有虚幻的一面，又有真实的一面。原始人拟定幻化的始祖并加以崇拜，通过一种共同的氏族的标志，演绎构成一种世系，虚幻的始祖和真实的血缘世系结合在一起。随着原始人从群婚向对偶婚、一夫一妻制过渡，血缘的世系越来越明晰，历史意识越来越显现出自身的意义。始祖传说和氏族世系结合的原始的历史意识，有了图腾作为自己的标志，形成了一种凝聚力，维系全氏族展开生产，同自然斗争，同邻近的部族交往、斗争。白寿彝先生总结远古的传说的内容时说："从我们现有的材料来看，远古的传说主要是氏族社会里英雄人物的故事。其中包含两大类：一类是对自然进行斗争、在生产上取得胜利的故事；一类是氏族部落间原始战争的故事。"①

历史意识在原始形态上具有二重性：一方面，它维系、发展生产，满足生活需要，有真实经验的成分，有真实世系的内容；另一方面，它通过图腾虚拟始祖的传说，逐渐形成一种传统、一种向心力，也是一种约束，

---

① 白寿彝：《中国史学史》，第 1 册，第 197 页。

既提高了信心，又能约束成员服从氏族族长的管理，从事生产与生活的活动。中国古代传说中的盘古、女娲、伏羲、神农、黄帝，以及尧、舜、禹等，有它的"人"性的一面，又有它的"神"性的一面，体现出原始历史意识的特点。

图腾崇拜的进一步发展便产生远祖崇拜、近祖崇拜。一些少数民族地区历史文化调查证实了这一点。马学良等编著的《彝族文化史》得出这样的认识："由采集狩猎经济向种植经济发展，图腾崇拜向祖先崇拜变化。""图腾崇拜发展到祖先崇拜，是社会生产力发展、社会进步和人类认识发展的产物"，"父权制的确立和私有财产的出现，需要确定和巩固血统关系以保证财产继承权。这时图腾崇拜逐渐向祖先崇拜过渡，对'物化的人灵'的崇拜，让位于对'人灵'（祖先）的崇拜"。"彝族祖先崇拜产生在母系氏族社会的外婚制向父系氏族社会对偶婚的过渡时代"。祖先崇拜又由远祖崇拜过渡到近祖崇拜，这种变化，"在血亲复仇中，若能为离自己时代越久远的祖先复仇，就越被视为英雄。但适应于父系氏族制解体后，父系个体家庭的建立，在宗教信仰方面，由远祖崇拜发展到对个体家庭祖先的近祖崇拜"。[①]

应该说明，由图腾崇拜到远祖崇拜、近祖崇拜是一个过程，原先的崇拜意识可能残留下来，也可能改变形式同新的崇拜结合在一起而被保留。史学思想发展是辩证的发展，不能用形而上学"消失"的观念说明辩证的发展。图腾崇拜的痕迹一直到后代还随处可见。

从图腾崇拜到远祖崇拜、近祖崇拜，反映出原始历史意识的发展，从虚幻的始祖和真实世系的结合，进而表现为对先祖的"慎终追远"，这本身就是在混沌中挣扎着向前发展的漫长进程。首先，如果说图腾崇拜还只是以虚构的始祖业绩鼓舞氏族的成员，那么，祖先崇拜则是追念先祖在开拓中创造出的真实业绩，从中汲取智慧和力量。《诗经》的《公刘》篇记载先祖公刘千辛万苦带领部族群众，来到豳地进行垦拓，部族群众"君之宗之"，周族由此繁衍壮大。其次，图腾崇拜讴歌的是拟人化的图腾，祖宗崇拜讴歌的是真实的先祖，是"人"，有着真实的历史内容。最后，图腾崇拜物毕竟与现实缺少真实的联结，但是祖先崇拜中的先祖、远祖与子孙递续关系是活生生的事实，其世系也明白无误地存在于传说中。先祖意识作为历史意识的内容明显地淡化了虚幻的成分，增添了真实人事的内容。应当说明，

---

① 马学良等：《彝族文化史》，上海：上海人民出版社，1989年版，第228～272页。

原始的祖先崇拜和后世的祖先崇拜不一样，原始祖先崇拜和神的意识并没有隔断，人神不分、人神杂糅还是基本的特征。

原始的历史意识的特点，由上面所说，可以归结为以下几点：

第一，历史观念与其他意识混杂在一起，它体现在生产、生活的经验中，也体现在对自然观察获得的认识里。原始人的历史意识明显地与原始的宗教观念混杂在一起。原始人关于灵魂不灭的思想，关于山、川、日、月以及某些动植物具有人格的观念，关于祖先庇佑、图腾具有超人的力量的观念，使得原始人的历史意识沉浸在浓厚的神的虚幻的意念中。

第二，随着生产的发展，对自然征服的进展，原始的历史意识逐渐从混沌状态中走出，从虚幻向现实走去。

第三，原始的历史意识具有二重性的特点。追溯往迹，追念先祖，是为鼓舞氏族成员在现实中进行斗争，生产、生活的经验积累孕育着生产力的更新、突破，历史意识中的矛盾导致历史意识的突破、更新。历史意识发展根源于现实的生产、现实社会的变化，而历史意识对社会的发展又起了积极的作用。原始历史意识正是血缘关系维持的反映。法国人类学家雷诺说，图腾的信条的最后三条是：原始人信仰图腾能够保护和警告他的部族；图腾动物能够给对部落忠贞的人预言未来；图腾部落内的人民常深信他们和图腾动物之间乃是源于共同的祖先。这种信仰把整个部族凝结在一起。

应该看到，原始人凝聚力的形成和对部族强制性的约束是联结在一起的，原始的历史意识在这里同样起了积极的作用。

第二节　从口述史事到记载历史：历史意识的发展

地球上有了人，人类的历史就开始了。原始人在没有文字以前，当然不可能有历史的记载。鲁迅先生说："人类是在未有文字之前，就有了创作的，可惜没有人记下，也没有法子记下。"[①]这是说文学创作，同样也说明原始人不可能有历史的文字记载。在没有文字以前，口述先祖的业绩要靠年长的人，擅长这种工作的人记忆力强，能说会道。他们传颂先祖的光辉业绩，讲述先辈们同自然斗争的艰辛，这里面有受挫折的教训，也有获得成功的经验。神话的内容和真实经历结合在一起更能鼓舞人心。颂说先祖的

---

① 鲁迅：《鲁迅全集》，第 6 卷，北京：人民文学出版社，2005 年版，第 96 页。

事业，成为原始人生产、生活的重要组成部分，几乎是不可或缺的活动。久而久之，逐渐形成专门讲说先祖业绩的人，似乎这些人是既通神又通人，天和人由他们沟通。普通的人民与神相隔，在他们那里却是民神杂糅，敬神祭祖的活动和鼓舞氏族成员进行生产与生活的斗争合而为一，这种专门的人是"巫"。在生产力极端低下的时代，一切有生产能力的人都要从事采集狩猎活动，年老的"瞽"者承担这种职责是顺理成章的事。所以，毫不奇怪，"巫"和"瞽"往往是连在一起的。《国语·楚语下》中楚国大夫观射父说：

> 古者民神不杂，民之精爽不携贰者，而又能齐肃衷正，其智能上下比义，其圣能光远宣朗，其明能光照之，其聪能听彻之，如是则明神降之，在男曰"觋"，在女曰"巫"。是使制神之处位次主，而为之牲器时服，而后使先圣之后之有光烈，而能知山川之号、高祖之主、宗庙之事、昭穆之世、齐敬之勤、礼节之宜、威仪之则、容貌之崇……上下之神、氏族之出，而心率旧典者为之宗。于是乎有天地神民类物之官，是谓五官，各司其序，不相乱也。

"古者民神不杂"是说司民、司神之官不同，但在"巫"那里司民与司神混一。《楚语》记载反映巫颂史的痕迹，"觋"也是巫，《周礼》中男亦曰巫。"巫"是神职，也是人职，"制神之处位次主"等，为敬神的需要；知"高祖之主、宗庙之事、昭穆之世""氏族之出"，是为敬祖；知"山川之号"则与管理区域事有关。因此，巫在颂史之外，又担任祭祀的工作，成了"天""神""人""鬼"之间沟通联系的人。巫风在后世仍然可见。

宋兆麟等的《中国原始社会史》说："祭司和巫师是在现实社会中生活的，首先他是氏族公社的成员，是一般的人，这一点使他与人间发生了骨肉联系。但是，他自称能通神，可以同神说话，上达民意，下传神旨，预知吉凶祸福，为人治病，替死人送魂，能够用巫术、牺牲和法器进行宗教活动。如纳西族的东巴在驱鬼时，实行全副武装，跳战斗舞。于是巫师和祭师又成了人与神的媒介、桥梁，具有半人半神的特点。高山族把'人'字写成'ㄖ'，'鬼'字写成'ㄖ'，'巫'字写成'ㄖ'，称'胡求'，证明巫介于人鬼之间。"[1]巫有这样崇高的地位，他们宣传历史的某种观念也就具有一种权威

---

[1] 宋兆麟、黎家芳、杜耀西：《中国原始社会史》，北京：文物出版社，1983年版，第496～497页。

性，形成对全氏族的一种支配的思想。

为了便于传颂，口述史往往要用韵语，用整齐的语句来传唱，这样唱颂出来的内容便于记忆，便于传播。这就是为什么很多民族最初的历史都是保存在史诗里的原因。这些史诗流传下来，后来有的经过加工，保存在民族文化宝库中，成为文学、史学遗产中的瑰宝。希腊的荷马史诗，我国汉民族的《诗经》、藏族的英雄史诗《格萨尔王》、云南纳西族的《创世纪》等，都是这样一批作品。在这些史诗里，在神话和图腾传说的外衣下，我们看到先祖求生存、求发展的艰难历程，也体察出先民们心目中山川河流、日月星辰、飞鸟走兽都是一种人格的形象，他们在追忆往事，寄托着对未来的追求。这里面融进巫史主体的见解，后世文化人在加工时又可能增添情节，即"伪"史内容。总之，口述史、史诗表现出先民们原始的历史意识，具体地说，其意义有以下几个方面：

首先，重视历史的意识。每一篇史诗、每一则口述作品，都把传颂先祖、始祖的业绩作为最主要的内容，其中包含氏族起源的见解、血缘世系联结的观念。"天命玄鸟，降而生商"①，这是说商族的起源；姜嫄"履'帝武敏'歆"②，周族由此诞生，繁衍强大。《彝族文化史》说到彝族的口传家谱，这种家谱是彝族家支民俗发展中的一种记忆家族世系的口传谱系，构成方式主要是父子连名。作为家支构成分子的家庭，不论是诺合（黑彝）还是曲诺（白彝）家庭，都十分重视自己的家谱。因此家谱既是一个家支的谱系，又是个体家庭的宗谱，这种风俗一直保留到后代。③口传谱系就是口述史的一种范式。

其次，是氏族凝聚必要性的观念。这是原始历史意识的又一个重要内容。氏族只有凝结成一个整体才能生存下去，才能开拓，才能发展。"族""类""种""方"，最初的人都是在这样的群体中把自己的历史延续下去，在艰难困境中发展自己。圣人、贤人是这些群体中有能力的人，是他们带领氏族成员创造那个时期的奇迹，圣人、贤人成为群体的骄傲、群体的代表。这些成为史诗、口述史中主要的内容，反映了他们的思想观念，口述史在那个时代也确实起了这样的作用。口述史、史诗受到初民们的重视，原因也在这里。

---

①　《诗经·玄鸟》。

②　《诗经·生民》。

③　参见马学良等：《彝族文化史》，第356～375页。

最后，口述史、史诗传播了带有经验性的认识。这里包括对自然斗争的认识，也包括同其他氏族斗争的看法，还包括维系本氏族团结的经验和认识。《尚书》《诗经》《周易》等书中，有许多关于原始部族历史的篇章，提供了不少有关这方面的思想。《生民》既有开拓的经验，也有后稷种植方面的经验。《周易》的《系辞》叙说伏羲、神农氏、黄帝、尧、舜每一个时代成功之后，借着解说八卦提出一种认识。如谈到黄帝业绩的取得，是顺应"民"心，以穷通变化的精神治理部族的结果，《系辞下》说：

> 神农氏没，黄帝、尧、舜氏作。通其变，使民不倦；神而化之，使民宜之。易穷则变，变则通，通则久，是以自天佑之，吉无不利。黄帝、尧、舜垂衣裳而天下治，盖取诸《乾》《坤》。

《史记·五帝本纪》根据口述史留下来的影子，谈到黄帝与炎帝在阪泉之战的成功的经验，"乃修德振兵，治五气，抚万民，艺五种，度四方"，并且教士卒习战斗如猛兽一般。

由此可见，原始的历史意识成为氏族成员的一种信念，成为氏族战胜自然、保护部族以至拓土开疆的一种推动力量。历史知识、历史观念、历史意识，在人类的历史上是推动社会前进的积极的力量，尽管历史的观念在一定的条件下，又可能成为一种惰性的力量，怀旧、保守以致拒绝接受新的事物。但是，由于生产力的发展不可能中断，也由于历史意识自身的矛盾，历史本身就是新旧联系——过去和现在的联结，因而它蕴含发展的观念。这种惰性思维迟早会被融解，因而历史意识的积极意义始终是主导的方面，这是我们研究历史意识起源得出的看法，应该说是合乎事实的。

口述史事由于没有文字记载，它容纳的信息量很有限，表达的认识随着口述者的变化而有差异，加上人神混杂、虚构成分的增加，从而反过来又削弱了它的积极意义。社会向前发展，这种表述方式已经不能适应需要。文字产生，不但是历史记载上的进步，也是推动历史意识发展的需要。"前人之所以垂后，后人之所以识古"，离开文字是难以想象的。

关于"巫"与"史"的联系，鲁迅先生在《门外文谈》中，有一段话：

> 原始社会里，大约先前只有巫，待到渐次进化，事情繁复了，有些事情，如祭祀，狩猎，战争……之类，渐有记住的必要，巫就只好在他那本职的"降神"之外，一面也想法子来记事，这就是"史"的开头。

况且"升中于天"，他在本职上，也得将记载酋长和他的治下的大事的册子，烧给上帝看，因此一样的要做文章——虽然这大约是后起的事。再后来，职掌分得更清楚了，于是就有专门记事的史官。文字就是史官必要的工具，古人说："仓颉，黄帝史。"第一句未可信，但指出了史和文字的关系，却是很有意思的。①

可见，巫、史，或者大体说，从巫到史，同文字的产生、形成联结在一起。最古老的文献，是"史"记载下来的，文献源于史，经籍源于史，中国史家很早就意识到这一点。传说中的上古史官仓颉、沮诵、孔甲、终古、向挚等，都和文字发明、记载大事、保存文献等有关，有的兼有占卜及观天象的职能。

文字的形成是一个漫长的过程。最初，用结绳、刻木来记事是常见的方法，"刻木为契""结绳记事"在古代的传说中是屡见不鲜的故事。我国的独龙族、景颇族、佤族、怒族等许多族到后世还保存着这种习俗。佤族用结绳的方法记事，依据绳索上下表示时间的先后，绳"结"的大小表示事件的重要程度和量的多寡，绳结上增添别的物件，又可以显示事件的某种内容。他们在每一年吃新米的时候，要召集全村老小一齐尝新，由年长的人，口头传述本村历史，还会拿出历代相传的一根木刻。木刻两侧刻着许多刻口，每一刻口代表着一桩事件，刻口深的表示重大的事件，刻口浅的表示事件轻小。讲述的老人依据木刻，主要告诉族人某一刻口记录着本村某时和某村人结下的仇怨，哪些已经报复过，或未报复过的，其意义要族人记着仇怨，不忘报复。村中其他的事也借着这个机会，口耳相传延续下去。这里的木刻作为引起回忆的物件，可以看成是从口述史向文字记载历史的过渡，这种刻木便成了一种历史的记载物品。历史事件的内容，事件发生先后的顺序，事件本身的意义、教训，以及对未来的期望统统包括在这根木刻里面。文字发展的过程还需要做进一步的研究，但可以肯定，文字的每一步进展，历史记载的每一种完善，都意味着人类对自身发展过程认识的演进。

"惟殷先人，有册有典"，册与典是文字记录成熟的标志，殷商时代的甲骨卜辞标志着成熟文字的出现，标志着历史记载日臻成熟。

其中有关于采集、狩猎的记载：

---

① 鲁迅：《鲁迅全集》，第6卷，第88页。

> 壬申卜，殼，贞圉㞷麋。①
> □□王卜，贞田稀往。②

有畜牧方面的记载：

> （乙）卯卜，王，牧……③

有农业生产方面的记载：

> 庚申卜，贞我受黍年，三月。④
> 庚午卜，贞禾有及雨，三月。⑤

有手工业及赏赐的记录：

> 庚申卜，殼，贞□有其□贝。⑥

还有祭祀方面的记录，求年、征伐等各方面的记录。

近年，甲骨卜辞的世系、分期的研究已经取得了相当大的进展，对人们认识甲骨卜辞的价值，具有重要的意义。

甲骨卜辞对历史的记载仍然带有原始的性质，但是历史意识有了明显的进步。首先，时间的观念、世系的观念上的进展。侯外庐说："殷代的世系称号，可以说是意识生产的最特征的符号。""时间观念的发现，是人类最初的意识生产"。⑦它说明清晰的历史意识随着时间观念的进步而出现。郭沫若说："殷之先世，大抵自上甲以下入于有史时代，自上甲以上则为神话

---

① 罗振玉：《殷虚书契》，台北：艺文印书馆，1970 年版，4.4.2。
② 罗振玉：《殷虚书契》，2.33.2。
③ 罗振玉：《殷虚书契》，6.23.5。
④ 罗振玉：《殷虚书契》，3.30.3。
⑤ 罗振玉：《殷虚书契》，3.29.3。
⑥ 罗振玉：《殷虚书契》，5.10.4。
⑦ 侯外庐、赵纪彬、杜国庠等：《中国思想通史》，第 1 卷，北京：人民出版社，1957 年版，第 59、61 页。

传说时代。此在殷时已然。观其祀典之有差异，即可判知。"①其次，重视现实生产生活和部族交往、交争的记载。另外，现实活动的记载，目的是要占卜未来，关心氏族的命运。但殷代的支配观念还是原始宗教的意识，是上帝主宰社会人事活动，这一点同样在历史观念上反映出来。人间的王是"帝"之子，帝则根据人间君王的行事，根据君王的"德"，进行赏罚，决定人间的兴衰。因此，历史意识的二重性也在发展，用虚幻的上帝说明自身统治的合理，又密切关注现实的问题，关心未来的命运。在这里，上帝支配整个历史过程，决定历史命运的支配力量在上帝那一边。

甲骨文卜辞的记载还比较原始，金文的记载则更臻成熟，这里举两条材料：

> 佳三月，王令夨眔内史曰："鬻井侯服，锡臣三品，州人、重人、庸人。"拜稽首，鲁天子厥顺福。克奔走上下帝无冬令于右周终孝，对不敢蒙。邵朕福血，朕臣天子。用册王令，作周公簋。

这是《周公簋》记载征服井侯的事。又《禹攸从鼎》：

> 佳卅又二年三月初吉壬辰，王在周康宫，迟大室。禹从以攸卫牧告于王曰："汝为田牧，弗能许禹从。"王令省史南以即虢旅。虢旅迺史攸卫牧誓曰："我弗具付禹从其租射公田邑，则放。"攸卫牧则誓。从作朕皇祖丁公，皇考惠公尊鼎。禹攸从其万年，子子孙孙永宝用。

从甲骨文到金文，专职记载历史的人逐渐固定下来，殷代的"贞人"，及拟定鼎彝上文字内容的人就是这样一批人。这说明了对历史记载重要性的认识提高了，历史的认识由于历史记载的发展得到较为充分的反映。这里有三点可以提出来。第一，记载的内容相对地说扩大了，也更准确了。历史主体认识较好地得到反映。第二，记载历史的目的是要求后代子孙记住先祖的希望，即所谓"子子孙孙永宝用"，继承先祖的事业，巩固先祖的勋业。第三，时间年代的概念在这些记载中比较明确。事件的过程在某些记载中

---

① 郭沫若：《卜辞通纂考释》，郭沫若著作编辑出版委员会编：《郭沫若全集》，考古编第 2 卷，北京：科学出版社，1983 年版，第 362 页。

有一个粗略的描述。历史的人物、事件的发生与结局、简单的述评都包括在鼎铭的文字中。当然我们也看到，无论是卜辞，还是钟鼎上面的铭文，作为历史的记载又是不充分、不完全的。历史意识逐渐明晰起来，但是人神杂糅的状况并没有摆脱。这些都表明，这个时候的历史意识仍然具有原始的性质。

第三章　由"六经皆史"说
谈先秦时期的历史意识

第一节　"六经"与史

所谓"六经"，实在说，只是"五经"，即《易》《诗》《书》《礼》《春秋》。六经是经，但是六经是不是也是史？古代学者的看法很不同。司马迁说自己写史要成一家之言，这个一家之言也就是史家之言，关于这个问题在后面的章节中还要谈到。但是有一点很明确，司马迁的史家之言是在融会六经的思想基础上形成的，司马迁父子说得很清楚。司马谈对他的儿子司马迁表白自己事业上追求的心迹，司马迁深有体会，说：

> 先人有言："自周公卒五百岁而有孔子。孔子卒后至于今五百岁，有能绍明世，正《易传》，继《春秋》，本《诗》《书》《礼》《乐》之际？"意在斯乎！意在斯乎！

司马迁表示要继承父业，说"小子何敢让焉"。司马迁在《太史公自序》中记载的这段话表明他写史的基本指导思想，写史是继承、发展经学事业的组成部分，经融化在史书中，因而经和史是一体，并没有截然分开。班固作《汉书·艺文志》，依《七略》"删其要"而成，他将史书归在《六艺·春秋》中。马、班把"史"放在"经"中并没有轻视"史"的意思，特别是司马迁作为史学之父，他重视经，也重视史，虽然他说过，是非要"折衷于六艺"的话，但他是把经中的思想作为史家之言的内涵，不存在重经轻史的问题。董仲舒要求汉武帝罢黜百家、独尊儒术，"诸不在六艺之科，勿使并进"，这可以说是典型重经轻史的思想。到了宋代理学家那里，这样的观念又进一步得到发展，他们有"经细史粗""经本史末"等议论。也有不少学者从不同的角度说明"经"就是"史"，王通、王阳明、章学诚等都有自己的提法。特别是章学诚关于"六经皆史"的命题，在史学史上的影响尤其大。

关于"六经皆史"的命题有两个问题要说明。第一，"六经皆史"命题不变，而内涵迥异。王阳明说的"五经皆史"，是从心学角度说的，说明五经都是"吾心之记籍"。章学诚是以经世致用的观点，说明六经都是治理国家、切于民生日用的典籍，史学应当作为经邦济世之器，因此六经也是史。第二，"六经皆史"说，在章学诚那里虽有新的含义，但并没有贬低"经"的意思。只是想说明六经为先王的政典，治国经邦应当以六经为根据，"史"是实际，先王时的实际。有的文章认为章学诚"六经皆史"说是把六经从"经"的宝座上拉下来，这恐不符合章氏的原意。至于有的人认为章学诚把六经当作史料看待，这离章学诚立意更远。章氏说过，凡涉天下著作之林者，皆史也，六经也是著作，当然也是史。这里的"史"是史料，它和章学诚的"六经皆史"提法中的"史"的意思不一样。

六经是不是"史"呢？或者说六经是不是史书？这里我们有自己的看法。从严格意义上说，从历史编纂学的角度看，除《书》《春秋》外，其他几部经书《易》《诗》《礼》《乐》要说就是史书，不是很贴切。从发生学的角度看，经籍源于史，经史关系十分密切。但我们说的"六经皆史"，主要不是从历史编纂学上说，也不是着重从史料学上说，应当从历史意识上、从史学思想上来理解这个问题。中国的史学思想的主要思潮，溯流探源，都可以追寻到六经那里。六经的每一部经书，不是孤立地、简单地阐述一种见解，反映一种历史意识；但每一部经书，相对地说，比较集中地表达了一种历史见解、一种史学观点。只是从这个意义上讲，我们完全有理由说六经都是史。

把六经作为一个整体看待，其困难之处除六经内容中的真伪问题外，还有一个重要问题，这就是六经反映的时代背景的时间跨度大，其主要内容涉及的历史时期包括通常所说的"三代"，即夏商周三代。我们以为，六经基本形成在春秋战国时代，它以文字形式，反映人们对历史的看法，相对地说，它已经是成熟的历史观念、历史意识。传说孔子删《诗》《书》，定《礼》《乐》，如果把孔子的活动时期作为一个时代看，这个说法就有它的合理性，说明六经在那个时代已经基本形成，它反映先秦时期中国的历史意识已经成熟。这里可以概括地说一下：《尚书》突出的，是历史盛衰总结的意识；《周易》明显体现出通变的历史见解；《礼记》反映出来、值得重视的，是政教礼治的观念；《诗经》在歌颂先王、总结历史盛衰的同时，又突出一种文化风俗史的观念。《春秋》引人注目的是一种历史编纂思想,如果不是过分强调某一个方面的历史意识,那么《春秋》笔法、义例,以及编年、系事的方法等,已寓于这部《春秋》书中。自孔孟发端的"史学三义",即史文、史事、史义,相互结合在史书中。因此,《春秋》作为史家主体反映对历史客体认识的一部作品,已经标志史学臻于成熟。下面我们将分别对这些方面做进一步说明。

第二节 《尚书》的历史盛衰总结

《尚书》的内容真伪,以及它所反映的时代背景的问题很复杂,但是这个问题却又回避不了。我们在研究先秦时期的历史意识时,这个问题仍然摆在我们面前。《尚书》有今古文之争,汉兴,求得《尚书》29篇,其中有28篇为伏生所传,称为今文《尚书》。由鲁共王发孔壁得《尚书》,传孔安国编次,以隶古定所成,除29篇外,还有16篇佚文,共45篇,称古文《尚书》。此后又有张霸的百两篇、杜林的漆书。南北朝时,汉代的今古文《尚书》俱失传,魏末出现伪孔安国《尚书传》。东晋元帝时,豫章内史梅赜奏上《古文尚书》,经过唐代陆德明,特别是经过孔颖达的疏释、整理,成书《尚书正义》,后世奉为《尚书》经籍的标准读本,共58篇。《尚书》古文本的作伪处,经唐、宋学者,明人梅鷟,特别是清人阎若璩及惠栋、丁晏等揭发,古文《尚书》作伪的部分已经大白于天下,剥去这一假造的成分,留下来的大部分内容却是可信的。《尚书》中关于商周的文字基本是可以相信的。

《尚书》的史料价值,讨论得比较多,历来史家写先秦古史都要把它作为主要的材料。章学诚在《文史通义》中指出,《尚书》的编纂具有"圆而神"的精神,这是注意到《尚书》在历史编纂学上的价值。近代学者讨论了《尚书》中的天人观念、"德"的思想等。但是《尚书》在史学思想上的意义,人们还是注意得不够,有待我们进一步发掘。

《尚书》最重要的史学思想是历史盛衰总结的意识,突出的是"稽古""殷鉴"思想。在中国史学思想上,最早关于历史盛衰的见解,最早有系统的作品是《尚书》。

《尚书》的稽古观念,首先说明历史变动是合理的。由夏、商、周,进而上溯到尧、舜,几千年中发生了一系列的变动,这些变动是合乎天意的,这是《尚书》的中心观念之一。《尧典》经近世学者的研究,考定出它的记载有符合实际的地方,不能把它完全当成伪材料看待。《尧典》开篇即提出"稽古"思想，中心内容表明了古代的民主禅让顺乎天意合乎民情，这里掺杂了战国时代人的大一统思想，但却留下了一些古代民主意识。这在后世看来是不可思议的事，却在先世出现了，而且作为圣人的治世举措、盛世的样板。《甘誓》记载夏启平定有扈氏的反叛，说这件事是天的意思，《甘誓》说："天用剿绝其命，令予惟恭行天之罚。"《汤誓》中商汤在灭夏桀时说的话，是义正词严，说"格尔众庶，悉听朕言，非台小子，敢行称乱！有夏多罪，天命殛之"。汤所以理直气壮地以臣叛君，一是"有夏多罪"，二是"天命殛之"，有"天"的支撑，自然是合理的。《牧誓》历数商纣罪行，宣称灭商的行动是代天行事。说：

> 今商王受，惟妇言是用，昏弃厥肆祀弗答，昏弃厥遗王父母弟不迪，乃惟四方之多罪逋逃，是崇是长，是信是使，是以为大夫卿士。俾暴虐于百姓，以奸宄于商邑，今予发，惟恭行天之罚。

商纣听信妇人的话，废弃祭祀先祖，昏庸无道，疏远亲族，却又亲近信任逋逃的罪犯，暴虐地对待百姓，这是上天所不允许的，武王宣称自己"惟恭行天之罚"。总之，《尚书》以上天为外衣，证明历史变动是合理的。

从《尧典》的"曰若稽古"到《周书》的《召诰》《酒诰》的殷鉴思想，贯穿的一条主线，就是对历史盛衰的总结。"'人无于水监，当于民监'。今惟殷坠厥命，我其可不大监抚于时"，《酒诰》指出历史的教训是严酷的，一代人主要从中总结带有规律性的认识，作为自己理政的借鉴。

仔细读《尚书》，我们可以体察它的眼光，它的盛衰总结的见解给人的启发是很深的。除注重鼎革迁移时代的经验总结，注意新旧朝代更替时留下的教训外，还能考察一个朝代在发展过程中兴衰变动的原因。如《多士》说：

> 自成汤至于帝乙，罔不明德恤祀，……在今后嗣王，诞罔显于天，矧曰其有听念于先王勤家？诞淫厥泆，罔顾于天显民祇，惟时上帝不保，降若兹大丧。

从商汤到帝乙，社会在向前发展，成功的经验在"明德恤祀"，从而得到上帝的帮助、保护。这里是就有商一代的统治的经验做出的概括。《无逸》篇总结了殷中宗、高宗、祖甲与周太王、王季、文王、武王的治理经验。《君奭》总结殷"坠厥命"的教训，又归纳了成汤、太戊、祖乙、武丁和周文王在用贤人上的成功经验。《尚书》已经不是就一帝一王的行事进行总结，它能够超过一帝一王，甚至超过某一朝代的时空，讨论兴衰的经验教训。后世的中国历史学继承这一优良的传统，写历史、总结历史。

《尚书》总结历史经验教训可以归结为两个方面，即"敬天"与"保民"。从殷商到周，"敬天"的思想又有发展，从敬天到怀疑天，"天不可信"，敬天又进而发展为"敬德"。这是历史总结的深入，也是历史意识逐步在摆脱神意的束缚，从人神混杂的状态中一步一步向前迈进。敬德、重德与保民两个方面的结合，说明《尚书》触到了历史变动原因的重要方面，把总结历史的眼光从天神转向人世。《康诰》说：

> 惟乃丕显考文王，克明德慎罚，不敢侮鳏寡，庸庸，祗祗，威威，显民。用肇造我区夏。

《召诰》说：

> 我不可不监于有夏，亦不可不监于有殷。……惟不敬厥德，乃早坠厥命。……今王嗣受厥命，我亦惟兹二国命，嗣若功。……上下勤恤，其曰我受天命，丕若有夏历年，式勿替有殷历年。欲王以小民受天永命。

另外，《梓材》说："肆王惟德用，和怿先后迷民。"《多士》说："自成汤至于帝乙，罔不明德恤祀。"

夏的衰亡商的兴起，商的灭亡周的兴起，都有各自的原因，但又有共同的原因。其灭亡的教训，兴起的道理，归结为两大方面的内容，这就是"德"与"民"。但无论哪一篇《尚书》中的文章都没有否决天帝的作用。《尚书》作者思考历史盛衰的思路大体是这样的：天帝支配社会的变动，其支点是人间帝王的"德政"，"德政"的中心内容是"保民"，谨慎地修德可以祈天永命。《召诰》说不可不敬德，"王其德之用，祈天永命"；又说不敬德、失德，则天降罚，"惟不敬厥德，乃早坠厥命"。到了周的时候，"敬德"更落到实处，而"天""命"更虚玄了。"敬德"的内容很广泛，在《周书》中的主要内容是"用康保民"①。

"保民"思想的中心内容是"知稼穑之艰难"。《无逸》以殷周两代的统治经历、两代治世之主成功的经验验证这一点。殷中宗"严恭寅畏天命，自度，治民祗惧，不敢荒宁"，中宗因此享国75年。高宗"时旧劳于外，爰暨小人……不敢荒宁，嘉靖殷邦。至于小大，无时或怨"，高宗做到了，知道小人的艰难，谨慎地行事，他享国59年。祖甲保持统治33年，他享国这样长久，也是因为"爰知小人之依，能保惠于庶民，不敢侮鳏寡"。《无逸》篇总结殷人成功的经验后，又分析殷人统治走向衰微的缘由："自时厥后，立王生则逸。生则逸，不知稼穑之艰难，不闻小人之劳，惟耽乐之从。自时厥后，亦罔或克寿，或十年，或七八年，或五六年，或四三年。"历史的经验归纳出来，明白无误地就是这些。周代的开国四位君王，都是贤王。从太王、王季、文王到武王，他们是贤王、圣君，可以以文王为例说明其中的经验："克自抑畏，文王卑服，即康功、田功。徽柔懿恭，怀保小民，惠鲜鳏寡。自朝至于日中昃，不遑暇食，用咸和万民。文王不敢盘于游田，以庶邦惟正之供。文王受命惟中身，厥享国五十年。"周公以殷、周两代历史的经验教训，启发幼主，从历史中吸取经验教训，他说：

> 呜呼！继自今嗣王，则其无淫于观，于逸，于游，于田。以万民惟正之供……
>
> 呜呼！自殷王中宗及高宗及祖甲，及我周文王，兹四人迪哲。……呜呼！嗣王其监于兹。②

《尚书》总结历史盛衰，提出另一个十分重要的问题，这就是"用人"。一代君王用什么样的人，用什么样的臣僚来经邦治国，这直接关系到社稷的兴亡治乱。成汤用伊尹，太甲有保衡，太戊有伊陟、臣扈、巫咸，祖乙有巫贤，武丁有甘盘，英主有贤才的辅佐，才有太平盛世的时代。《君奭》篇从中又提出另一个问题，这就是用人上要不拘一格。仔细分析一下上面提到的那些贤才，可以看到这些人多数不是高贵的公侯贵族，相反，他们多为下层人物，甚至是贱奴。人才贤否，不在身份，用人是用其"能"，用其"才"。《君奭》篇说："天惟纯佑命，则商实百姓……罔不是孚。"后代史学

---

① 《尚书·康诰》。
② 《尚书·无逸》。

家总结历史时，同样一再重复这样的认识。

《立政》篇又提出区分人臣贤与不肖的标准，作为衡量人才优劣的一个尺度，一个办法是让任职的人在位，考察他的实际才干，"迪知忱恂于九德之行"。内容是这样："宅乃事，宅乃牧，宅乃准，兹惟后矣。谋面用丕训德，则乃宅人，兹乃三宅无义民。桀德惟乃弗作往任，是惟暴德罔后。""宅"是"居"的意思，居其职守，让他们在自己的职位上表现出才干。"事""牧""准"，有的人解释是关乎天、地、人的职位。无论怎样说，立政的首要事情，是选拔有政绩的人。商汤又有"三俊"的考察人才的办法。后世所说的用人之道，即"官人"的经验，也是由这里引申出去的。

《盘庚》篇提出"人惟求旧，器非求旧，惟新"，又说"古我先王，亦惟图任旧人共政"。这些作为，将用人问题上面的、带有规则性的认识留给后人。其中的道理，《盘庚》篇也说得很坦白。一是统治的连续性，"古我先后既劳乃祖乃父，汝共作我畜民。汝有戕则在乃心。我先后绥乃祖乃父，乃祖乃父乃断弃汝，不救乃死"。就是说，前后的朝代统治没有根本的差异，只是前代到了末世，昏暴的君王所作所为，才使得先祖断绝和后代的连接。二是求得统治的安定，"予岂汝威，用奉畜汝众"。当然，如果反抗，那就是用另一个办法来对付，"我乃劓殄灭之，无遗育，无俾易种于兹新邑"。恩威并施中，用旧人是一个相当成功的手段。三是吸收人才的办法。这些旧人之所以被新主人看重，是由于他们在衰乱的社会里，显示了自己的见识，表现出了自己的治国才干，只是在那种环境里郁郁不得志，空怀一颗报效社稷之心。吸收这样一批人参加新朝的统治是非常有利的。后世史家提出"降臣可用"的经验，这可说是对《尚书》的历史盛衰认识的具体发挥。周人同样继承这一思想，周公在《大诰》中具体说到有周一代用商朝旧臣的成功经验，周用贤臣"十人"，对周朝很快能稳定下来起了很大的作用，这十人中就有旧邦之人。历代统治者之所以重视《尚书》，不是没有道理的。

《尚书》把君王的品德修养作为关系历史盛衰的大事提出来，作为历史学家总结兴亡教训的重要内容。如帝王要勤于政事，以至"不遑暇食"；人主要戒奢侈淫逸的行为，不能沉溺于酒色之中，也不可"盘于游田"猎获禽兽消遣享乐。这是行德政的重要前提。《酒诰》说："古人有言曰：'人无于水监，当于民监。'今惟殷坠厥命，我其可不大监抚于时。"在这篇文章中，有一条文王告诫子孙臣下的教训，"越庶国，饮惟祀，德将无醉"，殷王沉湎于酒色，生活腐朽，所以亡了国，周人能不腼于酒，"故我至于今，克受殷之命"。在古代，保民、行德政，离不开一代君王，因此，君王的品德修养，直接影响社会安定。从这个意义上说，《尚书》提出的问题很有价值。

能够注意周边关系问题，并且把这个问题作为历史盛衰的大问题看待，这是《尚书》历史盛衰论的卓识。只有边境安宁，"协和万民"，才会有一个升平的局面。

《尚书》通过历史的正面、反面事实，通过经验、教训，特别是历史的教训，给后世的帝王以鉴戒。伪《孔传》虽然是伪作，但是它说出了《尚书》所以受到历代君王重视的道理，这本书"所以恢弘至道，示人主以轨范也，帝王之制，坦然明白，可举而行"。深入思考历史盛衰变化，一经总结就成为一种有价值的认识。《尚书》是史，又是"经"，不从历史意识这个角度来思考，是解释不通的。《尚书》还可以从多角度去认识它，但是它提出的思想至少在两个方面是值得后世史家深思的。首先，它充满盛衰总结意识的历史眼光。中国历史上一代一代史家继承这个传统去写史，又在写史中把社会现实紧紧与之联系起来，忧世的情思，对历史前途的期望、信心，融化在对历史兴亡的深沉思考中。其次，对历史盛衰的具体的认识，很多认识一再被后世的历史所证实。历史是不断变化的，但又有常规的因素在重复起作用。有不少帝王读过《尚书》，知道这些信条，但是却不理会它，最终历史的惩罚降落到他们的头上，历史总是要保持自己的尊严。《尚书》通过历史盛衰的总结，从而达到"疏通知远"的目的，这正是《尚书》历史意识的特点。

第三节　《周易》的通变历史思想

《周易》是经历一个很长的历史时期才形成的，它反映了这个时期人们对历史的看法。因此我们首先要讨论《周易》的作者和时代的有关问题，历代学者对这个问题的看法分歧很大。多数学者认为《周易》的卦、爻辞写在西周初期或西周的前期。《易传》形成是在战国时期，这其中又有战国早期说、战国晚期说，或者战国中期至晚期说，等等。《易传》的各个部分，即《十翼》中的《彖》上、下，《象》上、下，《文言》，《系辞》上、下，《说卦》，《序卦》，《杂卦》，关于这些部分形成的时间，看法也是不一致。这里我们不能一一考订。大体上说，《周易》的卦、爻辞形成在西周前期，《易传》的主要内容是战国时期人写出的，后代人对它还在不断修改。西汉时，司马迁还说要"正《易传》"，可以看出，当时的《周易》并没有完全定型。但是，《周易》的主要内容在先秦时期已经完成，应该是没有问题的。

我们知道殷周两代处在不同的历史阶段上，殷周之际典制的变动相当剧烈，这一点，近代学者如王国维已经指出。而春秋战国时期又是一个历史的大变动的时代，可以说是中国古代社会天崩地解的时代。《系辞》的作者说："《易》之兴也，其当殷之末世、周之盛德邪？当文王与纣之事邪？是故其辞危。"又说："《易》之兴也，其于中古乎？作《易》者，其有忧患乎？"《周易》产生在这样一个大背景下，因此反映出变动时代的特征，是完全可以理解的。

关于《周易》的作者，历来众说纷纭。传统的说法是"《易》历三圣"，所谓伏羲画卦，文王系辞，孔子作《十翼》。另外，许多人把神农、夏禹、周公等也纳到《周易》的作者的队伍中，当然还有其他一些看法。对于这个问题，笔者的看法是：第一，如果这些圣人作为一个时代的代表，是可以说得通的，也是能够理解的。我们总以为，《周易》这样的作品，不可能是某一个人能够完成的，《周易》的思想和文字风格上的不同可以证明这一点。第二，我们有充分的理由说，《周易》的大部分内容是出自史官、史家之手。这层道理也是显而易见的。宋人朱熹说："《易》本为卜筮之书。"先秦时期史官兼掌卜筮，《左传》定公四年载："祝、宗、卜、史，备物、典策，官司、彝器。"《左传》昭公十八年载："使公孙登徙大龟，使祝史徙主祏于周庙，告于先君。"像这样的卜史、祝史并称的文字，在先秦文献中是屡见不鲜的，说明史与卜、祝在职能上有相同的一面。可以说，这正是远古时代的卜者演变的痕迹、线索。史官不但懂《易》，而且还是保存《周易》的人。鲁昭公二年，晋国韩宣子到鲁国，"观书于太史氏，见《易象》与《鲁春秋》"。又鲁庄公二十二年，"周史有以《周易》见陈侯者"。史官担任着"记言""记行"的职责，力求做到"书法不隐"，这一点和卜、祝有区别。但他们兼掌卜筮之事，这和卜、祝相同。史官精通《周易》是其职能的需要，通过对卦、爻辞的解说，通过对各卦之间及本卦之间爻位的联系、变动的阐释，把历史和现实的社会变动联结起来，展示自己对历史发展趋向的看法。史官职掌培育出通变的历史眼光，又为他们精通并发展《周易》提供了方便。如果把孔子、老子都算在史官之内的话，那么，我们说《周易》的大多数内容，是出自史官的手笔，则是确定无疑的。《周易》里蕴藏着精辟的历史见解，不但有丰富的对历史盛衰的认识，而且有极珍贵的具有辩证思维的通变思想。这是我们民族史学的精华。

《周易》的作者富有特色的认识，是通变的史学思想。《系辞下》说："神农氏没，黄帝、尧、舜氏作，通其变，使民不倦，神而化之，使民宜之。

《易》穷则变，变则通，通则久，是以自天佑之，吉无不利。"这是《易》的通变思想的典型表述。

易的意义，历来有变易、不易、简易等解释。实则"易"的中心观念是"变"，"变"而后"通"。司马迁说："《易》著天地阴阳四时五行，故长于变。"①章学诚特别推崇孔颖达对"易"的见解："孔仲达曰：'夫《易》者，变化之总名，改换之殊称。'先儒之释《易》义，未有明通若孔氏者也。"②历代很多学者看到了这一点。

《周易》认为世界是一个穷通变化的流动场景。"是故阖户谓之坤，辟户谓之乾。一阖一辟谓之变，往来不穷谓之通"③。自然天象的各种变化在通变中呈现出盈虚消息的波动，《丰·彖》说："日中则昃，月盈则食，天地盈虚，与时消息，而况于人乎？况于鬼神乎？"《泰·九三》说："无平不陂，无往不复。"自然界是这样，社会人事也是这样变化，《革·彖》说："天地革而四时成，汤武革命，顺乎天而应乎人。"社会历史的变动表现为盛衰的变动，表现为历史兴亡的交替。历史既有盛时，《泰》："小往大来。"高亨注："卦辞言：事业由小而大。"历史也有衰败时，"大往小来"；高亨注："事业由大而小。"见盛观衰的历史思想，后来也就成了史家总结历史的通变思想的来源。

《周易》的古史观念中的通变思想，又明显地包含进化的认识。《系辞下》把人类的起源、初民社会的进化的过程描绘出来：

> 古者包牺氏之王天下也，仰则观象于天，俯则观法于地，观鸟兽之文与地之宜，近取诸身，远取诸物，于是始作八卦，以通神明之德，以类万物之情。作结绳而为罔罟，以佃以渔，盖取诸《离》。包牺氏没，神农氏作，斫木为耜，揉木为耒。耒耨之利，以教天下，盖取诸《益》。日中为市，致天下之民，聚天下之货，交易而退，各得其所，盖取诸《噬嗑》。
>
> 神农氏没，黄帝、尧、舜氏作，通其变，使民不倦，神而化之，使民宜之。《易》穷则变，变则通，通则久，是以自天佑之，吉无不利。黄帝、尧、舜垂衣裳而天下治，盖取诸《乾》《坤》。刳木为舟，剡木为

---

① 《史记》卷一百三十《太史公自序》。
② 《文史通义》内篇卷一《易教中》。
③ 《周易·系辞上》。

楫，舟楫之利，以济不通致远，以利天下，盖取诸《涣》。服牛乘马，引重致远，以利天下，盖取诸《随》。重门击柝，以待暴客，盖取诸《豫》。断木为杵，掘地为臼，杵臼之利，万民以济，盖取诸《小过》。弦木为弧，剡木为矢，弧矢之利，以威天下，盖取诸《睽》。

上古穴居而野处，后世圣人易之以宫室，上栋下宇，以待风雨，盖取诸《大壮》。古之葬者，厚衣之以薪，葬之中野，不封不树，丧期无数。后世圣人易之以棺椁，盖取诸《大过》。上古结绳而治，后世圣人易之以书契，百官以治，万民以察，盖取诸《夬》。

远古时代人类发展是从渔猎经济到采集、种植经济，再到原始农业；从穴居野处，到房屋宫室的发明；从野蛮到文明，到文字的产生。社会管理从"垂衣裳而治"，到暴力机关出现，即"重门击柝，以待暴客"。地区的联系由于交通的进步得到了加强。《周易》的古史观点无疑是一种进化的观点。《周易》作者明确说明远古不是什么黄金时代。先民是在极端困难的环境里发展生产，逐步改善生活条件。远古社会的进步表现在各个方面，既体现在生产、生活上，也表现在文化上；既有经济方面的内容，也有社会管理方面的内容。社会发展到一定的地步，才有交换的发生、文字的产生和社会权力的形成。

《序卦》对人类社会的产生、发展，有一总的说明：

> 有天地然后有万物，有万物然后有男女，有男女然后有夫妇，有夫妇然后有父子，有父子然后有君臣，有君臣然后有上下，有上下然后礼义有所错。

人类是从自然中发展出来的。君臣上下礼义等级制度不是与天俱来、亘古不灭的东西，它是历史的产物。

需要说明的是，《周易》变化观应当进一步研究，它的宇宙观、世界观也不能简单地说是循环的运动观。《序卦》的作者，把六十四卦作一个体系看待。从《乾》《坤》《屯》《蒙》一直到《既济》《未济》构成一个体系，这个体系实际是一个开放的体系。王夫之说过："故列《乾》《坤》于首，以奠其经，要《既济》《未济》于终，以尽其纬，而浑沦无垠，一实万变之理皆具。""太极无端，阴阳无始"。① 事物不是做封闭圆圈式的运动，即使从阳复又回到阳，也不是旧事物的重复。王夫之以"浑沦无垠"，说明这个运动的特点是很贴切的。"太极无端，阴阳无始"，也表明这个体系是个开放的图式，是从六十四卦的体系说的，这是其一。其二，从每一卦六个爻组成的子体系上说也是如此。从初爻到二、三、四、五及上爻，是发展，上爻处于亢极的地位，穷极必返，但也不是从上爻回到初爻的状态、回归到原始的地位。《周易》用四时变化说明事物的运动："广大配天地，变通配四时"，"变通莫大乎四时"，这里只是用人们感受最深的四时变更，说明事物的变化、变更。

古代自然科学不发达，没有实验的科学，对世界的观察停留在直觉的阶段，这就限制了他们的认识。《周易》说明世界的变动有时近于是一种循环的观点，但他们又赞成、讴歌新事物，"日新之谓盛德"。这显然又是进化的思想，虽然这种进化的观点是有限的。

至于尧、舜以后的历史是怎样的，历史此后又经历了什么样的变化？《周易》没有系统地描述，但是从一些片段的内容，我们还是看出一个大概来。现在可以考订下列的材料是可信的："丧羊于易"②"帝乙归妹，以祉元吉"③"噬嗑：亨，利用狱"④"何校灭耳"⑤"鼎折足，覆公餗，其形渥"⑥。把这些零零星星的材料集中起来，至少说明夏、商、周三代的社会并不是充满仁义的时代。三代的统治同样是对外掠夺，对内残酷镇压、欺诈。很值得注意的是，《周易》没有用大段文字讴歌三代，三代在《周易》里，不是天理流行的世界。把三代作为充满天理的社会样板，是后来学者臆造出来的。

如果把所有的《周易》记录历史的内容汇集起来，就能大致体察出来历史是一个进步的历程。《周易》说明人类社会最初是洪荒世界，人类先祖在和动物杂处的野蛮状态中一步步进化出来，古代不是黄金时代，这种历史观念在当时世界上，能有几家？轻视中国史学思想的学者，仔细想过这个问题没有？有人只推崇西方思想家的打破古代世界"黄金说"，但这个观念在《周易》中明明白白地写出来。

---

① 《周易外传》卷七《序卦传》。
② 《周易·大壮·六五》。
③ 《周易·泰·六五》。
④ 《周易·噬嗑·象》。
⑤ 《周易·噬嗑·上九》。
⑥ 《周易·鼎·九四》。

《周易》的作者以通变的史学思想说明历史的变化、趋向，主张要顺应历史潮流而动。"天地以顺动，故日月不过而四不时忒"，"圣人有以见天下之动而观其会通，……是故圣人以通天下之志，以定天下之业，以断天下之疑"，等等。后世史家根据这些认识，论证历史变革的必要与必然，成为一种历史变革的理论。

在先秦时期，《周易》为史官评论历史、预断历史的前途，在"观国之吉凶"上提供了依据。下面举几个例子。第一个例子，周史通过议论陈厉公生子敬仲这件事，提出对历史发展趋向的看法。史载：

> 周史有以《周易》见陈侯者，陈侯使筮之，遇《观》☰☷之《否》☰☷，曰："是谓'观国之光，利用宾于王'。此其代陈有国乎？不在此，其在异国；非此其身，在其子孙，光远而自他有耀者也。坤，土也；巽，风也；乾，天也。风为天于土上，山也。有山之材而照之以天光，于是乎居土上。故曰：'观国之光，利用宾于王。'庭实旅百，奉之以玉帛，天地之美具焉，故曰：'利用宾于王。'犹有观焉，故曰其在后乎！风行而著于土，故曰其在异国乎！若在异国，必姜姓也。姜，大岳之后也，山岳则配天。物莫能两大，陈衰，此其昌乎！"
>
> 及陈之初亡也，陈桓子始大于齐。其后亡也，成子得政。①

第二个例子，是鲁昭公三十二年，史墨对时势的变动，有一段精彩的分析。史载：

> 赵简子问于史墨曰："季氏出其君，而民服焉。诸侯与之，君死于外，而莫之或罪也？"
>
> 对曰："物生有两、有三、有五、有陪贰。故天有三辰，地有五行，体有左右，各有妃耦。王有公，诸侯有卿，皆有贰也。天生季氏，以贰鲁侯，为日久矣。民之服焉，不亦宜乎？鲁君世从其失，季氏世修其勤，民忘君矣。虽死于外，其谁矜之？社稷无常奉，君臣无常位，自古以然。故《诗》曰：'高岸为谷，深谷为陵。'三后之姓，于今为庶，王所知也。在《易》卦，雷乘《乾》曰《大壮》☰☳，天之道也。昔成季友，桓之季也，文姜之爱子也。始震而卜，卜人谒之，曰：'生有嘉闻，其

---

① 《左传》庄公二十二年。

名曰友，为公室辅。'及生，如卜人之言，有文在其手，曰'友'，遂以
名之。既而有大功于鲁，受费以为上卿。至于文子、武子，世增其业，
不废旧绩。鲁文公薨，而东门遂杀嫡立庶，鲁君于是乎失国。政在季
氏，于此君也，四公矣。民不知君，何以得国？是以为君，慎器与名，
不可以假人。"①

这两段谈历史运动的大势具有历史通变的眼光。其一，用互体说，从
本卦到之卦，以《易》义阐释历史趋向。它以具有联系、发展的朴素辩证法
的思想预言历史的前途、趋势。周史指出，日后成子得政，其根据是"物莫
能两大"，是勤政，是民心服。当时的齐国的政事变动，周史心里是有数
的。《周易》中每一个卦构成一个特有的系统，相对于六十四卦总的体系来
说，是一个子系统。每一个子系统制约着每一个爻位的作用。在《易》学史
上，所谓的"当位说""中位说""趋时说""承乘说""往来说"等，其合理的地
方，也就在于从联系的上面，谈上下爻位的关系，揭示事物在发展中的相
互作用。史墨说鲁国历史的趋向，也是依据矛盾对立变化的思想做出判断，
对一个历史大时代的特征做出概括，说"三后之姓，于今为庶"，自然与历
史本身就是活的方法论教科书，史墨这样的史官，从中得到思想的营养，
又以获得的认识去解释历史，去预言历史的前途。其二，这种通变的眼光
又必须和对现实深邃的、正确的分析结合起来。鲁国国君丢弃百姓，而季
氏却是争取民心，"鲁君世从其失，季氏世修其勤"，这就造成季氏要夺取
大柄的内在依据。史墨把历史变动看作是天经地义的事，是"正大"之道，
这也是那个时代的特点。当然，史官的解释，带有神秘的色彩。但是，史
官对发展《周易》通变思想起了重要的作用，给通变的思想奠定现实的基础。
所以，史官在保存《周易》，及解释、应用《周易》上，起了很大的作用，对
《周易》的形成和发展同样做出了重要的贡献。

先秦的史官在政治地位上，一般都不太高。像周王朝的史佚那样的人
不多。但是，史官有历史知识，通《周易》，对现实了解，又担任"载笔"记
言记行的任务，他们对国家政治、军事和文化生活发挥了积极的作用。有
名的史官，如史佚、史墨、史赵、史鱼等，是史学家，也是政治活动家。
史官一面记载历史，又一面以《周易》的思想解释历史，预断历史发展的方
向，通过自己的活动，给现实的生活以积极的影响。因此，研究史学思想，

---

① 《左传》昭公三十二年。

要注意从史学思想的形成和史学思想的积极作用这两个方面进行分析。《周易》论历史的兴衰，比起《尚书》来，有相同的地方，又有自己的特点。首先，我们要指出的是，《周易》注意从运动过程中论历史的兴衰。《系辞下》说："善不积不足以成名，恶不积不足以灭身。"此外，如"履霜坚冰至"等。这些都是从事物发展的过程谈历史的兴亡。其次，《周易》发展了《尚书》的保民思想。《临·象》说："君子以教思无穷，容保民无疆。"《兑·象》说："兑，说也。……说以先民，民忘其劳；说以犯难，民忘其死。说之大，民劝矣哉。"兑，说也，说通"悦"。总之，要使民悦，统治才能巩固。这些认识后来一再被史学家所重复。中国史学史上的通变史学思想，是我们民族珍贵的思想遗产。这些论述，成了后人思考历史、观察现实、议论变革的基本理论。以后我们在有关的章节中还要进一步研究。

总之，贯穿在《周易》中的是通变的思想，它包括对自然运动的通变见解，也包括对社会盛衰运动的通变认识。宋人杨万里说："《易》者，何也？《易》之为言变也，《易》者圣人通变之书也。何谓变？盖阴阳，太极之变也；五行，阴阳之变也；人与万物，五行之变也；万事，人与万物之变也。古初以迄于今，万事之变未已也。其作也，一得一失；而其究也，一治一乱。圣人有忧焉，于是幽观其通，而逆紬其图，《易》之所以作也。"[①]

第四节 "三礼"和典制上的损益史观

汉初称《礼》为《士礼》，到了晋代才称作《仪礼》。对《礼记》来说，仪礼是礼中经的部分，《礼记》可以看作是传，是对《仪礼》经文的解释、说明与补充。《周礼》在汉初称为《周官》，刘歆将《周官》改作《周礼》。这是一部关于政治制度设施的书，其中不少寄托着儒家的理想，有很多后人的伪造。《周礼》《仪礼》《礼记》三部书合称作"三礼"。为《仪礼》作传的又有大戴、小戴之分，通常说的《礼记》是《小戴礼记》。《汉书》的《艺文志》说："传《礼》者十三家，唯高堂生及五传弟子戴德、戴圣名在也。"关于《三礼》成书的时代又是一个十分复杂的问题，笔者基本同意皮锡瑞的意见，即"《三礼》皆周时之礼，不必聚讼，当观其会通"。但是，《三礼》皆周时之礼，应当是就主要内容说的，更应当从思想上去理解，这是其一；其二，"不必聚讼"，应当说要进一步研究，只是不要纠缠在枝枝节节上面。"当观其会通"，这是十

[①] 《诚斋易传》原序。

分要紧的，从其基本的精神、基本的思想倾向上认识《三礼》。

三礼整体上说，论述等级礼制对于维系封建统治的特殊意义和行使封建国家职能的基本精神，说明礼制因革的根据。这其中，正确与谬误，变化与保守，人治与法治混杂在一起。历代帝王把它作为统治的大典，历代臣僚以它作为维系社会安定的依据，史家也以它作为经世大典。所以毫不奇怪，保守的人与变革的人，都可以从中找到自己需要的东西。提倡经世史学的学者，往往特别重视典制内容与历史的研究。

三礼把礼制作为历史的事物看待。礼制是社会发展到一定的阶段才出现的。《礼记·礼运》篇说："昔者先王未有宫室，冬则居营窟，夏则居橧巢；未有火化，食草木之实、鸟兽之肉，饮其血，茹其毛；未有麻丝，衣其羽皮。后圣有作，然后修火之利，范金、合土，以为台榭、宫室、牖户。以炮以燔，以亨，以炙，以为醴酪。治其麻丝，以为布帛，以养生送死，以事鬼神上帝，皆从其朔。"①这是说，上古时代先祖生活相当艰难，那个时代并不是美好生活的理想国，上古也不可能有礼制，社会发展到了一定阶段，有了火的发明，祭祀用的"醴酪"才可以制成。有了麻丝布帛，才可能有条件养生送死，才可能"以事鬼神"，没有这些物质条件，礼制难以建立。礼制不应当仅仅看作是某个圣人头脑的产物，礼制是对人的情欲的一种节制。《礼运》篇说：

> 何谓人情？喜、怒、哀、惧、爱、恶、欲，七者弗学而能；何谓人义？父慈、子孝、兄良、弟弟、夫义、妇听、长惠、幼顺、君仁、臣忠，十者谓之人义。讲信修睦，谓之人利；争夺相杀，谓之人患。故圣人之所以治人七情，修十义，讲信修睦，尚辞让，去争夺，舍礼何以治之？②

从根本上说，人的饮食、男女为人的"大欲"，死亡、贫苦为人的"大恶"，欲与恶为"心之大端"。表现出来是人情、人义、人利、人患，只有按"礼"行事，才能"治七情，修十义，讲信修睦，尚辞让，去争夺"。《礼运》篇从欲与恶两个方面，说明美与恶皆在其心，但又有趋恶的倾向。只有设"礼"，才能使得父慈子孝，夫义妇听，长惠幼顺，君仁臣忠，才能使得社会稳定，

---

① 《礼记》卷二十一。
② 《礼记》卷二十二。

秩序能够维持。礼的出现，是社会发展到一定阶段的需要。

《礼运》篇还有一段文字，说：

> 大道之行也，天下为公，选贤与能，讲信修睦。故人不独亲其亲，不独子其子，使老有所终，壮有所用，幼有所长，矜寡孤独废疾者，皆有所养。男有分，女有归，货恶其弃于地也，不必藏于己。力恶其不出于身也，不必为己，是故谋闭而不兴，盗窃乱贼而不作，故外户而不闭，是谓大同。
>
> 今大道既隐，天下为家，各亲其亲，各子其子，货力为己，大人世及以为礼，城郭沟池以为固。礼义以为纪，以正君臣，以笃父子，以睦兄弟，以和夫妇，以设制度，以立田里，以贤勇知，以功为己。故谋用是作，而兵由此起，禹、汤、文、武、成王、周公，由此其选也。此六君子者，未有不谨于礼者也，以著其义，以考其信，著有过，刑仁讲让，示民有常。如有不由此者，在势者去，众以为殃，是谓小康。①

从大同进到小康，从"大道之行"到"大道既隐"，礼义刑政制度才逐步建立起来，这是一个自然的过程，也是一个必然的过程，尽管圣人如禹、汤、文、武、成王、周公，也只能适应历史趋势用礼义以成治。这样清晰的认识，把古史的观念提到相当高的地步。因此，把古代儒家的礼制的论述，说成是倒退的历史观点，是不确切的。这其中有儒家的理想成分，也有一种历史必然认识的因素。古代思想家如孟子、荀子等从不同方面表述的思想和三礼的内容合拍。究竟是后人发展了《礼》的思想，还是《礼》融进孟、荀等的观点，可以进一步讨论，但先秦儒家的古史观念很值得重视。这里可以就《礼运》篇多说两句，这篇文献的思想相当庞杂，我们可以看到其中有儒、法、道、名各家思想的痕迹。但有一点，《礼运》篇强调安天下，要存危救亡，就应当用礼义，从治国安邦上面强调礼的价值，"故治国不以礼，犹无耜而耕也"。

三礼中的《礼记》在强调仁的同时，又特别强调"顺""大顺"，"先王能修礼以达义，体信以达顺，故此顺之实也"，这就更倾向道家的思想。所以三礼思想是复杂的，我们只能从总体上认识它的思想倾向。

---

① 《礼记》卷二十二。

　　等级礼制在那个社会是维系统治的根本制度。"父子笃，兄弟睦，夫妇和，家之肥也。大臣法，小臣廉，官职相序，君臣相正，国之肥也"。这是三礼表达的思想，也是历代统治者希望从这部书中索求的东西。他们把礼与义，及学、仁、乐结合起来，构造成一个体系。"故治国不以礼，犹无耜而耕也；为礼不本于义，犹耕而弗种也"。制度设立和思想修养结合在一起，礼制是儒家思想的体现，儒家意识又是礼制的依据。礼制的破坏，便成为社会动荡不安的征兆。《经解》篇说到婚姻之礼、丧祭之礼、朝觐之礼等一旦破坏，等级秩序将陷于混乱之中，社会将是一片衰危景象。《礼运》篇说："故唯圣人为知礼之不可以已也，故坏国，丧家，亡人，必先去其礼。"

　　三礼说明礼制在维持社会等级秩序中的意义时，它也说明随着时代的变化，制度应该变动，有因有革，《礼器》篇说："三代之礼一也，民共由之。或素或青，夏造殷因。"《礼记·表记》篇有一段托孔子的口说出来的话：

　　　　夏道尊命，事鬼敬神而远之，近人而忠焉。先禄而后威，先赏而后罚，亲而不尊。其民之敝，蠢而愚，乔而野，朴而不文。

　　　　殷人尊神，率民以事神，先鬼而后礼，先罚而后赏，尊而不亲。其民之敝，荡而不静，胜而无耻。

　　　　周人尊礼尚施，事鬼敬神而远之，近人而忠焉。其赏罚用爵列，亲而不尊。其民之敝，利而巧，文而不惭，贼而蔽。

　　　　············

　　　　虞夏之质，殷周之文，至矣。虞夏之文不胜其质，殷周之质不胜其文。

三代之制，并非完美无缺，夏、商、周各代的制度各有自己的特点，有文与质的区别，发展到一定的阶段，其自身的缺点、弊端便暴露出来了。三代之礼是赏罚相辅相成。各代制度有"因"的联系，也有"革"的必要。在总体上说，是一种质、文之变，具体到三代则是忠、质、文之变。这是另一种通变史观，后世史家从不同的角度阐发这样的思想。变革与保守，因循与守旧，各家的解释中表达出不同的思想倾向。

　　三礼的意义在于它提供了一套等级礼制的模式，阐释这一模式的依据与价值，也为这一套制度的因袭与变革的必要性做了说明。礼制包括吉、凶、军、宾、嘉各种礼仪以及职官、教育等各种制度规则。礼制思想渗透到生活方方面面。因革损益的史观蕴含在其中，影响后世史学思想的变化和发展，这种史学思想在无形之中规范人们的行事、处世、思维方式，它影响到人们的治学、参政。史学思想、历史观点绝不是消极的，它总是通过一定的途径对社会产生积极的作用，对政治生活给予正面或负面的影响。后世如宇文周的变革、王安石变法，甚至王莽的行事，或打着《周礼》的旗号，或从中寻找变动政治的根据。中国近代思想家，如康有为、孙中山，直至郭沫若都重视《礼运》篇中的思想。因此，我们不能把研究史学思想只看作是史学家的事，看作纯粹学理的探讨。

第五节 《春秋》的史义与属辞比事

《礼记·经解》篇中有一段文字对儒家经籍的意义做了说明："温柔敦厚而不愚，则深于《诗》者也；疏通知远而不诬，则深于《书》者也；广博易良而不奢，则深于《乐》者也；絜静精微而不贼，则深于《易》者也；恭俭庄敬而不烦，则深于《礼》者也；属辞比事而不乱，则深于《春秋》者也。"《春秋》的深义在于"属辞比事"，比较起来，《经解》篇的作者，对《书》《春秋》的评论，见解更深邃。《孔疏》："属辞比事，《春秋》教也者。属，合也；比，近也。《春秋》聚合会同之辞，是属辞；比次褒贬之事，是比事也。"《经解》篇把《春秋》的精义归结为"属辞比事"，说明《春秋》的编纂与观点统一，突出了它的史学价值。

在春秋战国时期，诸侯王国很多都有史书，其中不少是以《春秋》为书名的。晏子、虞卿、吕不韦等人的作品都称作《春秋》。墨子说见到过百国《春秋》，大约是真实的。这么多的作品大部分是历史记载，或者和历史记载有关。在这些《春秋》中，鲁国《春秋》最具有代表性，是中国的历史记载走向成熟的标志。鲁《春秋》不能说完全是出自孔子的手笔，但和孔子有关，应当是没有问题的①。

《春秋》纪事起于鲁隐公元年，止于哀公十四年，即所谓"获麟绝笔"。（即起于公元前 722 年，止于公元前 481 年，共 242 年。）史书从形式上看，必须把一定时期的历史从无限的过程中割裂出来，成为有起止的阶段性的事物的过程集合。史书编纂无论是"通史"还是"断代史"，都必须有时间上

---

① 参见周予同：《"六经"与孔子的关系问题》，朱维铮编：《周予同经学史论著选集》，上海：上海人民出版社，1983 年版，第 795～806 页。

的起与止。在这个无限的变化历程中，截取有限的时段，事物发生又有时间上的顺序，依此顺序记载编排史事，就是编年系事。所谓"比事"的哲学价值也就在这里。《春秋》较为严格地遵守了这些原则。《春秋》的编纂在一定意义上说，具有这种历史过程的无限与有限结合的意识。

《春秋》编年系事进一层又有四时的严格编排，《春秋》开篇便是"元年，春，王正月"，把时间的问题放在首要地位。《春秋》的记事逐年编排很严格，这些是《尚书》不曾具备的。从这一点上说，《春秋》也不能被视为是断烂朝报。《春秋》记事是比较简单，但是它记事简洁，这是其一；其二，有的记载也是有首有尾。僖公二十八年城濮之战，《春秋》记载相当详备，全文 220 余字。从僖公二十八年春"晋侯侵曹"写起，一直写到"天王狩于河阳"，最后写到曹伯襄复归于曹，遂会诸侯围许。战局上的风云变化，政坛上的形势起伏，写得有声有色。

其次，《春秋》是史事、史文、史义三者的结合。《孟子·离娄下》中记载孔子的一段话，说："王者之迹熄而《诗》亡，《诗》亡然后《春秋》作，晋之《乘》，楚之《梼杌》，鲁之《春秋》，一也。其事则齐桓、晋文，其文则史，孔子曰：'其义则丘窃取之矣。'"事、文、义构成史书中不可或缺的要素。关于《春秋》史义的概念，《春秋》史义究竟涵盖哪些内容？前人的看法不尽一致。对这个问题，我以为要从更为开阔的背景上来认识这一点。

《春秋》反映出史官对这个时期历史有一个总体的认识，这是后世人发明出来的。但如果《春秋》没有这一层思想，后人也没有办法虚构出来。洞察这一点比较深刻的是孟子，他说："世衰道微，邪说暴行有作，臣弑其君者有之，子弑其父者有之。孔子惧，作《春秋》。"①《春秋》写 242 年的历史，展示出这样一个"世衰道微"的变化全局，写出"政自天子出""政自诸侯出""政自大夫出"各个阶段。一部优秀的史书应该对一个历史时期有一个总体的看法，无论是通史，还是断代史，都应当是如此。在把握总体的认识的基础上，进一步写出阶段性的变化。

《春秋》对历史人物、历史事件的态度明朗，对于 242 年发生的一系列史事的是是非非，有一个基本的评价。这里有一个问题，即所谓的"《春秋》笔法""《春秋》义例"的问题。历来学人对这个问题的看法同样是众说纷纭。如果我们不纠缠具体的争论，那么下面几点看法还是能基本成立的：

第一，《春秋》基本上是一部记实事的史书。《左氏传》发挥了《春秋》的

---

① 《孟子·滕文公下》。

直笔精神。前人要把《春秋》说成是圣人的尊名分的经书，因此对《春秋》中揭发统治阶级腐朽的一面，避而不论。隐公元年，《春秋》记载郑庄公一家争权的丑事。颍考叔虽是"纯孝"，劝郑庄公回心转意，使郑庄公母子得以重叙天伦之乐，但是不久，颍考叔在争夺功名中死去，孝子却是一个追逐名利之徒。隐公二年，周郑交质，天子与诸侯的关系建立在一个极为脆弱的基础上，所谓名分等级的维持，不过是在经济利益冲突中求得一种平衡的反映。隐公五年，"矢鱼于棠"，记下国君的奢侈。桓公二年，"宋督弑其君与夷，及其大夫孔父"，又是一场血淋淋的斗争。《春秋》一部书中记载夏徵舒、鲁文姜的荒淫行径，反映国君的无耻，撕破礼的虚伪外衣，这些丑闻在《春秋》中占了相当大的分量。桓公三年、十八年，庄公二年、四年、五年、十五年、二十一年连续记载鲁文姜这些丑事，《春秋》经文毫不掩饰。《传》中庄公五年、二十一年的内容没有相关的事件记录，没有给《经》作传，这些事似乎说明一点，就是文姜在一定程度上可以左右鲁国的政治。齐国以文姜出嫁于鲁，干预鲁政。姜氏"非礼"，却为国君宠爱，作者并没有因为触及统治者的形象，掩盖这样的内容。至于齐桓、晋文夺取国柄，无不是伴随着一场骨肉相残的斗争。在政治斗争的舞台上，为了争夺权力，君君、臣臣、父父、子子之间，存在着极不和谐的音符。《春秋》把242年的历史展现在读者面前，绝不是在讴歌封建礼义道德，相反，它把二百余年的臣弑君、子弑父的场景淋漓尽致地展现给后世的人们。一定要说《春秋》有主观上的褒善贬恶，那么，在总体上它的倾向是我们特别要注意的，而不是去穿凿、发明什么义例。

第二，《春秋》记事的直笔和叙事上的曲笔是结合在一起的。《春秋》属辞上为尊者讳，同样是事实。明明是周天子为诸侯所召，却偏偏要书写"天王狩于河阳"。所谓"婉而成章"，里面是有深意的。作为一部统治者所需要的史书，它不能不直面严酷的现实，从中吸取经验教训；同时又要反映统治者的意图，要说明周天子统治的合理性。除借助于天、神的说教外，对于那些已经发生的事实，有损于当朝天子的地方，则曲为解说，用一些美好的词句加以掩饰。从这一面说，《春秋》的笔法，恰恰反映出史书的特殊性质。

《春秋》的笔法是字字寓褒贬，这一说法未必能成立。它已经受到历代有识学者的批评。在中国史学史上，有人认为《春秋》有贬无褒；有的人认为《春秋》只是记实事，无褒贬；也有人认为《春秋》字字有褒贬。还有一些其他的说法。字字褒贬说最流行，而受到的批评也最激烈。我不同意字字褒贬说，但《春秋》作者在行文上锤炼字句，确又反映了强烈的思想倾向和用心。顾栋高在《读春秋偶笔》中说："《春秋》书初、书犹、书遂，俱圣笔颊上添毫处。书'初献六羽'，以明前此之僭；书'初税亩'，以志横征之始。"在这些地方，顾氏有的是求之过深，但总的说来，顾氏的说法还是可取的。我们认为，《春秋》在遣词造句上颇费匠心，反映作者的思想倾向。行文上的尚简与用晦，其中又有作者的用意。这又是《春秋》的一大发明。把《春秋》看作是一部纯粹记实事的作品，完全忽视它的思想倾向，显然这种观点不能成立，也不能帮助我们理解这部作品。有的史家，为反对主观任意褒贬的史法，强调《春秋》只是记实事的史书，这是另一个问题。

《春秋》的编纂上有史义，行文中有史义，叙事上也凝含着史义。史文、史事、史义结合在一起，从而使《春秋》这部作品成为我国历史记载走向新阶段的标志。史学已经萌发，历史意识和历史作品的编纂逐渐融合起来。史学思想从最初的萌发状态，走向新的发展阶段。前人如皮锡瑞把"经"与"史"截然分开，他在《经学通论》中说，《春秋》重义不重事，经出于史，而史非经；史可以为经，而经非史。此说似是而非，经史有别，但史何尝不求义。无"义"之"史"，流水账一本，绝非历史著述。《春秋》的比事属辞，正说明这部史书的史学价值所在。《春秋》记载了征伐、朝聘、会盟的人事，以及山崩、水竭、日食、地震等自然变动，"天"与"人"在一部史书中结合起来，至少没有把"天"与"人"截然分开。这又是一种历史见识。后人由此演绎出"天人感应"的学说，也可以说是《春秋》学的别传。

《春秋》当然是一部有为而作的作品。《春秋》书中没有说明这一点。但是，它产生的社会效应是确切无疑的。《史记·太史公自序》说：

> 上大夫壶遂曰："昔孔子何为而作《春秋》哉？"太史公曰："余闻董生曰：'周道衰废，孔子为鲁司寇，诸侯害之，大夫壅之。孔子知言之不用，道之不行也，是非二百四十二年之中，以为天下仪表，贬天子，退诸侯，讨大夫，以达王事而已矣。'"

《史记·孔子世家》说得更明确，指出了《春秋》褒贬的用心：

> 子曰："弗乎弗乎，君子病没世而名不称焉。吾道不行矣，吾何以自见于后世哉？"乃因史记作《春秋》，上至隐公，下讫哀公十四年，十二公。据鲁，亲周，故殷，运之三代。约其文辞而指博，故吴楚之君

自称王，而《春秋》贬之曰"子"，践土之会实召周天子，而《春秋》讳之曰"天王狩于河阳"，推此类以绳当世。贬损之义，后有王者举而开之，《春秋》之义行，则天下乱臣贼子惧焉。

无论后世人们对《春秋》是怎样评价的，这部史书产生的影响都是巨大的。历史作品除了提供历史的经验教训外，还能够起劝诫的作用。前者重在政治治理上，后者着重在道德品质的教育方面，教育为人君、为人臣、为人父、为人子的道理。无论是《春秋》的作者是不是自觉意识到这一点，但是它留给后人的启示就是这些。历史盛衰鉴戒和历史的劝诫成为史学作品的两大社会功能。这一秘密被后人所发现，而有意识地运用到自己的写史中去。

历史意识走向新的发展阶段，史学思想通过具体的作品对社会产生积极的作用。史学在中国这个思维深沉的国度里，有着现实需要的这块地基，它将很快地成长为一门繁荣茂盛的学科。

第四章 先秦诸子历史观点的争鸣

先秦诸子的争鸣，是这个时期社会大动荡情景的写照。无疑，诸子的争鸣，包括历史观点的争鸣，这些不同的历史观点是中国史学思想的一个重要的组成部分，对后世的史学思想产生了重要的影响。这里不可避免地要涉及这样一些问题。

第一，诸子包括哪些范围？从史学思想的角度看，"六经皆史"，同样六经亦是"子"。传统中子学是很明确的，司马谈的《论六家要旨》还有《汉书·艺文志》的《诸子略》，以及后世的子部目录中各家，是"子"。现在的问题是，经部典籍可不可以作为"子"来认识？从"五经""六经"到"十三经"，"经"的内容在不断膨胀。到了"十三经"，已经构成一个完整的系统。从文字的小学，到入德之门的说教，再到形成观念的文献。但这又是一个庞杂的系统，《书》与《易》的观点不尽一致，至于把春秋三《传》拉在一起，这本身就很滑稽。因此后儒只好通过笺注、章句的办法，使之成为宣传封建伦理纲常及封建等级制度合理性的典籍。

六经提出了传统史学中的历史思想、史学思想的基本观念。在这之外，诸子以及一些十三经中内容，同样地提出各种历史观念，为以后的史学思想提供了历史观点的素材和原创的思维模式。

第二，诸子运用历史知识来表述自己的观点，反映他们的历史观点。他们运用的历史知识，基本是真实的，但也有他们的编造，近人顾颉刚先生提出"层累地造成的中国古史"说，揭露古代学人编造古史的事实。其实先秦思想家层累地造古史，通常是为了适应他们的历史观点争鸣的需要。对此，我们要看到，一是这些古史还是有真实历史的影子和痕迹，是瞽史传诵和以其他方式流传下来的。试想，如果没有这样一个依凭，他们在争鸣中立不住脚，也不可能与论敌抗衡。在历史朦胧的材料中，增添自己的理想成分，又受事实的制约。诸子把历史的、现实的和对未来的观点结合了起来。所以，在争鸣中，表述观点时有了回旋的余地，却又受到制约，把历史的、现实的和理想的观点联结一起，完整地表述他们的历史观念。

第三，研究诸子历史观点时，当知其言，还要知其所以言，弄清他们的真实的理念。如关于"先王"的观点，不能一看见赞美先王的言辞，就断定是复古的倒退的思想。诸子各家的历史观点争鸣很激烈，要分开来论述，俟之后日。这里只能就几个问题作一初步的分析。本章着重以先秦的材料为主，但有时要涉及汉代。一些材料可以断定为伪材料，但所谓"伪"是指书的"名"（包括书名、作者、时代等）与"实"不一致；但这些书反映那一时代一定的思想，讨论相关问题，也不能弃之不问。

第一节　古史的观念

先秦至汉代，诸子百家对历史的源头、对人类的起始，有不少论述，他们在对初民社会的描述中，有一些接近真理的因素。《周易·系辞》中对人类社会最初的状况的描述，就是一例。这在前面已经说过了。

战国时期的韩非对古史的认识与《系辞》相近。《韩非子·五蠹》篇中说：

> 上古之世，人民少而禽兽众，人民不胜禽兽虫蛇，有圣人作，构木为巢，以避群害，而民悦之，使王天下，号之曰有巢氏。民食果蓏蚌蛤，腥臊恶臭，而伤害腹胃，民多疾病。有圣人作，钻燧取火，以化腥臊，而民说之，使王天下，号之曰燧人氏。
>
> 中古之世，天下大水，而鲧、禹决渎；近古之世，桀、纣暴乱，而汤、武征伐。
>
> 今有构木钻燧于夏后氏之世者，必为鲧、禹笑矣；有决渎于殷周之世者，必为汤、武笑矣；然则今有美尧、舜、汤、武、禹之道于当今之世者，必为新圣笑矣。是以圣人不期修古，不法常可，论世之事，因为之备。
>
> ⋯⋯⋯⋯⋯
>
> 故曰：事异则备变。上古竞于道德，中世逐于智谋，当今争于气力。

韩非的历史思想承认历史的变化是一种必然，治国当顺应这种变化，上古、中古、近古、当今是历史发展的四个阶段，每个阶段的治理只能应时代的变化而变化。韩非说过当今如果顺应时代，可以超过五帝、三王。

但是当今是否一定超过古代？他有一个结论："上古竞于道德，中世逐于智谋，当今争于气力。"这和后来的皇帝王霸说以及"三代以德治天下，后世以力持天下"等说法，有近似之处。韩非历史观点的价值在于他的历史必变思想，为历史变革提供理论基础。他在论历史变化中强调圣人的作用，同时又注重"民悦"，也就是把民心作为决定历史趋向的一种力量。

荀子对古史的理解，一方面说明君臣、父子、兄弟、夫妇的等级是"与天地同理"，这只有君子能做到，"天地生君子，君子理天地"。另一方面，他以"气""知"与"义"相结合，说明人类的产生，强调"人"从"禽兽"中分离出来，经历一个斗争的过程。《王制》篇说：

> 水火有气而无生，草木有生而无知，禽兽有知而无义。人有气、有生、有知，亦且有义，故最为天下贵也。
>
> 力不若牛，走不若马，而牛马为用，何也？曰人能"群"，彼不能"群"也。人何以能群？曰"分"。分何以能行？曰"义"。故义以分则和，和则一，一则多力，多力则强，强则胜物：故宫室可得而居也。故序四时，裁万物，兼利天下，无它故焉，得之分义也。
>
> 故人生不能无群，群而无分则争。争则乱，乱则离，离则弱，弱则不能胜物，故宫室不可得而居也，不可少顷舍礼义之谓也。……君者，善群也。群道当，则万物皆得其宜，六畜皆得其长，群生皆得其命。

特别要指出的是，荀子的古史观念中说"礼"起于"欲"，认为礼是物质欲望的调节器。他说：

> 礼起于何也？曰：人生而有欲，欲而不得，则不能无求；求而无度量分界，则不能不争；争则乱，乱则穷。先王恶其乱也，故制礼义以分之，以养人之欲，给人之求。使欲必不穷乎物，物必不屈于欲，两者相持而长，是礼之所起也。①

《荀子》在论及人类的产生，提出"气""分""群"及"欲"等概念，从理论上做出了说明，这对古史研究是一个贡献。

---

① 《荀子·礼论》。

　　《周易·系辞》《韩非子·五蠹》及《荀子》在有关的篇章对后世关于古史的观念的论述产生较大的影响。后来唐代的柳宗元以及宋代思想家发展了他们的历史观。

　　关于古史观念，对后来影响较大的还应当提到的是《列子》这本书。这本书以"气"解说天地形成和人类的起源，又把上古的历史分成太易、太初、太始、太素几个阶段。所谓太易，是未见气；太初者，气之始；太始者，形之始；太素者，质之始。气清轻者，上升为天；浊重者，下而为地。[①] 宇宙事物皆由"气"变化而生成。这里把老庄的由无生有的观点具体化成一种历史观点，弥补老庄学说在历史观点上的不足。诸子历史观点的争鸣，一方面相互争论、斗争，另一方面又相互吸收。

　　《吕氏春秋》在古史观念上，有些见解是值得提出来的。《恃君览》说：

　　　　昔太古尝无君矣，其民聚生群处，知母不知父，无亲戚兄弟夫妻男女之别，无上下长幼之道，无进退揖让之礼，无衣服履带宫室畜积之便，无器械舟车城郭险阻之备。

　　这是秦汉时期的杂家的古史观念。到了汉代，《淮南子》的古史观对道家的古史观作了发展，它从"道""气"说明宇宙的形成和人类的形成。《天文训》说："道曰规始于一，一而不生，故分而为阴阳，阴阳合和而万物生。故曰：一生二，二生三，三生万物。"《精神训》阐明人类的出现，说：

　　　　古未有天地之时，惟象无形，窈窈冥冥，芒芰漠闵，澒蒙鸿洞，莫知其门。有二神混生，经天营地，孔乎莫知其所终极，滔乎莫知其所止息，于是乃别为阴阳，离为八极，刚柔相成，万物乃形。烦气为虫，精气为人。是故精神，天之有也，而骨骸者，地之有也；精神入其门，而骨骸反其根，我尚何存？

　　后来魏晋玄学、两宋的理学中一些古史观点，可以从《列子》《淮南子》中找到出处。在罗泌的《路史》、苏辙的《古史》等书中，我们都可以看出这一线索。至于《列子》和《山海经》等书中，说及上古之世的人类同自然的艰难斗争，同样值得重视。过去研究史学思想只注意研究儒家的经籍，而忽

────────────

　　① 　参见《列子·天瑞》。

视道家、阴阳家、杂家的材料，显然是一个不足。实在说，在儒家经籍中，除《周易》外，儒家的古史的观念比较贫乏，相对地说，道家、阴阳家、杂家中的古史思想则是丰富的。汉代的大儒董仲舒成为"儒者宗"，也要从阴阳家那里吸收资料，丰富儒家的历史观点。两宋的理学在构建古史时，往往从道家中寻找思想资料，是有道理的。

其他如《墨子·辞过》篇中，论及初民未知宫室、未知衣服的生活状况。墨家的古史观比较空泛，其立论，一是反对后王的暴敛，二是为他提倡"节用"寻找历史的依据。

第二节　先王和后王的观念

先王在诸子那里，一般指伏羲、神农、黄帝、尧、舜，以及禹、汤、文、武、周公。而在孔孟那里，主要是指尧、舜及禹、汤、文、武，所谓"祖述尧、舜，宪章文、武"。《论语·泰伯》篇载孔子的话，说："大哉，尧之为君也，巍巍乎！唯天为大，唯尧则之。荡荡乎！民无能名焉，巍巍乎其有成功也，焕乎其有文章。"称赞"舜有臣五人而天下治"。对禹，孔子在同一篇中，称道他："禹，吾无间然矣。菲饮食，而致孝乎鬼神；恶衣服，而致美乎黻冕；卑宫室，而尽力乎沟洫。禹，吾无间然矣。"《颜渊》篇中赞美尧能举贤。但重要的是孔子以三代之礼作为后世治理的范本，三代以后制度会有所变化，但三代的制度的基本东西不会丢失。《为政》篇说：

> 殷因于夏礼，所损益可知也；周因于殷礼，所损益可知也。其或继周者，虽百世可知也。

这是孔子推崇三代先王之治的基点，但这句话还是太空洞。孔子以后，儒家作了演绎，构成一幅理想的仁政社会的蓝图。孟子说孔子不道齐桓晋文之事[1]，这是说假话。孔子对辅佐齐桓公称霸的管仲不但提到，而且充分肯定管仲的历史功绩，说："管仲相桓公，霸诸侯，一匡天下，民到于今受其赐。微管仲，吾其被发左衽矣。"[2]这样称道"霸"者的作为，确实不合一些后世儒者的口味，尽管他们作了牵强的解释，但不可否认的是，孔子推崇

---

[1]　参见《孟子·梁惠王上》。
[2]　《论语·宪问第十四》。

先王，也表彰后王。

孟子称先王，把孔子的先王观向前推进了一步。他自称是"我非尧舜之道，不敢以陈于王前"①。先王之道的具体内容是：

其一，先王之道，是正经界行井田。滕文公深知孟子是"道性善，言必称尧舜"。当他向孟子求教为国之道时，孟子详说井田之法，这可以看成是孟子依据一些历史的材料，编出来的一种理想国方案。孟子最后作了一个小结，说：

> 夫仁政，必自经界始。经界不正，井地不均，谷禄不平，是故暴君污吏必慢其经界；经界既正，分田制禄可坐而定也。……请野九一而助，国中什一使自赋。卿以下必有圭田，圭田五十亩，余夫二十五亩。死徙无出乡，乡田同井，出入相友，守望相助，疾病相扶持，则百姓亲睦。方里而井，井九百亩，其中为公田。八家皆私百亩，同养公田。公事毕，然后敢治私事，所以别野人也。此其大略也。②

这分明是孟子在编造一个"大略"的蓝图，要是从中想象出商周有什么封建井田的事实，就不免上了孟子的当。

其二，先王之政是仁政。孟子说："三代之得天下也以仁；其失天下也以不仁。国之所以废兴存亡者亦然。"③这种兴废存亡之道，孟子说在得民心。他说："桀纣之失天下也，失其民也；失其民者，失其心也。得天下有道，得其民，斯得天下矣；得其民有道，得其心，斯得民矣；得其心有道，所欲与之聚之，所恶勿施尔也。"④

其三，节俭、勤民事。禹是恶旨酒而好善言，汤"执中，立贤无方"。即立贤使之在位，不问其类。文王视民如伤，武王不敢怠惰，"不泄迩，不忘远"。周公"思兼三王，以施四事，其不合者，仰而思之，夜以继日，幸而得之，坐以待旦"。⑤

其四，行孝悌之道。《离娄下》《万章上》各篇都是把舜作为孝悌模范。

----

① 《孟子·公孙丑下》。
② 《孟子·滕文公上》。
③ 《孟子·离娄上》。
④ 《孟子·离娄上》。
⑤ 《孟子·离娄下》。

其五，孟子一方面讲夷夏之别，另一方面，他指出只要得先王道，夷地的王者，也可得志于中国。他说："舜生于诸冯，迁于负夏，卒于鸣条，东夷之人也。文王生于岐周，卒于毕郢，西夷之人也。地之相去，千有余里；世之相后也，千有余岁。得志行乎中国，若合符节，先圣后圣，其揆一也。"①

孟子以真真假假的历史知识，说出他的三代先王之世的构想，实际上是他变革现实的一种追求。他以复古的方式，勾勒未来社会的蓝图。因此，不宜就说孟子的先王观是历史的倒退论。他并不是一个守旧不变的人，他说："由今之道，无变今之俗，虽与之天下，不能一朝居之。"②从另一个角度来看，孟子的先王观中多理想成分，不切于实际。以"博而寡要"评价孟子的说教，还是不错的。

墨子重先王，他说："周成王之治天下也，不若武王；武王之治天下也，不若成汤；成汤之治天下也，不若尧舜。"③这里就喜"乐"而言，孙诒让说："盖非乐之余义。"墨子说："然昔吾所以贵尧舜禹汤文武之道，何故以哉？以其毋临众发政而治民，使天下为善者可而劝也，为暴者可而沮也。然则此尚贤者也，与尧舜禹汤文武之道同矣。"④这是就为政而言的。他心目中的治理的范本，是尧、舜、禹、汤、文、武之道，他得出一个结论："尚欲祖述尧舜禹汤之道，将不可以不尚贤。夫尚贤者，政之本也。"⑤墨子仍是以颂先王之道的方式，来表述他治理、变革社会的观点。从形式上说，诸子中孔、墨并无区别，只是实质内容不一样。后期墨家与前期墨家思想不完全相同，但二者又相通，不能截然分开，这是谈墨学时应该说明的。

墨家的先王观有一种重今的因素。这一思想在其门人那里得到发挥，以为不能离开今天的现实，而大谈先王之道，"舍今之人，而誉先王，是誉槁骨也"。据记载，墨子进而阐发他"誉先王"的用意，认为，称赞先王之道，是看重先王之道对当今生人的价值，"今誉先王，是誉天下之所以生也。可誉而不誉，非仁也"⑥。因此，重先王、重古，与重后王、重今，又

---

① 《孟子·离娄下》。
② 《孟子·告子下》。
③ 《墨子·三辩第七》。
④ 《墨子·尚贤下第十》。
⑤ 《墨子·尚贤上第八》。
⑥ 《墨子·耕柱第四十六》。

有它的一致性。他说：

> 翟以为不若诵先王之道而求其说，通圣人之言而察其辞。上说王
> 公大人，次匹夫徒步之士。王公大人用吾言，国必治；匹夫徒步之士，
> 用吾言，行必修。①

所以诵先王之道，又要重当今。衡量言行是否得当，他提出"三表"作为标
准，说：

> 于何本之？上本之于古者圣王之事。于何原之？下原察百姓耳目
> 之实。于何用之？废以为刑政，观其中国家百姓人民之利。此所谓言
> 有三表也。②

墨子进而提出"三法"，又说凡出言谈，当先立"仪"，也就是确定是非
准则，这个准则是"三法"：

> 是故言有三法。何谓三法？曰：有考之者，有原之者，有用之者。
> 恶乎考之？考先圣大王之事。恶乎原之？察众之耳目之请。恶乎用之？
> 发而为政乎国，察万民而观之。③

墨子议论通古今人鬼，认为"言""动"的评判，当以是否成功为准则。
这就是他说的："凡言凡动，利于天鬼百姓者，为之。凡言凡动，害于天鬼
百姓者，舍之。凡言凡动，合于三代圣王尧舜禹汤文武者，为之。凡言凡
动，合于三代暴王桀纣幽厉者，舍之。"

因此，墨家的先王观，祖述尧舜先王，又重后王，而着重在"当今"。
墨子重历史，说："古之圣王，欲传其道于后世，是故书之竹帛，镂之金
石，传遗后世子孙，欲后世子孙法之也。今闻先王之遗而不为，是废先王
之传也。"④墨子重史为求鉴。他说先王之遗，书之竹帛，镂之金石，琢之盘

---

① 《墨子·鲁问第四十九》。
② 《墨子·非命上第三十五》。
③ 《墨子·非命下第三十七》。
④ 《墨子·贵义第四十七》。

盂，传遗后世子孙，如同《尚书》编纂用意："为鉴不远，在彼殷王。"①他不是一味以古代先王为政的模式为标尺（其中又多为一种理想），硬性裁定后代社会的是非。

荀子的先王与后王观念具有更多的积极因素。他是把审后王与法先王统一起来，说："天地始者，今日是也。百王之道，后王是也。君子审后王之道，而论于百王之前，若端拜而议。"②荀子推崇先王，也就是要法尧舜，"先王之道，则尧舜已"③。学问的渊源在先王，"故不登高山，不知天之高也；不临深溪，不知地之厚也；不闻先王之遗言，不知学问之大也"④。他由此得出一条看法："凡言不合先王，不顺礼义，谓之奸言，虽辩，君子不听。"⑤在法先王问题上有困难，这就是先王之道，没有完全传下来。但这样说，不是说后人不能法先王，理由是先王与后王之"道"是一致的，法先王与法后王不是两回事。荀子在《非相》篇又说：

> 故以人度人，以情度情，以类度类，以说度功，以道观尽，古今一度也。
>
> 类不悖，虽久同理，故乡乎邪曲而不迷，观乎杂物而不惑，以此度之。五帝之外无传人，非无贤人也，久故也。五帝之中无传政，非无善政也，久故也。禹、汤有传政而不若周之察也，非无善政也，久故也。
>
> 传者久则论略，近则论详，略则举大，详则举小。愚者闻其略而不知其详，闻其详而不知其大也。

荀子以"道"通古今为一的观点，论证法后王与法先王一致。所不同的是，因为时间久远，先王之传是"大"，是原则，后王事迹中同样体现"道"，只是更详细，更具体。因此，在后世人，重点要法后王。他说：

> 辨莫大于分，分莫大于礼，礼莫大于圣王。圣王有百，吾孰法焉？

---

① 《墨子·非命下第三十七》。
② 《荀子·不苟第三》。
③ 《荀子·大略第二十七》。
④ 《荀子·劝学第一》。
⑤ 《荀子·非相第五》。

故曰：文久而息，节族久而绝，守法数之有司，极礼而褫。故曰：欲观圣王之迹，则于其粲然者矣，后王是也。

彼后王者，天下之君也，舍后王而道上古，譬之是犹舍己之君而事人之君也。故曰：欲观千岁，则数今日；欲知亿万，则审一二；欲知上世，则审周道；欲知周道，则审其人所贵君子。故曰：以近知远，以一知万，以微知明。此之谓也。①

所以荀子的先王观，实则重后王，强调要治理好当今，就要重名分、重礼，这也就是先王之道。这一历史观点，后来在宋代的司马光那里，得到进一步的发挥。

荀子认为离开实际，离开根本，高谈法先王，是"略法先王而不知其统，犹然而材剧志大，闻见杂博，案往旧造说，谓之五行（指仁义礼智信），甚僻违而无类，幽隐而无说，闭约而无解"。同为儒家的荀、孟乃至子思，他们的先王观差别很大。荀子尊先王，实为尊后王，重当今。荀子认为子思、孟子所传的学术是不合于孔子的学术精神的②。因此，统而言之说儒家"博而寡要"，用在荀子那里，就不合适了。

荀子论先王、后王，认为道是贯于其中，只有理解了"道"，对世界才有全面的认识。他说："百王之无变，足以为道贯，一废一起，应之以贯，理贯不乱。……万物为道一偏，一物为万物一偏。愚者为一物一偏，而自以为知'道'，无知也。"③古今历史中，"道"贯彻其中，先王、后王统一于"道"之中，这就把法先王与法后王的思考上升到理论的高度。在另一处，荀子提出"百王之道"。道是"一"，"百王之道"也就是"一"。体现"百王之道"的"一"，是在《诗》《书》《礼》《乐》中④。而诸子论先王、后王为一，不理解这一点，认识上出现"偏""塞""蔽"。"天下无二道，圣人无两心。今诸侯异政，百家异说，则必或是或非，或治或乱"⑤。他强调先王、后王之道为一，落脚点在当今，"故善言古者，必有节于今；善言天者，必有征于人；

---

①　《荀子·非相第五》。
②　参见《荀子·非十二子第六》。
③　《荀子·天论第十七》。
④　参见《荀子·儒效第八》。
⑤　《荀子·解蔽第二十一》。

凡论者，贵其有辨合、有符验。故坐而言之，起而可设，张而可施行"①。
这是他思想中的积极因素。但他由此以为，只有无欲、无恶、无始、无终、
无近、无远、无博、无浅、无古、无今，兼陈万物而中悬衡，才能解蔽②，
这泯灭差别的观点又大大削弱了他的通变思想中"变"的一面。"变"为"不
变"所扼杀。

荀子由他的先王、后王观，进而说及王、霸，虽说"仲尼之门羞称王
霸"，但是荀子同样认为如齐桓公也有"天下之大节"③。王、霸有别，但王
与霸都是治国的需要，"故用国者，义立而王，信立而霸，权谋立而亡。三
者，明主之所谨择也，仁人之所务白也"④。荀子对王霸认识有其通达的
一面。

战国时期，先王与后王的历史观争论进一步发展，有了更大的突破，
这表现在摆脱了"礼""道"不变的观念。主张改革的政治家面对现实，他们
要进行变革，也只能再向前跨进一步。秦国商鞅面对"法古无过，循礼无
邪"的议论，直陈自己的观点说："三代不同礼而王，五伯不同法而霸。""治
世不一道，便国不法古。故汤、武不循古而王，夏、殷不易礼而亡。反古
者不可非，而循礼不足多"⑤。在商鞅那里，三代的礼与孔子、墨子、孟子、
荀子时代的礼相比，已经有变化，所谓的"礼""道""法"，都是因时而制定
的，古代的圣君都是"不循礼"而获得成功的；末世之君虽然"不易礼"，但
并没有保住社稷。赵武灵王在推行"胡服骑射"变革时，说出自己的看法：

> 先王不同俗，何古之法？帝王不相袭，何礼之循？虑戏、神农，
> 教而不诛；黄帝、尧、舜，诛而不怒。及至三王，随时制法，因事制
> 礼。法度制令各顺其宜，衣服器械各便其用。故礼也不必一道，而便
> 国不必古。圣人之兴也，不相袭而王；夏、殷之衰也，不易礼而灭。
> ……循法之功，不足以高世；法古之学，不足以制今。⑥

---

① 《荀子·性恶第二十三》。
② 参见《荀子·解蔽第二十一》。
③ 《荀子·仲尼第七》。
④ 《荀子·王霸第十一》。
⑤ 《史记》卷六十八《商君列传》。
⑥ 《史记》卷四十三《赵世家》。

这可以说是激进的法后王的历史观。但我们也要看到，他们虽然指出历史变化是绝对的，礼与法因时而制的事实。但是，历史有没有联系？三代之礼对于秦、赵这样性质的政权，是不是没有一点可资借鉴的东西？三代之礼是不是没有任何联系？如果有联系，那么是怎样的联系？这些问题没有回答，或者没意识到这一问题的重要。他们依自己的历史观进行变革，取得相当大的成功，秦的统一与这样的变革有直接的联系。但秦始皇统一以后，形势发生变化，如贾谊所说的"攻守之势异也"，治天下的政策，却是没有变化。秦政不改，秦也不可能自觉地从历史上吸取经验教训，最终又受到历史的惩罚。

史学思想、历史观点，并不只是史学家所关心的问题，一代的政治家、思想家也总是按一定的历史观点与史学思想，认识历史与思考现实。史学思想对社会发展产生的作用与影响，是不可以忽视的。

第三节　《洪范》和五行说

五行说的历史，有的学者以为可以上溯到夏，《尚书》中的《甘誓》记载了五行，但《甘誓》写成年代，学者的看法不尽一致。还有的学者考出殷商的卜辞中有五行的内容，这些都要作进一步的讨论。从《左传》的内容看，到了西周末，史官如史伯，春秋时的史官如史墨等，已经利用五行作为论说政治的依据。无可置疑的是，邹衍和《尚书·洪范》篇五行说，对后世影响很大。特别是《洪范》篇与后来史书的《五行志》有着直接的联系。《汉书》的《五行志》说："昔殷道弛，文王演《周易》。周道敝，孔子述《春秋》。则《乾》《坤》之阴阳，效《洪范》之咎征，天人之道粲然著矣。"又说：

> 汉兴，承秦灭学之后，景、武之世，董仲舒治《公羊春秋》，始推阴阳，为儒者宗。宣、元之后，刘向治《谷梁春秋》，数其祸福，传以《洪范》，与仲舒错。至向子歆治《左氏传》，其《春秋》意亦已乖矣；言《五行传》，又颇不同。

《洪范》篇对古代的历史观点的影响，一是它直接提供五行运转的思想资料与思维方式；二是天人感应说也是从《洪范》等文献中演绎出来的。当然，五行说又有自己的发展历史。一般来说，是从天人相杂，到天人相胜、五行相生。从原始的五行说，到邹衍的学说、《尚书·洪范》，再到《吕氏春秋《淮南子》，再到董仲舒、刘向、刘歆，以及《白虎通·五行篇》。五行说在这一过程中，形成一个体系，最终演化成一个神学的天人感应的学说思想体系。

邹衍认为，历史运动的顺序是：土、木、金、火、水。历史的各个朝代依次做循环的运转。后人说他"其语闳大不经，必先验小物，推而大之，至于无垠。先序今以上至黄帝，学者所共术，大并世盛衰，因载其禨祥度制，推而远之，至天地未生，窈冥不可考而原也"①。邹衍认为，一方面是五行相生，另一方面是五行相胜。五行相生是，木生火，火生土，土生金，金生水，水生木。五行相胜是，水胜火，火胜金，金胜木，木胜土，土胜水。人类社会也是做五德终始的循环运动。《文选·魏都赋》的注引《七略》，说：

> 邹子有《终始五德》，从所不胜：（土德后）木德继之，金德次之，火德次之，水德次之。

关于五德相胜五德终始说，《吕氏春秋》的《有始览·应同》篇有详细的记载，说：

> 凡帝王者之将兴也，天必先见祥乎下民。黄帝之时，天先见大螾大蝼，黄帝曰"土气胜"。土气胜，故其气尚黄，其事则土。及禹之时，天先见草木秋冬不杀，禹曰"木气胜"。木气胜，故其色尚青，其事则木。及汤之时，天先见金刃生于水，汤曰"金气胜"。金气胜，故其色尚白，其事则金。及文王之时，天先见火赤乌衔丹书集于周社，文王曰"火气胜"。火气胜，故其色尚赤，其事则火。代火者必将水，天且先见水气胜。水气胜，故其色尚黑，其事则水。水气至而不知，数备将徙于土。

归结起来：
黄帝：土气，色尚黄，其事则土。
禹：木气，色尚青，其事则木。
汤：金气，色尚白，其事则金。

---

① 《史记》卷七十四《孟子荀卿列传》。

周：火气，色尚赤，其事则火。

将代周者：水气，色尚黑，其事则水。

整个中国历史按照这些阴阳家的预言，以这样的图式做循环运动。一切都是天所决定的。他们承认历史是以一种必然的规则进行运动，是天意安排的循环运动。

《尚书·洪范》可以考定为战国后期的文字，它以五行作为天授的系统，说："天乃锡禹洪范九畴，彝伦攸叙。初一曰五行，次二曰敬用五事，次三曰农用八政，次四曰协用五纪，次五曰建用皇极，次六曰义用三德，次七曰明用稽疑，次八曰念用庶征，次九曰向用五福，威用六极。"据《汉书·五行志》所说，这六十五个字，皆《洛书》的本文，是所谓"天乃锡禹大法九章常事所次者也"。"洪范九畴"的内涵是：

五行：一曰水，水润下。润下作咸。二曰火，火炎上。炎上作苦。三曰木，木曲直。曲直作酸。四曰金，金从革。从革作辛。五曰土，爰稼穑。稼穑作甘。

五事是：貌曰恭，言曰从，视曰明，听曰聪，思曰睿。

八政是：一曰食，二曰货，三曰祀，四曰司空，五曰司徒，六曰司寇，七曰宾，八曰师。

五纪是：岁，月，日，星辰，历数。

建用皇极在于：天子作民父母，以为天下王。

三德：正直，刚克，柔克。

稽疑："择建立卜筮人"，"汝有大疑，谋及乃心，谋及卿士，谋及庶人，谋及卜筮"。

庶征：雨，旸，燠，寒，风，时。

五福：寿，富，康宁，攸好德，考终命。

六极：凶短折，疾，忧，贫，恶，弱。

《洪范》以五行为纲，以天人感应和强调皇权集中的思想作为理论基础，把从政的规范、准则、仪式，和个人的社会行为、准则与自然、天象、人间福祸遭遇糅合在一起，构成一个天人合一的系统。这应该说是《洪范》的五行说的实质。因此，这样的五行说成为后世封建王朝的政治思想、社会思想、历史思想的基本文献。谈五行说，不能丢弃其基本的内容。

五行说在中国历史上、在中国史学上的意义和影响，可以引顾颉刚先生的两段话来说明，他说：

> 五行，是中国人的思想律，是中国人对于宇宙系统的信仰；二千余年来，它有极强固的势力。①

他又说西汉末《世经》对五德相胜的次序作了改造，土木金火水的次序，变成了木火土金水的顺序。

> 这个系统是从什么地方出来的呢？大家不知道。然而大家都沿用它，无论作古史的和作通史的都依照着它。我们现在看到的历史书，从皇甫谧的《帝王世纪》直到吴承权的《纲鉴易知录》，没有不这样写的，也没有敢不这样写的。它是成了正统了！它是成了偶像了！它是成了大权威者了！②

由五行而三统，都是为了说明王朝政权合乎天意，新建立的王朝需要编排顺序，改正朔，易服色。各种正统的争论也借题发挥。各个朝代编写的史书适合这种需要，反映它的正统观点，追本求源，和《洪范》都有关系。

《洪范》在中世纪的作用，一是它为皇权神授提供了理论依据。说明皇权产生和集中是天意。这也是大一统的思想和专制主义中央集权统治的思想来源。二是为天人感应说解释灾祥现象，提供了一个基础。后来五行说与天象、历法、音律等联系起来，构成一个庞大的系统，可以说是《洪范》繁衍出来的图式。三是它指明等级统治的社会里，各个层面上人物行为的基本的要求。四是它既指明君权神授的一面，又指明治国安邦要重食货八政的道理，具有重庶民的一面。

《洪范》在中国史学思想上是一篇重要的文献，不能只从消极的一面去评价它，要注意它对中国封建社会的各个方面的影响。它对后世的史学思想的影响也是多方面的。如《洪范》八政中以"食货"为首，这个认识对于中国史书中典志和典制体史书的编撰，都产生过不可忽视的影响。《尚书·洪范》篇摆脱具体的历史事实细节，而提出历史社会的模式、为政的原则，这和其他的篇目不同，后代的统治者重视它也是有缘由的。由于这篇文献中的神意的说教明显，随着史学思想的发展，天人感应说、灾祥说不断遭到批判，《洪范》也不断受到批判，而《洪范》八政的某些内容，却是得到了发展。

---

① 顾颉刚：《古史辨自序》，下册，北京：商务印书馆，2011 年版，第 451 页。
② 顾颉刚：《古史辨自序》，下册，第 502 页。

第二编　中世纪史学思想的形成与发展

第五章 《史记》：史家的"一家之言"

第一节 学术汇于一的不同途径和司马迁的"一家之言"

白寿彝先生在《史记新论》中说："每当历史发展到一定的阶段，都有历史著做出现，为前代作总结。"这种总结有一个发展过程。从春秋战国到汉武帝，学术从百家争鸣到学术汇于一，和历史从分裂到大一统的过程相平行。《庄子·天下》说："百家往而不反，必不合矣。后世之学者，不幸不见天地之纯，古人之大体，道术将为天下裂。"表明了春秋战国时期的百家争鸣的出现不可避免，"道术将为天下裂"，是历史的趋势。到了战国中期以后，历史向着统一的方向发展，学术上也出现汇于一的要求。《荀子·非十二子》说，作为"仁人"，在那个时代应当"上则法舜、禹之制，下则法仲尼、子弓之义，以务息十二子之说。如是则天下之害除，仁人之事毕，圣王之迹著矣"。《韩非子》反对"兼听杂学"，说："自愚诬之学、杂反之辞争，而人主俱听之，故海内之士，言无定术，行无常议。夫冰炭不同器而久，寒暑不兼时而至，杂反之学不两立而治。今兼听杂学，缪行同异之辞，安得无乱乎？听行如此，其于治人又必然矣。"①虽然诸子对以什么思想去汇而为一，各家的学术看法不同，但都希望以自己的思想去统一各家思想。

秦始皇焚书坑儒，以暴力的办法，以粗浅的皇权天授的观念，钳制不同的思想。最终随着大帝国的崩溃，这种学术"定于一"的办法，也宣告破产。汉兴，海内为一，意识形态一统的任务又提出来了。西汉前期，叔孙通作礼，文帝好刑名之言，景帝不任儒，窦太后好黄老术，一时黄老思想成为新的"显学"。无为而治的政治，在学术思想上，只能在实际上采取一种包容的姿态。虽然窦太后不喜欢儒家学术，但儒学并没有被禁绝。《淮南

---

① 《韩非子·显学第五十》。

子》这样的兼包众家的著作应运而生。窦太后死后，儒学抬头。武安侯为丞相，黜黄老、刑名百家之言；而公孙弘因治《春秋》为丞相并封侯，这更是推波助澜，"天下之学士靡然乡风矣"。汉武帝时期，大一统的帝国在亚洲东部展现风姿，学术思想的一统成了这个时代的需要。

汉武帝时出现两种学术汇于一的途径。一种是从景帝以后出现一种倾向，董仲舒（前179—前104年）继之而起，明确地要求用行政的手段来罢黜百家，独尊儒术。他向汉武帝建议说：

> 《春秋》大一统者，天地之常经，古今之通谊也。今师异道，人异论，百家殊方，指意不同，是以上亡以持一统；法制数变，下不知所守。臣愚以为诸不在六艺之科孔子之术者，皆绝其道，勿使并进。邪辟之说灭息，然后统纪可一而法度可明，民知所从矣。①

为适应巩固统一帝国的需要，董仲舒把儒学神学化，将阴阳家的内容糅进儒学，提出"天人三策"。

和董仲舒主张不同的是司马迁。司马迁继承他父亲司马谈的学说，主张融汇众家之学，形成一种新的学说。写道：

> 《易大传》："天下一致而百虑，同归而殊途。"夫阴阳、儒、墨、名、法、道德，此务为治者也，直所从言之异路，有省不省耳。

六家学术都有合理的地方，各家学术尽管不完全一样，却都是"务为治者也"。《易大传》云："天下一致而百虑，同归而殊途。"说明学术发展的一种规律：不能以一种学术去消灭另一种学术，以一种思想去代替其他各家的思想。百家学要归于一，却又不能以以前的某一家学术替代各家学术；而正确的逻辑只能是，在总结消化各家学术的基础上，形成一种新的学术。这里不是采用行政手段，而是在总结、融汇各家学说的基础上，在吸收各家学术的长处的前提下，创造出新的"一家之言"。这就是另一种司马氏父子的学术汇于一的思维路径。"一致而百虑，同归而殊途"的思维观的价值在于，"这样一种思维运动所达到的成果是理论的体系化，或说体系化的理论。任何一门学问，任何一种有价值的学说，作为思维成果，都是一个理

---

① 《汉书》卷五十六《董仲舒传》。

论体系"。"无论哲学还是科学，一方面要求体系化；另一方面，任何个人、社会集团都会有所偏，所以整个的文化传统就表现为一致而百虑，百虑而一致的反复过程"。①

司马氏父子两代的努力，形成了具有特色的"一家之言"：一是对诸子学的总结，即对六家学术的批评与吸收，包括对儒家经籍的融会，以及对西汉思想家的思想的吸收；二是对以前的史书的总结；三是从当时的天文等自然知识中获得营养。

司马谈对诸子学的总结，是他哲理思想的基础。《论六家要旨》是一篇重要学术的文献，他是这样评论六家的：

> 尝窃观阴阳之术，大祥而众忌讳，使人拘而多所畏；然其序四时之大顺，不可失也。儒者博而寡要，劳而少功，是以其事难尽从；然其序君臣父子之礼，列夫妇长幼之别，不可易也。
>
> 墨者俭而难遵，是以其事不可遍循；然其强本节用，不可废也。法家严而少恩；然其正君臣上下之分，不可改矣。名家使人俭而善失真；然其正名实，不可不察也。道家使人精神专一，动合无形，赡足万物。其为术也，因阴阳之大顺，采儒墨之善，撮名法之要，与时迁移，应物变化，立俗施事，无所不宜，指约而易操，事少而功多。儒者则不然。以为人主天下之仪表也，主倡而臣和，主先而臣随。如此则主劳而臣逸。至于大道之要，去健羡，绌聪明，释此而任术。夫神大用则竭，形大劳则敝。形神骚动，欲与天地长久，非所闻也。②

第一，司马谈对六家的分析，是一次对诸子学的扬弃。

对于阴阳家，剔除了"使人拘而多所畏""大祥而众忌讳"等天人牵强比附的内容，吸收"序四时之大顺"的合理内容。墨家虽然规矩苛刻，"俭而难遵"，但是他们提倡"强本节用"，不应该废止。法家在执法上"严而少恩"，然而对于维持君臣名分，是很有用的。名家在察名实关系上，有不通大体、纠缠名谓、脱离实际事物的弊病，但辨正名实还是不可少的。

儒家的礼教烦琐不得要领，就是"博而寡要，劳而少功，是以其事难尽

---

① 冯契：《冯契文集》，第1卷，上海：华东师范大学出版社，1996年版，第248、252页。

② 《史记》卷一百三十《太史公自序》。

从"。但是在维持等级礼制上，"序君臣父子之礼，列夫妇长幼之别"，儒学是不可少的。

儒学除礼教以外，还有更多的内容。这一点，司马谈在后面还有一段对儒家六艺的分析。所谓"博而寡要，劳而少功"是六艺太繁难，"六艺经传以千万数，累世不能通其学，当年不能究其礼"，因此应当对它重新熔铸。司马谈对司马迁说到自己的看法："自周公卒五百岁而有孔子。孔子卒后至于今五百岁，有能绍明世，正《易传》，继《春秋》，本《诗》《书》《礼》《乐》之际?"可以看出对儒家经籍的重视。太史公对上大夫壶遂谈出自己对儒家经籍的看法：

> 夫《春秋》，上明三王之道，下辨人事之纪，别嫌疑，明是非，定犹豫，善善恶恶，贤贤贱不肖，存亡国，继绝世，补敝起废，王道之大者也。《易》著天地阴阳四时五行，故长于变。《礼》经纪人伦，故长于行。《书》记先王之事，故长于政。《诗》记山川溪谷禽兽草木牝牡雌雄，故长于风。《乐》乐所以立，故长于和。《春秋》辨是非，故长于治人。……故《春秋》者，礼义之大宗也。夫礼禁未然之前，法施已然之后。法之所为用者易见，而礼之所为禁者难知。

从这一段文字中可以看出，司马氏父子认为儒学的意义在于：一是礼教维持等级统治的重要；二是在六艺中，《春秋》和《易》尤其重要。"正《易传》，继《春秋》"作为首要的两件事被提出来，而这二者的结合，是历史哲学形成的必要前提。"绍明世，正《易传》，继《春秋》"三者合为一体，把历史和现实结合在一起，把写历史和对历史做哲学的思考结合在一起。司马迁接受了父亲的旨意，"迁俯首流涕曰：'小子不敏，请悉论先人所次旧闻，弗敢阙。'"他要全面完成父亲遗留下来的事业。他吸收了儒家思想中的精粹，汲取了合于封建大一统王朝需要的内容。

道家在六家中最受推崇，"道家使人精神专一，动合无形，赡足万物。其为术也，因阴阳之大顺，采儒墨之善，撮名法之要，与时迁移，应物变化，立俗施事，无所不宜，指约而易操，事少而功多"。在"正《易传》"任务未完成之前，把眼光聚焦到道家体系上，是不可避免的。道家从学术精神、方法上成了汇众家之长的指导思想。但应该看到，司马氏没有全盘接受先秦道家的学术，他对道家的"无为"思想作了扬弃，摒弃"小国寡民""绝圣弃智"等主张。因此而有人称司马氏父子是新道家，这是没有根据的。

司马迁对诸子学术的吸收，包括对西汉诸子即当时思想家的学术和思想的总结。这些思想不完全相同，但主题是两个：秦亡汉兴历史盛衰经验的总结，秦何以亡，汉何以兴，并以此警告西汉人主要吸取历史的教训；另一个议题是变革的必要。这两个方面往往又是结合在一起的，特别是到了文、景及汉武帝时期，随着社会矛盾的尖锐，变革成了中心的话题。贾谊、晁错、严安、徐乐等的思想就具有代表性。贾谊在《过秦论》中说：

> 然秦以区区之地，致万乘之势，序八州而朝同列，百有余年矣。然后以六合为家，崤函为宫。一夫作难而七庙隳，身死人手，为天下笑者，何也？仁义不施，攻守之势异也。

贾谊从秦亡的历史中，总结出血的教训。他承认秦在夺取天下时实行的政策的合理性。但是夺取天下后，一仍其旧，不行仁义的政策，最终导致"一夫作难而七庙隳，身死人手，为天下笑"。从这样的历史事实出发，贾谊说："故先王者见终始之变，知存亡之由，是以牧之以道，务在安之而已矣。"这是说给汉朝皇帝听的，夺天下后，就应当行仁义之道。他说的"攻守之势异也"，也就是打天下和守天下，应当采取不同的政策，不同的历史条件下，政策应当不一样。这种历史见解很有价值。陆贾说得更形象一些：马上可以得天下，但是马上不可以治天下，只有"文武并用"才是长久之术。汉高祖恍然大悟，明白总结历史的重要，于是对陆贾说："试为我著秦所以失天下，吾所以得之者何，及古成败之国。"陆贾写出《新语》十二篇，每奏一篇，刘邦"未尝不称善，左右呼万岁"。[①] 汉高祖能够在很短时期内稳定了统治，这和他尊重历史的经验教训是分不开的。

文、景之世虽说是治世，但危机四伏。汉武帝的政策把汉朝引向十分危险的境地。主父偃谏汉武帝，说："夫上不观虞夏殷周之统，而下循近世之失，此臣之所大忧，百姓之所疾苦也。"忧患不在一时之失，忧在蔑视历史，置历史经验教训于不顾。徐乐总结历史兴亡，把危亡分成"土崩"与"瓦解"两种：土崩，是陈胜一类的起义，"天下之患，在于土崩"，瓦解，是天下安定时，只是一些诸侯国谋反，虽一时嚣张，但成不了气候，所以天下之患不在于瓦解。危亡之时，贤主如果能注意前世之失，观万化之原，也可以转危为安。严安认为天下安危，不在一时的强弱，而在能不能根据时

---

① 《史记》卷九十七《郦生陆贾列传》。

势进行变化、更革，他说："周失之弱，秦失之强，不变之患也。"①汉武帝晚年能够改弦更张，和他能吸取历史经验教训有一定的关系。

西汉总结历史经验教训的思潮，富有变通的精神，司马迁在《史记》中给予特别多的关注。

司马氏父子对先秦至汉代诸子学的总结，可以归纳为这样几点：

——从道家及儒家中的《易》中，吸收观察历史的、富有辩证法因素的思想。

——从儒学及法家、名家中，看到用不同的方法维持等级统治的重要。

——重视诸子学术中治世有用的成分。

——西汉的思想家的言论中，以变化的观点言历史兴衰，给司马迁以深刻的影响。

——儒家经籍中的《春秋》受到司马迁特别的重视，他把自己写史看作是继承《春秋》的事业。《春秋》的史"义"和历史教育观点为司马迁所重视，下面我们还要作分析。

第二，司马迁对历代史书进行总结。史之成家是从司马迁开始的，在司马迁以前，《春秋》被归于六艺之中，除此之外，其他一些历史作品，对司马迁也产生了一定的影响。《十二诸侯年表·序》中有一段评论，说：

> 铎椒为楚威王傅，为王不能尽观《春秋》，采取成败，卒四十章，为《铎氏微》。赵孝成王时，其相虞卿上采《春秋》，下观近势，亦著八篇，为《虞氏春秋》。吕不韦者，秦庄襄王相，亦上观尚古，删拾《春秋》，集六国时事，以为八览、六论、十二纪，为《吕氏春秋》。及如荀卿、孟子、公孙固、韩非之徒，各往往捃摭《春秋》之文以著书，不可胜纪。

这些著作不一定都是史书，但都是《春秋》系列中作品，它们都和史书有关，有的是从中采集有关成败的内容，有的是删拾《春秋》的，有的是捃摭《春秋》之文以著书的。这段话后面有太史公的评论，说："儒者断其义，驰说者骋其辞，不务综其终始；历人取其年月，数家隆于神运，谱牒独记世谥，其辞略，欲一观诸要难。"②

---

① 《史记》卷一百一十二《平津侯主父列传》。
② 《史记》卷十四《十二诸侯年表·序》。

司马迁认为这些书是言上古史事，言盛衰的，这是应当肯定的。而这些书不能令人满意的地方，概括起来是，有的"断其义"，有的"骋其辞，不务综其终始"。而历人只注意书中年月的内容，数家借《春秋》宣传"神运"，谱牒家只选取记录关于"世谥"的材料。这样的作品，读了以后使人不得要领，继《春秋》之业，必得另辟蹊径。《春秋》以后将近五百年，可是没有一部合于时代需要的史书，没有一部书能真正称得上是继《春秋》之业的作品。西汉的历史兴亡总结的思潮，表明了时代迫切需要一部系统总结的历史巨制。司马迁的关于《春秋》类作品的总结，表明了他写史带有一种强烈的时代感、责任感。

除了《春秋》一类的作品外，司马迁读到的书籍是很多的。汉初曾废除挟书之律，汉武帝时广开献书之路，"百年之间，天下遗文古事，靡不毕集"。太史公司马迁有条件阅"金匮石室之书"，接触到的史书也一定是很多的。可以考订的除诸子、六艺、文集及《左传》《国语》之外，还有如《五帝德》《帝系姓》《谍记》《历谱谍》《终始五德之传》《五帝系谍》《秦记》《禹本纪》《山海经》等。这些书是司马迁写《史记》的材料来源，同时这些文本的编纂形式促成《史记》本纪、世家、列传、年表、书五种体例的形成。在这里，我们要注意的是司马迁把编纂史书，同维系封建等级统治的需要以及大一统王朝的气度联系在一起，形成他的富有特色的编纂学思想。《太史公自序》说：

> 网罗天下放失旧闻，王迹所兴，原始察终，见盛观衰，论考之行事，略推三代，录秦汉，上记轩辕，下至于兹，著十二本纪，既科条之矣。并时异世，年差不明，作十表。礼乐损益，律历改易，兵权山川鬼神，天人之际，承敝通变，作八书。二十八宿环北辰，三十辐共一毂，运行无穷，辅拂股肱之臣配焉，忠信行道，以奉主上，作三十世家。扶义俶傥，不令己失时，立功名于天下，作七十列传。凡百三十篇，五十二万六千五百字，为《太史公书》。序略，以拾遗补艺，成一家之言，厥协六经异传，整齐百家杂语，藏之名山，副在京师，俟后世圣人君子。

从史书编纂的主旨，编纂的形式，时间断限，各种体例的特色，以及它们之间的关系，司马迁说明了《史记》的特点，从而使《史记》"成一家之言，厥协六经异传，整齐百家杂语"。每一种体例，既适应了总结历史经验教训的需要，又要构建出一种体例上的联系，体现封建中央集权的等级关系："二十八宿环北辰，三十辐共一毂，运行无穷，辅拂股肱之臣配焉，忠信行道，以奉主上。"

第三，司马迁从天文星象的运动等自然知识中汲取智慧。司马迁的家学就有这种特色，司马谈"学天官于唐都"，精通天文知识。这也是中国史学上的一个传统，史官除记时书事外，还要担任天象观察和制定历法的任务。这给中国史学带来两重影响。一是史官把"天"与"人"联系起来解说社会现象。史官把自然现象和人事相附会，从而变成了一个天人相关的理论。二是从四时、天象的往复变动中，得到启迪，悟出社会人事也在变。这与以静止观点看待历史的天不变、道不变的观点相对立。司马迁是史学家，也是天文学家，他的思维也具有二重性的特征。虽然他没有摆脱天人相关理论的束缚，但就主导方面来说，他强调社会历史在变。《天官书》中说的"天人之际续备"，其内核是"变"。他否定"星气之书"的"机祥"之说。因此其"究天人之际"的命题：第一，是说天人感应没有根据；第二，天象四时都在变，社会人事也在变，"变"是共同的；第三，天变有"道"，社会人事之变也有道。《货殖列传》说人事社会之变是一个必然，"道之所符，自然之验"。司马迁从"天"的运动中得到对人事变迁过程的理解。侯外庐先生主编的《中国思想通史》说："司马迁是当时懂得自然科学的一位学者，他研究过天文星历，也参加过武帝时代修订历法的科学工作。因此，他的唯物主义世界观和他的科学知识是联结在一起的。"[1]同样，司马迁的历史盛衰认识的变通观点，也是和他的科学知识联系在一起的。

应该说，司马迁的"究天人之际"的思想是两个方面，司马迁既承认天人相分，也意识到天人相关。从一方面看，天人相分，自然的天不能支配社会的人事，所以司马迁反对天人感应的说法。《伯夷列传》对天命的观点表示怀疑，他说伯夷、叔齐是善人，义不食周粟而饿死首阳山，显示义行与天的报应相背离。此外，如七十子之徒，仲尼独荐颜渊为好学；然回也屡空，糟糠不厌，而卒早夭。"天之报施善人，其何如哉？盗跖日杀不辜，肝人之肉，暴戾恣睢。聚党数千人横行天下，竟以寿终。是遵何德哉？……傥所谓天道，是邪非邪？"这完全否定天命的存在。《项羽本纪》记载项羽在临死前还不承认自己的失败，说是"天亡我"，司马迁指出项羽在五年的楚汉相争中失败了，"身死东城，尚不觉寤，而不自责，过矣。乃引'天亡我，非

---

① 侯外庐、赵纪彬、杜国庠等：《中国思想通史》，第2卷，第134页。

用兵之罪也'，岂不谬哉"。这就说明了天与社会人事是不相关的，但是，另一方面自然的天对人类有影响，天人不是完全不相关。从《史记》全书看，天对人的影响，有几个方面。一是自然地理条件对社会有影响。《货殖列传》《平准书》表述得最清楚，下面我们还要分析。二是从自然的运动中得到对社会变化的理解。天象四时有盛衰的变化，人类社会也有盛衰的运动。天象运动是盛极而衰，社会历史也是一种盛极而衰，他把运动作为自然和社会的共同的特征，这已经是一种哲学的升华。附带说一句，这是我国古代思想家共同的优点。汉代董仲舒也具有这样的思维途径，但是董氏视天为有意志的历史最终的主体，是天支配社会，并且把人体也和天体比附，演绎成神学的历史观。司马迁的历史观恰恰是把神学的历史观颠倒过来。司马迁在一些地方还不彻底，残存一些迷信的东西。但从整个体系上说，司马迁从哲学的意义上来理解"天"，是从天象的运动变化中得到启示，形成他的历史盛衰论。

所以，司马迁的"一家之言"，是在融汇百家之学的基础上形成的。司马迁不应当归于某一家，他既不是什么新道家，也不是儒家，也不是其他"家"。司马迁是"史家"，史之成家应该从司马迁始。在中国，史学真正成为"家"，成为一门独立的学问，应该从司马迁开始。有人以为中国史学成为一门独立的学科，是从南朝刘宋文帝建儒、玄、文、史四学开始的，这是一种很表面的看法。作为一门独立学科的形成，应当有自己的基本的要素：首先，要有自己的思想体系；其次，要有一个较为完整的学术上的体系；最后，这个学科要有自己的学风上的特点，或者在研究方法上，或者在编纂方法上有自己的特征。把宋文帝立四学作为史学学科形成的标志，是不能成立的。

那么司马迁的"一家之言"的学术特点、基本特征是什么呢？

第一，《易》学、道家学术中的富有辩证法因素的通变思想，成为司马迁的历史过程论的核心。"受《易》于杨何，习道论于黄子"，是司马迁的家学，也是他的思想的基本特点。这里要讨论杨何的《易》学，据《史记·孔子世家》，孔子以后传《易》者，自商瞿至杨何是八传，《汉书·儒林传》的记载是九传，这里不作详细辩论。"汉兴，言《易》自淄川田生"，"要言《易》者，本之田何"，田何传四人：王同、周王孙和丁宽、服生。丁宽师事田何，后又从周王孙"受古义"，他曾作《易说》三万言，其特点是"举大谊而已，今《小章句》是也"。丁宽传田王孙，田王孙授施雠、孟喜、梁丘贺。孟喜言阴阳灾异，始改师法，"（孟）喜好自称誉，得《易》家候阴阳灾变书，诈言师田生且死时枕喜膝，独传喜，诸儒以此耀之"。此后由孟喜而焦延寿，而京房，"（京）房以明灾异得幸"。此一派，如近人皮锡瑞所说，是《易》之别传，又渐成汉《易》之大宗，煽起言阴阳灾变的思潮。杨何师从王同。杨何除传司马谈外，还传另一个叫京房的人，他又传梁丘贺，贺"更事田王孙"，后来梁丘贺因"以筮有应"，受到宣帝的宠幸，这已经偏离杨何之学。

《汉书·艺文志》著录王同的《易》学著作《王氏》二篇，杨何的《杨氏》二篇。这些作品内容无考，但《汉书·艺文志》没有提到他们"改师法"。因此这些作品是守田何师门之作。汉初《易》有一个基本的特点，就是皮锡瑞说的："汉初说《易》，皆主义理、切人事，不言阴阳术数。"①司马氏父子的《易》，基本沿着这个路数。

司马谈"受《易》于杨何"，去世前，又交代儿子司马迁要"正《易》传"。司马迁在这方面做了哪些工作？这对他写《史记》产生怎样的影响？应当作进一步的讨论。从《史记》中涉及《易》的内容看，至少有这几点可以提出来：

——司马迁特别重视《易》的通变思想，并且把它用到观察社会人事上面来。《太史公自序》评论儒家的六艺时，着重指出："《易》著天地阴阳四时五行，故长于变。"《平准书》中说的"物盛则衰，时极而转"，"汤、武承弊易变，使民不倦"，这些地方明显的是接受了《易》学的通变的思想。下面我们还要谈到这一点。

——学术上汇通的见解。《论六家要旨》开篇说："《易大传》：'天下一致而百虑，同归而殊途。'"如前所分析，这正是他学术思想的基石。

——以《易》评论史事。《屈原贾生列传》说："《易》曰：'井泄不食，为我心恻。可以汲。王明，并受其福。'王之不明，岂足福哉。"

——论时事发展的趋势。《田敬仲完世家》的"太史公曰"说："盖孔子晚而喜《易》。《易》之为术，幽明远矣，非通人达才孰能注意焉。故周太史之卦田敬仲完，占至十世之后；及完奔，懿仲卜之亦云。田乞及常所以比犯二君，专齐国之政，非必事势之渐然也，盖若遵厌兆祥云。"这里要联系《左传》有关记载，周太史以《易》预示田氏代齐，其基本思想是"物莫能两大"，从矛盾双方的相互转化上，谈事物发展的前途。司马迁也正是从这一点上肯定《易》的"幽明远矣"。虽然这一段话的结尾说得很隐晦，带上卜筮的色彩。其他如《楚元王世家》等篇中，司马迁引《易》的论述都能反映出他所受的影响。

---

① 皮锡瑞：《经学通论》，上海：中华书局，1954 年版，第 16 页。

道家，如《汉书·艺文志》所说，"盖出于史官，历记成败存亡祸福古今之道"，而司马迁又重视它的精髓，"与时迁移，应物变化"。司马迁从中吸收的是什么也就非常清楚了。

当时的自然科学知识给司马迁以实证的根据，但这方面的知识的有限又局限了司马迁的眼光。《易》、道家及天文的知识结合在一起，形成了司马迁特有的通变的思想。

第二，以前史书、思想家的作品对历史盛衰的总结，这种历史总结的意识也是司马迁"一家之言"中的十分重要的成分。

第三，对历史史书包括《春秋》在内的总结，司马迁得到的是一种历史教育的思想。以前史书在编纂上的各自的特有形式，司马迁把它综合起来，结合他的大一统思想，从而使他创造出新的著作编纂体裁——纪传体。这是他"一家之言"在形式上、风格上的反映。

从司马谈的学术到司马迁"一家之言"，正是把《老子》《易》和"天官"学中的辩证思想熔铸为新的学术。司马迁的历史观富有辩证法的特点，使他对历史盛衰的认识达到一个新的高度。从内容到形式、从思想到风格，《史记》的成书都标志着史学成为一门独立的学科。史之成"家"是始自司马迁。

第二节　原始察终，见盛观衰：司马迁对历史变动过程的认识

如前所说，汉代很重视总结历史的兴亡。刘邦置酒洛阳，问臣下："吾所以有天下者何？项氏之所以失天下者何？"①他要陆贾"'试为我著秦所以失天下，吾所以得之者何，及古成败之国'。陆生乃粗述存亡之征，凡著十二篇，每奏一篇，高帝未尝不称善"②。汉文帝时，张释之对秦汉历史的盛衰有很好的见解，为文帝所称道，"（张释之）言秦汉之间事，秦所以失而汉所以兴者久之，文帝称善"③。贾谊、晁错对历史兴衰有深刻的认识。汉武帝时，主父偃、徐乐、严安以历史的兴衰事实对现实进行批判。武帝听到他们的言论，受到了震动，说："公等皆安在，何相见之晚也。"④问题不在于

---

① 《史记》卷八《高祖本纪》。
② 《史记》卷九十七《郦生陆贾列传》。
③ 《史记》卷一百〇二《张释之冯唐列传》。
④ 《史记》卷一百一十二《平津侯主父列传》。

一代人主对历史兴亡总结的重视，重要的是以怎样的眼光去思考历史兴衰，并且用这种认识去分析现实，为社会摆脱危机寻找出路。司马迁在这样一个大的背景下，把历史兴衰的总结提高到一个新的高度上。

司马迁把历史盛衰作为一个过程来把握，他强调要从终始完整的历程去认识历史。《太史公自序》说，他著史是为了"网罗天下放失旧闻，略考其行事，王迹所兴，见盛观衰"。在《报任少卿书》中，司马迁说自己发愤修史，意在"网罗天下放失旧闻，略考其行事，综其终始，稽其成败兴坏之纪"。这都是说史书要从整个历史过程去认识它，不综其终始，仅仅从某一个片断、某一个局部着眼，很难找到造成盛衰的真正的原因，很难对历史事件、历史人物做出恰当的评价。举一个例子，不少人对秦始皇不能做出公正的评价，他们只是看到这个皇帝统治的时间很短，享国时间短暂，便完全否定这位千古一帝。司马迁说，造成这种谬误的原因之一是，"学者牵于所闻，见秦在帝位日浅，不察其终始，因举而笑之，不敢道，此与以耳食无异"①。"不察其终始""因举而笑之"，也就是缺少历史的眼光，导致对历史人物评价的谬误与浅薄。为了考察惠、景之间的历史兴衰，司马迁作年表时，"咸表始终，当世仁义成功之著者也"。

历史的过程不是一个平静的过程，这个过程自始至终都是在变动之中，这个变动是一个盛衰的波动。《史记》一个很大的特色，就是从盛衰变动的全过程把握历史。如《秦本纪》与《秦始皇本纪》合在一起，就把秦从诸侯国到一统天下，再到这个王朝的崩溃的整个兴衰过程写出来了。《秦本纪》写秦朝兴起的历史；《秦始皇本纪》写出秦一统天下，从盛世走向衰落，写到始皇之死，二世自杀，并叙述项羽"主命分天下王诸侯，秦竟灭矣。后五年，天下定于汉"②。这样就把"秦起襄公，章于文、缪、献、孝之后"，到"蚕食六国，百有余载"；从秦一统天下，到二世自杀、项羽杀子婴的过程展示出来。在这样的过程中，盛衰迭起，风云聚会。汉代思想家纷纷探讨秦亡汉兴的道理，司马迁继承前代历史总结的意识，把兴亡的历程完全展示出来。司马迁将历史的兴亡教训的总结寓于叙事之中，"太史公曰"则是直抒胸臆。

历史盛衰过程是由不同的阶段、时期组成的。司马迁说："物盛而衰，固其变也。"但是，历史不是只有"盛"与"衰"两个阶段，盛衰的变动是复杂

---

① 《史记》卷十五《六国年表·序》。
② 《史记》卷六《秦始皇本纪》。

的，也是贯彻于全过程之中的，并且因此显示出阶段来。《殷本纪》这样写雍己以后的历史：

帝雍己："殷道衰，诸侯或不至。"

帝太戊："殷复兴，诸侯归之，故称中宗。"

帝河亶甲："殷复衰。"

帝祖乙："殷复兴。"

帝阳甲："殷衰。"

帝盘庚："殷道复兴。"

帝小辛："殷复衰。"

帝武丁："殷国大治。""殷道复兴"。

帝甲："殷复衰。"

帝乙："殷益衰。"

帝辛（纣）：殷"亡"。

殷代的历史是一个盛衰不断变动的过程，从殷的兴起到帝雍己的衰，以后是：复兴、复衰、复兴、衰、复兴、复衰、复兴、复衰、益衰、亡。一代王朝的历史就是这样一个变动的情景。司马迁的盛衰观，又可以说是他的历史阶段的思想。在太史公笔下，大到一个时代、一个朝代，小到一个人物的遭遇，都是一个盛衰荣辱的变动过程。司马迁写史叙事，波峰迭起，文有奇气，就在于他把握住历史盛衰的变动。没有这等通变的观点，文章只能平淡无奇。文风是思想之反映，这当作另篇论述。

司马迁把"盛"与"衰"作为两个相互联系的方面来看待。事物总是在相互联系、相互影响、相互制约中向前发展的。司马迁观察历史盛衰精彩处，在于他以联系的眼光看待历史的变动，从而使繁杂的历史变得可以理解。如《十二诸侯年表》在实际上是把各诸侯国的兴衰看作是一个相互联系、相互影响的过程。而十二诸侯国与周王朝的兴衰又有关联，所以在诸侯年表中，又列周王室的衰微过程的史事。《十二诸侯年表》除载鲁、晋、秦、楚、宋、卫、齐、陈、蔡、曹、郑、燕十二国大事，又为吴国列表，但此表是始于寿梦。吴王寿梦以前的事未列，其原因是"王寿梦二年，楚之亡大夫申公巫臣怨楚将子反而奔晋，自晋使吴，教吴用兵乘车，令其子为吴行人。吴始通于中国"①。这就是说，春秋后期，吴国兴起，影响到"中国"的诸侯国的盛衰。用盛衰相互联系的观点读《史记》的表，才看出司马迁是何等的

———————

① 《史记》卷三十一《吴太伯世家》。

眼光。《十二诸侯年表·序》写出春秋时期历史的特征。司马迁说：

> 及至厉王，以恶闻其过，公卿惧诛而祸作，厉王遂奔于彘，乱自京师始，而共和行政焉。是后或力政，强乘弱，兴师不请天子。然挟王室之义，以讨伐为会盟主，政由五伯，诸侯恣行，淫侈不轨，贼臣篡子滋起矣。齐、晋、秦、楚其在成周微甚，封或百里或五十里。晋阻三河，齐负东海，楚介江淮，秦因雍州之固，四海迭兴，更为伯主，文武所褒大封，皆威而服焉。

春秋时期是三种盛衰联系在一起。一是周室衰微和诸侯国的兴盛相互联结，以至于把周天子放在一边，"兴师不请天子"。二是齐、晋、秦、楚之间的争霸，与各国的兴衰交织在一起。三是秦的兴起、强大，与其他诸侯国的衰落，互相关联。后来的史学家宗太史公司马迁之学，发挥这一思想。如宋代的吕祖谦、近代的陈寅恪，善学习、发挥太史公之学，进而讨论中原地区与周边地区盛衰联结，看出了古代中国中原与周边地区之间是"相为盛衰"的，存在着"盛衰连环"的关系。

"见盛观衰"的思想说明的"盛"与"衰"两个方面，不是完全不相干的。在同一个社会中，"盛"中有"衰"；同样，"衰"中也有"盛"的因素潜在其中。《史记·平准书》写汉初七十年的历史，经过七十年的休养生息，出现武帝时社会的盛世景象，但盛世的局面下面，又潜藏着巨大的危机。汉武帝时代是如此，秦始皇一统天下后也是如此，项羽西向入关时也如此，这是说在一个社会中"盛"与"衰"是相联结的。

《平准书》说："物盛而衰，固其变。"显然和《老子》讲对立面的转化，《周易》中的变通的观点是相通的。但三者之间不尽相同，从一定意义上说，司马迁的观点同《周易》的思想更相近，这里应当提到的是《易》学讲变化，又是不离开条件论变化。司马迁讲盛衰变化，很重视条件。历史由盛转衰、由衰转盛，都离不开条件。司马迁讲历史盛衰的转化，很重视条件的意义，促成、造成盛衰的变化，在司马迁看来是人事的作用。

《史记》叙述每一个大的盛衰转折，都突出了人事的作用。这种作用的重要体现为三个方面：即人谋、政事、征战。《高祖本纪》写汉兴的过程，述刘邦只是一条线索，突出了张良的"谋"，萧何之"事"，韩信、曹参之

"战"。刘邦自己也承认"吾所以有天下"的原因，在于能用这三个人①。时人也看得很清楚，"夫高祖起微细，定海内，谋计用兵，可谓尽之矣"②。

《史记》写人谋，着墨尤多。《齐太公世家》写吕尚之"谋"，《越王勾践世家》说越之灭吴，"谋之二十二年"。战国纵横家、食客，以其计谋左右一时的局势。《高祖本纪》写张良之谋，绘声绘色。张良一谋下宛城，解入关的后顾之忧。二谋袭武关，奠定入关之大势。三谋止军霸上，得关中民心。四谋赴鸿门宴，化险为夷。五谋烧绝栈道，得休息转机。六谋以黥布、彭越经营河北，定争夺关东大局。七谋止封六国之后，消除后日隐患。八谋暂封韩信，稳定军心。九谋汉王于广武强行劳军，以安士卒。十谋追项羽，扩大战果。十一谋集韩信、彭越兵力，决战垓下灭项羽。十二谋封雍齿，稳固初建的政权。十三谋确定娄敬之计入都关中。此外，张良以谋，止刘邦废太子等。《留侯世家》表述的思想，如果和《高祖本纪》结合起来研究，司马迁的重人事的观点是非常鲜明的。

贾谊评秦亡汉兴，强调民心的向背对于历史盛衰的重大意义。司马迁以贾谊的认识作为自己对一代兴亡的评论，贾谊说：

> 秦地被山带河以为固，四塞之国也。自缪公以来，至于秦王，二十余君，常为诸侯雄，岂世世贤哉？其势居然也。且天下尝同心并力而攻秦矣，当此之世，贤智并列，良将行其师，贤相通其谋，然困于阻险而不能进，秦乃延入战而为之开关，百万之徒逃北而遂坏，岂勇力智慧不足哉？形不利，势不便也。……诸侯起于匹夫，以利合，非有素王之行也。其交未亲，其下未附，名为亡秦，其实利之也。彼见秦阻之难犯也，必退师。安土息民，以待其敝，收弱扶罢，以令大国之君，不患不得意于海内。贵为天子，富有天下，而身为禽者，其救败非也。③

在这段后面，贾谊进一步分析，说："故先王见始终之变，知存亡之机，是以牧民之道，务在安之而已。"从根本上说，智谋、征战固是人事作为，但是比较起来，还有更重要的因素、更重要的东西在支配着历史兴衰的变动。

---

①　参见《史记》卷八《高祖本纪》。
②　《史记》卷九十九《刘敬叔孙通列传》。
③　《史记》卷六《秦始皇本纪》。

这就是"民"的作用，这是存亡之机、安危之本。司马迁称赞贾谊的历史眼光，说："善哉乎贾生推言之也！"

司马迁把贤相良将的人谋、政事、征战的作用和民心结合起来论人事的作用，又把人事作用和客观条件结合起来，说明人事的作用的意义。这样的重人事的历史盛衰观有了新的内容。

历史的发展是一个过程，在这个过程中，盛衰的矛盾有两个方面：盛衰因素对立而又互为联系地存在于一个社会中；盛衰因素在一定的条件下的消长，使历史的运动表现出一定趋向。司马迁展示出历史盛衰的变动就是这样一个过程。

第三节　追求财富的情性与历史运动的趋向

历史的运动是一种盛衰的变动，在司马迁看来，这种运动又不是一种简单的由盛而衰、再由衰而盛作循环的变动。历史的变化是一种发展，是一种向前的运动。造成向前的变化趋向的东西，司马迁称之为"道"，它是由于人们追求财富的情性决定的。

《史记》的《货殖列传》集中地反映了司马迁对历史运动的认识。他说：

> 故待农而食之，虞而出之，工而成之，商而通之。此宁有政教发征期会哉？人各任其能，竭其力，以得所欲。故物贱之征贵，贵之征贱，各劝其业，乐其事，若水之趋下，日夜无休时，不召而自来，不求而民出之。岂非道之所符，而自然之验邪？

在另一处他又说："富者，人之情性，所不学而俱欲者也。……农工商贾畜长，固求富益货也。"正是这种追求财富的动机，形成社会具有一种向前发展的趋向，如同水向下流一样，日夜无休时，不是某一个人的意愿所能决定的。司马迁说："岂非道之所符，而自然之验邪？"这就是"道"，支配着历史向前运动的"道"，历史向前发展是一种"自然"。

《货殖列传》从不同的侧面，揭示"富"在社会中的意义。首先，诸侯国变革，经济上发展了、"富"了，政治地位上升，加上军事上的成功，从而取得霸者地位。财富的状况决定一个国家的地位，上到周天子，下至诸侯国。一个诸侯国对其他诸侯国有没有支配的地位，关键在它自身的财富的状况。齐国通过管仲的改革，使齐国能"九合诸侯，一匡天下"，强大的国势一直保持到威、宣之世。越王勾践奋发图强，"修之十年，国富"，从而"报强吴，观兵中国。称号'五霸'"。

《平准书》揭示西汉前期盛衰之变，实际是经济在起作用。再者，社会的安定兴盛和财富有很大的关系。司马迁赞成管仲的说法，"仓廪实而知礼节，衣食足而知荣辱"。他作了进一步地阐发，说："礼生于有，而废于无。故君子富，而行其德；小人富，以适其力。渊深而鱼生之，山深而兽往之，人富而仁义附焉。富者得势益彰，失势则客无所之，以而不乐。"司马迁认为社会的安定直接和财富的占有有直接的关系，这在当时是很进步的认识。

财富又决定一个人的社会地位。《货殖列传》中的那些富商大贾，一时权倾君王。巴蜀寡妇清，由于自己的富有，秦始皇对她也礼让三分，为她筑"女怀清台"，以为贞妇而客之。这样一个远地的寡妇，能"礼抗万乘，名显天下"，当然不会是因为她的操行。乌氏倮，由畜牧起家，秦始皇"令倮比封君，以时与列臣朝请"。其他富商的情形无不如此。司马迁在《货殖列传》的结尾说："由是观之，富无经业，则货无常主。能者辐凑，不肖者瓦解。千金之家，比一都之君，巨万者乃与王者同乐。岂所谓'素封'者邪？非也？"更值得注意的是，司马迁把经济地位决定社会地位作为一条规则提出来，他说：

> 凡编户之民，富相什则卑下之，伯则畏惮之，千则役，万则仆，物之理也。

这是一个相当深刻的思想。经济地位是处于起决定作用的位置上，社会地位乃至等级，不是什么别的原因，只是因为经济上的差别造成的。

财富又影响社会的风气。《货殖列传》有一段集中的论述，我们把它分别排列写在下面，可以看得更清楚：

> 故壮士在军，攻城先登，陷阵却敌，斩将搴旗，前蒙矢石，不避汤火之难者，为重赏使也。其在闾巷少年，攻剽椎埋，劫人作奸，掘冢铸币，任侠并兼，借交报仇，篡逐幽隐，不避法禁，走死地如骛者，其实皆为财用耳。今赵女郑姬，设形容，揳鸣琴，揄长袂，蹑利屣，目挑心招，出不远千里，不择老少者，奔富厚也。游闲公子，饰冠剑，连车骑，亦为富贵容也。

 史士舞文弄法，刻章伪书，不避刀锯之诛者，没于赂遗也。

司马迁对此作了概括，说："农工商贾畜长，固求富益货也。"士兵勇敢登城，为重赏；赵女郑姬能歌善舞，千里而行为的是"奔富厚"；王孙公子及闾巷少年为财用，无所畏避。一切一切，财富可以支配、影响社会生活。司马迁说："由此观之，贤人深谋于廊庙，论议朝廷，守信死节隐居岩穴之士，设为名高者安归乎？归于富厚也。"所谓忠信仁义，以及清雅高行，统统都是为财富所支配，封建的道德也变成赤裸裸的财富的支配物。但一味追求财富，不顾礼的规范，又会造成社会动荡不安。

 一个富有的人物所作所为，甚至会影响一个时期的风气。例如宛孔氏以冶铁起家，他的行事风度，就变成一些人的效法的对象，"(宛孔氏)家致富数千金，故南阳行贾尽法孔氏之雍容"。又如曹邴氏，理财有道，"邹、鲁以其故多去文学而趋利者，以曹邴氏也"。

 司马迁进而从地区地理条件的差异上，分析各个地区经济的不平衡，以及经济的差别又导致风俗、人文各有自己的特点。司马迁把全国分成几个大区：关中区，三河区(即河东、河内、河南地区)，中山、赵、燕、齐、鲁和越、楚，楚又有西楚、东楚、南楚。各个地区条件差别很大，风俗文化迥异。《货殖列传》分别叙述山西、江南、碣石以北、江淮各地的物产，各地的土壤、气候，并把这些和各地的风俗人情联系在一起。

 总之，司马迁承认人追求财富欲望的合理性，他说："故曰：'天下熙熙，皆为利来；天下壤壤，皆为利往。'夫千乘之王，万家之侯，百室之君，尚犹患贫，而况匹夫编户之民乎！"人们追求财富的欲望是一种不可遏制的趋向。正是这种追求财富的情性，造成历史运动的一种自然的趋势，这种运动趋势，司马迁称之为"道"。司马迁的历史哲学是建立在一个坚实的基础上的。尽管他的认识还没突破古代历史思想的局限，但确实是中国古代历史思想的高峰。班固批评司马迁的《史记》是"述货殖，则崇势利而羞贱贫"，这话并不错，但这一点恰恰是司马迁的优点。

第四节　承弊易变：历史必变的思想

 历史有一种向前发展的趋向，历史是在盛衰的变动中向前发展的。"变"是一种历史的必然。社会人事的作用体现在"变"的过程中。

 从自然到社会，变是一种必然，"物盛而衰，固其变"。司马迁继承了

《周易》变通的思想，考察社会的运动。《平准书》说："物盛则衰，时极而转，一质一文，终始之变也。《禹贡》九州，各因其土地所宜，人民所多少而纳职焉。汤武承弊易变，使民不倦，各兢兢所以为治，而稍陵迟衰微。"《高祖本纪》的"太史公曰"："夏之政忠。忠之敝，小人以野，故殷人承之以敬。敬之敝，小人以鬼，故周人承之以文。文之敝，小人以僿，故救僿莫若以忠。三王之道若循环，终而复始。周秦之间，可谓文敝矣。秦政不改，反酷刑法，岂不缪乎？故汉兴，承敝易变，使民不倦，得天统矣。"司马迁承弊易变的思想很明白。

第一，社会历史发展到一定的阶段，"变"是一种必然。物盛而衰之"盛"，时极而转之"极"，承弊易变之"弊"，都是说事物到达一个阶段，就会产生变动。《周易·系辞下》说："易穷则变，变则通，通则久。"这里的"穷"，也是说事物到一定的阶段，变是一种必然。司马迁的论述和《周易》的思想是一致的，事物发展到了"盛""穷"的地步，就会产生阶段性的变化。人事的历史发展到一定的时期，到达"弊"的境地，必然要变。事物变则通，社会也只有在"承弊"之时进行"变"，方能顺应乎自然。司马迁用他的宇宙观去分析历史上的变动，得出历史必变的结论。司马迁提到"文质之变""三五之变"，以及忠、敬、文的终始之变，反映了他的通变历史观的局限性，带有循环论的色彩。但是，就司马迁的思想体系说，如前面所分析的，通变思想、历史盛衰论是他的一种发展观。

第二，承弊易变的观点，表明社会历史之变，和自然的运动有不同的地方。在社会历史的变化中起作用的是"人"，是人事。人们是能够顺应历史去行动的，可以主动地去变，能够主动地承弊易变。人有选择行动的自由，但不能不受到历史条件的制约。同时又承认在历史的面前，人是可以发挥自己的作用，去顺应历史。

《史记》记载了历史上的许多变革，如秦之由余变革与商鞅变法、齐国管仲的变革、楚国的吴起变法、魏国李悝的尽地力之教、赵武灵王的胡服骑射、燕昭王新政、越王勾践图强的措施等。此外如汤武革命，以及汉初的休养生息，都是变革。这些变革的成功的地方，归纳起来，都是承弊易变、因弊而变。

"弊"有不同的"弊"，因此，"变"也有不同内容的"变"。根据前代的具体的弊，进行变革，不可拘于一定的成规，这是承弊易变很重要的又一个方面。夏、商、周三代发展到末世，其弊各不相同，因此变的要求也不一样。代之而起的新的王朝的政治也因此具有不同的特点，这就是"忠""质"

"文"，或"忠""敬""文"的由来。另外，承弊易变的思想很重要的方面是变前代之弊政，往往又和"修先王之政"，也就是变革弊政和继承前代治理国家的成功的经验联系起来。秦的兴起，司马迁写出两个方面，一方面，由余、商鞅这些改革家的革故鼎新；另一方面，是修前王之政，接续前王的变革和治理取得的成果。如秦孝公时，一面"修缪公之政令"，一面用商鞅"变法修刑，内务耕稼，外劝战死之赏罚"。孝公如果不"修缪公之政令"，没有那种用人的政策和气魄，商鞅也难以施展才华。承弊易变是变其当变者，不是割断历史的联系。司马迁说："帝王者各殊礼而异务，要以成功为统纪，岂可缂乎？"①所谓"殊礼而异务"也就是变，变得对还是不对，"要以成功为统纪"。

司马迁总结秦亡汉兴经验教训，其中重要的一条，是秦在统一天下后，不能根据形势的变化进行变革。攻天下时与守天下时应当有不同的措施、政策。他借贾谊的话，就是"攻守之势异也"，但是秦始皇没能适时改变。秦与六国争天下和秦灭六国后，所面临的问题不一样。始皇一统天下，"今秦南面而王天下，是上有天子也，既元元之民冀得安其性命，莫不虚心而仰上，当此之时，守威定功，安危之本在于此矣"。在这样的形势下，应当承弊易变，然而这个千古一帝却是"过而不变，二世受之，因而不改，暴虐以重祸。子婴孤立无亲，危弱无辅。三主惑而终身不悟，亡，不亦宜乎"②。三主不悟各有不同的情况，但归根结底，无论是主观还是由于客观的原因，都是没有改变先前的政策，没有改弦更张，"秦政不改"。在赵高这样一批人的把持下，弊政是变本加厉地推行。"亡，不亦宜乎"，这是历史的逻辑。《平准书》说："于是外攘夷狄，内兴功业，海内之士力耕不足粮饷，女子纺绩不足衣服。古者尝竭天下之资财以奉其上，犹自以为不足也。无异故云，事势之流，相激使然，曷足怪焉。"贾谊同样敏锐地抓住这一关系到历史盛衰的关节，做出带有规律性的结论，说："仁义不施，攻守之势异也。"后来汉武帝时的严安说过同样的一句话："周失之弱，秦失之强，不变之患也。"③失天下，不在于一时的强或一时的弱，重要的是要能审时度势进行变革。变是有条件的，要对现实中的弊政进行变。从夏、商、周三代的历史看是如此，从秦亡汉兴的事实看也是如此。司马迁把这些历史上的变革集

---

① 《史记》卷十八《高祖功臣侯者年表》。
② 《史记》卷六《秦始皇本纪》。
③ 《史记》卷一百一十二《平津侯主父列传》。

中起来，除赞叹贾谊的议论外，他以《周易》的思想进行总结，说：要"承敝易变，使民不倦"。"使民不倦"，是司马迁"承弊易变"的思想中一个很重要的观点。变有一个前提，就是要"使人不倦"或者"使民不倦"，而不是随意的变，做到这一点，才是抓到关节，这是一层意思。另一层意思是说，"使民不倦"是变法的出发点，也是变法的目的，"变"的归结点。"要以成功为统纪"，成功与否，应当看变革能不能做到"使民不倦"。也只有做到这一点，才能成功地开盛世局面。"汤武承弊易变，使民不倦"，"汉兴，承敝易变，使人不倦"，可以说"使民不倦"，是衡量一场变革成功与否的标准。这是《史记》写变革的突出的一点。商鞅变法带来的气象是"秦民大说"，用商鞅之法，开始"百姓苦之"，但三年以后，情况发生了变化，"居三年，百姓便之"，"于是法大用，秦人治"①。起初百姓不习惯，变法结果是国治民丰，"行之十年，秦民大说，道不拾遗，山无盗贼，家给人足。民勇于公战，怯于私斗，乡邑大治"②。燕昭王行新政，"燕国殷富，士卒乐轶轻战"③。赵武灵王行胡服招骑射，其用意是"利其民而厚其国"④。此外，齐国得管仲，管仲与鲍叔牙等"修齐国政，连五家之兵，设轻重渔盐之利，以赡贫穷；禄贤能，齐民皆说"⑤。所以，司马迁把历史变革的成功经验归结为一点："使民不倦"。

司马迁从历史上的盛衰变化中指出，变革是一种必然。又用这样的认识，去分析社会的现实问题。他除了借主父偃、严安、徐乐的言论来表述自己的观点外，《平准书》实际上是一篇对汉代前期历史总结的文字。"汉兴，接秦之弊"，而且"弊"已至极点。经过七十余年的休养生息，武帝即位时，社会是另一番的景象。司马迁说：

> 至今上即位数岁，汉兴七十余年之间，国家无事，非遇水旱之灾，民则人给家足，都鄙廪庾皆满，而府库余货财。京师之钱累巨万，贯朽而不可校。太仓之粟陈陈相因，充溢露积于外，至腐败不可食。众庶街巷有马，阡陌之间成群，而乘字牝者傧而不得聚会。守闾阎者食

---

① 《史记》卷五《秦本纪》。
② 《史记》卷六十八《商君列传》。
③ 《史记》卷三十四《燕召公世家》。
④ 《史记》卷四十三《赵世家》。
⑤ 《史记》卷三十二《齐太公世家》。

梁肉，为吏者长子孙，居官者以为姓号。故人人自爱而重犯法，先行义而后绌耻辱焉。当此之时，网疏而民富，役财骄溢，或至兼并豪党之徒，以武断于乡曲。宗室有土公卿大夫以下，争于奢侈，室庐舆服僭于上，无限度。物盛而衰，固其变也。

武帝初年，是升平景象，人民家给人足，国家财政充裕；然而在盛世中已经显出衰败的征兆，豪强兼并之徒，横行于乡里，武断于乡曲，统治阶级奢侈无度，弊端相当严重。"物盛而衰，固其变也"；司马迁从历史的经验中指出了社会变革的迫切性、必要性。《平准书》开篇提出汉接秦之弊而兴，篇末再度重述秦亡的教训，其用意是非常明白的。一个伟大的史学家，总是把历史研究和探讨摆脱社会危机的思考密切联系在一起。那么，社会的出路在何处？应该用一个什么样的方案去解决现实的危机？当然这不是《史记》的内容，但是，从历史的经验中可以得出结论，这就是要承弊易变。

第五节　《史记》和大一统的时代

汉武帝时期正处于中国封建社会形成的时期，大一统的帝国出现在亚洲的东方。无疑，司马迁写《史记》适应这样恢宏帝国的需要。《史记》有着其内在的两重性。一方面，司马迁以其犀利的眼光，看到社会深层危机的存在并且揭露这个危机。特别是他自己的遭遇使他更看出社会的腐朽面，司马迁的深刻处也在于他从社会的深层上去揭露这种腐朽。另一方面，《史记》毕竟不是寄托个人恩怨的作品，他又是从内心里希望社会能摆脱危机，承弊易变，走上"复兴"的道路，应该说，这也是司马迁写史的动机。司马谈、司马迁父子两代著史，有一个总的目的，要"绍明世"。过去只强调司马迁揭露封建社会的一面也是对的，但也要重视另外的一个方面，即司马迁写史的动机包含着维系封建等级社会的希望。他说：

汉兴以来，至明天子，获符瑞，封禅，改正朔，易服色，受命于穆清，泽流罔极，海外殊俗，重译款塞，请来献见者，不可胜道。臣下百官力诵圣德，犹不能宣尽其意。且士贤能而不用，有国者之耻；主上明圣而德不布闻，有司之过也。且余尝掌其官，废明圣德不载，灭功臣世家贤大夫之业不述，堕先人所言，罪莫大焉。余所谓述故事，整齐其世传，非所谓作也，而君比之《春秋》，谬矣。①

这一段太史公与壶遂的对话，说自己不敢拟《春秋》去写史，只能看作是一潜台词。而其中对汉家天下的颂词，也不完全是不得已而为之的文字，他还是希望这样的世道能振兴。

其父司马谈，曾说到作史的动机："自获麟以来，四百有余岁，而诸侯相兼，史记放绝，今汉兴，海内一统，明主贤君忠臣死义之士，余为太史而弗论载，废天下之史文，余甚惧焉。"因此，司马迁完成他的史作，确是想继《春秋》之后，承父志写出符合大一统时代需要的作品。甚至他设计自己的历史作品的编纂形式，也要求反映出封建等级制度的特点，《史记》中设《世家》，它和《史记》的十《表》及十二《本纪》构成一幅专制主义等级统治的架构："二十八宿环北辰，三十辐共一毂，运行无穷。辅拂股肱之臣配焉。"

为了维系这个封建大帝国的稳定，同样需要维持封建的等级制度。司马迁写史也是希望以自己的著作，作为如同《春秋》那样的教科书。司马谈对司马迁说过："《春秋》采善贬恶，推三代之德，褒周室，非独刺讥而已也。"所以把《史记》仅仅看成是一部揭露的史书，也不合乎司马氏父子的原意。司马迁认为自己写史是继承《春秋》的事业，而《春秋》在司马迁的眼中，就是一部维系封建等级制度的教科书。他是这样评价《春秋》的：

夫《春秋》，上明三王之道，下辨人事之纪，别嫌疑，明是非，定犹豫，善善恶恶，贤贤贱不肖，存亡国，继绝世，补敝起废，王道之大者也。……《春秋》辨是非，故长于治人。……《春秋》以道义。拨乱世，反之正，莫近于《春秋》。《春秋》文成数万，其指数千，万物之散聚皆在《春秋》。《春秋》之中，弑君三十六，亡国五十二，诸侯奔走不得保其社稷者，不可胜数。察其所以，皆失其本已。故《易》曰"失之毫厘，差以千里"。故曰"臣弑君，子弑父，非一旦一夕之故也，其渐久矣"。故有国者不可以不知《春秋》，前有谗而弗见，后有贼而不知。为人臣者不可以不知《春秋》，守经事而不知其宜，遭变事而不知其权。为人君父而不通于《春秋》之义者，必蒙首恶之名。为人臣子而不通于《春秋》之义者，必陷篡弑之诛，死罪之名。其实皆以为善，为之不知其义，被

_____

① 《史记》卷一百三十《太史公自序》。

之空言而不敢辞。夫不通礼义之旨,至于君不君,臣不臣,父不父,
子不子。夫君不君,则犯;臣不臣,则诛;父不父,则无道;子不子,
则不孝。此四行者,天下之大过也。以天下之大过予之,则受而弗敢
辞。故《春秋》者,礼义之大宗也。夫礼禁未然之前,法施已然之后;
法之所为用者易见,而礼之所为禁者难知。

司马迁认为《春秋》的作用,一是存王道。"王道"的内容涵盖的方面比较宽
泛。它包括发扬三王时期的治道,固守一定的是非善恶判断准则,以及维
持宗族血缘的统系。二是"治人"。史书辨明是非,目的在"拨乱世,反之
正"。三是维持封建等级的君君、臣臣、父父、子子的礼义关系。司马迁特
别提到"礼"的潜移默化的作用。这实际上也说明了史学作品具有一种教化
上的作用。在这以后,许多史家谈到历史作品的意义都是套用这个公式。
如胡三省说《资治通鉴》的价值,也是照这个套式说的。中国的史家特别重
视史学作品在教化上的价值,也是这个传统。

史学的意义,在古代的中国,大致有这样的几种思考。一种是存王道,
有的由此去说明今王统治的合法、合理,借助神学的说教也是常用的手段。
另一种是借鉴历史的盛衰经验教训,并说明历史的前途。还有一种是强调
历史作品的教育、教化的作用。再有就是,通过历史典章的研究,作为治
国、施政的参考。后来的经世的史学又有新的发展,把历史和社会的现实
生活各个方面联系在一起,找出典制中不合于现实社会的问题,并进而提
出改革制度的设想。尽管思维的路径大致相同,但其中的差异很大:有高
明沉潜与肤浅驳杂的分别,有进步与保守的区别,也有神意说教与重人事
的对立。在研究历史上面,有的从历史本身出发,尊重历史,严格考订史
实,引出结论。有的从某种先验的教条出发,找出几个史例来,去验证教
条的正确性。

从各个方面看,司马迁不但在历史的认识上是处在中国史学思想上的
高峰,而且在历史的教育思想上,也是处在古代教育思想上的高峰。他在
中国封建社会的上升、发展时期,提出历史教育的问题,明确历史教育具
体的内容,司马迁的历史教育思想要做进一步研究。

司马迁,字子长,西汉左冯翊(今陕西韩城)人。生卒年尚不能完全考
订。大约生在景帝中元五年(前 145 年,或说是生于建元六年,即前 135
年),约卒于武帝征和三年(前 90 年)。他的一生,值得注意的是这样几个方
面。一是他接受的是百家之学。《太史公自序》说"年十岁则诵古文",这是

学术渊源上的古文学的家门。但他又从董仲舒学，董氏为今文学。其家学本身也是一种多门类的学术的汇合。"太史公学天官于唐都，受《易》于杨何，习道论于黄子"，这是天官学、儒学、道学各种学术的总汇。在这里要注意的是司马谈接受前人学术的重点是儒学中的《易》，道学中的道论。这恰恰是儒、道两家中富有辩证法思想的部分，再加上天文学中的运动思想，从而构成了司马谈思想中的精髓。这个传统为司马迁所接受。

另外，司马迁青年时期的游历，"二十而南游江、淮，上会稽，探禹穴，窥九疑，浮于沅、湘；北涉汶、泗，讲业齐、鲁之都，观孔子之遗风，乡射邹、峄；厄困鄱、薛、彭城，过梁、楚以归"①。在游历中，司马迁接触民情，调查和考订了历史的材料；历代社会盛衰留下的遗迹及材料、传说，使他对历史盛衰的变动有更深的感受。大梁之墟、春申君的故城、屈原自沉的地点……历史已是过眼云烟，沧海桑田，凭吊古人，历史上的盛衰给人留下深刻的教训。后来司马迁出使西南，对一统的大帝国的影响和各个民族的生产、生活有更多的认识。华夏文化是各个民族的共同创造。"余尝西至空桐，北过涿鹿，东渐于海，南浮江淮矣，至长老皆各往往称黄帝、尧、舜之处，风教固殊焉，总之不离古文者近是"②。各地的风教不一样，但是各自的文化又有共同、近似的地方，体现出一种向心的凝聚的趋向。这里不应当仅仅看作是所谓古文的材料的问题。

司马氏父子两代，也正好是汉代由盛向衰的一个转折的时期。武帝的封禅，何其辉煌，司马谈还为没有参加上他生前最后一次封禅活动而遗憾。他希望司马迁能完成一部史著，反映一个"海内一统"的盛世。到了司马迁时，社会的矛盾已经激化，经受李陵事件的打击，他更看到社会的腐朽与黑暗。他要在困境中像周文王作《周易》、孔子作《春秋》、屈原作《离骚》、左丘明作《国语》一样，完成父亲的遗命，写出一部史著，"述往事，思来者"，要来者能理解他写史的用心。个人家世及自身的遭遇，又加深了他对时代转折的认识。

所以，司马迁汇百家之学而形成的变通的史学思想，以及深刻的社会、政治思想和大一统的思想，是时代造成的，也是他家世及自身才赋、经历造成的。

《史记》的产生，标志中国的史学已经形成一个独立的学术门类，"成一

---

① 《史记》卷一百三十《太史公自序》。

② 《史记》卷一《五帝本纪》。

家之言"。史之成家，是从司马迁开始。历史的著作，一方面要求反映历史和时代，另一方面要以一定的观点去解释历史。

《史记》被看作是一部"实录"式的史著，但它又不仅仅是实录材料的汇编，它有着深刻的历史的哲理作为观察历史的思想基础，以变通的眼光分析历史和现实。后世不少正史只是从形式上仿效《史记》，拘守纪传的体裁、体例去编史，有的史家对这种形式主义的编史方式提出批评，认为丢失了司马迁作史的根本精神，也就使史学失去创造性，失去活力。这样写出来的史书，就如章学诚说的"斤斤如守科举之程式"①。《史记》是我国古代史学成就的代表，司马迁理所当然地被称之为中国的史学之父。

---

① 《文史通义》内篇卷一《书教下》。

第六章 《汉书》："正史"的范式与史学观念

第一节 班固史学的形成

班固史学的特征在东汉时形成，不是偶然的。西汉灭亡，东汉在农民大起义之后建立起来。这样一个政权又作为刘氏的天下出现，它是不是合法的？如果是合法的，西汉的刘家政权又为什么会垮台？东汉要从中吸取怎样的教训？东汉的史学要适应统治者需要，无可避免地要对这些问题做出解释和回答。这就是班固史学形成的大背景。

刘秀在夺取政权的时候，是以神意的说教，来证明自己代新莽是天意的安排。《后汉书·光武帝纪上》记载刘秀即帝位前行事，有一段情节极富戏剧性。我们把这一段文字摘引下来：

> 行至鄗，光武先在长安时同舍生强华，自关中奉《赤伏符》，曰："刘秀发兵捕不道，四夷云集龙斗野，四七之际火为主。"群臣因复奏曰："受命之符，人应为大，万里合信，不议同情，周之白鱼，曷足比焉？今上无天子，海内淆乱，符瑞之应，昭然著闻，宜答天神，以塞群望。"

刘秀拉开了登帝位的一幕。明眼人一看就会明白事情的真相，强华奉上《赤伏符》是准备好的一步。更有意思的是刘秀在给上天的祝文中说的话，又有明显的篡改：

> 谶记曰："刘秀发兵捕不道，卯金修德为天子。"

原来的《赤伏符》上只有"刘秀发兵捕不道"，这里却增加了"卯金修德为天子"的隐语。这就意味刘氏的天下，是天意的安排。以后的历代帝王登帝位，大多要演出这套把戏。

上有好者，下必甚焉。东汉一开始，社会上就有这样的一种思潮在泛滥。《后汉书·光武帝纪下》结尾有一段"论"，完全是一种神意的论证，证明刘氏政权是天命的安排。光武出生时"有赤光照室中"，"此兆吉不可言"。而且这年"县界有嘉禾生。一茎九穗，因名光武曰秀"。明年，方士夏贺良对汉哀帝说："汉家历运中衰，当再受命。"王莽统治时，刘秀的家乡上空郁郁葱葱，有帝王之气。论者最后作了一个结论，说："其王者受命，信有符乎？不然，何以能乘时龙而御天哉。"

光武帝打击不相信图谶的人。郑兴说自己不信谶，遭到光武帝的斥责，尹敏说："谶书非圣人所作"，"（光武）帝深非之，虽竟不罪，而亦以此沈滞"。桓谭反对谶纬，光武帝说他是"非圣无法"，要处死桓谭，桓谭叩头流血，才免一死。东汉政治是神学笼罩下的专制主义的统治。

东汉的政治加速了学术的神学化的步伐。西汉的董仲舒已经完成了中国封建社会的思想意识形态体系的构建。他把神意的理论和重人事的思想、重视社会治理的思想结合在一起，以天人合一、天人感应说作为他的宇宙观、本体论、认识论、社会思想、历史观的理论的基础，但又强调帝王治理对于社会历史兴盛有重大意义。过去只强调他的思想中神学的一面，应该说是不全面的。汉武帝以后，汉代的统治走向衰落，神学的谶纬思想从西汉到东汉，得到了发展，神学的成分在增多。《汉书·五行志》说出了这一过程：

> 汉兴，承秦灭学之后，景、武之世，董仲舒治《公羊春秋》，始推阴阳，为儒者宗。宣、元之后，刘向治《谷梁春秋》，数其祸福，传以《洪范》，与仲舒错。至向子歆，治《左氏传》，其《春秋》意已乖矣；言《五行传》，又颇不同。

董仲舒与刘向、刘歆父子在学术上的具体的差别，这里不进行讨论，从唯心神学的思想体系的发展变化上看，是浅薄、粗鄙了。他们硬是把历史上的灾异，一一附会到天人感应的理论里面去。

如果说，我们说的支配当时社会的思想包括正视现实和神学化的意识二者的折中，那么刘向、歆父子一方面使神学化的东西粗鄙，另一方面，他们从社会的现实退缩到学术的圈子里。在这个小的天地里，还有一点清新的意识,从学术的实际的渊源变化,认识中国学术的流变。侯外庐先生的《中国思想通史》说他们是一种"二重真理观",又说:"这种二重真理观或折中主义的自我矛盾,一方面暗示了一元论神学思想的危机,另一方面表白了对于中世纪社会矛盾之无力解决。"①从董仲舒以后,二重性的理论,也包括史学上的二重性的理论的危机,在不断加深。从表面上看,神学的理论依靠国家行政的力量不断得到加强,但却是理论上的虚弱表现。

东汉时期学术理论,还是这样变化下去。谶纬神学浸透各个学术的领域。占正统地位的是今文学派,西汉时期的今文学派基本上是把经学和谶纬学说糅合在一起。《易》有施、孟、梁丘及京房,民间有费、高二家;《书》有欧阳和大、小夏侯;《诗》有鲁申培公为《诗》训故,而齐辕固、燕韩生,"皆为之传",又有毛公之学,未立学官;《礼》有大、小戴;《春秋》有左丘明"论本事而作传",又有《公羊》《谷梁》及《邹》《夹》之传,《公羊》《谷梁》立于学官。然一代风气浸润学术,后人皮锡瑞说后汉的学术风气:"故光武以赤伏符受命,深信谶纬,五经之义,皆以谶决,贾逵以此兴《左氏》,曹褒以此定汉礼,于是五经为外学,七纬为内学,遂成一代风气。"②光武帝于死前的两年,即建武中元元年(56 年),宣布图谶于天下。明帝亲自讲经,重要的有永平十五年(72 年)于辟雍亲自讲五经章句。章帝于建初四年(79 年)召诸儒会白虎观,讲议五经同异,"帝亲称制临决"。这是效法西汉宣帝的故事。白虎观会议上,章帝会诸儒讲论五经,作《白虎通德论》,"令(班)固撰集其事"③,班固就是在这样的时代背景下,成长起来的。

班固受父亲班彪的影响很大,有人说班固"窃"父亲的著作,写成《汉书》,在一定意义上说并不为过,至少《汉书》是班氏父子两个人完成的作品。范晔作《后汉书》,在"赞"中说"二班怀文,裁成帝坟",是比较恰当的。班固作史的大部分材料取自司马迁和班彪,其作史的原则,基本上是班彪定下的。过去我们对此研究得不够。《后汉书》中的《班彪传》记载得很清楚,这里有必要多说几句。首先,班彪的历史观,班彪著《王命论》,其中心思想是"以为汉德承尧,有灵命之符,王者兴祚,非诈力所致"。他总结西汉历史,认为刘邦兴起的原因有五条:一是刘邦是帝尧的后代;二是刘邦的体貌奇异;三是刘邦行事神武有征应;四是刘邦宽明而仁恕;五是知人善

---

① 侯外庐、赵纪彬、杜国庠等:《中国思想通史》,第 2 卷,第 207 页。

② 皮锡瑞:《经学历史》,北京:中华书局,1959 年版,第 109 页。

③ 《后汉书》卷四十下《班彪(班固)列传下》。

任。这五条是二重性的具体化，前面两条是带有神意的说明，后面三条说到了人事的作用，就整体来看，基本是神意的历史运动观。其次，班彪对前代的史书的评价，进而说明他写史的动机。《后汉书·班彪传》说：

> 彪既才高而好述作，遂专心史籍之间。武帝时，司马迁著《史记》，自太初以后，阙而不录，后好事者颇或缀集时事，然多鄙俗，不足以踵继其书。彪乃继采前史遗事，傍贯异闻，作后传数十篇，因斟酌前史而讥正得失。其略论曰：

> 唐虞三代，《诗》《书》所及，世有史官，以司典籍，暨于诸侯，国自有史。……孝武之世，太史令司马迁采《左氏》《国语》，删《世本》《战国策》，据楚、汉列国时事，上自黄帝，下讫获麟，作本纪世家列传书表，凡百三十篇，而十篇缺焉。迁之所记，从汉元至武以绝，则其功也。至于采经摭传，分散百家之事，甚多疏略，不如其本，务欲以多闻广载为功，论议浅而不笃。其论学术，则崇黄老而薄五经；序货殖，则轻仁义而羞贫穷；道游侠，则贱守节而贵俗功。此其大敝伤道，所以遇极刑之咎也。然善述序事理，辩而不华，质而不野，文质相称，盖良史之才也。诚令司马迁依五经之法言，同圣人之是非，意亦庶几矣。

> 夫百家之书，犹可法也，若《左氏》《国语》《世本》《战国策》《楚汉春秋》《太史公书》，今之所以知古，后之所由观前，圣人之耳目也。司马迁序帝王则曰本纪，公侯传国则曰世家，卿士特起则曰列传。又进项羽、陈涉而黜淮南、衡山，细意委曲，条例不经。若迁之著作，采获古今，贯穿经传，至广博也。一人之精，文重思烦，故其书刊落不尽，尚有盈辞，多不齐一。若序司马相如，举郡县，著其字，至肖、曹、陈平之属，及董仲舒并时之人，不记其字，或县而不郡者，盖不暇也。今此后篇，慎核其事，整齐其文，不为世家，唯纪、传而已。传曰："杀史见极，平易正直，《春秋》之义也。"

班彪对前代史书作了全面的总结，而中心是对司马迁的批评。在他看来《史记》可以肯定的地方，是组织、结构、综合及序事方面显示的才华，这些方面也有缺点。但最大的缺点是背离了崇"五经"的原则，更没有在史书中体现出"汉德承尧"的思想。班彪在续《史记》上，是一种改造，不只是在体例上削去世家，仅存纪传；更重要的是从思想上对《史记》作根本性的修正。

体例上的一些变化同样为体现这一根本思想。他作《史记后传》六十五篇（一说是在百篇以上），要从根本上对《史记》作修正。

看来，班彪的评价不够准确，说司马迁"薄五经"，不符合事实，司马氏父子很重视"六经"。仅仅肯定司马迁在史文上面具有"良史之才"，有欠公允。班固评价司马迁又修正他父亲的看法，把"薄五经"，改成"后六经"，对《史记》作了更多的肯定，说："论大道则先黄老而后六经，序游侠则退处土而进奸雄，述货殖则崇势利而羞贱贫，此其所蔽也。然自刘向、扬雄博极群书，皆称迁有良史之材，服其善序事理，辨而不华，质而不俚，其文直，其事核，不虚美，不隐恶，故谓之实录。"①

班固在这样的家族中生长，受到父亲的影响，同时他又有自己的特殊的地方。从对《史记》的评价，已经可以看出两人的一些差别。他突出《史记》具有"实录"的一面，也反映他对写史的要求。

班固（32—92年），字孟坚，东汉扶风安陵人。16岁入太学，班彪死后，他回家乡接续父亲的修史事业，公元62年被人诬告私作国史，下狱，弟班超为他辩诬。班固之后任兰台史令，与修东汉开国以来史事，完成《汉书》的撰述。章帝于建初四年（79年）的十一月，召集诸儒在白虎观讲论五经异同，命班固作《白虎通德论》，撰集其事。建初七年（82年）《汉书》成。永元元年（89年）随大将军窦宪出征匈奴，勒铭燕然山而归。后窦宪失势自杀，班固因家奴得罪洛阳令，而被捕下狱，死时年61岁。

班固的一生，除父亲影响他的史学事业外，还可以提出这样的几点。

第一，班固的博学。《后汉书·班固传》称："固字孟坚，年九岁，能属文诵诗赋，及长，遂博贯载籍，九流百家之言无不穷究。所学无常师，不为章句，举大义而已。"这一段文字对他的一生的治学作了全面的概括，"博贯载籍，九流百家之言无不穷究。所学无常师，不为章句，举大义而已"，这既不同于今文学家，也不同于古文学家，而能独树一帜。因此，他评审学术的源流，能够不陷入党同伐异的窠臼中去，对学术的发展变化，能够独立思考。加上具有治史的家学传统，班固一生的治学的重点放在治史上，不做"微言大义"的经师，也不做一个章句之儒，就是可以理解的事。

第二，班固的一生正是东汉从盛向衰转化的时期。班固生活的年代，和王充相当。从表面上看，章帝时期的东汉还是太平气象，郡国所上符瑞"合于图书者数百千所"。范晔在《后汉书》的"论""赞"中描绘了这个时代，

---

① 《汉书》卷六十二《司马迁传》。

是"气调时豫，宪平人富"①。王充说，东汉的符瑞超过周代，土境范围也是汉超过周，论德化，周也未必如汉。但是随着社会危机加深，农民的起义在走向高潮。王充在《论衡·对作篇》中说："建初孟年，中州颇歉，颍川汝南，民流四散。圣主忧怀，诏书数至。"侯外庐先生把这个时期的特征作了一个概括，说这是东汉"农民战争的前浪接后浪的时期"②。东汉的统治者面对这样的现实，要寻求摆脱危机的出路。据《后汉书》，明帝、章帝两朝，下的有关的诏书，达四十余道。封建帝王的诏书多数是官样的文章，但是这些诏书，毕竟反映了社会危机的严重。诏书的一个重要内容，是从历史中寻求借鉴，如明帝说的："昔应门失守，《关雎》刺世；飞蓬随风，微子所叹。永览前戒，竦然兢惧。"一代思想家、史学家由历史的变化，思考现实。这就是"宣汉"的任务。

班固把父亲的《史记后传》，改变成《汉书》，这又是一次重大的修正，使《汉书》能更好地"宣汉"。班固作的《汉书》除了承袭《王命论》的思想外，还有一个重大的变化，其不同于他的父亲的《史记后传》的地方，是"断汉为代"，从形式上看，是割断历史的联系，但它是以另一种的联系来代替历史本来的联系。"固以为汉绍尧运，以建帝业，至于六世，史臣（指司马迁）乃追述功德，私作本纪，编于百王之末，厕于秦、项之列，太初以后，阙而不录，故探撰前记，缀集所闻，以为《汉书》"③。这就是说，《史记》无论从内容上说，还是从断限上说，都不能达到"宣汉"的要求。

"宣汉"不仅是一味讴歌本朝的圣明，他要完成的任务是从思想上说明汉代刘姓的政权出自天授，还要从西汉的兴衰的历史中总结出教训。以"宣"西汉的途径，达到"宣"东汉的目的。他有一种作史的自觉的意识。这种自觉意识又反映了这个时代统治阶级的需求。

第三，班固是东汉统治阶级神学理论体系的构建者之一。章帝建初四年的白虎观会议，在思想史上是一次重大的事件。它是使儒学神学化的一次会议。从汉光武帝宣布图谶于天下，到白虎观会议，东汉统治者力求从神学化了的儒学教条中寻找到一种治理天下的准则，这就是《曹褒传》中所说的"国宪"。

《白虎通德论》的内容主要是两个方面，一是神化汉代刘氏的政权，二

---

① 《后汉书》卷三《肃宗孝章帝纪》。
② 侯外庐、赵纪彬、杜国庠等：《中国思想通史》，第 2 卷，第 248 页。
③ 《后汉书》卷四十上《班彪（班固）传上》。

是总结出治理现实社会的教条。这部书把谶纬化的儒家的经籍，作为其理论的依据。《白虎通德论》开篇就论说，帝王有优劣，但是都称之为"天子"，"以其俱命于天"，这本书给封建社会的等级制度、三纲六纪、礼乐、行政、三军、诛伐等方面，以及耕桑、商贾、考黜以至衣裳、嫁娶、丧服等都做了规定和说明。《汉书》是一部史书，和《白虎通德论》不是一个类型的作品，但是所起的作用则是一致的。

构建汉代政权的理论依据是天意支配历史运转的说明，这是班固所有著述的宗旨。过去讨论班固的史学思想，对这一点似乎注意得不够。班固的作品除《汉书》以外，还有《典引》《宾戏》及赋等。他不满意东汉的学术，其中一个原因是，"今论者但知诵虞、夏之《书》，咏殷、周之《诗》，讲羲、文之《易》，论孔氏之《春秋》，罕能精古今之清浊，究汉德之所由"[1]。他很明确地提出"究汉德之源"，是著述的重要任务。

班固对历史的变化有一个系统的看法。首先他构造出一个汉代刘氏的政权出自天授的统系，《典引篇》说：

> 太极之原，两仪始分，烟烟煴煴，有沈而奥，有浮而清，沈浮交错，庶类混成。肇命人主，五德初始，同于草昧，玄混之中。踰绳越契，寂寥而亡诏者，《系》不得而缀也。厥有氏号，绍天阐绎者，莫不开元于大昊皇初之首，上哉复乎，其书犹可得而修也。亚斯之世，通变神化，函光而未曜。
>
> 若夫上稽乾则，降承龙翼，而炳诸《典》《谟》，以冠德卓踪者，莫崇乎陶唐。陶唐舍胤而禅有虞，虞亦命夏后，稷、契熙载，越成汤、武。股肱既周，天乃归功元首，将授汉刘。

班固构建出神授刘氏政权体系。至于，东汉与西汉有什么联系？为什么东汉政权也是合理的呢？班固在《两都赋》中说，这也是天统：

> 往者王莽作逆，汉祚中缺，天人致诛，六合相灭。……于是圣皇（光武帝刘秀）乃握乾符，……建都河洛。绍百王之荒屯，因造化之荡涤，体元立制，继天而作。系唐统，接汉绪，茂育群生，恢复疆宇，

---

① 《后汉书》卷四十下《班彪（班固）传下》。

勋兼乎在昔，事勤乎三五。①

《汉书》的主要的思想与这些地方的观点是一致的。班固构建出历史的图式，人类是从洪荒的世界中发展来的，按照五德终始的法则运行，汉代是接续尧的统运。这是五德运行规定了的程式，由尧、舜、夏、商、周，下面应该是刘氏的汉，"将授汉刘"，由于"值亢龙之灾孽"，所以让孔子这位"玄圣"，"缀学立制"，以后，则是高祖刘邦建西汉，光武帝刘秀建东汉。天意如此，刘邦、刘秀在世时，都有征兆，"是以高、光二圣，辰居其域，时至气动，乃龙见渊跃"。这是以五德终始论为基础的神意历史观。

西汉灭亡，刘氏再度兴起。对此，班固在上面的那一段解释中，除天意的说教外，也从人心的归向上做了说明，王莽篡汉，"生民几亡，鬼神泯绝。……故下民号而上诉"。他又说：

> 且夫建武之元，天地革命，四海之内，更造夫妇，肇有父子，君臣初建，人伦实始，此乃伏羲氏之所以基皇德也。分州土，立市朝，作舟车，造器械，斯轩辕氏之所以开帝功也。龚行天罚，应天顺人，斯乃汤武之所以昭王业也。迁都改邑，有殷宗中兴之则焉；即土之中，有周成隆平之制焉。不阶尺土一人之柄，同符乎高祖。

刘秀的继承大统，一方面是统运决定的，另一方面，刘秀的个人作用，也致使他终于成为东汉的创建者。班固的历史观本身包含两重的因素，其主导的方面无疑是神意的史观，但是这种神意的史观包含重视人事的思想。

班固在东汉的思想史上的地位是十分重要的，他不但提出神意的历史观点，而且以一部史书《汉书》，具体而微地说明了汉代的政权出现，是天意的安排。西汉的兴衰又不仅是天意，也有人事的作为。班固的《汉书》说到刘氏政权的合理性时，着重以天意的观点进行解释；在论西汉的兴衰变动时，侧重从人事的作用上进行解释。中国中世纪的谶纬神学的意识形态，和西方的神学理论在本质上一样，但其中也有一些差别，这就是中国的谶纬理论强调神的决定作用时，还有另外一面，就是强调人事在政治生活中积极作用的一面。从董仲舒到班固，思想上都有这样的基本特点。

《汉书》的基本思想和董氏的观点一脉相承，所不同的是，董仲舒的思

---

① 《后汉书》卷四十下《班彪（班固）传下》。

想带有神秘性,其学说是形式主义的教条,用的是僵化的比附的手法。班固的《汉书》结合历史的现实,展示一代历史的兴衰的变动,比起《春秋繁露》这样的作品,它蕴含一层生动的气息。不能只看到班、董的联系,而忽视两人的区别。

班固的父亲班彪对司马迁的《史记》作了一次根本性的修正,主要体现在史学思想上。班固对班彪的《史记后传》又作了一次重大的修正,写出《汉书》。"断汉为代",实际上是断而不断,不过是把刘氏的政权上接尧,把汉代当作是尧的统续,而不是"厕于秦、项之列"。过去研究《汉书》,一般都强调这是一部断代体史书,而没有看到《汉书》是断而不断。它也讲贯通,这种贯通是一种神意的贯通。班固的改造,在史学史上是一件大事,把史学从思想到形式都做了一番更动,使史学更好地适应封建王朝的需要。中国的纪传体正史,之所以一代一代地连续不断地按着一个刻板的程式去编写,原因也就是它能很好地适应王朝的口味,适应王朝的需要。

可以看出,班固的史学成就和他的文学、子学(或者说是经学)成就是融合在一起的,历史编纂学和历史观相配合。他在文学上的成就使得他的历史观点得以传世行远,对后世的史学思想产生深远的影响;他的史学作品《汉书》,验证他的历史观点;他的子学的核心是神意的历史观。

第四,班固的个人遭遇。班固一生相当坎坷。和司马迁一样,班固不是一个幸运儿。为学、入仕、从征、著述,构成他一生活动的主要内容。他有过一段的辉煌,又曾是封建统治者的阶下囚,最终为统治者所杀害。第一次入狱,是因为有人告发他"私修国史",是文字之祸。第二次下狱是统治阶层内部矛盾造成的。事情不复杂,班固的家奴得罪洛阳令种兢,仅此班固也不至于被处死。关键是大将军窦宪失势,窦氏门下宾客受株连,班固恰好给对方这样一个口实,遭杀身之祸。

班固的遭遇对他治史产生怎样的影响,从他的《幽通赋》可以找到线索,得到理解。这篇赋,以一种虚幻的意境,在世事多艰的遭遇中,写出自己的感受。他称自己是高阳颛顼的后代,家族的辉煌,经过两汉之际的大变动,仍然没有衰落。自己的经历坎坷,但还想继先祖之足迹。他说:

> 岂余身之足殉兮,悼世业之可怀。
> 靖潜处以永思兮,经日月而弥远。
> ....
> 惟天地之无穷兮,鲜生民之晦在。

纷屯邅与蹇连兮，何艰多而智寡。
…………

变化故而相诡兮，孰云预其终始？
…………

道混成而自然兮，术同原而分流。
神先心以定命兮，命随行以消息。
斡流迁其不济兮，故遭罹而赢缩。
…………

他在《幽通赋》的结篇中，说："乱曰：天造草昧，立性命兮；复心弘道，惟圣贤兮。浑元运物，流不处兮；保身遗名，民之表兮。舍生取谊，亦道用兮；忧伤夭物，忝莫痛兮。"

《幽通赋》在《汉书·叙传》中，似乎是班固少年时代的作品，《叙传》文一开始说："（班彪）有子固，弱冠而孤，作《幽通之赋》，以致命遂志。"这显然是一个遮眼术，他不敢直接表露对刘氏残暴的不满。其妹班昭（曹大家）为《幽通赋》作注，又是《汉书》续成者，以事理度之，当是班昭的安排。从全文内容看，这篇作品应该是班固在遭迫害时写的。他在坎坷的经历中，一方面，仍然表达自己卫道的志向；另一方面，对于命运感到难以掌握，他从沉浮的变动中，体察出现实中的诡诈、黑暗。《后汉书·班彪（班固）传》却不载《幽通赋》，而载《两都赋》及"叙汉德"的《典引篇》，这颇耐人寻味。因此毫不奇怪，班固的《汉书》，能够直面社会的现实，使这部史书成为一部"实录"。

班固的史学二重性的形成，是时代的玉成，也是他个人的家世和才赋、亲身的经历造就的。

第二节 《汉书》的"宣汉"

班固在《汉书》中编织一个汉绍尧运的世系。把《汉书》的《高帝纪》和《史记》中的《高祖本纪》相比，引人注目的地方是班固的"赞"。"赞"的主要内容是班固"考"出一个刘氏汉家的世系来。全文如下：

赞曰：《春秋》晋史蔡墨有言，陶唐氏既衰，其后有刘累，学扰龙，事孔甲，范氏其后也。而大夫范宣子亦曰："祖自虞以上为陶唐氏，在夏为御龙氏,在商为豕韦氏,在周为唐杜氏,晋主夏盟为范氏。"范氏为晋士师,鲁文公世奔秦,后归于晋,其处者为刘氏。刘向云战国时刘氏自秦获于魏,秦灭魏,迁大梁,都于丰,故周市说雍齿曰:"丰,故梁徙也。"是以颂高祖云:"汉帝本系,出自唐帝。降及于周,在秦作刘,涉魏而东,遂为丰公。"丰公,盖太上皇父。其迁日浅,坟墓在丰鲜焉。及高祖即位,置祠祀官,则有秦、晋、梁、荆之巫,世祠天地,缀之以祀,岂不信哉。由是推之,汉承尧运,德祚已盛,断蛇著符,旗帜上赤,协于火德,自然之应,得天统矣。

这可以说是一段奇文。仅仅根据几个历史人物的话,就断定汉代的刘氏是尧的后人。即使是尧的后裔,何以应当兴汉呢?当然,理论的依据是统运说。但尧的后裔有几个分支,又为什么是刘邦兴汉?班固在这里引"断蛇著符",说明天意如此。这一连串的论证,虚弱得很。

宋代郑樵对班固的批评很严厉,其中有一段话,揭穿班固在《高帝纪》中编造出来的世系,以事实说明这个世系是子虚乌有。郑樵说:

> 臣谨按,刘者,东周畿内之地名。……成王封王季之季子,食采于刘,是为刘康公。刘氏受氏,实由此始。自刘康公之后,有刘定公、刘献公、刘宣公、刘文公,世为周卿士,故刘氏为著族。
>
> 汉儒之言刘氏,乃用晋史蔡墨之言,谓陶唐氏之后有刘累者,学扰龙,事孔甲。在夏为御龙氏,在商为豕韦氏,在周为唐杜氏,其适晋者为范氏,范武子奔秦,……战国之际,秦师伐魏,刘氏从征,为魏所获,魏迁大梁,徙都于丰,故刘氏亦居丰。然刘氏本于康公,地著世系,两皆明信。不知刘累者,因何氏刘,曾无本末。且刘也、范也,以邑命氏者;豕韦也、唐也、杜也,以国命氏者;御龙也、豢龙也,以技命氏者。此古者命氏之义也。若如此论,则御龙以来,数更氏矣。舍刘而用御龙,舍御龙而用豕韦,……而独以刘,何也?
>
> 高帝起于微贱,不知族世,且亲莫如母,不知其姓,但谥昭灵后而已。近如大父,不知其名,但以居丰,呼为丰公。如此则汉家祖祢,可谓荒唐矣。高祖即位之后,采诸儒之言,泛祀其先。……今汉家之祀其先也如此,良由不知所祖,求之多方,庶几或中。汉儒又从而推之,以陶唐为火德,汉承尧运,断蛇著符,旗帜尚赤。协于火德,自

然之运，得天统者何哉？①

班固的编造，由于不通姓氏之学，处处露出破绽。刘邦的母亲都不知道出自何氏，其先大父也不知其名，刘邦自己也不知道其先祖出在何处，祀其先祖的地点和方式都确定不下来。班固却编织世系，进而推演出"汉承尧运"的神话，自然是荒唐可笑。但是班固这样的汉儒，确是通过这类方法进行"宣汉"。

《汉书》"宣汉"的理论就是董仲舒的天人相关的理论，这种理论包括宇宙观、社会思想和历史观点。班固在《汉书》中大量收录董仲舒的言论，系统地阐述天人相关的思想。《汉书·董仲舒传》和《史记》中的《董仲舒传》一个很大的差别是，《汉书》中完整地记录了董仲舒的《天人三策》等言论。董仲舒和司马迁的关系密切，无论从生卒年代还是从师从关系上看，董仲舒的思想，司马迁应该都是掌握了的。司马迁对董仲舒这位"董子"，相当尊重。但是《史记·儒林传》中的《董仲舒传》写得很简略，只写了董仲舒"以《春秋》灾异之变，推阴阳所以错行"诸事；又因言灾异不中，差一点送掉老命，"于是董仲舒竟不敢复言灾异"。但是《汉书·董仲舒传》就完全不同。《汉书·董仲舒传》不是附在《儒林传》中，值得注意的是，这篇传全录董氏的《贤良对策》《天人三策》，全面展示了董仲舒的思想的核心。

第一，它宣传王者受命于天的观点。"天之所大奉使之王者，必有非人所能致而自至者，此受命之符也"。由此，以天人相关的思想为灾异说提供了理论依据，他说：

> 臣闻天者，群物之祖也，故遍覆包函而无所殊，建日月风雨以和之，经阴阳寒暑以成之。故圣人法天而立道，亦溥爱而亡私，……天人之征，古今之道也。孔子作《春秋》，上揆之天道，下质诸人情，参之于古，考之于今。故《春秋》之所讥，灾害之所加也；《春秋》之所恶，怪异之所施也。书邦家之过，兼灾异之变，以此见人之所为，其美恶之极，乃与天地流通而往来相应，此亦言天之一端也。

又说：

> 臣谨按：《春秋》之中，视前世已行之事，以观天人相与之际，甚

① 《通志》卷五《前汉纪五上》。

可畏也。国家将有失道之败，而天乃先出灾害以谴告之，不知自省，又出怪异以警惧之，尚不知变，而伤败乃至。以此见天心之仁爱人君而欲止其乱也。

天人相关的观点，说明天对于人事支配，同时也不否认人主的社会治理和行事在历史盛衰变动中的作用。在一定的意义上，它也承认历史变革的必要，说："为政而不行，甚者必变而更化之，乃可理也。当更张而不更张，虽有良工不能善调也；当更化而不更化，虽有大贤不能善治也。故汉得天下以来，常欲善治而至今不可善治者，失之于当更化而不更化也。"经过这一番的处理，董仲舒的天命理论有了更大的适应性。历史上王朝的兴起，它可以解释；汉代的中衰，也可以得到说明。

《汉书·天文志》完全采纳了董仲舒的思想。说：

> 政失于此，则变见于彼，犹景之象形，乡之应声。是以明君睹之而寤，饬身正事，思其咎谢，则祸除而福至，自然之符也。

后来历代正史的《天文志》也都是宣传这样的观点。

第二，它宣传了《春秋》大一统的观点，宣布封建统治的等级制的合理性。这就是董仲舒所谓的"《春秋》大一统者，天地之常经，古今之通谊也"。在天命思想的基础上，董仲舒说明人的性与情，进而阐明封建等级制度、封建社会的教化与刑罚的意义。他说：

> 天令之谓命，命非圣人不行；质朴之谓性，性非教化不成。人欲之谓情，情非度制不节。是故王者上谨于承天意，以顺命也；下务明教化民，以成性也；正法度之宜，别上下之序，以防欲也：修此三者，而大本举矣。

整个封建统治的等级制度之"序"，合乎天的旨意。

第三，它宣传天不变道亦不变的历史运动观。历史按三统运行，历史上的社会有文、质之异。夏，尚忠；殷，尚敬；周，尚文。每个时代都有变化，但是支配历史的道，是不变的，董仲舒说："道之大原出于天，天不变，道亦不变。是以禹继舜，舜继尧，三圣相受而守一道，亡救弊之政也，故不言其所损益也。由是观之，继治世者其道同，继乱世者其道变。"从一方面说，道是不变，古之天下，亦今之天下。从另一方面说，道也变，道变的时代，是乱世。整个历史有治世，有乱世，自然也就产生了道从不变到变的过程。过去对董仲舒这一段话，认识并不确切，以为董仲舒宣传一种静止的观点。其实，董氏也说运动，说历史的运动，认为历史的运动是从"守道"到"坏道"，从治到乱。但他只承认一种变动是合理的，是合乎天意的。乱世出现，是历史上的事实，只是它不合于"道"。这里有一个"潜台词"，历史的运动趋向为天意所决定，封建统治秩序是永恒的，尽管一时被破坏，最终还是封建统治秩序的恢复。

这里我们不是讨论董仲舒的思想，问题是班固在《汉书》中收录了董氏的大量议论，推崇董仲舒的理论，并且把董氏的理论作为儒学的正宗。在《董仲舒传》的"赞"中，他列举刘向、刘歆和刘向的曾孙刘龚等人对董仲舒的评价。他们的看法差别不大，至少肯定了董仲舒的学说，"令后学者有所统壹，为群儒首"。值得玩味的是，司马迁师从董仲舒，推崇董子，却不热心宣传董夫子的学说，班固热衷于宣传董仲舒的思想，因为二人思想合拍、共振。

汉代的学术思想影响最大的是董仲舒，其次是刘向、刘歆等人，他们的思想不尽一致，班固肯定董仲舒是"正宗"，他在《汉书·五行志》中说：

> 汉兴，承秦灭学之后，景、武之世，董仲舒治《公羊春秋》，始推阴阳，为儒者宗。宣、元之后，刘向治《谷梁春秋》，数其祸福，传以《洪范》，与仲舒错。至向子歆，治《左氏传》，其《春秋》意亦已乖矣；言《五行传》，又颇不同。是以揽仲舒，别向、歆。

西汉一代是董仲舒的学术占上风，"卒用董生"[1]，班固称赞仲舒："身修国治，致仕县车，下帷覃思，论道属书，说言访对，为世纯儒。"[2]董仲舒的天人相关的理论，成为班固的"宣汉"的基调。

班固的思想来源是多方面的，除董仲舒的理论外，还有他父亲的影响，我们在前面已经说过。班氏对西汉的学术思想有一个总体的看法，他在《楚元王传》的"赞"中说：

---

① 《汉书》卷八十八《儒林传》。
② 《汉书》卷一百下《叙传下》。

> 自孔子后，缀文之士众矣，唯孟轲、孙况、董仲舒、司马迁、刘
> 向、扬雄。此数公者，皆博物洽闻，通达古今，其言有补于世。……
> 刘氏《洪范论》发明《大传》，著天人之应；《七略》剖判艺文，总百家之
> 绪；《三统历谱》，考步日月五星之度。有意其推本之也。

《汉书·郊祀志》的"赞"综述汉代各家关于五德的议论，他说：

> 汉兴之初，庶事草创，唯一叔孙生略定朝廷之仪。若乃正朔、服
> 色、郊望之事，数世犹未章焉。至于孝文，始以夏郊，而张仓据水德，
> 公孙臣、贾谊更以为土德，卒不能明。孝武之世，文章为盛，太初改
> 制，而兒宽、司马迁等，犹从臣、谊之言，服色数度，遂顺黄德。彼
> 以五德之传从所不胜，秦在水德，故谓汉据土而克之。刘向父子以为
> 帝出于"震"，故包羲氏始受木德。其后以母传子，终而复始，自神农、
> 黄帝下历唐虞三代而汉得火焉。故高祖始起、神母夜号，著赤帝之符，
> 旗章遂赤，自得天统矣。昔共工氏以水德间于木火，与秦同运，非其
> 次序，故皆不永。由是言之，祖宗之制盖有自然之应，顺时宜矣。①

汉初，张苍定律令、章程时，以汉为水德，后来公孙臣、贾谊以汉为土德。
西汉后期，刘向父子以汉为火德，这才使汉代能够上接于尧。其实这种理
论的奠基人是董仲舒，董氏在《三代改制质文篇》中把五行相生、五行相胜
同时采用。仅以五德相胜说来解释历史，汉代和尧是挂不上钩的。经过这
一改造，汉和唐尧都是火德。又，《汉书·眭弘传》说："先师董仲舒有言：
虽有继体守文之君，不害圣人之受命。汉家尧后，有传国之运。汉帝宜谁
差天下，求索贤人……"②眭弘引董氏的话，因为古代文字，没有标点，"汉
家尧后，有传国之运"这句话，是不是董仲舒的原话，无法确定。从已有的
董仲舒的文字来看，这一句应该不是董氏的原话。但即使是眭弘的发挥，
和董仲舒的思想还是一致的。汉代当接尧后，作为一个五德运行体系的一
环，刘歆作了进一步地编造③。班固编纂的《白虎通德论》，是董仲舒天人相
关理论的延长，是董仲舒思想进一步的神学化。《白虎通德论·五行》篇既

---

① 《汉书》卷二十五下《郊祀志下》。
② 《汉书》卷七十五《眭两夏侯京翼李传》。
③ 参见《五德终始说下的政治和历史》，顾颉刚：《古史辨自序》，下册。

说木生火，火生土，土生金，金生水，水生木；也说水胜火，火胜金，金胜木，木胜土，土胜水。《三正》篇说"三正之相承，若顺连环也"。《汉书》进而把这样的思想和历史糅在一起了。

可以说班固的"宣汉"的思想是一个大综合。天人相关基本理论、历史运动观，来自董仲舒（刘氏父子对它做了进一步的演绎）。班彪的《王命论》对班固产生直接的多方面的影响，甚至班固的表述方式都是班彪的。《汉书·五行志》，无疑和刘向、刘歆有直接的联系（班固对刘氏的看法又有保留）。《汉书·艺文志》是在刘氏的《七略》的基础上形成的。司马迁的二重性的思想和班固的思想特征吻合，扬雄评《史记》的观点"不与圣人同，是非颇谬于经"①，又为班氏父子袭用。《汉书》的"宣汉"思想是一种大综合，其主导的方面是天人相关的理论。由于它不是在融汇各家思想基础上形成的自己的观点，因此它的天人相关的理论，不能贯串到全书的每一个地方。《汉书》理论上的二重性、折中性表现得尤其明显。

《汉书》在总结西汉灭亡的原因上，仍然没有忘记"宣汉"。元、成、哀、平是西汉的后期，社会矛盾激化，农民已经到了活不下去的地步，用鲍宣的话说是"民有七亡而无一得""有七死而无一生"。然而在班彪、班固的口中，这些末世皇帝，一个个都还是英主。四个《本纪》中的元、成帝纪是出自班彪手。下面是班氏父子的"赞"：

> 臣外祖兄弟为元帝侍中，语臣曰：元帝多材艺，善史书。鼓琴瑟，吹洞箫，自度曲，被歌声……少而好儒，及即位，征用儒生，委之以政。贡、薛、韦、匡迭为宰相，而上牵制文义，优游不断，孝宣之业衰焉。然宽弘尽下，出于恭俭，号令温雅，有古之风烈。②

这里只有一个不足，即"优游不断"，从大的方面来说，任相得人，又善史能文，宽弘恭俭，何以使得孝、宣的中兴之业衰败呢？班彪的"赞"，在尽全力为汉家辩解。

《成帝纪》的"赞"中指出汉成帝这位人主"湛于酒色"，但仍是一代不可多得的人君。班彪说，他从姑姑那里知道，"成帝善修容仪，升车正立，不内顾，不疾言，不亲指，临朝渊嘿，尊严若神，可谓穆穆天子之容者矣。

---

① 《汉书》卷八十七下《扬雄传下》。
② 《汉书》卷九《元帝纪》。

博览古今，容受直辞。公卿称职，奏议可述。遭世承平，上下和睦"。且不说这段话中的矛盾处，只就班彪的评价，用后世司马光的衡量人君的五德论来评判，成帝至少是一个守成之君。

《汉书·哀帝纪》记汉哀帝这位享年不永的少年天子，几乎没有过失。恭俭谦让，限名田，诛昌言灾异的夏贺良。"赞"中说，哀帝"文辞博敏，幼有令闻"，他能诛强臣，为的是"欲强主威，以则武、宣"，又不好声色。

《平帝纪》的"赞"，没有关于平帝一句微词。《王莽传》的"赞"，说王莽能窃权，王氏奸诈是一个方面，但主要还是汉室中微，王太后长期控制朝政，"推是言之，亦天时，非人力之致矣"。王莽政权覆灭，其根本的原因，是"炕龙绝气，非命之运，紫色鼃声，余分闰位，圣王之驱除云尔"。服虔注《汉书》说："言莽不得正王之命，如岁月之余分为闰也。"王莽之后，刘秀的兴起，也是天命。

总之，《汉书》的"宣汉"，主要是以天命历史观，通过曲解历史而宣汉家之德。

历史著作的编纂形式，在一定的情况下，它也反映著作者的思想。《汉书》的"断汉为代"是"宣汉"的需要。《汉书》的一些《志》及《古今人表》却又不"断"，这也是班固贯穿他的观点的需要。《汉书》的体例的改变，使《汉书》更好地尊"六经"，宣扬他的历史运动的"大道"。《史记》的五体，到了班固手里，删去世家，成了纪、志、表、传四体，陈胜被放入列传，这些体例上的改变，也都是更便于"宣汉"。

第三节 《汉书》的"实录"精神

一部史书有没有"实录"的精神，应该从下面几个方面来考察。一是这部史书能不能如实记载历史的真实。这里面一个关键，是能不能既记录社会繁荣兴盛的一面，又能揭露社会黑暗、腐朽的一面，在史事的记载中，体现出史家分析社会矛盾根源的深刻见解。这是更深层次上的"实录"的要求。二是这部史书能不能反映社会的方方面面，从一个恢宏的角度把握社会的面貌。所谓"如实反映"，不应当只是体现在个别的历史的事件上，还应当看它是不是如实全面反映社会生活的各个层面。三是严谨考订，敢破陈说，恢复历史的真实面貌。

有一种倾向认为，史书能揭露社会的黑暗，才是"实录"。应该说这种看法不够全面。如果一部人类的历史被写成"黑暗"接着"黑暗"，没有光明，这同样是不真实的，因而也违背"实录"的精神。这里的核心问题是要如实反映历史的真实的面貌。写社会的兴盛没有夸大的成分，更不能以这种兴盛，去掩盖社会的危机和矛盾，这也就是班固说的"不虚美，不隐恶"。在封建社会，能做到这一点，很不容易；相对地说，在文网严密的封建时代，能够揭露社会的问题和矛盾，就更不容易。至于把"盛"和"衰"连接起来，"盛中观衰"则是更高的要求。

从上面所述，可以看出，提倡如实记载比较容易，能够在记事、叙事中如实记载、如实反映是很困难的。因为一个史家在记录历史的时候，不可能没有自己的观点，他要对社会的各种现象、各种事件，做出自己的判断、做出自己的选择，这就是史家的一种见解。它支配史家能不能相对客观公正地记载历史、说明历史。一个史家愿不愿意真实地记载历史和他能不能真实地反映历史，在史学史上并不总是一致的。

从这样的角度来审视班固的史学，可以看出这样的一个情形，当他着意进行"宣汉"时，他往往是夸大历史繁荣和兴盛的一面，有意或无意地进行曲解或辩解。晋人傅玄说，班固的《汉书》"论国体则饰主阙，而抑忠臣；叙世教，则贵取荣而贱直节；述时务，则谨辞章而略事实"[1]。这里说的"饰主阙"，是"宣汉"的一个方面，却背离了实录的精神。但从总体上看，《汉书》是一部具有实录精神的史书，继承了《史记》的传统。

第一，《汉书》写出了一个封建朝代的完整的过程。这部史书"起元高祖，终于孝平、王莽之诛，十有二世，二百三十年，综其行事，旁贯五经，上下洽通"。如他自己说的，"叙帝皇，列官司，建侯王，准天地，统阴阳，阐元极，步三光，分州域，物土疆，穷人理，该万方，纬六经，缀道纲，总百氏，赞篇章，函雅故，通古今，正文字，惟学林"[2]。如果说《史记》是通古今之变，那么《汉书》通古今之处，侧重在通一代之变。

《汉书》把西汉及新朝二百三十年的历史作为一个盛衰之变的过程来认识。《汉书》的纪与列传的内容和思想很多是承继《史记》的，察盛衰之变是这一部分的中心观念。《汉书》的八表足以表现出班固的察盛衰之变的思想，《异姓诸侯王表》《诸侯王表》《王子侯表》《高惠高后文功臣表》《景武昭宣元成功臣表》《外戚恩泽侯表》《百官公卿表》和《古今人表》，能够在整个古今盛衰的变化过程中写汉代事物的盛衰荣辱的变化。《异姓诸侯王表》从虞夏开始，

———————

① 《意林》卷五。
② 《汉书》卷一百下《叙传下》。

写异姓诸侯王的兴起和发展,一直叙述到孝文帝的诸侯王被灭尽,这是继承司马迁的察盛衰之变的精神。《诸侯王表》写周代诸侯王历八百余载的变化,秦朝废封建,这是一大变;汉兴之初,又分封诸侯王,以至于"矫枉过其正",这又是一大变;七国之乱平,诸侯王衰落,到了西汉末,这些诸侯王"生于帷墙之中,不为士民所尊。势与富室亡异",这更是一大变。班固说他作表"以究其终始强弱之变,明监戒焉",西汉一代功臣的兴衰起落,都在有关的表中反映出来。《百官公卿表》写出了宓羲、神农、黄帝直到汉代的官制的变化。表中写周末以后的官制变动,很精彩,说:

> 自周衰,官失而百职乱,战国并争,各变异。秦兼天下,建皇帝之号,立百官之职,汉因循而不革,明简易,随时宜也。其后颇有所改。王莽篡位,慕从古官,而吏民弗安,亦多虐政,遂以乱亡。故略表举大分,以通古今,备温故知新之义云。①

官制的变化有各种情形,有列国自行的变异,有统一王朝的立制,也有一代的增损改变。班固还能交代出官制变化的原因和影响,他从中进行观察,"以通古今,备温故知新之义"。

在《汉书》的诸《志》中以《艺文志》观察学术的源流变化,最能体现出班固的察盛衰之变的精神。它不但写出学术总体上的变化,而且写出各种门类的学术渊源流变。《艺文志》写自孔子之后,《春秋》分为五,《诗》分为四,《易》有数家之传。"战国纵衡,真伪分争,诸子之言纷然殽乱。至秦患之,乃燔灭文章,以愚黔首。汉兴,改秦之败,大收篇籍,广开献书之路。迄孝武世,书缺简脱,礼坏乐崩,圣上喟然而称曰:'朕甚闵焉!'于是建藏书之策,置写书之官,下及诸子传说,皆充秘府"②。这是学术上的兴衰之变。而各种门类的学术又有不同的具体变动。学术上变化又同政治的变动相联系。《艺文志》来自刘向父子的《七略》《别录》,班固采纳它作为史书的组成部分,体现了他对历史过程的见解。

第二,《汉书》反映西汉社会生活各个方面的变化。《汉书》的纪与传,以帝王为基本线索,写出社会上各个层次的人物活动。其中有皇帝、皇室外戚,各个层面和各种类型的政治人物,还有不同的学术类型的代表人物;

---

① 《汉书》卷十九上《百官公卿表上》。
② 《汉书》卷三十《艺文志》。

《汉书》也写游侠、货殖方面的人物，虽然在这些篇章中对司马迁的思想有所改变。

《汉书》的十志，尤其能够反映西汉一代的开阔的社会生活的场景。《郊祀志》和《五行志》在《汉书》的志中占有相当大的分量，这一方面是班固的史学思想的反映，同时也是当时社会生活的真实的情景。神学的天人感应的思潮统治了整个思想学术界，这是事实。《天文志》和《律历志》一方面和神学的理论体系纠缠在一起，另一方面它们记载这些方面的科学技术的成就，也是当时农业生产发展的需要。《礼乐志》《刑法志》是西汉封建社会国家的基本制度，《刑法志》是《汉书》新立的，它记载周代以后的法律，包括一些军事制度的变化。《食货志》是《汉书》的创造，开篇说："《洪范》八政，一曰食，二曰货。食谓农殖嘉谷可食之物，货谓布帛可衣，及金刀龟贝，所以分财布利通有无者也。二者，生民之本，兴自神农之世。"班固又强调"理民之道，地著为本"。食货是社会的经济基础，在封建社会里，农业生产又是社会生存和发展的根本。在《志》中班固首先叙说田制与租赋，展示了田制与租赋的变化直接作用于社会盛衰的变动。《汉书·叙传》说："厥初生民，食货惟先；割制庐井，定尔土田，什一供贡，下富上尊。商以足用，茂迁有无，货自龟贝。至此五铢。扬榷古今，监世盈虚。"无论怎样说，这是班固史学思想中的卓识。

《汉书》把《史记》的《河渠书》改为《沟洫志》。它继承了司马迁的思想，写出了水利的重要。司马迁说："甚哉，水之为利害也。"班固的发展在于他重视水利兴修的对策，全文收录贾让的《治河三策》，对以后治水提供有益的经验。班固注意到水利的兴修与废弛直接影响社会的兴衰。秦国修郑国渠，关中为沃野，无凶年，"秦以富强，卒并诸侯"。西汉一代，伴随着水利与水害，导致政治上的变动。志中借杜钦的话说，河水失治，就会"民人流散，盗贼将生"。班固在这篇志的"赞"中说："中国川原以百数，莫著于四渎，而河为宗。孔子曰：'多闻而志之，知之次也。'国之利害，故备论其事。"在众多的水利工程中以治河为最重要。班固的看法又进了一步。马克思在《不列颠在印度的统治》一文中说，在亚洲，从很古老的时候起，一般说来有三个政府部门，也就是财政部门、军事部门和公共工程部门。他进一步作了分析，说：

> 气候和土地条件，特别是从撒哈拉经过阿拉伯、波斯、印度和鞑靼区直至最高的亚洲高原的一片广大的沙漠地带，使利用渠道和水利

工程的人工灌溉设施成了东方农业的基础。①

中国的史书从《史记》开始就十分重视水利维修的记载,这是一件很了不起的事。《汉书》进一步发扬了这样的传统。

《汉书》的《地理志》很有特色。它写出各地的经济水平的差异,物产的不同,户口多寡不一,风俗的迥殊。志中辑录前人所论,注意到经济和物产的状况,对一代的风俗和政治的影响。一代的君王和政治家培养良好社会的风气,其影响相当深远。战国时的养士促成诸侯成就霸业,霸业要靠地方的经济物产提供条件,经济变化又影响风尚,进而作用于政治。管仲"设轻重以富国",齐的开国之君治国"修道术,尊贤智,赏有功,故至今其士多好经术,矜功名,舒缓阔达而足智"。而鲁地"今去圣久远,周公遗化销微,孔氏庠序衰坏。地狭民众,颇有桑麻之业,亡林泽之饶。俗俭啬爱财,趋商贾,好訾毁,多巧伪,丧祭之礼文备实寡,然其好学犹愈于它俗"。②《地理志》注意到各地的经济、文化、风俗发展的不平衡,从动态上写出了各地的经济、文化的发展。

《艺文志》是班固的创造。刘向、刘歆的《七略》《别录》是它的蓝本,班固把它收在史书中,展示学术文化的源流变迁。

《汉书》的十志从各个横剖面反映一代历史的风貌。十志对后世的史学产生深远的影响,历代正史中的志书是在《汉书》的十志的基础上形成的。后来的典志体史书,如《通典》《文献通考》等,可以说是在十志的基础上发展起来的。

第三,《汉书》把西汉的历史作为统一的多民族的历史过程来把握,这同样是继承了司马迁的治史传统。《匈奴传》特别收录了扬雄的论边事书,扬雄在上书中得出的结论是:"夫百年劳之,一日失之,费十而爱一,臣窃为国不安也。唯陛下少留意于未乱未战,以遏边萌之祸。"班固为这篇传写的"赞",对汉代的对匈奴的政策作了一个系统的总结。他说:

> 高祖时则刘敬,吕后时樊哙、季布,孝文时贾谊、晁错,孝武时王恢、韩安国、朱买臣、公孙弘、董仲舒,人持所见,各有同异,然总其要,归两科而已。缙绅之儒则守和亲,介胄之士则言征伐,皆偏

① 《马克思恩格斯全集》,第9卷,北京:人民出版社,1961年版,第145页。
② 《汉书》卷二十八下《地理志下》。

见一时之利害，而未究匈奴之终始也。

　　自汉兴以至于今，旷世历年，多于春秋，其与匈奴，有修文而和亲之矣，有用武而克伐之矣，有卑下而承事之矣，有威服而臣畜之矣。诎伸异变，强弱相反，是故其详可得而言也。①

　　综合全篇所论，班固是主张以变通的眼光来看待匈奴的问题，看待和亲与征战的利弊。在《西南夷两粤朝鲜传》中说出了各个民族相互交往的意义，巴蜀之民与各地的商贾进行商贸往来，其结果是"以此巴蜀殷富"。班固主张"招远以礼，怀远以德"，《西域传》说文景之世，边事政策得当，班固说："遭值文、景玄默，养民五世，天下殷富，财力有余，士马强盛。"中国的盛衰和边事的处理得当与否是有关系的。《萧望之传》写呼韩邪单于来朝，汉政府待之以客礼，位在诸侯王以上，认为这样做是万世之长策。全境的一统，边邻的民族的向风慕化，是一件盛世之举。

　　班固的大一统思想和他的民族思想相联系。他写出"自建武以来，西域思汉威德，咸乐内属"。他称道当时人主"圣上远览古今，因时之宜，羁縻不绝，辞而未许。虽大禹之序西戎，周公之让白雉，太宗之却走马，义兼之矣，亦何以尚兹！"中国的历史是多民族共同发展的历史，是中原地区和周边地区在相互联系中发展起来的历史。

　　第四，班固在《汉书》中，写出汉家王朝的兴盛和王权神授的一面，同时也写出了汉室的腐朽和残暴统治、充满剥削的一面。虽然仅仅从《汉书》的本纪中很难看到历史的衰败的局面，但是在《食货志》中进行历史盛衰经验总结的时候，班固收录的大量的文献材料，说出了历史的真相。汉朝的文景时代是中国古代历史上的治世的典范，即使在这样的情形之下，还是出现了衰败的迹象，盛中有衰。文帝时的贾谊说："汉之为汉几四十年矣，公私之积犹可哀痛。失时不雨，民且狼顾，岁恶不入，请卖爵、子。既闻耳矣，安有为天下阽危者若是而上不惊者！"武帝时代社会危机相当严重，宣帝时有所转机。元、成、哀、平四帝时，汉朝已进入到它的末期。这些在相关的本纪中是看不出来的。贡禹等人的议论揭破了这层窗户纸，看出社会到了"民心动摇，弃本逐末，耕者不能半"的地步。哀帝时的师丹说土地兼并已到了十分严重的地步。汉末，政府的诏令承认："豪民侵陵，分田劫假，厥名三十，实什税五也。富者骄而为邪，贫者穷而为奸，俱陷于辜，

---

① 《汉书》卷九十四下《匈奴传下》。

刑用不错。"元帝时,贡禹以亲见的真实,揭露了朝廷的奢侈和百姓生活的困苦,他说:

> 方今齐三服官作工各数千人,一岁费数钜万。蜀广汉主金银器,岁各用五百万;三工官官费五千万。东西织室亦然。厩马食粟将万匹。臣禹尝从之东宫,见赐杯案,尽文画金银饰,非当所以赐食臣下也。东宫之费亦不可胜计。天下之民所为大饥饿而死者,是也。今民大饥而死,死又不葬,为犬猪(所)食。人至相食,而厩马食粟,苦其大肥,气盛怒至,乃日步作之。王者受命于天,为民父母,固当若此乎? 天不见邪?

贡禹还历数武帝以后统治者的腐败,朝廷置宫女数千,风俗大坏,以至于豪富吏民也蓄歌者至数十人。

鲍宣在上书中说到民有七亡而无一得、民有七死而无一生。他说:

> 阴阳不和,水旱为灾,一亡也;县官重责更赋租税,二亡也;贪吏并公,受取不已,三亡也;豪强大姓蚕食亡厌,四亡也;苛吏徭役,失农桑时,五亡也;部落鼓鸣,男女遮迣,六亡也;盗贼劫略,取民财物,七亡也。七亡尚可,又有七死:酷吏殴杀,一死也;治狱深刻,二死也;冤陷亡辜,三死也;盗贼横发,四死也;怨仇相残,五死也;岁恶饥饿,六死也;时气疾疫,七死也。民有七亡而无一得,欲望国安,诚难;民有七死而无一生,欲望刑措,诚难。①

《汉书》在不少列传中还揭露外戚的淫逸、豪强的专横。班固记录这些材料,其立意是在给东汉一代人君提供历史的经验教训。

《汉书》在"宣汉"的时候,存在虚美隐恶的地方,宣扬西汉为的是显示汉代刘氏政权的合理性,它要表明东汉政权也是神意天命的安排。它如实反映西汉大一统王朝的民族和历史,记录西汉盛和衰,揭露这个王朝的腐朽和残暴,除了为东汉的人君从中取得鉴戒的东西外,其中不少内容也是宣汉的组成部分。史学的二重性不是截然分成两个互不相联系的部分。班固吸收了《史记》的成果,包括内容和编纂形式各个方面,又在班彪史学的

---

① 《汉书》卷七十二《王贡两龚鲍传》。

基础上，改造了《史记》，写出了适应封建大一统王朝需要的史书，成为历代正史的范本。

第四节 从《史记》《汉书》到二十四史

一、从三史到二十四史

从《史记》《汉书》到三史、十三史、十七史再到二十一史、二十二史，再到二十四史，前后经历二千余年。有的学者把《清史稿》或者《新元史》加进去，成了二十五史，或者两部史书都放进去，算成二十六史。我们不同意这样的算法，因为二十四史是中国古代社会文化的特有现象，带有时代的印记，《清史稿》完稿时，中国社会已经进入近代，中国史学开始了近代化的历程。《清史稿》充其量来说只能是一部稿本，也不是封建朝廷组织写成的。《新元史》对我们研究元史，是一部不可多得的史书，但从一定意义上说，它是对《元史》重新编写，编撰的立意等方面与以前的《新唐书》《新五代史》还是有不同的地方。所以，作为中国古代传统史学文化来说，还是称二十四史为好。

介绍二十四史的书籍不算少，如果加上历史要籍之类作品，那就更多了。这些作品对于我们理解中国史学发展问题有很大的帮助。这里我们尝试着换一个角度，把二十四史作为一个整体来认识，看到它们的差别，又看到其共同的特点。思考二十四史作为一种文化现象是怎样出现的？它在中国学术文化史上具有怎样的重要的地位？学习二十四史对于我们理解中国文化、中国历史特点有怎样的意义？一句话，尽管二十四史有它糟粕的部分，但不可否认，二十四史不只是一座历史知识宝库，而且也是一座思想宝库。

二十四史计3213卷，约4000万字。人们常说，一部二十四史不知从何说起，这表明认识二十四史是一件不容易的事。确实，从《史记》算起到《明史》，经历了二千多年的发展，完成的二十四部史书，作为一个整体，也就是通常说的正史，情况比较复杂。从作者群体上看，一般来说是官修的，也就是在史馆中由史官执笔写的，但也有的是私人写的；也有的是借助官府图书文献等的条件，实际是私人写成的。从史书体例上说，它们都有纪、传，所以叫作纪传体。除了《史记》具有纪、传、世家、志、表五种体例外，具备五体的正史是少数①。有的正史作者修史时增加名目，《晋书》中有《载记》，《辽史》《金史》等有《国语解》，这些都是差异，也可以说是一种创造。还有的改变了名目，如《史记》中的书班固改为志，变更名目，当然有作者的用心。从思想上说，差别就更大了。司马迁与班固在史学思想上有着明显的差异，这不只是通史与断代史的分别，重要的是他们对历史的看法存在差别。《旧唐书》与《新唐书》不同；《新唐书》的各个部分出自不同作者之手，虽是同一部史书，但各个部分在风格上、思想上又不尽一致。至于各部史书文字上的分别，研究史学的人注意到，研究文学的更是注意研究这个问题。太史公《史记》文有奇气，班孟坚《汉书》的庄严整齐，范晔《后汉书》文中之杰思，欧阳文忠公《新唐书》的史论意蕴深厚，《金史》文字之简洁老辣，这些在中国古代文学史上都占有十分重要的地位。还有一些出于一般史臣的作品，由于主观或客观的原因，他们把修史当作整理档案，按照各种体例归纳材料，出自这些史臣笔下的史书，其文字水准就可想而知了。总之，二十四史既有它内在的联系，又存在差异。但这些并不妨碍我们把二十四史作为一个整体看待，只是在研究中要注意到其间的联系与种种差别。

二十四史如果是作为一个整体来说，也就是人们常说的"正史"。有一种意见认为正史之名，创自阮孝绪的《正史削繁》。但真正从目录上把正史作为史部书的一个重要部分来著录，也就是最早把《史记》《汉书》等列入《正史》的是《隋书·经籍志》。至于"正史"所指，这个概念形成也是有一个过程。关于"正史"的解释，当然要追溯到《隋书·经籍志》。《隋书·经籍志二》说陈寿作《三国志》之后：

> 自是世有著述，皆拟班、马，以为正史，作者尤广。一代之史，至数十家。唯《史记》《汉书》师法相传，并有解释。《三国志》及范晔《后汉》，虽有音注，既近世之作，并读之可知。梁时，明《汉书》有刘显、韦稜，陈时有姚察，隋代有包恺、萧该，并为名家。《史记》传者甚微。今依其世代，聚而编之，以备正史。

"正史"的内涵，这里没有十分确切的定义。大约是一个时代流传广泛的纪传体史书，即《隋志》所说的"世有著述，皆拟马、班，作者尤广，一代之

① 参见本章后的附录。

史，至数十家。唯《史记》《汉书》师法相传，并有解释"。从这部分收录的图书上看，主要是断代史，也有通史；编写体例是纪传体及其相关的注释、考订方面的作品。就主流方面说，是关于一个朝代有影响的代表作。《隋志》说的"师法相传"，主要也是指这一点，并没有特别尊崇的意思。在当时学者的心目中，似乎编年体的古史更受到重视，"诸所记事，多与《春秋》《左氏》扶同。学者因之，以为《春秋》则古史记之正法，有所著述，多依《春秋》之体"。①

比《隋书》稍后的刘知幾，同样是这样认识纪传体的，《史通》外篇有《古今正史》篇，这里提出的"正史"只不过是叙古代史臣撰录的梗概，既说编年体史书，也说纪传体史书。用"正史"二字开端，在后人看来，"是装头体，不作正文用"②。但刘知幾的《史通》着重总结的是纪传体史书方面的得失，认为："夫纪传之兴，肇于《史》《汉》。盖纪者，编年也；传者，列事也。编年者，历帝王之岁月，犹《春秋》之《经》；列事者，录人臣之行状，犹《春秋》之《传》。《春秋》则《传》以解《经》，《史》《汉》则《传》以释《纪》。"③纪传体纪与传相互配合，体现经、传相依的原则，能从形式上反映出尊经的原则。《史》《汉》有不能令人满意的方面，如陈胜入《世家》、项羽入《本纪》、吕后入《本纪》等，在根本上不合尊经的要求。刘氏依据这一信条，也就很难对"正史"做出明确的界说，因此，编年体书也同样被列在正史之中。

宋人晁公武明确表示不同意只把纪传体作为"正史"，说：

> 史部其类十有三，其一曰正史。……若编年、纪传，则各有所长，殆未易以优劣论，虽然，编年所载，于一国治乱之事为详；纪传所载，于一人善恶之迹为详。用此言之，编年似优，又其来最古。而人皆以纪传便于披阅，独行于世，号为'正史'，不亦异乎。④

王应麟，在《玉海》首列《古史》，次列《正史》。关于"正史"，他说：

> 历代国史，其流出于《春秋》，刘歆叙《七略》，王俭撰《七志》，《史

---

① 《隋书》卷二十八《经籍志二》。
② 《史通》卷十二《外篇·古今正史》。
③ 《史通》内篇卷二《列传》。
④ 《郡斋读书志》卷二上。

记》以下皆附《春秋》。荀勖分四部,《史记》旧事入丙部。阮孝绪《七录》,"记传录"记史传,由是经与史分。

编年、纪传各有所长,编年所载于一国治乱之事为详;纪传所载一人善恶之迹为详。编年其来最古,而人皆以纪传便于披阅,号为正史。①

王应麟从目录学的渊源上谈经与史分途。他从刘歆的《七略》、荀勖因郑默的《中经》作《新簿》的图书四分法,进而论说王俭的《七志》、阮孝绪的《七录》。在他的眼里,所谓的"正史",只是"便于披阅",并没有十分推崇的意味。

《隋志》以后的列代正史的《艺文志》,一般都是把历代王朝纂修的有影响的纪传体史书称为"正史"。也有例外,《明史·艺文志》限著录有明一代书籍,但在史部的"正史"类中注明"编年在内"。

对于"正史"给以特别的意义,是在二十四史完成以后的事,这就是清朝修《四库全书总目》馆臣的说法,我们把它摘录出来:

> 今总括群书,分十五类。首曰"正史",大纲也。

又说:

> "正史"之名,见于《隋志》。至宋而定著十有七,明刊监版合宋、辽、金、元史,为二十有一。皇上钦定《明史》,又诏增《旧唐书》为二十有三。近搜罗《四库》,薛居正《旧五代史》,得裒集成编。钦禀睿裁,与欧阳修书并列,共为二十有四。……盖正史体尊,义与经配。非悬诸令典,莫致私增;所由与稗官野记异也。(训释音义、掇拾遗补阙、辨正异同、校正字句者,各附本书。)②

综合所谓的"正史"的意义:
——正史在史部书中,是史之"大纲"。
——正史在体例上形成的特点是"体尊",在整个文化中具有"义与经

① 《玉海》卷四十六《正史》。
② 《四库全书总目提要》卷四十五《史部总叙》及《史部一》。

配"的关系。

——正史由朝廷总揽修史大权，"非悬诸令典，莫敢私增"，因而它与"稗官野记"的作品不同。

可以说，《四库》馆臣对"正史"的正宗的地位，做出了全面的界定。

虽然每一部史书的情况不尽一样，但至少到了唐代以后，正史的地位提高，确实是"体尊"，编修正史是宰相掌管的大事，一般的朝臣没有资格问津，私修国史是犯法的事。士子、朝臣能入史馆修史是要有资历的，也是一种"荣誉"。但也正是由于修史大权被朝廷控制，造成很多弊端，纪传体史书失去了司马迁创立纪传体时的活力，如同八股文一样，变得模式化、程式化，更不要说这样的史书存在曲笔的内容。

从《史记》《汉书》、三史，到二十四史，经历的过程，结合钱大昕在《十驾斋养新录》的说明，作一简要介绍。

先有三史出现，钱氏说："三史谓《史记》《汉书》及《东观（汉）记》也。《吴志·吕蒙传》注，引《江表传》：'权谓蒙曰："孤统军以来，省三史、诸家兵书，大有益。"'又《孙峻传》注，引《吴书》：'留赞好读兵书及三史。'《晋书·傅休弈传》：'撰论三史故事，评断得失。'《隋书·经籍志》有《三史略》二十九卷，吴太子太傅张温撰。皆指此。自唐以来，《东观（汉）记》失传，乃以范蔚宗书当三史之一。"

以后有十三史、十史：《宋史·艺文志》"文史类"有吴武陵《十三代史驳议》十二卷、"目录类"有宗谏《注十三代史目》十卷、商仲茂《十三代史目》一卷（晁氏《读书志》作殷仲茂，盖《宋史》避讳，改殷为商），"类事类"有《十三代史选》三十卷。吴武陵，唐人。盖唐时以《史记》、前后《汉书》《三国志》《晋书》《宋书》《南齐书》《梁书》《陈书》《魏书》《北齐书》《周书》《隋书》，为十三代史也。又"类事类"有《十史事语》十卷、《十史事类》十二卷。李安上《十史类要》十卷。十史者，自三国至隋十代之史，马、班、范不在其数。

继之是十七史：宋人于十三史之外，加以《南（史）》《北（史）》《唐书》及《五代史》，于是有十七史之名。《宋史·艺文志》"史抄类"有《十七史赞》《名贤十七史确论》一百〇四卷。"类事类"有王先生《十七史蒙求》十六卷（陈振孙云：或曰王令也。）。《通鉴长编》：大中祥符八年七月，上作《读十九史诗》，赐近臣和。十九史之名它无所见，钱大昕认为这或者即是十七史之讹。

关于十八史、十九史的名目，钱大昕还说到这一来历：元曾先之撰《十八史略》二卷，盖于《十七史》之外，益以宋事也。明初，临川梁孟寅益以元事，称《十九史略》。

二十一史：二十一史见于顾炎武的《日知录》卷十八《监本二十一史》一节，顾氏有一个详细交代。嘉靖初，南京国子监祭酒张邦奇等，请校刻史书，"欲差官购索民间古本，部议恐滋烦扰，上命将监中十七史旧板考对修补。仍取广东《宋史》板付监。《辽》《金》二史无板者，购求善本翻刻。十一年七月成，祭酒林文俊等表进"。廿一史于万历二十四年开雕，三十四年竣事。①

清人开馆修《四库全书》，增清人修的《明史》是为二十二史，再加上《旧唐书》与从《永乐大典》辑出的《旧五代史》，共是二十四部史书，这就有了二十四史。

这二十四部史书是：《史记》《汉书》《三国志》《后汉书》《晋书》《宋书》《南齐书》《梁书》《陈书》《魏书》《北齐书》《周书》《隋书》《南史》《北史》《旧唐书》《新唐书》《旧五代史》《新五代史》《宋史》《辽史》《金史》《元史》《明史》。其他有关对这些史书训释音义、增补遗佚、辨正异同、校正字句的作品，也列在"正史"类中，为阅读、研究二十四史不可或缺的书籍。

二十四史如果作为一门专门学问，它的发展过程，可以分成四个阶段。

第一个阶段时间大体上是汉至南北朝，是正史形成时期，也是正史最有活力的时期。三国两晋南北朝时期编年体与纪传体史书都有一个大的发展。但纪传体史书的代表作，只能是《史记》《汉书》《后汉书》和《三国志》四部史书。这四部史书也是二十四史中最优秀的著作，二十四史作为一门专门的学问形成了，为以后的正史的发展打下了基础。司马迁创立了纪传体的五体，成为正史的编纂形式。《汉书》是纪传体的断代史。《汉书》改造了《史记》，无论在形式上还是在思想上，它成为历代正史的范本，这层道理在前面有分析。《后汉书》和《三国志》在史论上、评品人物上、在处理材料上都有特点，推动了二十四史的发展。

这一阶段还有沈约的《宋书》、萧子显的《南齐书》和魏收的《魏书》及其他众多的纪传史书。

第二阶段是隋唐时期，是正史发展时期。其代表作品是唐初修的八部史书。较为严密的史馆制度形成了。虽然刘知幾在《史通》中对史馆制度弊端做出许多批评，但是史馆建立对于"正史"形态的形成，毕竟是一件大事，和以前几种史书有着不同的特色。从贞观三年（629 年）重新开馆修梁、陈、北齐、周、隋五史，贞观十年修成，贞观二十年修《晋书》，继之李延寿修

---

① 《日知录》卷十八《监本二十一史》。

《南史》《北史》，到高宗显庆四年(659年)行于世。前后不过三十年，修出八部正史，占整个正史的三分之一。这不能不说是一项创举，没有史馆制度，难以想象。但史馆制度的负面因素，明显地影响到史学的创新。在历史观念上是史书中突出了借鉴的思想，唐朝君臣认识到"文史不存，何以贻鉴古今？""多识前古，贻鉴将来"①。

第三阶段是五代宋元时期。这是正史进一步发展时期，其间有赵莹、刘昫监修的《旧唐书》、薛居正等人的《旧五代史》和欧阳修的《新五代史》及欧阳修、宋祁等人的《新唐书》，元人修《宋史》《辽史》及《金史》，修史制度更为完善。

从唐代以后，用现代人的话来说，修正史完全变成了政府的行为，朝廷不仅重视修前朝史，而且注意纂辑本朝的日历、实录，十分重视在日历、实录等基础上修前朝的国史。"(宰相之职)其上相为昭文馆大学士、监修国史，其次为集贤殿大学士。或置三相，则昭文、集贤二学士并监修国史"②。即使在南宋初年，在战事频仍、朝政动荡不定的形势下，修正史有关的事，不曾中辍。这里仅据《宋史·职官志》的材料，我们就可以看出，当时修史的活动是摆在怎样的重要的位置上：

> 初，(高宗)绍兴三年，诏置国史院，重修神宗、哲宗《实录》，以从官充修撰，续以左仆射吕颐浩提举国史，右仆射朱胜非监修国史。
>
> 四年，置直史馆及检讨、校勘各一员。
>
> 五年，置修撰官二员，校勘无定员。是时，国史、实录皆寓史馆，未有置此废彼之分。
>
> 九年，修《徽宗实录》，诏以实录院为名，仍以宰臣提举，以从官充修撰、同修撰，余官充检讨，无定员。明年，以未修正史，诏罢史馆官吏并归实录院。
>
> 二十八年，《实录》书成，诏修《三朝正史》，复置国史院，以宰臣监修，侍从官兼同修，余官充编修。明年，诏国史院以宰臣提举，置修国史、同修国史共二员编修官。又置都大提举诸司官、承受官、诸司官各一员，以内侍省官充。
>
> (孝宗)隆兴元年，以编类圣政所并归国史院，命起居郎胡铨同修

---

① 《旧唐书》卷七十三《令狐德棻传》。
② 《宋史》卷一百一十四《职官志一》。

国史。

二年,参政钱端礼权监修国史;乾道元年,参政虞允文权提举国史:皆前所未有。二年,诏置实录院,修《钦宗实录》,……以右仆射蒋芾提举《四朝国史》,诏增置编修官二员,续又增置三员。

淳熙三年,特命李焘以秘书监权同修国史、权实录院同修撰。四年,罢实录院,专置史院。

十五年,《四朝国史》成书,诏罢史院,复开实录院修《高宗实录》。

(宁宗)庆元元年,开实录院修纂《孝宗实录》。

六年,诏实录院同修撰以四员、检讨以六员为额。

嘉泰元年,开实录院修纂《光宗实录》。

二年,复开国史院,自是国史与实录院并置矣。实录院史兼行国院事,点检文字一人,书库官八人,楷书四人。①

要知道,这些是在宋金交争的岁月下进行的工作!需要指出,这里所谓的"正史",是当朝史或当代数朝史。但"正史"或称之"国史",其"正"宗特性,是明确的了。制度绵密,材料详尽,为后世修"正史"打下了基础。但史官的创造性在不同程度上被扼杀了,史书编修逐步走上形式化的道路,用章学诚的话来说,是"守科举之程式"。

这些史书除官修外,私人修的史书也占有一定数量。史书的体例也有一些更动和创新,如对史表重视,史表得到恢复与发展。唐朝以后,正史中史表基本消失了,元朝修的正史,有的恢复了表体,表在《辽史》全书占有很大的分量,显示其特色,也受到后人的称赞。《新唐书》立《世家》,较好地反映了当时的形势;《宋史》立《道学传》反映出学术上时代的特色,也体现出作史者的学术倾向;《辽史》《金史》有《国语解》及一些志目的变动。这些都是引人注目的地方(详见本章后的"附录")。

更重要的是史学思想的发展。一是史家通过修史表达对现实的改革的看法。欧阳修的《新五代史》有强烈的历史感与时代感,史书中动辄"呜呼",实际是他对时事与社会前途的关心。书中很多史论,也是他的新政的主张。二是有的史书,开始用"理"来论盛衰,从"理"的高度认识历史运动、评价历史人物与事件。三是民族思想的发展,元人修的《宋史》《辽史》《金史》表现得最为突出。这一个时期是正史得到进一步的发展时期。但纪传体史学

---

① 《宋史》卷一百六十四《职官志四》

发展的余地不多了。

唐代以后，编年体史书经历一段时间的冷落，到了宋代，又出现一股强劲发展势头。出现了司马光的《资治通鉴》、李焘的《续资治通鉴长编》及李心传的《建炎以来系年要录》这样的名作。纪事本末体成为新兴的史书体裁，它一出现就受到统治者的重视。相对地说，纪传体史书显得有点落伍。

第四阶段是明清，从总体上说，这是纪传体正史完成时期，也是正史的衰微时期。这一时期主要有明人修《元史》与清人修《明史》。《元史》成书之速，是罕见的，但粗糙也是空前的。《明史》在二十四史中是比较好的一部史书，但从历史编纂学上、从史学思想上说，都没有突出的进步。纪传体的"正史"已经走到了非要更革不可的地步。章学诚总结二千余年纪传体正史变化的事实，说：

> 纪传行之千有余年，学者相承，殆如夏葛冬裘，渴饮饥食，无更易矣。然无别识心裁，可以传世行远之具，而斤斤如守科举之程式，不敢稍变；如治胥吏之簿书，繁不可删。以云方以智，则冗复疏舛，难为典据；以云圆神，则芜滥浩瀚，不可诵识。盖族史但知求全于纪表志传之成规，而书为体所拘，但欲方圆求备，不知纪传原本《春秋》，《春秋》原合《尚书》之初意也。《易》曰："穷则变，变则通，通则久。"纪传实为三代以后之良法，而演习既久，先王之大经大法，转为末世拘守之纪传所蒙，曷可不思所以变通之道欤？①

章学诚提出纪传体史书变革之道，也表明了司马迁纪传体本来是富有创新精神，经过二千多年变化，后世学者不注意修史的精神，只有在编纂形式上斤斤计较。所谓"本纪""列传""书""表"等，成了一种公式，成了史书编写的八股，史书没有了古代史学的圆而神、方以智的精神，史学便没有光彩。正是在这个意义上，我们说这是纪传体史书衰落时期，纪传体史书到了非更革不可的地步，也就是章学诚说的"曷可不思所以变通之道"。

清朝晚期，社会发生的变化可说是"天崩地解"，史学也要变化，才能适应时代。纪传在新的时期，只有经过化腐朽为神奇的熔铸，才能获得新的生命力。这就是我们从二千余年纪传体正史变化的事实中得到的启示。

---

① 《文史通义》内篇卷一《书教下》。

二、二十四史：民族文化的珍宝

二十四史记录了中国历史行程，涵盖古代中国社会生活的方方面面，它是历史的产物，又是历史的浓缩，民族智慧的凝结。历史是文化的积淀、传统的内涵，又是现实运动的起点，民族特点的根据；它是一座文化遗产宝库，对于我们观察当代社会无疑也是一个启示录。在历史文化遗产里面，二十四史是主干。黑格尔对中国文化认识并不全面，但他毕竟看到中国历史文化成就，他说："中国'历史作家'的层出不穷，继续不断，实在是任何民族所比不上的。"①这里说的"历史作家层出不穷，继续不断"，在二十四史里，体现得最为明显。要认识我们民族、我们文化的特点，是一定要认真研究二十四史的。

第一，二十四史体现了中华民族是十分重视历史的民族，十分重视从历史中吸取智慧。

刘邦建立西汉，秦何以亡？汉何以兴？成为汉朝君臣议论的重要话题。刘邦要陆贾去总结为什么项羽失败，而他却能夺天下？贾谊的《过秦论》总结历史兴亡，显示出他对历史的卓越见识，成了千百年来为人们所讽诵的名篇；司马迁把贾谊的议论收进《史记》，作为《秦始皇本纪》论赞的主要内容。汉朝建立后，经过七十余年的发展，到了汉武帝时，社会矛盾十分尖锐，武帝向朝臣询问对策。主父偃、严安、徐乐，都以秦亡汉兴的历史说明要爱惜百姓的道理。徐乐说天下兴亡有土崩与瓦解的分别，区别在于是否得民众，失去了民众，即使像陈涉这样的起于穷巷的小民，也能摧毁强秦。"天下之患在于土崩，不在于瓦解，古今一也。何谓土崩？秦之末世是也"；如果未失民心，"天下虽未有大治也，诚能无土崩之势，虽有强国劲兵，不得旋踵而身为禽矣"②。

司马迁写《史记》的立意之一，是通古今之变，也就是要通古今兴衰之变。他在《太史公自序》中说他作史，其心在"网罗天下放失旧闻，王迹所兴，原始察终，见盛观衰"。在《报任少卿书》中，太史公说到自己发愤修史之志，是"网罗天下放失旧闻，容之行事，稽其成败兴坏之理"。总之，《史

---

① 黑格尔：《历史哲学》，北京：生活·读书·新知三联书店，1956 年版，第 161 页。

② 《史记》卷一百一十二《平津侯主父列传》。

记》继承了中国史学上的重视总结历史的传统，体现出一个史学家的时代感、历史责任感。司马迁开启了二十四史的写作，继承、发扬了历史总结的优良传统，这个传统被一代又一代史学家所承袭，为一代又一代正史的写作，立了一个坐标。历朝君王重视正史的写作，也是从这一基本点出发。

二十四史有三分之一，也就是八部正史，是在唐初三十年间完成的。唐太宗是一代英主，开大唐盛世，他十分重视对历史经验的总结，不但要研究隋朝的灭亡、唐朝兴盛的道理，还要探查千年的历史兴衰之故。一部《贞观政要》就是唐朝君臣论兴亡之故的政论集。太宗与魏徵、房玄龄等一代人君、名臣、史家，他们关注作史、总结历史，从历史中汲取营养，魏徵在给唐太宗的上疏中说：

> 夫鉴形之美恶，必就于止水；鉴国之安危，必取于亡国。《诗》曰："殷鉴不远，在夏后之世。"又曰："伐柯伐柯，其则不远。"臣愿当今之动静，思隋氏以为鉴，则存亡可知。若能思其所以危，则安矣；思其所以乱，则治矣；……《易》曰："君子安不忘危，存不忘亡，治不忘乱，是以身安而国家可以保。"诚哉斯言，不可以不深察也。①

在唐人修的八部史书中，最为突出的是历史借鉴思想。唐太宗亲为《晋书》作序，以示对历史的重视。在君王的提倡下，"正史"也就成了名副其实的正史了。

宋代实行右文政策，宋代帝王重经，也重视正史，形成崇儒、讲经、读史的风气。太祖、太宗雅好文史，太宗说他"读《汉书·贾谊传》，夜分不倦"②。真宗朝，资政殿大学士向敏中说："国初，惟张昭家有三史，太祖克定四方，太宗崇尚儒学，继以陛下稽古好文，今三史、《三国志》《晋书》皆镂版，士大夫不劳力而家有旧典，此实千龄之盛也。"③在帝王重视下，正史的刊刻、学习，形成了一股热潮。

历代帝王对历史的重视，逐渐建立起一整套修史机构。修史机构至唐而趋于成熟，至宋而进一步完备。宋代修史机构，在一定意义上说是相当完善的。史馆、秘阁、实录院、国史院，日历所、起居院、会要所、玉牒

---

① 《旧唐书》卷七十一《魏徵传》。
② 《续资治通鉴长编》卷二十九"端拱元年三月"。
③ 《续资治通鉴长编》卷七十四"大中祥符三年十一月壬辰"。

所等，其职能、隶属与设置、并省，中间有变化，但其职能是明确的，每一个机构的修史人员与承担的任务有具体的规定。《宋史·职官志》提到国史实录院条下，就有：提举国史、监修国史、提举实录院、修国史、同修国史、史馆修撰、同修撰、实录院修撰、同修撰、直史馆、编修官、检讨官、校勘、检阅、校正、编校等职。朝廷十分重视修史，宰相监修国史，参知政事枢密副使为“修史”，“同修史”得殿阁学士以上为之。每朝国史的编修，形成一个较为完善体系。这就为一代王朝修本朝正史，打下了根基。至于开修前朝正史，更是一件大事。

有朝廷的重视，正史得以发展起来，这是中国文化史的特有的现象，而正史也因此带上它特有的标记。

应该说，重视历史的总结的意识，在编年体史书中，也是十分突出的。最明显的是司马光和他的助手修成的《资治通鉴》294卷。就史书体例来说，编年体史书早于纪传体的史书。但每一代正史都是采用纪传体的体裁，在中国传统史学中占主导地位，这可以从两个方面来说。一是司马迁在吸收各种史书优点基础上，创立的纪传体史书体裁，实际是一种综合性的史书体裁形式。本纪突出了编年体的优点。传是突出了人物活动为中心，这种以人为中心的史书编纂思想，反映出对历史的一种见解。书或者说志，是典志体，全面反映了典章制度的内容。表能表列盛衰，清晰地展示一代兴衰变动的大势。世家反映出一方地区性的历史变化。刘知幾说：“纪以包举大端，传以委曲细事，表以谱列年爵，志以总括遗漏，逮于天文地理、国朝典章，显隐必该，洪纤靡失，此其所以为长也。”[1]纪传体的五体，主要是编年体与纪传体的综合运用(应该说包含了编年体的优点)，能全面地反映历史上各个时期的社会变化。二是这种体裁体现了一种编纂思想，正是司马迁说的：

> 论考之行事，略推三代，录秦汉，上记轩辕，下至于兹，著十二本纪，既科条之矣。并时异世，年差不明，作十表。礼乐损益，律历改易，兵权山川鬼神，天人之际，承敝通变，作八书。二十八宿环北辰，三十辐共一毂，运行无穷，辅拂股肱之臣配焉，忠信行道，以奉主上，作三十世家。扶义俶傥，不令己失时，立功名于天下，作七十

---

① 《史通》内篇卷一《二体》。

列传。①

可以看出，即使一种编纂形式，同样体现出作史者的良苦用心。司马迁创造的编纂形式能够全面写出等级统治社会各个层面的情形。

以《汉书》代表的纪传体的断代史书，不但在形式上，而且也在思想上，能适应统治者的需求，还有深层的道理，这在下面还要做出详尽的讨论。

从纪传体史书中，人们可汲取的智慧，当然不限于统治层的君臣。史书表达出中华民族爱自己民族、爱自己国家的精神，开拓创新的精神，以及反抗压迫侵略的前赴后继斗争行为，这些从来都是中国人民的宝贵精神财富。

第二，二十四史反映各个民族为共同创造出中华民族的历史做出巨大贡献，体现出中华民族的凝聚力。

中华民族在几千年发展过程中，不断发展壮大。二十四史从一个主要方面反映出中国民族发展史进程，二十四部正史一代一代不间断地编修，这种历史的连续性本身，就是民族凝聚力体现。二十四史完整地反映出中华民族的组成、融合，反映出中华民族发展的历程。

《史记》开创了纪传体正史的体裁，《汉书》改造了《史记》，成为中国正史的范本，这种正史从恢宏的角度把我们中国是一个多民族的国家历史反映出来。《史记》中有《匈奴列传》《南越列传》《东越列传》《朝鲜列传》《西南夷列传》《大宛列传》等，这样就把各个民族共同创造历史的场景写出来了。各个民族在创造中国历史中都做出了贡献。《史记》中《夏本纪》《殷本纪》《周本纪》《秦本纪》以及《秦始皇本纪》等，全面反映出中国各个民族在相互的交往与纷争中，对祖国历史的创造。春秋战国时期，中原地区与所谓夷蛮戎狄往来不绝，齐、秦、晋、楚等诸侯国逐鹿中原，一道创造了华夏文明。

《史记》表明了中国各个民族之间的关系非常紧密。禹兴于西羌，是为夏后世的祖先。秦的先祖是大费，其子孙或在中国，或在夷狄。周代的先祖是在奔走戎之间发展起来的。司马迁在《吴太伯世家》中说："余读《春秋》古文，乃知中国之虞与荆蛮句吴，兄弟也。"《史记》的《越王勾践世家》说"越王勾践，其先禹之苗裔，而夏后帝少康之庶子也"。白寿彝先生说："这些记载所反映的思想，与战国时期的孟子大不同。孟子只承认'用夏变夷'，而不承认夏会'变于夷'。《史记》的这些记载，则是用'用夏变夷'者有之，

---

① 《史记》卷一百三十《太史公自序》。

'变于夷'者亦有之。"①虽然各部史书的民族观念不尽相同，但这些史书都重视民族关系的记载。把二十四部史书作为一个整体来认识，便显示出我们多民族的关系的发展，反映出统一多民族国家历史发展的进程。

正史中不少史书反映出民族起源的认同意识，《史记》中记载明确表达这一思想。在正史中，《魏书》是第一部把少数民族历史作为正史的史书，这部史书说到无论是中原内地的民族，还是边地的民族，都有血缘的联系。《魏书·序纪一》说："昔黄帝有子二十五人，或内列诸华，或外分荒服，昌意少子，受封北土，国有大鲜卑山，因以为号。其后，世为君长，统幽都之北，广漠之野，畜牧迁徙，射猎为业，淳朴为俗，简易为化，不为文字，刻木纪契而已，世事远近，人相传授，如史官之纪录焉。"接着说到其后与尧、舜的关系，到始均之后裔，不交南夏，才中断了联系，"是以载籍无闻焉"。我们要重视这里的民族观念。《周书》开篇即载宇文周祖先为炎帝后裔，说："其先出自炎帝神农氏，为黄帝所灭，子孙遯居朔野。"其后，《辽史》也是说"辽之先，出自炎帝"②。这里我们不是讨论族源问题，重要的是，我们应当看到这种意识的形成和我们多民族统一的国家的发展有关系。汉民族也是在发展的，各个民族关系也是在不断发展的。这些历史实际反映在观念上便是这种民族起源认同感。

正史反映出是各个民族共同创造出优秀的中华民族文化。各个民族在文化上相互吸收，不断丰富自己的文化。在这个过程中，边地民族对中原文化的吸收、爱慕，体现出一种民族的内聚力。一些原先是边地民族入主中原后，倾慕并努力吸收中原汉文化，可以说这样的文化上的情结，对我们这个多民族统一国家发展是十分重要的。蒙古族元朝、满族清朝入主中原，尊儒的活动一点也不亚于前朝的统治者，中原文化仍然得到较大的发展。正史很重视这方面的记载，充分地反映出文化上的整合、组合与融合。

总之，二十四史的修成以及二十四史关于民族历史与文化的记载，反映出我们中华民族具有一种内在的凝聚力，我们这个族群一代又一代地不断创造出自己的优秀文化，并且在这样的文化创造中又进一步增强我们民族的内聚力，在世界上也是罕见的。

第三，二十四史全面反映社会生活的各个层面，是民族文化的积淀之

① 白寿彝主编：《中国通史》，第1卷，上海：上海人民出版社，1989年版，第11页。

② 《辽史》卷二"赞曰"。

一，二十四史是认识、学习中华民族文化的主要渠道之一。

无论人们怎样评价二十四史，但都无法否认二十四史是史学文化的主体组成部分，同时二十四史又是我们了解、学习其他学科文化的主要凭借。二十四史全面反映出古代中世纪社会生活，对于我们了解中国历史包括学术文化内各方面知识，是不可缺少的。二十四史的各种志，或者称之为书，对于了解社会制度与学术文化，是十分重要的。在一定意义上说，二十四史是了解我国古代社会的百科全书，而在思想上又有其独到的地方。《史记》有八书，《汉书》有十志，到了《宋史》和以后的《明史》已经有十五志。

正史中的《艺文志》及《儒林传》《文苑传》对认识、研究一代学术文化，起导引的作用。除此之外，一些学术人物的专传对了解当时的学术文化，是不可或缺的。要了解中国古代文化，离开二十四史，几乎是不可能的。

二十四史不仅作为研究学术的一般背景，而且讨论了学术发展大势，展示出学术渊源流变，展示出古代学术文化丰富的内涵。《汉书·艺文志》在论中国古代学术具有的特色，历来为人们所称道，成了中国学术史上的优良传统，也就是人们常说的"辨章学术，考竟源流"的典范。《后汉书·儒林传》不只是介绍学术人物生平与学术，重要的是，还写出了东汉一代学术变化的大势：

> 昔王莽、更始之际，天下散乱，礼乐分崩，典文残落。及光武中兴，爱好经术，未及下车，而先访儒雅，采求阙文，补缀漏逸。先是四方学士多怀协图书，遁逃林薮。自是莫不抱负坟策，云会京师。范升、陈元、郑兴、杜林、卫宏、刘昆、桓荣之徒，继踵而集。于是立《五经》博士，各以家法教授，《易》有施、孟、梁丘、京氏；《尚书》有欧阳、大小夏侯；《诗》有齐、鲁、韩；《礼》有大、小戴，《春秋》严、颜，凡十四博士，太常差次总领焉。

这就把后汉一代经学发生、发展及各个流派，说得非常清晰。《后汉书》在后面的"赞"中说："斯文未陵，亦各有承，途分流别，专门并兴。精疏殊会，通阂相征，千载不作，渊源谁澂？"赞文给我们在认识古代学术上，以很多启示。《艺文志》《儒林传》对认识中国古代学术变化中分合、渊源流变，具有十分重要的意义，古代史家对此有一种自觉的意识。正史中的《艺文志》《经籍志》成为引导人们研经读史的门径。

二十四史中包含了丰富的思想史、文学史以及自然知识等各方面的资料。史学家以自己的独特的眼光,总是力图把思想家、史学家、文学家等最有代表性的作品与议论,收录在正史中,历代正史本身就是文化中的珍品。如《汉书》中的司马相如的赋,董仲舒的《天人三策》等均收录在史书中,这些是十分珍贵的资料。

从全面意义上说,二十四史是我们民族文化遗产中的珍宝。当然,我们这样说,并没有掩饰二十四史的不足,也没有讳言其中糟粕的存在,也看到二十四史存在不真实的内容,但从总体上说,二十四史毕竟还是我们研究、了解中国古代历史的基本材料,

三、二十四史反映出中国古代的民族历史文化的基本特征

(一)史学二重性的特点

二十四史从《史记》开始,体现出民族历史文化的特点。班固批评《史记》的话能够说明问题:"论大道则先黄老而后六经,序游侠则退处士而进奸雄,述货殖则崇势利而羞贱贫,此其所蔽也。然自刘向、扬雄博极群书,皆称迁有良史之材,服其善序事理,辨而不华,质而不俚,其文直,其事核,不虚美,不掩恶,故谓之实录。"①以班固的意见,《史记》只是在历史记载与叙事两个方面,可以肯定,在思想上是不值得称道的。班固改《史记》为《汉书》,完成了纪传体正史体史书的构建。以后历代正史,基本是以《汉书》为坐标,写出了中国的正史二十四史。这其中的缘由正是中国历史文化的特质,是我们要揭示的奥秘,也就是我们所说的古代正宗史学二重性的特点。

史学二重性的特点是统治者的二重性需求决定的。历代王朝重视正史的编修,道理也在此。一方面,统治者要维持自己的统治,一定要重视吸收历史上,特别是前朝兴亡的经验教训,这只能从真实历史变化中,寻找到真实的历史的经验教训。在严酷的历史兴亡面前,封建人君是无法蔑视历史的,玩弄历史要受到历史的惩罚。司马迁修《史记》的思想重要的一个方面是"见盛观衰",在武帝时期,汉朝是大一统王朝,但危机已经显露,借鉴历史,"绍明世"的内涵之一,是"见盛观衰",以维护汉家王朝的统治。《汉书》编修的基点也在此,唐朝修八史同是基于这样的考虑。明朝崇祯皇帝在讲官李明睿的奏折上加批语,说到修《实录》之事,这是正史之修必备

---

① 《汉书》卷六十二《司马迁传》。

工作，也是保持皇朝修史求实的基本要求，他说："纂修《实录》之法，惟在据事直书，则是非互见。"①

另一方面，封建时代帝王要为自己的朝代的兴起寻找根据，在中世纪的认识水平上，只能乞求于天命的理论。所谓"天之所大奉使之王者，必有非人力所能致而自至者，此受命之符也"，"治乱废兴在于已，非天降命，不可得反"②。天人感应论是天命论的具体化，这种天命感应说，既可以解释一代帝王的兴起是天意，又可以作为警诫一代帝王的一种手段，警告帝王不得放纵过度，以延缓统治衰变的过程。"凡灾异之本，尽生于国家之失国家之失，乃始萌芽，而天出灾害以谴告之，谴告之而不知变，乃见怪异以惊骇之，惊骇之尚不知畏恐，其殃咎乃至。"③进而由天命论演绎出正统论、历史循环论、名分论等一整套理论。各种"史臣曰""论""赞"以及《祥瑞志》等，很多地方是体现出这方面的要求的。

一方面，要从历史中吸取真实的经验教训，要求历史的真实，追求实录直书的精神；另一方面，要求历史著作证明自己的政权是合乎天意的，因此通过历史的作品宣传皇权神授，这又是曲解历史。真实的历史记载与曲解历史的说教，二者扭合在一起，就构成了封建史学的二重性。

以二十四史即正史为代表的史学文化，具有典型二重性的特点。

《汉书》是一部具有实录精神的正史。它从开阔的角度真实地反映了西汉统治的二百多年的历史行程，"综其行事，旁贯五经，上下洽通"，是它一代盛衰变动的实录。但西汉统治的辉煌盛世，也有危机四伏的衰败之时，《汉书》揭露了统治者的腐朽。而《汉书》不同于《史记》之处，不只是在通史与断代史的区别上，更在它的思想上。首先，它论证了汉绍尧运，汉家政权是接续尧的，不能排在秦、项之后。断汉为代是建立在这样的思想基础上的。这样不但证明西汉出现具有合理性；而且在实际上也表明班固生活所在的东汉出现也是天意的安排。其次，《汉书·五行志》以神意天人感应说重新解释汉代以前的历史。

历史著作把天人感应说和历史事实结合起来，比起"空言著书"的说教更为有效，对于解说统治政权由来，带上一种神秘的色彩，起了一种震慑的作用。班固的《汉书》之所以成为历代正史的范本，我们是可以理解的。

---

① 《日知录》卷十八《三朝要典》。
② 《汉书》卷五十六《董仲舒传》。
③ 《春秋繁露》卷八《必仁且智》。

二重性不是两个方面的简单组合,如实地记录史事,和按照统治者口味解说历史,以至歪曲历史、虚构历史,两者统一在史学中。这两个方面又相互影响,统治者要维护自己的统治,吸取历史的教训,制约着他们不能完全置历史事实于不顾,同时也由于此,古代史家的实录精神又总是有限度的。实录精神不能贯彻到底,这可以说是中国中世纪史学文化的重大特点,它和中世纪欧洲史学完全作为神学的婢女决然不同。

在史学史的发展过程中,正史具有的二重性也在变化,造成二重性运动的原因是多方面的。首先,是社会发展,科学技术的进步,天命史观、天人感应学说不断地受到冲击,不断受到批判,天命史观的漏洞也越来越多,难以自圆其说。其次,神学体系没有变化,也没一种新的理论代替,原来的粗鄙的天人感应学说又不能抛弃,这就产生了理论上的危机。到了宋人编修正史时,对这种情况看得更清楚。欧阳修意识到以灾祥说难以解释历史的变动,他在《新唐书·五行志》中说:

> 至为灾异之学者不然,莫不指事以为应。及其难合,则旁引曲取而迁就其说。盖自汉儒董仲舒、刘向与其子歆之徒皆以《春秋》《洪范》为学,而失圣人之本意;至其不通也,父子之言自相戾,可胜叹哉。[1]

欧阳修看到以灾祥说解说社会人事变动,矛盾太多,难以自圆其说。但他又不能彻底地否定灾祥学说,提出一个"两存说":"盖圣人不绝天于人,亦不以天参人。绝天于人则天道废;以天参人则人事惑。故常存而不究也。"认为天人不相参,又承认天人相通,所以他提出"两存说"。两存说是自欺欺人,调和折中,不是理论的创新,而是理论的危机。最终还是回到天人感应上来,他说:"未有人心悦于下,而天意怒于上者;未有人理逆于下,而天道顺于上者。"[2]自己不满意的东西,最终还是肯定了它。此后,《宋史》《元史》《明史》的作者对天人感应的灾祥理论的态度,大致和欧阳修是一样的。

正史的二重性变化,从史学内部的矛盾中说明了史学发展的途径。正史编修中直笔与曲笔的斗争,重人事与重天命的斗争,促使史学思想在发展,使得天命史观趋向淡化。这是正史变化的一种趋向。而正是因为理论

---

① 《新唐书》卷三十四《五行志一》。
② 《新五代史》卷五十九《司天考二》。

上找不到新的出路，正史在理论上更新没有可能，这是正史发展到后来失去活力的重要的原因。

只有把《史记》《汉书》作为二十四史的一个部分，进而以系统的、历史的观点认识二十四史，才能对传统的民族史学的特质的重要方面，有完整的理解。

（二）以人为中心的理念

二十四史展示出修史者的社会史眼光和民族思想，也以不同的观念展示出社会"人"的历史与自然"天"的因素的关联，其最终是为借鉴盛衰治国之用。纪传体是以"人"为中心综合性的体裁，这保证了史书的形式与内容上的统一。

本章后面把纪、传、世家、志（书）、表的类目列出来，一则可以看出二十四史的规模，二则可以从历史编纂思想角度，认识二十四史成就。在世界文化史上，中国历史编纂学也是重大的创造。

四、继承这份民族文化遗产

对历代正史研究形成了专门的学问，《史记》问世后，对它的评议一直没有停止过，班固对司马迁的批评可以看作是正史研究最早的代表作品。唐代刘知幾《史通》有《古今正史》篇，着重讨论各朝正史的得与失。在宋代，对正史的研究，达到新的境界。其中如洪迈的《容斋随笔》中，有不少是对正史的评论。另外，叶适、王应麟等对正史的评论，受到历代学人的重视，王氏的《困学纪闻》对大多数的正史都有分析。这些都可以看作是宋人系统评论、研究正史的先声。

重要的还有清代系统考订、分析正史的三部书，即钱大昕的《廿二史考异》、赵翼的《廿二史劄记》及王鸣盛的《十七史商榷》。这三部书风格也不一样。在乾嘉时期，钱氏是一个集大成的学者，融经史为一体，又以经学成果考史，用文字、音韵学知识考史，考天算、地理、典章、制度各个方面，极见功力。他考正史的书，除《廿二史考异》外，还有《三史拾遗》《诸史拾遗》以及《十驾斋养新录》《养新余录》《潜研堂文集》等著作。赵翼在考史中论史，评论历朝政治得失，论说古代社会的种种弊端与黑暗。而王鸣盛的考史重在论学术，评史学、史书。而在理论上对正史做出总结的是章学诚。除这几位大史家外，其他各家，限于篇幅就不一一论述了。

另外还要提到的是，明清两代学人改作正史以及补正史中表与志的工作，是很有成就的，这些可以看作是历代正史撰写工作的补充与发展。

20 世纪初，梁启超在《新史学》中把二十四史视为二十四姓家谱，虽是为"史学革命"需要提出来的，但其偏颇是明显的，后来他也在改正自己的看法。随着中国史学出现近代化，正史研究有新的进展。其研究的观点、方法与前人在正史上的考订、评论与改作、补修不同。这方面的作品可以举一些来：有 1904 年的《二十四史论海》32 卷（美华镪记出版），1931 年范文澜的《正史考略》（北平文化学社出版），刘体仁的《十七史说》（辟园史学四种本），1947 年徐浩《廿五史论纲》（世界书局出版，1964 年由香港南国出版社影印），1939 年张立志《正史概论》（长沙商务印书馆），1979 年吴树平《〈二十四史〉简介》（中华书局出版的中国历史小丛书），1979 年王健群《二十四史提要》（黑龙江人民出版社）等。我国台湾地区相关的作品也可以举出一些来，有 1956 年杨家骆《廿五史述要》（世界书局），1971 年林廷桥《二十五史探奇》二册（台北商务印书馆），1980 年杨家骆《二十五史识语》（鼎文书局）等。

此外，还要提到的是一些有关的史学史著作与历史要籍介绍作品中对正史的研究。这些虽不是专门研究正史的，但不少学人把正史放在整个史学发展过程来讨论，应该肯定。

二十四史的版本较多，流行的有清武英殿本，张元济主持影印的百衲本，陆费逵主持排印的《四部备要》本，开明书店增加了《新元史》排成缩印本的《二十五史》。特别要提出的是，在毛泽东的直接关心下，由中华书局完成了二十四史的点校整理，是"二十四史学"的一件大事。新中国成立后，在毛泽东的过问下，首先完成了《资治通鉴》的点校整理，接着开始了二十四史的点校整理。1958 年，成立了以齐燕铭为组长的古籍出版规划小组，在《资治通鉴》校点以后，进一步抓紧了前四史的整理。《史记》排印本出来后，还请毛泽东审读校样。在"文化大革命"期间，毛泽东于 1971 年再次指示对二十四史和《清史稿》进行整理。在周恩来同志亲自部署下，调集了一大批专家学者进行整理工作，至 1978 年全书出齐。前后历经 20 年，先后参加整理工作的老一辈历史学家和中青年史学工作者多达 100 余人。不久，中华书局又将这部巨制缩印为 20 册，并且把《二十四史人名索引》缩印成两册，一并推出。嘉惠学人，功在千秋。

另外，上海书店与上海古籍出版社出版的包括《清史稿》在内的二十五史缩印本，也是有益学林。近年来，还有横排本及文白对照的有关二十四史书籍。

毛泽东同志对二十四史所做的批注，为我们树立了榜样。我们应以马克思主义为指导，认识二十四史，研究二十四史，剔除糟粕，汲取精华，做到古为今用，使几千年来形成的二十四史能在今天的社会主义建设中发挥作用，在社会主义精神文明建设中继续发出它的光华。

附　录

正史的纪传体

二十四史，即"正史"，其体裁为纪传体。而纪传体史书却不只是二十四史，如《通志》也是一部纪传体通史，《四库全书总目》将之列在"别史"类。

纪传体体裁是以司马迁为代表的中国史家的杰出贡献，这种体裁实际是综合型体裁，"纪以包举大端，传以委曲细事，表以谱列年爵，志以总括遗漏，逮于天文、地理、国典、朝章，显隐必该，洪纤靡失"①。纪传体以人为中心，联系天人，展示历史盛衰之变，涵纳典章制度，而以表、谱见盛衰大旨。近代提倡"民史"，反对"君史"，原先的纪传体裁就必须更新，使之成为新的综合型体裁。白寿彝先生为此做出了自己的努力。下面将二十四史各体例列出，见其共性，又见其差异。

一、历代正史的传目比较

按：《史记》《汉书》开启历代纪传体"正史"的撰修。这些史书以人物为中心，写出以帝王为主轴的古代社会的各个层面人物活动的场景。二十四史的纪、传毕竟是以"人"作为历史的主体。传目变动，多少反映出社会的变化。这和欧洲中世纪史学相比，差别是明显的。

1.《史记》，130卷，西汉司马迁撰。

世家外，有一般列传及太史公的自序。

其他类型的传有：匈奴、南越、东越、朝鲜、西南夷、大宛；循吏、儒林、酷吏、刺客、游侠、佞幸、滑稽、日者、龟策、货殖。

---

① 《史通》卷二《二体》。

2.《汉书》,100 卷,东汉班固撰。

一般列传、叙传、诸侯王子传外,其他类型的传有:匈奴、西南夷两粤朝鲜、西域;儒林、循吏、酷吏、货殖、游侠、佞幸、外戚。

3.《后汉书》,120 卷,其中的纪、传 90 卷,南朝宋范晔撰。

一般列传,包括宗室王子侯传,多为合传,皇后入纪。其他类型的传有:东夷、南蛮西南夷、西羌、西域、南匈奴、乌桓鲜卑;党锢、循吏、酷吏、宦者、儒林、文苑、独行、方术、逸民、列女。

4.《三国志》,65 卷,晋陈寿撰。

《三国志》中仅《魏书》中有武帝、文帝、明帝、三少帝(齐王芳、高贵乡公髦、陈留王奂)为纪。

《魏书》中注明的各种传有:后妃、王公(帝子)及方技。卷三十的《传》中有:乌丸、鲜卑、东夷。

《蜀书》无纪,卷一是刘焉、刘璋二牧传。

卷二是刘备、刘禅先、后主传。

《蜀书》中注明的妃子传是二主妃子传。

《吴书》无纪,首列孙坚、孙策,后列孙权的传及三嗣主(孙亮、孙休、孙皓)传。

《吴书》中有妃嫔传。

5.《晋书》,130 卷,唐房玄龄等撰。

除一般列传外,各种类型的传有:后妃、宗室、孝友、忠义、良吏、儒林、文苑、外戚、隐逸、艺术、列女、四夷。

《晋书》后有《载记》。

6.《宋书》,100 卷,南朝梁沈约撰。

除一般传及自序外,各种类型的传有:后妃、宗室、王子、孝义、良吏、隐逸、恩幸、索虏、夷蛮、氐胡、二凶。

7.《南齐书》,60 卷,现存 59 卷,南朝梁萧子显撰。

除一般的传(家族的合传占一定的分量)外,各种类型的传有:皇妃、王(子)、宗室、文学、良政、高逸、孝义、倖臣、魏虏、蛮、东南夷、芮芮虏等。

8.《梁书》,56 卷,唐姚思廉撰,其父姚察始修。

各种类型的传有:皇妃、王(子)、孝行、儒林、文学、处士、止足、良吏。传的最后两卷为豫章王等传及侯景等传。

诸夷(包括海南诸国、东夷、西北诸戎)传。

9.《陈书》，36 卷，撰者同《梁书》。

各种类型的传有：皇后、宗室、王（子）、孝行、儒林、文学。传的最后的两卷为熊昙朗等传及始兴王叔陵传。

10.《魏书》，114 卷，实为 130 卷，北齐魏收撰。

《帝纪》前，即卷一为《序纪》。

一般列传多为家族合传，此外，各种类型的传有：皇后、诸帝子孙、王（子）、外戚、儒林、文苑、孝感、节义、良吏、酷吏、逸士、术艺、列女、恩倖、阉官、僭晋、岛夷。卷九十五为匈奴、羯胡、临渭氏、略阳氏、羌；卷九十九为私署凉州牧张氏、鲜卑等；卷一百为高句丽、百济、勿吉等；卷一百〇一为氐等；卷一百〇二为西域；卷一百〇三为蠕蠕及匈奴、高车等。

11.《北齐书》，50 卷，唐李百药撰。

各种类型的传除后、王（子）外，有儒林、文苑、循吏、酷吏、外戚、方伎、恩倖。

12.《周书》，50 卷，唐令狐德棻等撰。

各种类型的传有：皇妃、王（子）、儒林、孝义、艺术。还有异域传。

13.《南史》，80 卷，唐李延寿撰。

一般列传基本上是家族合传，即家传的形式。

各种类型的传有：后妃、（宋）宗室及诸王、（齐、梁）帝诸子、（齐、梁、陈）宗室、循吏、儒林、文学、孝义、隐逸、恩倖及贼臣。卷七十八、七十九为夷貊列传。

14.《北史》，100 卷，作者同上。

一般的列传基本是家传的形式。卷一百为《序传》。

各种类型的传有：后妃、宗室、宗室诸王、外戚、儒林、文苑、孝行、节义、循吏、酷吏、隐逸、艺术、列女、恩倖。

卷九十三为僭伪附庸；卷九十四为高丽等；卷九十五为蛮、獠等；卷九十六为氐、吐谷浑等；卷九十七为西域；卷九十八为蠕蠕等；九十九为突厥等。

15.《隋书》，85 卷，唐魏徵等编修。

一般的列传外，各种类型的传有：后妃、王（子）、诚节、孝义、循吏、酷吏、儒林、文学、隐逸、艺术、外戚、列女、东夷、南蛮、西域、北狄。最后的一卷传为宇文化及等。

16.《旧唐书》，200 卷，五代后晋刘昫等撰。

各种类型的传有：后妃、王（子）、外戚、宦官、良吏、酷吏、忠义、孝友、儒学、文苑、方伎、隐逸、列女；突厥、回纥、吐蕃、南蛮、西南蛮、西戎、东夷、北狄；安禄山等及黄巢等传编在全书之末。

17.《新唐书》，225 卷，宋欧阳修、宋祁撰。

各种类型的传有：后妃、宗室、王（子）、宗室宰相、公主、忠义、卓行、孝友、隐逸、循吏、儒学、文艺、方技、列女、外戚、宦者、酷吏、藩镇；奸臣、叛臣、逆臣；突厥、吐蕃、回鹘、北狄、东夷、西域、南蛮。

18.《旧五代史》，150 卷，宋薛居正等撰。

按五代的顺序各代分列纪、传。

一般列传外，各种类型的传有：后妃、宗室、世袭、僭伪（记十国）和外国列传。

19.《新五代史》，74 卷，宋欧阳修撰。

按纪、传分类，贯通汇编有关内容。各种类型的传有：家人、（各代）臣传、死节、死事、一行、唐六臣、义儿、伶官、宦者、杂传。

卷六十二至七十为世家，载十国主的行事。卷七十一至卷七十四为四夷附录。

20.《宋史》，496 卷，元脱脱等撰。

《宋史》卷四百七十九至卷四百八十四，是载宋初地方割据政权事。

各种类型的传有：后妃、宗室、公主、循吏、道学、儒林、文苑、忠义、孝义、隐逸、卓行、列女、方技、外戚、宦者、佞幸、奸臣、叛臣；外国、蛮夷。

21.《辽史》，116 卷，元脱脱等撰。

各种类型的传有：后妃、宗室、文学、能吏、卓行、列女、方技、伶官、宦官、奸臣、逆臣。

卷一百一十五为二国外记（高丽、西夏）。

卷一百一十六为《国语解》，在正史中是一种例外，是记语言的。

22.《金史》，135 卷，元脱脱等撰。

卷一为《世纪》，记金先祖事。

各种类型的传有：后妃、王（子）、宗室、世戚、忠义、文艺、孝友、隐逸、循吏、酷吏、佞幸、列女、宦者、方技、逆臣、叛臣。

卷一百三十四、一百三十五为外国传（西夏、高丽）。

23.《元史》，210 卷，明宋濂等撰。

一般传外，各种类型的传有：后妃、儒学、良吏、忠义、孝友、隐逸、列女、释老、方技、工艺、宦者、奸臣、叛臣、逆臣；外夷。

24.《明史》，332 卷，清张廷玉等撰。

各种类型的传有：后妃、诸王（子）、公主、循吏、儒林、文苑、忠义、孝义、隐逸、方技、外戚、列女、宦官、阉党、佞幸、奸臣、流贼。

卷三百一十至三百一十九为（云南、贵州、广西）土司传。卷三百二十至三百三十二为外国、西域传。

二、历代正史的志(书)目比较

按：历代正史中的志(《史记》中称作书，《新五代史》称作考)，写各朝经济、政治、军事、文化相关的内容，基本上涵盖当时政治、社会生活各个层面重大的方面。这种"社会史"眼光应当重视。

1.《史记》：书——礼、乐、律、历、天官、封禅、河渠、平准。

2.《汉书》：志——律历、礼乐、刑法、食货、郊祀、天文、五行、地理、沟洫、艺文。

3.《后汉书》：志——律历、礼仪、祭祀、天文、五行、郡国、百官、舆服。(《后汉书》的八志为后人取司马彪的《续汉书》中的志，补进《后汉书》。)

4.《三国志》：无志。

5.《晋书》：志——天文、地理、律历、礼、乐、职官、舆服、食货、五行、刑法。

6.《宋书》：志——律历、礼、乐、天文、符瑞、五行、州郡、百官。

7.《南齐书》：志——礼、乐、天文、州郡、百官、舆服、祥瑞、五行。

8.《梁书》：无志。

9.《陈书》：无志。

10.《魏书》：志——天象、地形、律历、礼、乐、食货、刑罚、灵徵、官氏、释老。

11.《北齐书》：无志。

12.《周书》:无志。

13.《南史》:无志。

14.《北史》:无志。

15.《隋书》:志——礼仪、音乐、律历、天文、五行、食货、刑法、百官、地理、经籍。(唐初修《梁书》《陈书》《北齐书》《北周书》《隋书》的五朝史书,没有志,后由于志宁等续修而成,共十志,称《五代史志》,编入《隋书》。)

16.《旧唐书》:志——礼仪、音乐、历、天文、五行、地理、职官、舆服、经籍、食货、刑法。

17.《新唐书》:志——礼乐、仪卫、车服、历、天文、五行、地理、选举、百官、兵、食货、刑法、艺文。

18.《旧五代史》:志——天文、历、礼、乐、食货、刑法、选举、职官、郡县。

19.《新五代史》:考——司天、职方。

20.《宋史》:志——天文、五行、律历、地理、河渠、礼、乐、仪卫、舆服、选举、职官、食货、兵、刑法、艺文。

21.《辽史》:志——营卫、兵卫、地理、历象、百官、礼、乐、仪卫、食货、刑法。卷一百一十六《国语解》,对辽语言名物制度训释。

22.《金史》:志——天文、历、五行、地理、河渠、礼、乐、仪卫、舆服、兵、刑、食货、选举、百官。卷一百三十五末附《金国语解》。

23.《元史》:志——天文、五行、历、地理、河渠、礼乐、祭祀、舆服、选举、百官、食货、兵、刑法。

24.《明史》:志——天文、五行、历、地理、礼、乐、仪卫、舆服、选举、职官、食货、河渠、兵、刑法、艺文。

三、历代正史表比较

《史记》的表,通古今,论兴衰。至《汉书》是一变,《汉书》的表,也求通,但重心在西汉一代。《汉书》以后又是一变,史表基本消失。至宋人欧阳修写史,表体恢复,但能体会司马迁作表之精神的史书不多。

1.《史记》：三代世表、十二诸侯年表、六国年表、秦楚之际月表；汉兴以来诸侯王年表、高祖功臣侯者年表、惠景间侯者年表、建元以来侯者年表、建元以来王子侯者年表、汉兴以来将相名臣年表。

2.《汉书》：异姓诸侯王表、诸侯王表、王子侯表、高惠高后文功臣表、景武昭宣元成功臣表、外戚恩泽侯表、百官公卿表、古今人表。

3.《后汉书》：无表。

4.《三国志》：无表。

5.《晋书》：无表。

6.《宋书》：无表。

7.《南齐书》：无表。

8.《梁书》：无表。

9.《陈书》：无表。

10.《魏书》：无表。

11.《北齐书》：无表。

12.《周书》：无表。

13.《南史》：无表。

14.《北史》：无表。

15.《隋书》：无表。

16.《旧唐书》：无表。

17.《新唐书》：宰相表、方镇表、宗室世系表、宰相世系表。

18.《旧五代史》：无表

19.《新五代史》：卷七十一为《十国世家谱》，即表。

20.《宋史》：宰辅表、宗室世系表。

21.《辽史》：世表、皇子表、公主表、皇族表、外戚表、游幸表、部族表、属国表。

22.《金史》：宗室表、交聘表。

23.《元史》：后妃表、宗室世系表、诸王表、诸公主表、三公表、宰相年表。

24.《明史》：诸王世表、功臣世表、外戚恩泽侯表、宰辅年表、七卿年表。

第七章　经学、玄学和史学

第一节　经学的变化、玄学的兴起与发展

两汉学术的发展，影响最大的事件是今文经学和古文经学的斗争。今文经学宣传大一统的主张和皇权神授的思想，它适应封建王朝政治的需要，在两汉社会中成为占统治地位的意识形态。谶纬学说与今文经学纠缠在一起，汇成一股思潮，作用和影响社会生活的各个方面，作用和影响包括史学在内的社会文化的发展。

自汉武帝立五经博士，其后，光武帝更立为十四博士：《诗》在汉初有齐、鲁、韩三家；《易》立施（雠）、孟（喜）、梁（丘贺）、京（房）；《书》立欧阳（生）及大、小夏侯（胜、建）；《礼》有大、小戴（戴德、戴圣）；《公羊春秋》有严彭祖、颜安乐二博士。所谓十四博士，不过是十四个学术方面的人物，他们在官府中占有显赫的地位。除《诗》外，其他各门博士，并非在师授的渊源上有严格的区分。皮锡瑞在《经学历史》中，说各家之分，有的是分所不必分，立所不当立，这里面没有难理解的地方。有一点是确定无疑的，今文经学虽不等同于谶纬学说，但是两者结成一种联盟，构成强大的势力，是当时思潮中的主潮。董仲舒是他们的典型代表。

汉朝的皇帝利用今文经学，为汉朝的统治服务。《汉书·儒林传》说："自武帝立五经博士，开弟子员，设科射策，劝以官禄，迄于元始，百有余年，传业者寖盛，支叶繁滋。一经说至百余万言，大师众至千余人，盖禄利之路然也。"东汉经学之风更盛，大师弟子数千人者，比比皆是。东汉建武五年，修太学，中元元年，初建三雍。东汉明帝"正坐自讲，诸儒执经问难于前。冠带缙绅之人，圜桥门而观听者，盖亿万计"[①]。匈奴也派贵族子

_____

① 《后汉书》卷七十九上《儒林传上》。

弟入太学。大凡学术繁盛时，往往又是衰落之始，枝蔓杂生、不修家法，"经有数家，家有数说。章句多者或乃百余万言，学徒劳而少功，后生疑而莫正"①。今文经学的衍变不可避免，盛极而衰，学术和别的事物一样。今文经学通过宣帝甘露三年的石渠阁会议，东汉光武帝宣布图谶于天下，章帝建初四年的白虎观会议的推动，达到它的极盛点；这却又是今文经学由盛转衰的转折点。

古文经学处于在野的地位，他们中间有杰出的思想家，如西汉末的扬雄、东汉的王充等，但由于其学说精神不合"时务"，即使一时占了上风，而最终还是不能改变局面。刘歆曾经发动对今文经学的进攻，没有什么收效。白虎观会议后，古文经学势力上升。皇帝"诏高才生受《古文尚书》《毛诗》《谷梁》《左氏春秋》，虽不立学官，然皆擢高第为讲郎，给事近署，所以网罗遗逸，博存众家"。经过一段曲折的变化，经学后来已是"章句渐疏，而多以浮华相尚，儒者之风盖衰矣"②。党锢之祸，又是一次打击。东汉末，贾逵、马融、服虔一批大师传古文经，声势很大，故经虽未立于学官，但其影响在今文经学之上。马融弟子郑玄会通今古文经，成为汉朝经学的集大成者，"括囊大典，网罗众家，删裁繁诬，刊改漏失，自是学者略知所归"③。

今文经学的式微，出现新的情况。一是天人感应的学说受到进一步的批判，出现危机。二是天人问题和社会人事问题的思考向着哲理的深度发展。三是东汉后期分裂割据的局面和战乱的动荡，儒家的伦理道德观念和名教的观念发生了动摇。在这同时，道教的产生和发展，以及佛教、佛学的传入，为中国学术的变化注入新的因子。玄学应时势的需要产生了。玄学在中国思想史上的地位十分重要，侯外庐在《中国思想通史》中说："汉学重在'由辞以通道'的训诂，魏晋学重在'天人之际'的义理，前者是宋代'心传'之学的死敌，后者是宋代'理学'的祖宗，从反对宋学的人看来，汉魏之学，宋人皆未能或之先也。"④冯友兰说："玄学的辩名析理完全是抽象思维，从这一方面说，魏晋玄学是对两汉哲学的一种革命。……在中国哲学史中，

---

① 《后汉书》卷三十五《张曹郑列传》。
② 《后汉书》卷七十九上《儒林列传上》。
③ 《后汉书》卷三十五《张曹郑列传》。
④ 侯外庐、赵纪彬、杜国庠等：《中国思想通史》，第3卷，第95页。

魏晋玄学是中华民族抽象思维的空前的发展。"①无论怎样说，魏晋的玄学在中国思想史上是一次大的转折。它对中国史学思想的发展不能不产生影响。

东汉末年，社会上出现清谈思潮，为魏晋玄学的产生开辟了道路。从东汉末的清议到清谈，从解剖社会的问题到理论的思辨，是认识的发展。魏晋玄学经历正始、竹林、元康几个阶段，最后是玄学与儒学的合流。曹魏正始时期玄学的代表人物是何晏与王弼。他们认为世界的本体是"无"，主张以儒家的名教为末，以道家的自然无为为本来治理社会。西晋初年的竹林时期的玄学代表人物是阮籍、嵇康，重要的人物有所谓的"竹林七贤"。"陈留阮籍、谯国嵇康、河内山涛，三人年皆相比，康年少亚之。预此契者：沛国刘伶、陈留阮咸、河内向秀、琅邪王戎。七人常集于竹林之下，肆意酣畅，故世谓'竹林七贤'"②。他们提出"越名教而任自然"的主张。这些人有的在母丧期间，可以神色自若地饮酒食肉，有的脱衣裸形于屋中以为放达，以玄学的名教观来对抗儒家的名教观。西晋后期的玄学的代表人物是郭象，认为"有"自生自化，调和儒、道的名教观。在这里我们说明玄学的梗概，对于理解魏晋时期的史学思想是有益的。

东汉至三国两晋南北朝，史学思想发生的变化与哲学思想的发展基本是相平行的。这一时期的思想家的贡献同样是史学理论遗产、史学思想遗产中的宝贵财富。

东汉时期，天人感应学说受到进一步的批判。王充的《论衡》指出，"天"是"自然"，天无口、无目，也没有欲望，是一个没有意志的东西。天道是"无为"，人道才是"有为"。③ 建立灾异说基础上的天人感应的学说，把天道看作是"有为"，当然也是错误的。他指出，以灾异作为一种谴告，是一种衰乱之语，说：

> 上天之心，在圣人之胸；及其谴告，在圣人之口。不信圣人之口，不信圣人之言，反然灾异之气，求索上天之意，何其远哉？④

---

①　冯友兰：《中国哲学史新编》，第 4 册，北京：人民出版社，1986 年版，第44 页。

②　《世说新语·任诞第二十三》。

③　《论衡·自然篇》。

④　《论衡·谴告篇》。

又说：

> 论灾异者，已疑于天用灾异谴告人矣。更说曰："灾异之至，殆人
> 君以政动天，天动气以应之。譬之以物击鼓，以椎扣钟。鼓犹天，椎
> 犹政，钟鼓声犹天人之应也。人主为于下，则天气随人而至矣。"曰：
> 此又疑也。夫天能动物，物焉能动天？何则？人物系于天，天为人物
> 主也。……寒温之气，系于天地，而统于阴阳，人事国政，安能
> 动之？①

作为自然的天，是一个没有意志的东西，它的阴阳之气，直接影响人
和物，人是物，物亦是物，均是物，但是对人事和国政，却是没有感应的
关系。这对天人感应说是一个很有力的批驳。《论衡》共有84篇，其中四分
之一的内容是对天人感应和各种封建迷信思想进行批判。

王充（27—约97年），会稽上虞（今浙江上虞）人。少年在洛阳太学，曾
师事班彪。他的历史思想除了一定的进化的观点外，重要的是他对天人感
应的学说作了全面的揭露，在史学思想史上占有十分重要的地位。他的思
想中消极的方面，主要是命定的观点和历史循环思想。《论衡》中有《宣汉》
专节，但王充的宣汉和班固的"宣汉"不一样。班固以"汉绍尧运"的观点，
通过宣西汉，达到宣东汉的目的。王充的"宣汉"的思想却有着积极的因素，
他说：

> 儒者称五帝三王，致天下太平；汉兴以来，未有太平。……谓汉
> 不太平者，汉无圣帝也。贤者之化，不能太平。又见孔子言："凤鸟不
> 至，河不出《图》，吾已矣夫。"方今无凤鸟、《河图》，瑞颇未至悉具，
> 故谓未太平。此言妄也。
> 夫太平，以治定为效，百姓以安乐为符。孔子曰："修己以安百
> 姓，尧舜其犹病诸。"百姓安者，太平之验也。夫治人以人为主，百姓
> 安而阴阳和，阴阳和则万物育，万物育则奇瑞出，视今天下，安乎危
> 乎？安则平矣，瑞虽未具，无害于平。故夫王道定事以验，立实以效；
> 效验不彰，实诚不见；时或实然，证验不具。是故王道立事以实，不
> 必具验；圣主治世，期于平安，不须符瑞。

---

① 《论衡·变动篇》。

这就是说，不能一味歌颂五帝三王，后世的汉代能够度越圣世。是不是圣世、太平世界，应当以事实进行判断，不是以所谓符瑞出现为依据。这里的"宣汉"思想，包含着历史进化思想的因素，他的以"实验""实效"为价值判断准则的见解，又是有着科学因素的认识论。

除王充外，东汉的思想家中，王符也对封建迷信的思想进行了批判，批判了"国之盛衰"在"运""数"的观点，着重论述重民思想，他说："国之所以为国者，以有民也。……治国之日舒以长，故其民闲暇而力有余；乱国之日促以短，故其民困务而力不足。"①仲长统写的《昌言》，反对神意的天命说，提出"人事为本，天道为末"的观点，认为自然的"天道"是一种自然规则，可以用以指导百姓的生产，要以天道观论说天人感应，则是荒谬的。他说："所贵乎用天之道者，则指星辰以授民事，顺四时而兴功业。其大略吉凶之祥，又何取焉。故知天道而无人略者，是巫医卜祝之伍，下愚不齿之民也；信天道而背人事者，是昏乱迷惑之主，覆国亡家之臣也。"②这同样是以重民的思想批驳天人感应的观点。

应该特别说明的是，东汉的张衡（78—139 年），一位伟大的自然科学家、文学家、思想家，也是一位伟大的史学家、史学思想家。安帝、顺帝时期，他是太史令。《后汉书》本传中收进他的《应间》篇，实际是一篇史论，"自去史职，五载复还，乃设客问，作《应间》以见其志"。安帝元初中，刘珍等写《东观汉记》曾拟请张衡定汉家礼仪，由于刘珍等去世，未果，但他仍想完成此事。《后汉书》说到他此后从事的史学工作，"及为侍中，上疏请专事东观，收捡遗文，毕力补缀。又条上司马迁、班固所叙与典籍不合者十余事。又以为王莽本传但应载篡事而已，至于编年月，纪灾祥，宜为元后本纪。又更始居位，人无异望，光武初为其将，然后即真，宜以更始之号建于光武之初。书数上，竟不听。及后之著述，多不详典，时人追恨之"。他对司马迁和班固的史书作了考订，考出十余条差讹。主张在汉代的史书中，应当书汉光武帝初事，以更始作年号等。这些主张可以看出他的史学上的见解。其中以"更始之号建于光武之初"的主张，和正统的史学编年体系相冲突，它不能为当时的统治者所接受，也是意料中事。

《后汉书·张衡传》把他视作反谶纬的勇士，说："初，光武善谶，及显

---

① 《潜夫论·爱日》。
② 《群书治要》卷四十五引。

宗、肃宗因祖述焉。自中兴之后，儒者争学图纬，兼复附以沃言。衡以图纬虚妄，非圣人之法。"他对《春秋谶》《诗谶》《春秋元命苞》等书中宣扬图谶的内容作了分析，说：

> 一卷之书，互异数事，圣人之言，势无若是，殆必虚伪之徒，以要世取资。往者侍中贾逵摘谶互异三十余事，诸言谶者皆不能说。至于王莽篡位，汉世大祸，八十篇何为不戒？……此皆欺世罔俗，以昧势位。情伪较然，莫之纠禁。

他请求"宜收藏图谶，一禁绝之"。张衡对谶纬说的批判是深刻的。还应该指出，张衡对谶纬的批判是建立在科学认识基础之上的，他制造出浑天仪、地动仪，科学地解释了地震发生的原因，对天人感应说更是一次沉重的打击。他提出的宇宙论，以及对月食天体运动现象做出的说明，都是从根本上对天人感应说的有力批判。

但是，他对占而有效的谶言，并没有彻底否定，对占卜的书持肯定的态度，这些又反映了他思想上不彻底的地方。在政坛上，他敢于同豪强做斗争，但在当时的政局的动荡中，他受到了冲击，因此他又有向着玄理靠近的倾向。

魏晋时期的玄学，从另一个方面对天人感应的学说进行挑战。

东汉后期，政治上黑暗，统治阶级日益腐朽，经学衰落，封建道德伦理的教条遭到破坏。士子品题人物，相互标榜以抬高各自的地位，社会上出现了清谈的风气。清谈和玄学是联结在一起的。把清谈和玄学混而为一，是不确切的，但是把清谈和玄学当成截然不同的东西，也是值得商榷的。儒家的名教观受到冲击，玄学的名教观念代之而起。不能把清谈当作是空谈，清谈的内容很广，涉及伦理、道德、宇宙各个方面，历史也是清谈的内容之一。《世说新语·言语》记载王衍同一些"名士"在洛水相聚，有人问王衍是不是很快乐？王衍说他们在清谈中获得快乐："裴仆射善谈名理，混混有雅致，张茂先论《史》《汉》，靡靡可听。我与王安丰说延陵、子房，亦超超玄著。"评论各种作品包括史学在内，评论人物，成为一时风气。这里包括品评人物风度、才性、才情、辞藻、人品等各个方面。对于从东汉以后的各种清谈及玄学的"任自然"的名教观念，我们都应当把它放在思想发展史的过程中加以分析。在两汉时期，天人感应学说笼罩着整个社会，个人只是天的附属物；纲常体现出天意，社会上的人都要服从封建纲常伦理道德。所以，清谈、品评人物，作为一种思潮，它是一种对人个性的突出，对纲常的人伦束缚是一次冲击。特别是竹林时期的"名士"们的行径和议论，是对儒家的名教观的一次否定。到了后期，儒玄合一的名教观，是对原来的儒家名教观的修正。

两汉的农民战争沉重打击了汉朝的统治者，汉朝无可避免地走向衰亡。旧日的世家地主和豪族地主衰落下去，代之而起的是门阀地主。门阀地主带有明显的家族私有性质，政治上他们有世袭的特权、地位。他们剥削的对象是荫户，是依附他们的荫附的农民。这些荫户摆脱封建国家的赋役，不再被编制在国家的户籍中，这就使得他们不同于过去的编户齐民。这一时期谱学的发达以及史传中大量家传的出现，都反映了这一现实。

东汉后史学发生的变化，就其代表作来说，肇始于《汉纪》，而变化于《三国志》，袁宏的《后汉纪》最能看出南北朝的玄学的折光。范晔的《后汉书》在玄儒合流的时代背景的情势下，代表史学发展的一种趋向。

第二节　《汉纪》的天人观与"五志"

史书体裁的变化也能反映史学观念的变化。纪传体和编年体并行发展，是南北朝史学的一大景观，它改变了两汉时期主要是纪传体史书发展的局面。纪传体与编年体两者的结合，更能适应封建统治的需要。刘知幾说："然则班、荀二体，角力争先，欲废其一，固亦难矣。后来作者，不出二途。故晋史有王、虞，而副以干《纪》；《宋书》有徐、沈，而分为裴《略》。各有其美，并行于世。"①刘勰在《文心雕龙·史传篇》中说：

　　　　然纪传为式，编年缀事，文非泛论，按实而书，岁远则同异难密，事积则起讫易疏，斯固总会之为难也。或有同归一事，而数人分功，两记则失于复重，偏举则病于不周，此又诠配之未易也。故张衡摘史、班之舛滥，傅玄讥《后汉》之尤烦，皆此类也。

这就是说，纪传和编年两体，在反映历史上都有其不足的地方，司马迁创纪传体，它适应了大一统王朝的需要，但是经过一段时间的发展，它的不足也逐渐显现出来。特别是要求史书达到尊经崇圣的要求，纪传体的史书

---

① 《史通》内篇卷二《二体》。

不能如同编年史书《春秋》那样，进行一以贯之的脉络清晰的说教。这就是为什么经过一段时间的发展后，撰写编年体的史书又出现一个"热潮"。到了中唐以后，史学家展开了纪传体史书体裁与编年体史书体裁孰优孰劣的争论，到了两宋，编年体又迎来一个繁荣发展的时期。

《汉纪》是依据《汉书》的内容，改纪传体为编年体，"谨约撰旧书，通而叙之，总为帝纪，列其年月，比其时事，撮要举凡，存其大体，旨少所缺，务从省约，以副本书，以为要纪"①。全书30卷，18万字，概述了西汉一代的历史，荀悦充分表现了他在文字表述上的才华，"辞约事详，论辩多美"②。刘知幾说，荀悦改编《汉书》为《汉纪》是"厌其迂阔，又依左氏成书，剪截班史，篇才三十，历代褒之，有逾本传"③。唐太宗以这本书作为修史的范本之一，下赐群臣。

从班彪的《史记后传》《王命论》，到班固的《汉书》《白虎通德论》，再到荀悦的《汉纪》《申鉴》，把它们作一比较，可以看出汉末的史学思想的变化。首先，荀悦在保留天人感应论的基础上，突出表现出一种重人事的思想。《汉纪》大量保留了《汉书》的关于天人感应的灾异内容，同时对天人感应说，提出自己的看法。他在《申鉴·时事篇》中，说到了史书著述的宗旨和应当记载的几个方面，他说：

> 古者天子诸侯，有事必告于庙；朝有二史，左史记言，右史记动。动为《春秋》，言为《尚书》，君举必记，臧否成败，无不存焉。下及士庶，等各有异，咸在载籍，或欲显而不得，或欲隐而名章。得失一朝而荣辱千载，善人劝焉，淫人惧焉，故先王重之，以嗣赏罚，以辅法教。宜于令者，官以其方。各重其尽，则集之于《尚书》。若史官使掌典其事，不书诡常。为善恶则书，百行足以为法式则书；立功事则书，兵戎动众则书；四夷朝献则书，皇后贵人太子拜立则书，公主大臣拜免则书；福淫祸乱则书，祥瑞灾异则书。先帝故事有起居注，日用动静之节必书焉。

关系到军国大事、风俗礼仪的社会生活各个方面的都是史官要记载的。他

---

① 《汉纪》卷一。
② 《后汉书》卷六十二《荀韩钟陈列传》。
③ 《史通》内篇卷二《二体》。

认为，古代的天子和诸侯重视历史，其着眼点是"以嗣赏罚，以辅法教"，而不是别的。史书中也包括灾异的内容，但这仅是其中的内容之一。他认为重民和承天命是一致的。《申鉴·俗嫌》说："人主承天命以养民者也，民存则社稷存，民亡则社稷亡，故重民者，所以重社稷而承天命也。"在这里"重民"是"承天命"的前提，这已经是修正两汉的天意支配人事的思想。他在《汉纪》中说："大数之极虽不变，然人事之变者亦众矣。"①"正身以应万物，则精神形气各返其本矣"②。

应该看到，《汉纪》中大量保留了灾异的内容，也记录了班彪的《王命论》，特别是在谈汉高祖时，进一步发挥了班固的神学天命论。《汉纪》是奉献帝"钦命"写成的，献帝因为《汉书》文繁难省，要荀悦"依《左氏传》体"，写一本简明的历史的读物。在这种钦定的压力下，《汉纪》中有大量的天人感应的内容，是可以理解的。要研究荀悦的思想，还应当从他的《申鉴》的内容中寻找，不能仅以《汉纪》的内容，就断定荀悦还是在宣扬天人感应说。

《汉纪》的两重性表现得很明显，一方面，它保留的天人相关的神意史观，表明汉家王朝是受命于天的。但荀悦的重民思想又表明，到了东汉末，天人感应学说的影响已经大大削弱，并且出现了裂痕。另一方面，《汉纪》突出了以史求鉴戒的思想，《汉纪·序》说：

> 凡《汉纪》有法式焉，有监戒焉；有废乱焉，有持平焉；有兵略焉，有政化焉；有休祥焉，有灾异焉；有华夏之事焉，有四夷之事焉；有常道焉，有权变焉；有策谋焉，有诡说焉；有术艺焉，有文章焉：斯皆明主贤臣命世立业，群后之盛勋，髦俊之遗事。是故质之事实而不诬，通之万方而不泥。可以兴，可以治；可以动，可以静；可以言，可以行。惩恶而劝善，奖成而惧败。兹亦有国之常训，典籍之渊林。

《汉纪》有进行惩恶奖善的作用，其基础是"质之事实而不诬"。荀悦说："《易》称'多识前言往行以畜其德'，《诗》云'古训是式'。中兴以前一时之事，明主贤臣，规模法则，得失之轨，亦足以监矣。撰《汉书》百篇以综往事，庶几来者亦有监乎此？"③求监戒和重民的思想联系在一起，构成《汉纪》

---

① 《汉纪》卷六"荀悦曰"。
② 《汉纪》卷十三"荀悦曰"。
③ 《汉纪》卷三十荀悦曰。

思想的另一面。

《汉纪》的监戒观点，有两点值得重视。一是论历史盛衰形成的"势"。荀悦提出"三势"说："夫事物之性，有自然而成者；有待人事而成者；有失人事不成者；有虽加人事终身不可成者。是谓'三势'。"①由"三势"说出发，他最后又肯定天人相关的感应理论，这里既承认"天"的意义，又承认"人"的作用，把史书的两个作用合在一起。荀悦能够从"势"上谈盛衰，不只是发挥先秦诸子（如韩非子）的历史盛衰论，而且进一步对历史变动的"势"作了具体的分析，是值得注意的。他对历史的观察，又不仅是论历史兴衰的具体的缘由，还能归纳分类，分析盛衰的不同原因。荀悦把历代的君主分成六等，即王主、治主、存主、衰主、危主和亡主；天子之臣同样有六类：王臣、良臣、直臣、具臣、嬖臣、佞臣。后来的宋人司马光把历代的君主进行分类，可以看成是对荀悦史学观点的发展。

荀悦提出了史书编写的原则和方法，《汉纪·序》说：

> 昔在上圣，惟建皇极，经纬天地，观象立法，乃作书契，以通宇宙，扬于王庭，厥用大焉。先王光演大业，肆于时夏，亦惟厥后，永世作典。夫立典有五志焉：一曰达道义，二曰章法式，三曰通古今，四曰著功勋，五曰表贤能。于是天人之际、事物之宜，粲然显著，罔不备矣。世济其轨，不陨其业。损益盈虚，与时消息，臧否不同，其揆一也。汉四百有六载，拨乱反正，统武兴文，永惟祖宗之洪业，思光启乎万嗣。圣上穆然，惟文之恤。瞻前顾后，是绍是继，阐崇大猷，命立国典。于是缀叙旧书，以述《汉纪》，中兴以前，明主贤臣得失之轨，亦足以观矣。②

他提出修史五志，即达道义、章法式、通古今、著功勋和表贤能，以使自己修的史书，能达到预期的要求，适应封建统治的需要。封建社会的史学家明确修史的宗旨，规定写史的原则和要求，这表明史学上的一种自觉意识。

总之，从《汉书》到《汉纪》，值得重视的是荀悦的重民思想。（仲长统等已经提出过，但作为史学家能提出这样的观点，并且写出有影响的史学作

---

① 《汉纪》卷六"荀悦曰"。

② 《后汉书·荀悦传》，原《序》文字稍异。

品，应当是荀悦。)在一些进步思想家的攻击下，天人感应的思想体系产生裂痕；从史学思想发展的趋向上看，神学的史学思想在淡化。

荀悦(148—209年)，字仲豫，东汉颍川(今河南许昌)人。汉献帝被曹操所迫，迁都许昌时，荀悦49岁，他希望借曹氏的力量以中兴汉家的天下。建安元年至二年，写成《申鉴》，建安三年至五年写成《汉纪》，另外他还写成《崇德》《正论》等数十篇作品。

第三节 《三国志》的历史观和对历史人物的品评

196年，汉献帝迁都许昌，东汉已经是名存实亡。220年，曹丕称帝，到280年，东吴灭亡，史家如何认识这一个历史时期，并且在史书中反映这一时期历史特征，足以看出他对历史的见解、他的历史观。

陈寿的《三国志》受到后人的推崇，《晋书》的作者在比较三国魏晋南北朝的史学作品时，说："丘明既没，班马迭兴，奋鸿笔于西京，骋直词于东观。自斯已降，分明竞爽，可以继明先典者，陈寿得之乎。"[1]这样的评价并不为过。

陈寿的《三国志》对三国时期的历史有一个全局的处理。以魏作为线索，作为主纲，魏主入"纪"。从历史的实际出发，三国时期，魏在错综复杂的斗争中，始终处在矛盾的支配的地位，所以以魏作为这一个时期历史的"纪"，是历史的卓识。以前的史家从习凿齿到《四库全书总目》的作者，乃至于近代的一些学人，或者为蜀汉争正统，进行正闰之争，批评陈寿，或者去发明陈寿作史的微意，实在是对陈寿的史识还不了解。

这里应当讨论陈寿的老师谯周对他的影响。陈寿为他的老师谯周作传，称赞谯周"词理渊通，为世硕儒，有董、扬之规"。陈寿认为谯周是一个具有通识的"硕儒"。《三国志·谯周传》说谯周是一个能认清历史发展趋势的学人。谯周字允南，他"耽古笃学"，"研精六经，尤善书札，颇晓天文，而不以留意。诸子文章非心所存，不悉遍视也。……无造次辩论之才，然潜识内敏"。谯周潜心经学，正是汉末学风的特点，对陈寿当然有影响，这中间更为重要的，是谯氏对三国鼎立变化的见识。谯周曾为蜀汉后主太子的家令，规劝太子应当奋发有为，要节俭。他在进言中以历史事实说出天下三分的大局。由其所作《仇国论》中也可看出他对当时的天下大势的认识，

---

[1] 《晋书》卷八十二"史臣曰"。

"既非秦末鼎沸之时，实有六国并据之势。故可为文王，难为汉祖"。在司马氏的大军逼近四川时，蜀中的君臣一片混乱，有人主张投奔东吴，有的主张依南中七郡，同晋相对抗。谯周上疏以历史变化的事实，请后主从晋。"于是（后主）遂从（谯）周策，刘氏无虞，一邦蒙赖，周之谋也"。所以陈寿帝曹魏的观点和他的老师的影响有联系。

陈寿没有在自己的史著中清除天命论的观点，其用意在证明曹魏代汉是天命，但同时陈寿也强调曹操个人才能的作用。陈寿写曹操破袁绍，加了一段插曲："初，桓帝时有黄星见于楚、宋之分，辽东殷馗善天文，言后五十岁当有真人起于梁、沛之间，其锋不可当。至是凡五十年，而公破绍，天下莫敌矣。"暗示曹魏代汉，是天意。陈寿在《武帝纪》最后，评曹氏所以能战胜各个对手时，却是另一种态度，说：

> 评曰：汉末，天下大乱，雄豪并起，而袁绍虎际四州，强盛莫敌。太祖运筹演谋，鞭挞宇内，揽申、商之法术，该韩、白之奇策。官方授材，各因其器，矫情任算，不念旧恶，终能总御皇机，克成洪业者，惟其明略最优也。抑可谓非常之人，超世之杰矣。①

这完全是以曹操的才能说明曹魏兴起的道理，完全没有天命的意味。讲天命，又重人事，这是《三国志》论历史兴衰的一个重要特点。

陈寿说到西晋统一全国，代曹氏而起，却又以天命说明其合理性。"天禄永终，历数在晋"。而在三少帝纪最后的评论中又是另一个腔调。陈寿说：

> 古者以天下为公，唯贤是与。后代世位，立子以嫡；若嫡嗣不继，则宜取旁亲明德，若汉之文、宣者，斯不易之常准也。明帝既不能然，情系私爱，抚养婴孩，传以大器，托付不专，必参枝族，终于曹爽诛夷，齐王替位。高贵公才慧夙成，好问尚辞，盖亦文帝之风流也，然轻躁忿肆，自蹈大祸。②

这完全是从王位继承人才德方面寻找兴亡的原因。

《三国志》以天命说明一个朝代的兴是合理的，又以天命说明这个朝代

---

① 《三国志》卷一。
② 《三国志》卷四。

的亡同样也是合理的。在谈天命的同时，还强调了人事作为在历史兴衰变化中起着决定性的作用。两种相反的观点往往出现在同一卷中，显得很不协调。要是从思想史发展的过程中看，这表明两汉时期的天命论到了这个时期，已经发生了变化。陈寿把天命和人事合在一起，当作是决定历史运动趋向的原因。强调既要有天命，又要有才能之主，两者的作用决定了一个时期的历史运动趋向，人们应当顺从这种大势。《三国志》推崇谯周这样的人物，正是从这个角度思考的。

而且陈寿说的"天命"，和两汉时期的"天命"观又有一定的差别。在《三国志》刘二牧传中，评论刘璋说：

> 刘歆见图谶之文，则名字改易，终于不免其身，而庆钟二主。此则神明不可虚要，天命不可妄冀，必然之验也。而刘焉闻董扶之辞则心存益土，听相者之言则求婚吴氏，遽造舆服，图窃神器，其惑甚矣。璋才非人雄，而据土乱世，负乘致寇，自然之理，其见夺取，非不幸也。

这里明显表示与刘歆的观点的区别，不是一般的图谶说所能包括得了的。陈寿说的"天命"，实际上含有一种历史必然的意思。

如上所说，《三国志》能结合历史大势评价历史人物的行为。只有认清这种大势的杰出人物，才受到陈寿的充分的肯定。有些杰出的历史人物，不能或无法顺应大势，陈寿对这些人的评价则是另一个样子。诸葛亮在三国时期是一流的杰出的历史人物。陈寿在《蜀书·诸葛亮传》中是这样评论的：

> 评曰：诸葛亮之为相国也，抚百姓，示仪轨，约官职，从权制，开诚心，布公道。尽忠益时者，虽仇必赏；犯法怠慢者，虽亲必罚；服罪输情者，虽重必释；游辞巧饰者，虽轻必戮。善无微而不赏，恶无纤而不贬。庶事精练，物理其本，循名责实，虚伪不齿；终于邦域之内，咸畏而爱之。刑政虽峻而无怨者，以其用心平而劝戒明也。可谓识治之良才，管、萧之亚匹矣。然连年动众，未能成功，盖应变将略，非其所长欤！①

---

① 《三国志》卷三十五。

陈寿对诸葛亮的评价是相当高的，从治理国家的方方面面的要求上看，可以说达到了尽善尽美的地步。陈寿说他可以与战国时齐国的管仲、汉朝的萧何相比，这已经是极高的评价。但是从历史发展的大势上看，刘备特别是到了后主刘禅时，蜀汉已是没有前途的政权。诸葛亮恪守职责，发挥了一切才能，也扭转不了形势，"然连年动众，未能成功"，这并不是诸葛亮的才能不足，而是大势决定了的。作为诸葛亮个人来说，陈寿说他"盖应变将略，非其所长"。这里的"应变将略"四个字，应该是指认识大势说的，并不是说诸葛亮缺少智谋。应该说，陈寿的评价还是公允的。

过去有的人说，陈寿对诸葛亮有微词，是因为陈寿的父亲是马谡的参军，马谡因军事上的失误被诸葛亮所诛，陈寿的父亲也受到处罚，所以陈寿写史，有意贬诸葛亮，"以爱憎为评"①，这是一种诬词。陈寿明明说诸葛亮刑赏公正，受到百姓的爱戴，"善无微而不赏，恶无纤而不贬"，"用心平而劝戒明"，《晋书》的评价没有根据。《世说新语》还提到陈寿评诸葛亮的事，"陈寿作诸葛评"②，在一时间还有相当大的影响。有人以为这样评价人物，世人难以接受，其实这正是陈寿评价历史人物实事求是的态度。

陈寿评价历史人物，如同魏晋时期名士一样，从人物的才情、才性、风度、风貌加以品评。《三国志》几乎对每一个历史人物，都加以品评。陈寿评论人物、纵论大势，有时又把不同的人物加以比较。这些在《三国志》中俯拾皆是。如《三国志》卷六，他写刘表，是"少知名，号八俊，长八尺余，姿貌甚伟"；在卷十二中写崔琰"声姿高畅，眉目疏朗，须长四尺，甚有威重，朝士瞻望，而太祖亦敬惮焉"。这里是评人物的才情、姿貌。《三国志》评王粲等人，说：

> 昔文帝、陈王以公子之尊，博好文采，同声相应，才士并出，惟粲等六人最见名目。而粲特处常伯之官，兴一代之制，然其冲虚德宇，未若徐干之粹也。卫觊亦以多识典故，相时王之式。刘劭该览学籍，文质周洽。刘廙以清鉴著，傅嘏用才达显云。③

---

① 参见王隐的《晋书》，唐人修的《诸葛亮传》(《晋书》卷八十二)承袭了这一观点。
② 《世说新语·排调第二十五》。
③ 《三国志》卷二十一。

这里已经是把同一类的不同的人物，加以比较。这是发挥了仲长统、刘劭的分类品题人物，或者说类评历史人物的方法。在《三国志》卷五十四中，陈寿评论道：

> 周瑜、鲁肃建独断之明，出众人之表，实奇才也。吕蒙勇而有谋断，识军计，谲郝普，禽关羽，最其妙者。初虽轻果妄杀，终于克己，有国士之量，岂徒武将而已乎！

这同样是把一类人物放在一起，加以比较。再如他评陆逊时，是这样说的：

> 刘备天下称雄，一世所惮，陆逊春秋方壮，威名未著，摧而克之，周不如志。予既奇逊之谋略，又叹权之识才，所以济大事也。及逊忠诚恳至，忧国亡身，庶几社稷之臣矣。抗贞亮筹干，咸有父风，奕世载美，具体而微，可谓克构者哉。①

这里是从整个三国三分天下的大背景下，论说人物的行事作用。

《三国志》的历史人物评价，多数没有神意的说教。陈寿的品评，带有魏晋清谈的风格，这种突出人物的个性的评价，重视人物的才能、品德、风貌，强调了人事在历史的兴衰中的作用，这在史学思想史上是进步的表现。

陈寿（233—297 年），字承祚，巴西安汉（今四川南充）人，师事谯周。在蜀汉中为观阁令史，为人正直，不屈附宦官黄皓，仕途不得意。蜀汉灭亡后，在西晋朝中任著作郎、出补阳平令，后迁长广太守等。他除了撰写65 卷《三国志》外，还曾次定《诸葛亮故事集》，又撰《古国志》《益都耆旧传》（或作《益部耆旧传》）等。后来南朝刘宋的裴松之为《三国志》作注。裴注为《三国志》补阙，"鸠集传记，增广异闻"，对史事多有考订，体现出追求信史的旨意。把裴注和《三国志》作为一个整体看待，更可见封建社会史学的特征。

有一点要说明，《晋书·陈寿传》说陈寿在父丧期间，"有疾，使婢丸药，客往见之，乡党以为贬议"。其实，在玄风放达的魏晋社会中，这算不

---

① 《三国志》卷五十八。

得是败坏风俗的事。比起那些名士，陈寿只是"使婢丸药"，并没有大的出格。石崇为显示自己的富有，派十多名婢女，站在厕所里，侍奉客人①。这就是名士的作为。《晋书》的作者对陈寿事，着意渲染一番，大约是蜀中地区的玄风不盛，"乡党"容不得陈寿这样不拘"礼教"的行为。这也反映出，到写作《晋书》时，玄学的名教观又为儒家的名教观所代替。

第四节　袁宏援"玄"入史和他的《后汉纪》

到了西晋元康时期，玄学发展进入一个新的阶段。郭象等提出"崇有"的观点，调和名教与自然的儒道合一的思潮出现，认为名教即自然，自然即名教，本即是末，末即是本，本末一体，反对王弼的以"无"为本。玄学的进一步发展，便是玄儒的合流。据《世说新语·文学》中"袁伯彦作《名士传》成"条的注文，袁宏把曹魏以后的玄学名士，分成了正始名士、竹林名士、中朝名士三种类型，大体是反映了玄学发展的实际。这也说明袁宏在玄学名士中是有史识的名士。

袁宏评几千年的学术的大势，论六经之得失，对两汉的学术有他自己的看法，他说：

> 太史公谈判而定之，以为六家；班固演其说，而明九流。观其所由，皆圣王之道也，支流区别，各成一家之说。夫物必有宗，事必有主，虽治道弥纶，所明殊方，举其纲契，必有所归。寻史谈之言，以道家为统；班固之论，以儒家为高。二家之说，未知所辩。

他虽然是以玄学家的眼光，看待学术的发展，但他在这里没有排斥别的学派的意味。他同司马谈一样，对六家有一个总体的认识，也可以说是新的《六家要旨》，他说：

> 尝试论之曰：夫百司而可以总百司，非君道如何情动，动而非已也。虚无以应其变，变而非为也。夫以天下之事，而为以一人，即精神内竭，祸乱外作。故明者为之视，聪者为之听，能者为之使，惟三者为之虑，不行而可以至，不为而可以治，精神平粹，万物自得，斯

---

① 参见《世说新语·汰侈第三十》。

道家之大旨，而人君自处之术也。夫爱之者，非徒美其车服，厚其滋味，必将导之训典，辅其正性，纳之义方，闲其邪物。故仁而欲其通，爱而欲其济，仁爱之至，于是兼善也。

然则百司弘宣，在于通物之方，则儒家之算，先王教化之道。居极则玄默之以司契，运通则仁爱之以教化。故道明其本，儒言其用，其可知也矣。①

这后面一段文字，清楚表明了他的观点是"道明其本，儒言其用"。他是以玄学家的眼光认识学术的变化，又反映出儒道合流的趋向。接着，他和司马谈一样，对各家作了一个比较，但是又有不同的特点。司马谈肯定道家，认为道家是兼有众家之长，又排去众家之弊。主张"以虚无为本，以因循为用"，所以是"体用皆道家"论。但袁宏从"治"的角度论六家，要以"道明其本，儒言其用"，这是融儒道为一的主张，仍是以道家的眼光认识儒家。

从汉初各家林立、合流，到司马谈的"六家要旨"，董仲舒、汉武帝的"罢黜百家，独尊儒术"及汉代学术的神学化，再到经学的衰微、玄学的兴起，经过一段时间的发展，出现新的学术汇合的趋向。史学在两汉以来的学术发展的大潮流中带上了时代的特色。

袁宏按照他自己的话说，他经营八年，"缀会《汉纪》、谢承（后汉）《书》、司马彪《书》、华峤《书》、谢沈《书》《汉山阳公记》《汉灵献起居注》《汉名臣奏》，旁及诸郡《耆旧先贤传》，凡数百卷"，写成《后汉纪》一书，其用心，他在《后汉纪·原序》中，做了说明：

夫史传之兴，所以通古今而笃名教也。丘明之作，广大悉备；史迁剖判六家，建立《十书》，非徒记事而已，信足扶明义教，网罗治体，然未尽之。班固源流周赡，近乎通人之作，然因籍史迁，无所甄明。荀悦才智经纶，足为嘉史，所述当也，大得治功已矣。

然名教之本，帝王高义，韫而未叙。今因前代遗事，略举义教所归，庶以弘敷王道，前史之阙。古者方今不同，其流亦异，言行趣舍，各以类书。故观其名迹，想见其人。丘明所以斟酌抑扬，寄其高怀，末吏区区注疏而已。其所称美，止于事义；疏外之意，殁而不传，其遗风余趣，蔑如也。今之史书，或非古之人心，恐千载之外，所诬者

---

① 以上引文见《后汉纪》卷十二。

多，所以怅怏踌躇，操笔恨然者也。

袁宏的话，第一，指明写史的根本宗旨，应当是"通古今而笃名教"。他以为《左传》《史记》《汉书》及《汉纪》等，每一种史书都有其优点，其中他最推崇的是荀悦的《汉纪》，但从总体上看，都没有体现写史的根本的精神，"然名教之本，帝王高义，韫而未叙"。他明确标明自己的《后汉纪》的特点，是"今因前代遗事，略举义教所归，庶以弘敷王道"。这就是说，通古今是一种手段，笃名教是著史的根本的精神，最终达到弘敷王道的目的。这可以说是把"道明其本，儒言其用"的思想贯彻到史学的领域中去。下面我们还要分析。

第二，《后汉纪》在编纂上的特点是"言行趣舍，各以类书"。在编年体史书中突出类书的编纂要求，这是袁宏的贡献。

第三，在史文上面，他的要求是通过史文的叙述，做到"观其名迹，想见其人"。袁宏本来就是一个有成就的文学家，被当时人视作是"一时文宗"，有人说他"当今文章之美，故当推此生"。袁宏把同类或相近的历史人物，放在一起，这是把纪传体史书中的"类传"的优点运用到编年体的史书中去，更好地反映出人物的精神风貌和内心世界。

袁宏以玄学的要求，重新界定史书编写的著述之旨。这里应当特别注意的是袁宏的名教观，不是儒家的名教观，更不能简单地断定袁宏的名教观是一种腐朽的名教观。我们应当在具体的历史条件下来分析袁宏的"名教"观点。

袁宏所说的"名教"，是自然、变化、变通的体现。一部历史是一种自然变化的历史，是名教的历史，历史上的禅让、革命是合乎自然的。公元220年，曹丕称帝，史书说是"禅让"，曹丕下面的群臣中如陈群、华歆一些人本是刘氏汉朝的臣子，自然有他们的观点。袁宏认为汉之"德"未亡，说是禅让，是不够妥当的。但值得重视的是他谈历史发展趋向问题，提出了"名教"的历史发展说：

> 是以古之圣人，知治乱盛衰有时而然也，故大建名教，以统群生，本诸天人，而深其关键。以德相传，则禅让之道也。暴极则变，则革代之义也。废兴取与，各有其会，因时观民，理尽而动，然后可以经纶丕业，弘贯千载。

这就是说，历史上的禅让与革代，是一种自然中有时而然的情形，所以圣人根据它建立起名教，以它来统理群生百姓。名教的内涵是"德"，兴亡由此而产生，袁宏解释说：

> 是以有德之兴，靡不由之；百姓与能，人鬼同谋，属于苍生之类，未有不蒙其泽者也。……及其亡也，刑罚淫滥，民不堪命。匹夫匹妇，莫不憔悴于虐政；忠义之徒，无由自效其诚。故天下嚣然，新主之望，由兹而言。君理既尽，虽庸夫得自绝于桀、纣；暴虐未极，纵文王不得拟议于南面，其理然也。①

袁宏的名教历史观，含有历史发展必然的思想。如果名教没有被破坏，即使是周文王也不能夺得政权；名教的"德"毁坏了，一般百姓都要起而反对暴虐之君。"废兴取与，各有其会，因时观民，理尽而动"，这就是弘贯千载的历史之理。

袁宏在《后汉纪》中提出玄学的"天理"说，天地人物都是与天理相应，而理为阴阳所构成，他的话是这样说的：

> 夫物有方，事有类。阳者从阳，阴者从阴，本乎天者亲上，本乎地者亲下，则天地人物各以理应矣。……古之哲王，知治化本于天理，陶和在于物类。故导之德礼，威以刑戮，使赏必当功，罚必有罪，然后天地群生，穆然文泰。故斩一木，伤一生，有不得其理，以为治道未尽也，而况百姓之命乎？②

这一段是就刑狱问题发的议论，但是他提出一个普遍的命题，"天地人物各以理应"，"治化本于天理"。社会上的这种天理存在于德礼和刑赏之中。这种"天理"，也就是名教、自然，但和那种主张有为的"天理"论又有不同。所以，袁宏有时又把这种理称作"自然之理"。他说：

> 夫君臣父子，名教之本也。然则名教之作，何为者也？盖准天地之性，求之自然之理，拟议以制其名，因循以弘其教，辩物成器，以

---

① 《后汉纪》卷三十，汉献帝二十五年"袁宏曰"。
② 《后汉纪》卷十一，章帝建初元年"袁宏曰"。

通天下之务者也。是以高下莫尚于天地，故贵贱拟斯以辩物。尊卑莫大于父子，故君臣象兹以成器。天地，无穷之道；父子，不易之体。夫以无穷之天地，不易之父子，故尊卑永固而不逾，名教大定而不乱，置之六合，充塞宇宙，自今及古，其名不去者也。未有违夫天地之性，而可以序定人伦，失乎自然之理而可以彰明治体者也。①

名教之本，是君臣父子关系，君臣父子永恒不变的尊卑关系体现了天地之性，是"自然之理"，也就是名教。人们应当按照这种自然之理，顺乎其自然，去行事，行国家典礼大事，立君继位都应以自然之理为准则。袁宏把儒家的礼制，纳入到道家的"自然无为"的理论体系中去。它既不同于董仲舒的纲常说，也有别于原始的道家的自然无为说。袁宏说的"天理"，是承认人的有限欲望是合理的。他说：

　　夫生而乐存，天之性也；困而思通，物之势也；爱而效忠，情之用也。故生苟宜存，则四体之重不可轻也；困必宜通，则天下之欲不可去也；爱必宜用，则北面之节不可废也。此三涂者，其于趣舍之分，则有同异之辨矣。统体而观，亦各天人之理也。是以君子行己业，必所托焉。②

承认天下之欲不可去与天人之理是一致的，这是袁宏的天理论、名教观一个很重要的特点，与之后的两宋理学家的天理观有很大的区别。袁宏在另一处又说：

　　夫饥而思食，寒而欲衣，生之所资也。遇其资则粳粮缊袍，快然自足矣。然富有天下者，其欲弥广，虽方丈黼黻，犹日不足；必求河海之珍，以充耳目之玩，则神劳于上，民疲于下矣。③

承认下民的必要的生存欲望是合理的，同时又认为统治者的奢侈必然要加以限制，对他们应当"限欲"，袁宏在这一段话下面又说："夫上苟不

---

① 《后汉纪》卷二十六，献帝初平二年"袁宏曰"。
② 《后汉纪》卷十七，安帝延光三年"袁宏曰"。
③ 《后汉纪》卷十八，顺帝永建四年"袁宏曰"。

欲，则物无由贵；物无由贵，则难得之货息；难得之货息，则民安本业；民安本业，则衣食周，力任全矣。夫不明其本而禁其末，不去其华而密其实，虽诛杀日加，而奢丽逾滋矣。"要维持社会的稳定，应当去"上"之"欲"，而让下民能生存下去。这就是袁宏的天理论。袁氏的天理论中包含有重民的观点，是两汉以来的重民思想的演变。简单地说袁宏的名教观是腐朽的，完全是望文生义。

在袁宏看来，社会中的"礼"是自然，他说："夫礼也，治心轨物，用之人道者也。其本所由在于爱敬自然，发于心诚而扬于事业者。圣人因其自然，而辅其性情，为之节文，而宣以礼物，于是有尊卑亲疏之序焉。推而长之，触类而申之，天地鬼神之事，莫不备矣。"①"礼"是自然形成的，是发于内心的。但是"礼"又是可以改变的。变中有不变，"夫尊卑长幼不得而移者也"，这是自然的原则。具体的东西又是可以变的，"器服制度不时而变者也。小则凶荒殊典，大则革伏异礼，所以随用合宜，易民视听者也。此又先王变礼之旨也"。袁宏批评一味抱着董仲舒、刘向的教条，言礼乐之用，而不能详备制度，又不能随时更革之人，说："夫政治纲纪之礼，哀乐死葬之节，有异于古矣。而言礼者必证于古，古不可用，而事各有宜，是以人用其心，而家殊其礼，起而治之，不能纪其得失者，无礼之弊也。"②这就把礼制的不变与变统一到玄学的体系中去。

礼的变与不变，要根据条件，这就是"时"，袁宏说：

> 尧、舜之传贤，夏禹、殷汤授其子，此趣之不同者也。夏后氏赏而不罚，殷人罚而不赏，周人兼而用之，此德刑之不同者。殷人亲尽则婚，周人百世不通，此婚姻之不同也。立子以长，三代之典也。文王废伯邑考而立武王，废立之不同者也。'君亲无将，将而必诛。'周之制也。春秋杀君之贼，一会诸侯，遂得列于天下，此褒贬之不同者。彼数圣者，受之哲王也，然而会通异议，质文不同，其故何耶？所遇之时异。"③

德刑不同、废立不同、褒贬不同，这些不同都是由于"时"的变化的要

---

① 《后汉纪》卷十三，和帝永元三年"袁宏曰"。
② 《后汉纪》卷十三，和帝永元三年"袁宏曰"。
③ 《后汉纪》卷十二，章帝建初八年"袁宏曰"。

求。袁宏的历史观中承认了变化的合理性、必要性。

乐之用也是明显的，其作用的建立在无为、自然的基础之上，袁宏同意稽康《声无哀乐论》的观点："古之王者承天理物，必崇简易之数，仰无为之理。君静于上，臣顺于下，大化潜通，天下交泰。群臣安逸，自求多福，默然化道，怀抱忠义，而不觉其所以然也。和心足于内，则美言发于外。……故无声之乐，民之父母也。"①乐能使上下安逸于自然之中，从而能大化治天下。乐变成无为而治的手段。乐与礼相互为用。

此外，袁宏在才性论等论述中，贯穿了道为本、儒为用的观点。以道为本，儒玄合流。袁宏由此出发，对历史，特别是对两汉的历史做出了解释。从道家的无为观点来看，三代与秦汉以后不同，袁宏说：

> 自三代已前，君臣穆然，唱和无间，故可以观矣。五霸、秦、汉，其道参差，君臣之际，使人瞿然。有志之士，所以苦心斟酌，量时君之所能，迎其悦情，不干其心者，将以集事成功，大庇生民也，虽可以济一时之务，去夫高尚之道，岂不远哉。②

三代和后世的区别，在于三代之治符合无为之道，五霸、秦、汉之世，虽然君臣也有努力治理社会的，也可以取得一时之功，但不合于无为的高尚之道。总体看，袁宏和以前的史家大体是一样的，推崇三代，但是袁氏是以道家的观点解释历史的行程。同样，袁宏评论东汉初年分封一事时，从三代到周、战国、秦、西汉几千年的历史大过程中，论其变化，以为五等分封，保有天下，即使一国不治，天下不会因此而乱，"故时有革代之变，而无土崩之势"。实行郡县制，君臣的尊卑变化无常，祸乱实多。他说："夫安危之势，著于古今，历代之君，莫能创改，而欲天下不乱，其可得乎？呜呼！帝王之道，可不鉴歙？"③袁宏的历史过程论和历史盛衰论都明显地反映出他的玄学观点。他崇尚自然，但又坚持儒家的尊卑不可逾越的观点。

刘秀建立东汉，以谶纬说为依据，封官行事。袁宏对这件事，提出自己的看法，说："若夫谶记不经之言，奇怪妄异之事，非圣人之道。世祖中

---

① 《后汉纪》卷九，明帝永平三年"袁宏曰"。
② 《后汉纪》卷四，建武四年"袁宏曰"。
③ 《后汉纪》卷七，建武十五年"袁宏曰"。

兴，王道草昧，格天之功，实赖台辅。"刘秀的兴起，在袁宏看来，这是天意，但是以谶纬治理天下，就不是圣人之道。以此行事封赏，也就不会得人心，"众心不悦"。① 袁宏一方面以天意、天命说明东汉的建立是合理的，又一方面他不满意以粗鄙的谶纬说来解释历史。可以再举一个例子，桓温在进军到北方时，同袁宏有一段对话，史载：

> （桓温）过淮泗，践北境，与诸僚属登平乘楼，眺瞩中原，慨然曰："遂使神州陆沈，百年丘墟，王夷甫诸人不得不任其责。"

桓温把一代的兴亡责任归结到玄风上面。袁宏直陈自己的看法。说：

> 运有兴废，岂必诸人之过！②

袁宏为玄学人士作了辩护，同时也表达了自己的历史兴衰见解。桓温对此是老大的不快，挖苦了袁宏，但也无可奈何。

袁宏论历史兴衰，以玄学的眼光分析原因，其中包含对历史的批判。他以"无为"的观点，批评后世人主的开边政策，说："古之有天下者，非欲制御之也，贵在安静之。故修己无求于物，治内不务于外。"自唐虞、三代都是执行这样的安边政策，周边和一些少数民族地区，"习其故俗"，"戎服不改"，中原君主"南面称王，君臣泰然，不以区宇为狭也"。所以天下相安，享国长久。秦汉的入主，统治的地域比先前扩大了数倍，但是贪心未已，"乃复西通诸国，东略海外"。其结果是"地广而威刑不制，境远而风化不同，祸乱荐臻，岂不斯失！"③又如袁宏以因循无欲的观点，批评后世盘剥百姓的君主，"末世之主，行其淫志，耻基堂之不广，必壮大以开宫；恨衣裳之不丽，必美盛以修服；崇屋而不厌其高，玄黄而未尽其饰。于是民力殚尽，而天下咸怨，所以弊也。故有道之主，睹先王之规矩，察秦汉之失制，作营建务求厥中，则人心悦固，而国祚长世也"④。在这些地方，道家的无为、自然思想，成了对历世人君压榨行为进行批判的理论依据。

---

① 《后汉纪》卷三，建武元年秋七月"袁宏曰"。
② 《晋书》卷九十八。
③ 《后汉纪》卷十四，和帝永元十三年"袁宏曰"。
④ 《后汉纪》卷九，明帝永平二年"袁宏曰"。

　　袁宏对历史人物的评论，也是依据其名教观。他称赞忠孝节义的人物，但这些与儒家的忠孝节义观又有区别。例如，伏波将军马援在东汉是一位战功卓著的名将，但是临终前，还是遭到光武帝的怀疑、打击，死而不能归旧墓。袁宏评马援，说他是有才，却是"过其才"。说：

　　　善为功者则不然，不遇其主，则弗为也。及其不得已，必量力而后处。力止于一战，则事易而功全；劳足于一邑，则虑少而身安。推斯以往，焉有毁败之祸哉？马援亲遇明主，动应衔辔，然身死之后，怨谤并兴，岂非用过其才，为之不已者乎！①

这里说的"智"，包含道家的顺势而为的思想，它与儒家的"忠"的观念有明显的差异。他对寇恂的评价是："夫世之所患，患时之无才；虽有其才，患主之不知也；主既知之，患任之不尽也。彼三患者，古今所同，而御世之所难也。"②这里发挥的主要是保全性命的思想。对东汉章帝，他的评价很高，说："章帝尊礼父兄，敦厚亲戚，发自中心，非由外入者也。"③他强调发于内心的自然崇礼的品德。这和强调品德是通过后天学习、培养得来的不一样，因而它有别于儒家的思想。《晋书·袁宏传》中保存了他的《三国名臣颂》，是一篇评论历史人物的作品，他执着名教观品评历史人物，但这是玄学的名教观，与原来的儒家的名教观有所不同。

　　袁宏（328—376 年），字彦伯。陈郡阳夏（今河南太康）人，出生在一个士族家庭。其父袁勖，为临汝令。后来家业破落，"少孤贫，以运租自业"。他为桓温专综书记，后官至东阳郡太守。他的著作除《后汉纪》外，还有《竹林名士传》《东征赋》《北征赋》及《三国名臣颂》等。死时年仅 49 岁。袁宏在文学上有盛名，被时人视作一代文宗。

第五节　《后汉书》的论赞和范晔的史学思想

　　一个时代的哲学思想总是从不同的方面影响着史学的发展，当一个时代的各种思潮在激荡中合流的时候，史学思想表现出繁杂的情形。南北朝

---

① 《后汉纪》卷八，光武帝建武二十六年"袁宏曰"。
② 《后汉纪》卷六，光武帝建武九年"袁宏曰"。
③ 《后汉纪》卷十一，光武帝建武七年"袁宏曰"。

时期，玄学和儒学、佛学合流，这在史学思想上也反映出来。一方面，史学家和他们的史学著作反映出玄风、玄理；另一方面，史学家着重以儒学理论解释历史的变化，思考历史的出路。其中有的史家表现出反佛的倾向，却是有保留。这些都是时代思潮赋予史学的特色。

南北朝时期的史学家以范晔和沈约为代表。其中影响较大的是范晔（398—445 年）。范晔的《后汉书》在中国史学史上占有重要的地位。这一部书是"删众家《后汉书》为一家之作"①，从史料上说，成就并不突出。其重要的贡献，他自己有一个评价，他在《狱中与诸甥侄书》中说：

> 既造《后汉》，转得统绪，详观古今著述及评论，殆少可意者。班氏最有高名，既任情无例，不可甲乙辨。后赞于理近无所得，唯志可推耳。博赡不可及之，整理未必愧也。吾杂传论，皆有精意深旨，既有裁味，故约其词句。至于《循吏》以下及《六夷》诸序论，笔势纵放，实天下之奇作。其中合者，往往不减《过秦》篇。尝共比方班氏所作，非但不愧之而已。欲遍作诸志，《前汉》所有者悉令备。虽事不必多，且使见文得尽。又欲因事就卷内发论，以正一代得失，意复未果。赞自是吾文之杰思，殆无一字空设，奇变不穷，同合异体，乃自不知所以称之。此书行，故应有赏音者。纪传例为举其大略耳，诸细意甚多。自古体大而思精，未有此也。恐世人不能尽之，多贵古贱今，所以称情狂言耳。②

概括起来，一是编纂上的"整理"之功。凭借诸家的《后汉书》究竟是哪一些，他自己没有说，根据时间先后，应当是刘珍等的《东观汉记》、谢承的《后汉书》、华峤的《汉后书》、司马彪的《续汉书》、谢沈的《后汉书》、袁山松的《后汉书》、薛莹的《后汉纪》、张莹的《后汉南纪》，以及袁宏的《后汉纪》、张璠的《后汉纪》等。其中华峤的《后汉书》与范氏的史作关系很密切，范晔在自己的《后汉书》中不止一次地引用这本书，虽不能说范晔是抄袭这本书，但关系决非一般。

范晔的"整理"突出地表现在"类传"体例的运用上。除了各种专传以外，其他的各传基本上都是以"类"区分，或以人物的活动，或以人物的品行，

---

① 《宋书》卷六十九《范晔传》。
② 《宋书》卷六十九《范晔传》。

或以人物的风貌分类等。这些可以视作是东汉魏晋的清谈、品评人物在史书写作上的一种升华、提高。子孙附传的形式也出现了,这是当时的庄园经济、门阀制度在史学中的反映,但这一类家传在《后汉书》中并不占主要地位,又是范氏的一种史识。

二是在史文上的贡献。范晔在史文上的成就,主要是史论文字。他说的"笔势纵放,实天下之奇作",还是符合实际的。他称《后汉书》中的"赞"是"吾文之杰思,殆无一字空设,奇变不穷,同合异体,乃自不知所以称之"。如果从纯文学的角度和当时流行的骈体文发展上看,这话也许不无道理,但是从史文的要求上说,有的"赞"是大可删削。不少传末的"论"与"赞",一论,一颂,一议,一抒发,但在思想上并没有多少差别,在内容上也没有增添新的成分。他声明:"耻作文士。"史文之别,范晔是意识到的,但是《后汉书》的"赞",多属"文士"之文。

三是《后汉书》在史学思想上具有十分重要的意义。《后汉书》中的"论",集中在循吏以下及六夷诸序论,这就是循吏、酷吏、宦者、儒林、文苑、独行、方术、逸民、列女,以及东夷、南蛮西南夷、西羌、西域、南匈奴、乌桓鲜卑等传的序论,有文前的序论、文中的论以及各篇结尾的总论。此外有《皇后纪》《党锢列传》各传都有各种论。其他各个列传基本上都有总论,有的有文中论,个别的传有序论。如卷三十九的《刘赵淳于江刘周赵列传》,开篇引《论语》论孝行与"义养"。又如卷三十七的《桓荣丁鸿列传》文中就桓郁至桓典家族中学行两次发论,后又就丁氏事发论。范晔重视史论,并且把《后汉书》的论比作贾谊的《过秦论》,不是没有道理的。

范晔在论赞中评历史人物,论兴衰,显示出一种儒道贯通的特点。他常以"仁"解释历史人物的祸福得失,他说的"仁"和儒家说的"仁"不是一个样子。一是以"心"阐释仁,仁在于心,而不仅仅是在形式上的俭朴。战国时的季孙行父的妾不穿用帛制的衣服,汉朝的公孙弘为武帝的丞相,"身服布被";但人们称道前者,批评后者,认为公孙弘是一种"欺诈"的行径。范晔说:"夫利仁者或借仁以从利,体义者不期体以合义。"《后汉书》的注说:"此言履行仁义,其事虽同,原其本心,真伪各异。"仁要发自心,由此他对东汉的人物宣秉、王良等人物做出评价。① 卓茂为汉代的通儒,性宽厚,乡党故里皆爱慕,光武帝极为推崇。范晔评这个历史人物时,说:"夫厚性宽

---

① 参见《后汉书》卷二十七《宣张二王杜郭吴承郑赵列传》。

中近于仁。"①以厚性宽中作为"仁"的属性，和原始儒家的"仁"有差别。他有一段话是专门说"仁人之道"的，他认为：

> 夫称仁人者，其道弘矣。立言践行，岂徒徇名安己而已哉，将以定去就之概，正天下之风，使生以理全，死与义合也。夫专为义则伤生，专为生则骞义，专为物则害智，专为己则损仁。若义重于生，舍生可也；生重于义，全生可也。

东汉后期，昏君当政，君道丧失，在这样的形势下，"臣节尽而死之，则为杀身以成仁，去之不为求生以害仁也"②。在这里，范晔把杀身而成仁和全生而成仁两者调和起来。这和原始的儒学也不相同。

从上面所说，可以看出范晔评历史人物一个重要标准，是"节义"。节义为"仁人"之"道"的内涵。他批评班氏父子说："然其论议常排死节，否正直，而不叙杀身成仁之为美，则轻仁义，贱守节愈矣。"③在范晔那里，"节"有杀身成仁的"死节"，还有一种所谓的"贞良之节"。这是在世事纷乱中能独立于世的一种品质。卢植在东汉末可说是忠于汉室的儒将，屡遭宦官的打击，却是独立不改。范晔评卢植有一段议论，说：

> 风霜以别草木之性，危乱而见贞良之节，则卢公之心可知矣。……当植抽白刃严阁之下，追帝河津之间，排戈刃，赴戕折，岂先计哉？君子之于忠义，造次必于是，颠沛必于是也。④

此外还有一种是"清节"，就是处于贫贱困穷而能守志，如他写荀悆，说他是"少亦修清节，资财千万，父越卒，悉散与九族。隐居山泽，以求厥志"⑤。还有一种"高节"是不慕权势，逸民一类的人物，如梁鸿，"家贫而尚节介，博览无不通，而不为章句"。权势之家慕其高节，想把女儿嫁给他，但梁鸿"绝不娶"。《后汉书·逸民传》记载逸民类人物，范晔在"赞"中说：

---

① 《后汉书》卷二十五《卓鲁魏刘列传》。
② 《后汉书》卷六十三《李杜列传》。
③ 《后汉书》卷四十下《班彪（班固）列传下》。
④ 《后汉书》卷六十四《吴延史卢赵列传》。
⑤ 《后汉书》卷五十三《周黄徐姜申屠列传》。

"江海冥灭，山林长往。远性风疏，逸情云上。道就虚全，事违尘枉。"①这显然又有玄理在其中。

范晔评历史人物的标准，还有才性、才情以及忠、诚、信等各种观点，仔细地分析一下，这些观点有儒学成分，也有玄学的成分，但没有熔铸成一以贯之的思想，显得有点"杂"，这在学术汇流的初期是在所难免的。

范晔在谈到社会人事和历史兴衰的时候，明显地表现出重人事的一面，但对天命论又有保留。东汉光武帝的即位，范晔列举了一系列符瑞现象、征兆，说："初，道士西门君惠、李守等亦云刘秀当为天子。其王者受命，信有符乎？不然，何以能乘时龙而御天哉！"在《光武帝纪》这一段"论"后，他又在"赞"中说："于赫有命，系隆我汉。"但是在《后汉书》中，范晔着重强调人心的思汉的意义。刘秀在河北一带失利的时候，《后汉书·冯异传》特别写了冯异的一段话，说："天下同苦王氏，思汉久矣。今更始诸将从横暴虐，所至掳掠，百姓失望，无所依戴。"②他建议刘秀要施行恩德，刘秀采纳了这条建议。范晔在有的"论"中说到东汉兴起的原因：一是光武的中兴是在一个有利的背景下进行的。"然敌无秦、项之强，人资附汉之思"。二是刘秀的用兵与实行正确的对内对外政策的结果。刘秀灭隗嚣、公孙述，军势虽威猛，但是刘秀对匈奴没有轻启战事，"闭玉门以谢西域之质，卑词币以礼匈奴之使"③。这些地方，没有神意的说教。在论到顺帝衰落时，范晔的"论"说："古之人君，离幽放而反国祚者有矣，莫不矫鉴前违，审识情伪，无忘在外之忧，故能中兴其业。观夫顺朝之政，殆不然乎？何其效僻之多欤？"④《灵帝纪》《献帝纪》等，一方面从当时的宦官的专权论东汉的衰落，另一方面以"天厌汉德"解说东汉灭亡的缘由。

总之，范晔的历史兴衰论中，有重人事的一面，却保留着天人说教，这两者是范氏史学思想的不可分割的组成部分。

---

① 《后汉书》卷八十三《逸民传》。
② 《后汉书》卷十七《冯岑贾列传》。
③ 《后汉书》卷十八《吴盖陈臧列传》。
④ 《后汉书》卷六《顺帝纪》。

第六节　魏晋南北朝史学的民族、
宗教思想和门阀观念

　　三国魏晋南北朝时期是民族重新组合的时期，民族之间的纷争、交往又密切了民族间的联系。"民族分分合合，使汉族本身得到一定程度的更新，一些少数民族得到经济上和文化上的提高，全国封建化过程有了进一步发展"①。这一时期特点在史学思想上得到反映。正统论与民族思想密切相关。在中国史学史上，到了南北朝，所谓的正统的观念实际上是两层内涵。一是王朝的正闰，二是民族的观念，这二者往往又交织在一起。正统之争的这种情况使得问题更加复杂，但同时在史学思想上，是民族思想的一个发展。南指北为索虏，北谓南为岛夷，这在实际上，是争论谁是中国这块土地上的主人。

　　陈寿的《三国志》对传统的两汉正统的观念是一个突破。《三国志》以曹魏入纪，而把蜀汉、孙吴之主入传，陈寿这一观点，引起后世的很多的争议。《四库全书总目》的作者说：

　　　　其书以魏为正统，至习凿齿作《汉晋春秋》始立异议。自朱子以来，无不是凿齿而非寿。然以理而论，寿之谬万万无辞；以势而论，则凿齿帝汉顺而易，寿欲帝汉逆而难。盖凿齿时，晋已南渡，其事有类乎蜀，为偏安者争正统，此孚于当代之论者也。寿则身为晋武之臣，而晋武承魏之统，伪魏是伪晋矣，其能行于当代哉？此犹宋太祖篡立近于魏，而北汉、南唐迹近于蜀，故北宋诸儒皆有所避而不伪魏；高宗以后，偏安江左近于蜀，而中原魏地全入于金，故南宋诸儒乃纷纷起而帝蜀。此皆当论其世，未可以一格绳也。惟其误沿《史记》周、秦本纪之例，不托始于魏文，而托始曹操，实不及《魏书·叙记》之得体，是则诚可已不已耳。②

《四库全书总目》的作者，说了一个大实话，所谓史学上的正统，并不是有什么根据，只是一个朝代的统治者的需要。这正是史学的另一面。其实习

---

　　① 白寿彝主编：《中国通史》，第 1 卷，第 14 页。
　　② 《四库全书总目》卷四十五。

凿齿反对帝曹魏的真正用心，是反对桓温夺晋室之权，这就是《晋书》说的：

> 是时温觊觎非望，凿齿在郡，著《汉晋春秋》以裁正之。起汉光武，终于晋愍帝。于三国之时，蜀以宗室为正，魏武虽受汉禅晋，尚为篡逆，至文帝平蜀，乃为汉亡而晋始兴焉。引世祖讳炎兴而为禅受，明天心不可以势力强也。凡五十四卷，后以脚疾，遂废于里巷。①

尽管封建社会的史家强调如实记载史事，然而他们为了某种政治的需要，就要确定一定史法，说明这种统治的合理性。这仅仅是在写史时，为确定中原的政权的统系产生的各种争论。魏晋南北朝时，中国处于一个大动荡、区划不断改组的时代，周边的少数民族建立各种政权，或入主中原。江左的汉族的政权也在不断更替，这里又有一个政权的合法性问题的争论。

沈约的《宋书·符瑞志》，编出历代帝王的受命于天的历史，从太昊帝伏羲氏开始，一直到两汉的历代的政权出现，都是天命所授。曹魏是"以土德承汉之火"，刘备、孙权一方的政权能出现，也是天的意志。两晋、刘宋的统治也都是早有成为人间帝王的征兆。可以说，《宋书·符瑞志》是一部王权神授的大杂烩的汇编。班彪的《王命论》是这篇志重点收录的内容。《宋书·五行志》具体列出天人感应的事例；《宋书·天文志》重点是记录天人感应现象。

《魏书》也是以符瑞、灾异说明北魏政权为天命所归，这是《魏书·天象志》撰写的中心思想之一。作为写鲜卑族拓跋氏政权的史书，一个重要的任务是说明这个政权的出现的必然。魏收在《魏书》的第一卷《序纪》开篇说明鲜卑族是黄帝的后裔，他说：

> 昔黄帝有子二十五人，或内列诸华，或外分荒服，昌意少子，受封北土，国有大鲜卑山，因以为号。其后，世为君长，统幽都之北，广漠之野，畜牧迁徙，射猎为业，淳朴为俗，简易为化，不为文字，刻木纪契而已，世事远近，人相传授，如史官之纪录焉。

鲜卑是黄帝的儿子昌意的后代，以后史书没有记录，是因为远在北方，不交南夏，所以"载籍无闻焉"。北魏的兴起，固是天意，又是人事的作用。

---

① 《晋书》卷八十二。

魏收在这篇《序纪》后的"论"中说："帝王之兴也，必有积德累功博利，道协幽显，方契神祇之心。有魏奄迹幽方，世居君长，淳化育民，与时无竞，神元生自天女，桓、穆勤于晋室，灵心人事，夫岂徒然。"对于北魏统一北方的事业作了肯定的评价，他说拓跋焘"聪明雄断，威灵杰立，藉二世之资，奋征伐之气，遂戎轩四出，周旋险夷。扫统万，平秦陇，翦辽海，荡河源，南夷荷担，北蠕削迹，廓定四表，混一戎华，其为功也大矣。遂使有魏之业，光迈百王，岂非神睿经纶，事当命世"。① 在魏收看来，只有北魏才是正统，他说：

> 夫帝皇者，配德两仪，家有四海，所谓天无二日，土无二王者也。三代以往，守在海外，秦吞列国，汉并天下。逮桓灵失政，九州瓦裂，曹武削平寇难，魏文奄有中原，于是伪孙假命于江吴，僭刘盗名于岷蜀。

他在这里宣布刘备、孙权的政权都是不合法的，理由是蜀、吴"偷名窃位，胁息于一隅。……天人弗许，断可知焉"。两晋是"时逢丧乱，异类群飞"，不能称得是一代的帝王。② 他在另一处说："司马睿之窜江表，窃魁帅之名，无君长之实，……其孙皓之不若矣。"③对儒家的正统思想作了一个彻底否定，但他走向了极端。

对于魏的兴衰，魏收始终把北魏吸收中原的文化作为社会繁荣的重要因素。在反对一些少数民族蹂躏中原文化的同时，魏收重视魏境内的其他民族如奚等的文化。对南方一些少数民族的文化，他作了肯定的评价，说"圣人因时设教，所以达其志而通其俗也"④。

《魏书》的十志从统一规模变动来论说疆域、文化、制度的变迁，以务实的态度，看待各个民族的文化。魏收在《魏书·前上十志启》中说：

> 昔子长命世伟才，孟坚冠时特秀，……臣等肃奉明诏，刊著魏籍，编纪次传，备闻天旨。窃谓志之为用，网罗遗逸，载纪不可，附传非

---

① 《魏书》卷四下《世祖纪下》。
② 《魏书》卷九十五"传序"。
③ 《魏书》卷九十六"史臣曰"。
④ 《魏书》卷一百〇一"史臣曰"。

宜。理切必在甄明，事重尤应标著，搜猎上下，总括代终，置之众篇之后，一统天人之迹。

总之，《魏书》是第一部以少数民族为主体的正史，这部史书中的民族思想很多内容是对司马迁的民族思想的一个发展。魏收在承认各族都是黄帝子孙的前提下，争正统，固然体现出中华民族各族之间的向心力、凝聚力。但相比之下，他缺少司马迁民族思想的开阔胸襟，仍然跳不出正统之争的圈子。总体说来，在民族大组合的时期，魏收史学反映出当时的各种民族思想，其积极因素是主要的。

除汉族地区外，其他的各个民族地区的史书也相当多，重要的有崔鸿的《十六国春秋》一百卷等。此外，据《隋书》的《经籍志》，仅所谓的霸史类，收录的就有：《赵书》《二石传》《二石伪治时事》《燕书》《南燕录》《南燕书》《南燕书》《燕志》《秦书》《秦记》及《秦记》，《凉记》《凉书》有五种，另有《西河记》及《拓跋凉录》《敦煌实录》《纂录》《战国春秋》《汉赵记》《吐谷浑记》等。其中《敦煌实录》十卷、《凉书》十卷，《隋志》注明均为刘景撰。刘景当系刘昞，据《魏书》载，刘氏是一位重要的民族地区的史家，他写《凉书》十卷，作《敦煌实录》二十卷，另又改作三史为《略记》。另有阚骃写《十三州志》，宗钦在河西撰《蒙逊记》十卷，这本书可能写得不好，所以魏收说它"无足可称"。周道方修《起居注》，阴仲达与段承根为"凉土才华，同修国史"。① 所以说，这一时期的民族地区的史学比较发达，也有一批较好的著作。从思想上说，多数作品是突破传统的正统观念，在一定程度上，它反映了各个民族对中国历史的创造。

三教并存的宗教观点反映了当时宗教文化上的特色。魏晋南北朝时期，佛教、道教在相互斗争、相互吸收中向前发展。梁武帝崇佛，北魏太武帝和周武帝的灭佛，演出一幕幕斗争的活剧。《魏书·释老志》是专门论列佛教的篇章。《宋书·夷蛮传》为诸多僧人立传，论及佛教在中国传播的事实，沈约说："佛道自后汉明帝，法始东流。自此以来，其教稍广，自帝王至于民庶，莫不归心。经诰充积，训义深远，别为一家之学焉。"② 一代思潮对沈约不能不产生影响，但在解释历史变化的时候，沈约基本上是采用儒家的天命论。

---

① 上引俱见《魏书》卷五十二《刘昞传》。
② 《宋书》卷九十七。

袁宏对佛教相当推崇，他说：

> 佛者，汉言觉，将（以觉）悟群生也。其教以修善慈心为主，不杀生，专务清净。其精者号为沙门。沙门者，汉言息心，盖息意去欲而归于无为也。①

袁宏在这里表现出企图把佛教纳入无为的玄学框架中去的意图。他又说：佛是"变化无方，无所不入，故能化通万物，而大济群生"。称赞佛经"有经数千万（言），以虚无为宗，苞罗精粗，无所不统，善为宏阔胜大之言"。②但是袁宏没有也不可能融化佛理于玄学之中，所以他评论历史还是玄学的名教观点。这些都可以说明三教并存的观点在史学上的表现。在各种思潮涌入的最初的时期，这是避免不了的，表现出一种学术上的博杂景观。

萧子显明确表示他是信佛的。《南齐书》记载顾欢与袁粲进行关于佛道孰优孰劣的一场辩论③，顾欢著《夷夏论》，他"虽同二法，而意党道教"。袁粲则托为道人通公，反辩这种说法。萧子显在这篇《高逸传》后面有一篇长论，他纵论佛、道、儒、阴阳、法、墨、农各家的思想、观点，认为佛理为长，以佛道两家而论，"详寻两教，理归一极"。这样说，不是没有分别，他反对顾欢"优老而劣释"，说：

> 佛法者，理寂乎万古，迹兆乎中世，渊源浩博，无始无边，宇宙之所不知，数量之所不尽，盛乎哉！真大士之立言也。……道本虚无，非由学至，绝圣弃智，已成有为。有为之无，终非道本。若使本末同无，曾何等级。佛则不然，具缚为种，转暗成明，梯愚入圣。……史臣服膺释氏，深信冥缘，谓斯道之莫贵也。

在史书中直接宣布自己这个史臣是佛学的忠实的信徒，可以说是极为罕见。即使如此，他不只是看到佛、道的精义处，在解释南齐兴起的历史，还是以天人感应学说作为说明兴亡的基本理论，交代"皇齐所以集大命"的原

---

① 《后汉纪》卷十，明帝永平十三年十二月。
② 《后汉纪》卷十，明帝永平十三年十二月。
③ 参见《南齐书》卷五十四。

因①。他在解说帝王子孙之所以不能成为扶危的人主的缘由时，又是另一副模样，他说：

> 民之劳逸，随所遭遇，习以成性，有识斯同。帝王子弟，生长尊贵，薪禽之道未知，富厚之图已极。龆年稚齿，养器深宫，习趋拜之仪，受文句之学……处地虽重，行已莫由，威不在身，恩未接下，仓卒一朝，艰难总集，望其释位扶危，不可得矣②。

这样的史论，可以说没有神学的气味。萧子显的史学思想上的"杂"，表现出佛学对史学的侵蚀相当厉害，但是史学到底没有成为佛学的附属物。

范晔反对灾异、迷信，揭露佛教宣传教义的荒谬，但是他也有汇通释、道的倾向，他一面说，佛教"何诬异之甚"，但另一面他指出：

> 且好仁恶杀，蠲敝崇善，所以贤达君子多爱其法焉。然好大不经，奇谲无已，虽邹衍谈天之辩，庄周蜗角之论，尚未足以概其万一，又精灵起灭，因报相寻，若晓而昧者，故通人多惑焉。盖导俗无方，适物异会，取诸同归，措夫疑说，则大道通矣。③

在范晔看来，佛教还是有可取之处。儒、释、道的相互为用的道理在当时已经为一些人所理会。北魏宣武帝"专心释典，不事坟籍"时，裴延隽上疏说："然五经治世之模，六籍轨俗之本，盖以训物有渐，应时匪妙，必须先粗后精，乘近即远。"他建议："伏愿经书玄览，孔、释兼存，则内外俱周，真俗斯畅。"④孔、释兼存的重要，南朝的萧摹之有一段话，说："佛化被于中国，已历四代，形象塔寺，所在千数，进可以系心，退足以招劝。"⑤就是说，儒佛兼存，对维系一代的统治是有利的。儒士习佛典的、僧人读儒家经籍的大有人在。天师道的寇谦之很佩服崔浩在论古今治乱之迹上的见解。他对崔氏说：

---

① 参见《南齐书》卷二《高帝下》"史臣曰"。
② 《南齐书》卷四十《武十七王传》"史臣曰"。
③ 《后汉书》卷八十八《西域传》。
④ 《魏书》卷六十九《裴延隽传》。
⑤ 《宋书》卷九十七《蛮夷传》。

　　　　吾行道隐居，不营世务，忽受神中之诀，当兼修儒教，辅助泰平
　　真君，继千载之绝统。而学不稽古，临事暗昧。卿为吾撰列王者治典，
　　并论其大要。①

崔浩于是写出二十余篇，"上推太初，下尽秦汉变弊之迹，大旨先以复五等
为本"。这可以说是儒道相互利用的一个典型。北魏的统治者中有的"好黄
老，颇览佛经"，"亦好黄老，又崇佛法"，也有的人如梁武帝甚而出家为
僧。但也有的开展灭佛的斗争，一代史书反映出这样的社会风气和思潮。
三教的相互作用变化，促成以后诸如唐宋的思想史新的走向，也对中国史
学思想产生了重要的影响。《释老志》写出了佛、释、道兴衰变化，魏收阐
明了中国政治与宗教的矛盾和斗争，写出了宗教对中国社会的发展产生的
各种影响，揭露了宗教的虚伪和黑暗面。魏收的写作也是较为平实和客
观的。

　　然而，一个明显的事实是，无论北方还是南方，宗教包括佛教、道教
在一个时期极盛，但从总体上看，宗教始终不能在长时期内成为国教，不
能在政治生活中长期起着主导的作用。中国的史学中的支配思想仍是天人
感应的灾异论和重人事的思想。中国的历史学也没有如同西欧那样，成为
神学的婢女。唐初的史家论史中已经是另一种情形，令狐德棻在《周书》
中说：

　　　　自书契之兴，先哲可得而纪者，莫不备乎经传。……汉无尺土之
　　业，崇经术而长久。雕虫是贵，魏道所以凌夷；玄风既兴，晋纲于焉
　　大坏。考九流之殿最，校四代之兴衰，正君臣，明贵贱，美教化，移
　　风俗，莫尚于儒。故皇王以之致刑措而反淳朴，贤达以之镂金石而雕
　　竹素，儒之时义大矣哉。②

玄学、佛学到了唐朝走向另一个阶段，中国的史学经历一阵动荡，开始了
系统的反思。儒、佛、道的学说，还没有进入到融合的时期，史学思想也
没有可能更新。史学基本上只能在原有的框架中作一些调整。

　　魏晋南北朝时期，门阀地主在地主阶级中占支配地位，反映在史学上，

――――――――――――

　　① 《魏书》卷三十五《崔浩传》。
　　② 《周书》卷四十五《儒林传》。

是谱牒学的兴起、发达。如贾弼的《姓氏谱状》、王俭的《百姓集谱》，这些是谱学方面的代表作品，贾弼的子孙接继了这一事业。唐朝的路敬淳为谱学之宗，其次有柳冲、韦述、萧颖士及孔至，"然皆本之路氏"。唐太宗命人修《氏族志》甄别士庶，以反映发生的变化。中宗时史官柳冲上表请改修，他与当时一些大史官，包括刘知幾等，经历了不少曲折，修成《姓系录》200卷。玄宗开元二年又对《姓系录》作了刊定。柳芳论说氏族之书，"古史官所记"，有着长久的历史，分析魏晋南北朝以后谱学发达的原因，说："魏氏立九品，置中正，尊世胄，卑寒士，权归右姓已。其州大中正、主簿，郡中正、功曹，皆取著姓士族为之，以定门胄，品藻人物。晋、宋因之，始尚姓已。然其别贵贱，分士庶，不可易也。于时有司选举，必稽谱籍，而考其真伪。故官有世胄，谱有世官，贾氏、王氏谱学出焉。"①《隋书·经籍志》在"史部"的谱系篇中著录的作品，连同亡佚的在内，共有53部，合1280卷。谱学作为史学的一个分支，它的发展和变化，反映出社会的变化。

纪传体史书中的家传和子孙附传，几乎成为列传中的主要的形式。清人赵翼批评这一情形，说：

> 若一人立传，而其子孙、兄弟、宗族，不论有官无官，有事无事，一概附入，竟似代人作家谱，则自魏收始。……《魏书》一传数十人，尚只是元魏一朝之人，南、北《史》则并其子孙之仕于列朝者，俱附此一人之后。遂使一传之中，南朝则有仕于宋者，又有仕于齐、梁及陈者；北朝则有仕于魏者，又有仕于齐、周、隋者。每阅一传，即当检阅数朝之事，转觉眉目不清。且史虽分南北，而南北又分各朝，今既以子孙附祖父，则魏史内又有齐、周、隋之人，成何魏史乎？宋史内又有齐、梁、陈之人，成何宋史乎？……其后宋子京修《唐书》，反奉以为成例而踵行之，其意以为简括，而不知究非史法也。②

赵翼看到史学的变化，但是史法也是一定社会观念的反映。社会变化和思潮的变化，都必然反映到史学上来。谱牒之学其源出自《世本》，但是随着时代的变迁，谱学的作用和意义也在发生变化，这是我们所应当注意的。

---

① 《新唐书》卷一百九十九《儒学中》。
② 《廿二史劄记》卷十《南北史子孙附传之例》。

第三编　中世纪史学思想的
进一步发展和哲理化
趋向

第八章　史学的总结和历史的总结

第一节　史学总结的走向

史学的发展体现在哪几个方面，有不同的说法。一、史学发展，从形式上看，是史书的数量增多和史学作品种类的增加。二、从深层次上思考，应当是在对前人史学进行总结的基础上，对史学的认识进了一步。三、对历史的认识得到了深化，并且在自己的史著中反映了这种认识。四、史学对社会的作用得到了加强。如果以几条标准考察魏晋南北朝隋唐的史学，可以说，这个时期的史学是在一个横广的方向上发展。这个时期没有产生如两汉时期的马、班那样的史家和《史记》《汉书》那样的史著，也不能和后世两宋时期精彩纷呈的史学发展的局面相比。但这个时期的史学确实有了相当大的进展，并为以后的史学发展准备了条件。

在史学思想史上，这个时期的史学总结和历史总结的意识相当突出。史学总结的发展要有两个前提，一是史书的编写工作有了一定的进展，二是史学总结已经有了一定的基础。魏晋南北朝隋唐时期史学作品，无论是数量上还是种类上，都有了较大的发展。据《隋书·经籍志》记载，史部13类，总计是817部，13264卷。连同佚书是874部，16558卷。其中，《史记》《汉书》等纪传体史书及相关的作品，67部，3083卷。连同佚书是80部，4030卷。编年类的史书及相关的作品，34部，666卷。但是，除去《史记》《汉书》等，魏晋以后精品不多，如《隋志》所说："自史官废绝久矣，汉氏颇循其旧，班、马因之。魏晋以来，其道逾替，南、董之位，以禄贵游，政、骏（刘向、歆）之司，罕因才授。……一代之记，至数十家，传说不同，闻见舛驳，理失中庸，辞乖体要。"[1]史书的这种状况，表明了史学为自身发展

---

[1] 《隋书》卷三十三《经籍二》。

进行大规模的总结既有可能，又十分必要。

从魏晋到隋，频繁的战乱，大量的书籍被毁、散佚，隋唐都有求书的活动。唐末、五代时的书籍散失严重，又遭到一次劫运。即便如此，唐代的史书的数量明文记载的，还是增加了一些。《旧唐书·经籍志》载史部书是 13 类，844 部，17946 卷。当然，实际的数字应该不止这些。

史学家重视史学的总结，是中国史学上的一个好传统。可以说，中国史学史上的优秀史学家，都精通史学发展的历史，深知前代史学发展的利和弊。司马迁父子、班氏父子，范晔、陈寿及袁宏、魏收、沈约等，都是这样的大家。这层道理不难理解，一个史学家如果对前人的史学工作都缺乏认识，对前人的史学工作的得与失、经验与教训都不知道，那怎么能在继承前人的基础上，把史学工作推向前进。司马迁对先秦及秦汉之际史学的评论，班彪、班固父子对司马迁《史记》的评论，范晔对马、班的评介等，我们在前面都已说到。魏晋南北朝史家对历代史学的评议和总结体现出这个传统的精神。

其一，继往开来的立意。中国史学家重视总结前人的史学工作，提出自己的编写史书的构想。北魏的高祐和李彪上书请修魏史，说：

> 然则《尚书》者记言之体，《春秋》者录事之辞。寻览前志，斯皆言动之实录也。夏殷以前，其文弗具。自周以降，典章备举。史官之体，文质不同，立书之旨，随时有异。
>
> 至若左氏，属词比事，两致并书，可谓存史意，而非全史体。逮司马迁、班固，皆博识大才，论叙今古，曲有条章，虽周达未兼，斯实前史之可言者也。至于后汉、魏、晋咸以放焉。唯圣朝创制上古，开基《长发》，自始均以后，至于成帝，其间世数久远，是以史弗能传。……宜依迁、固大体，令事类相从，纪、传区别，表、志殊贯，如此修缀，事可备尽。①

前史的发展与变化被叙述得清清楚楚，对前史的评价也是中肯的。魏收修《魏书》的十志，对历代史表、史志作了系统的比较，说：

> 昔子长命世伟才，孟坚冠时特秀，宪章前哲，裁勒坟史，纪、传

---

① 《魏书》卷五十七《高祐传》。

之间，申以书、志，绪言余迹，可得而闻。叔峻删缉后刘，绍统削撰季汉，十志实范迁、固，表盖阙焉。曹氏一代之籍，了无具体，典午终世之笔，罕云周洽。①

但是他又不是主张一味仿前人的表志之体，说："时移世易，理不刻船，登阁含毫，论叙殊致。《河沟》往时之切，《释老》当今之重，《艺文》前志可寻，《官氏》魏代之急，去彼取此，敢率愚心。"《魏书》立《序纪》《官氏志》《释老志》等，这些体例上的创造，也是史臣在总结前代史学得失的基础上提出来的。

可以说，封建时代的史臣大多对前代的史学，有比较清晰的了解，他们的总结立意是想有所创新；但是他们在总结中，是继承多于创新，墨守有余，而开拓不足。加之他们的历史观点上的贫乏，所以很难有更多的突破。

其二，史学批评的意识。史学家的总结与史学的批评联结在一起。《晋书》的史臣有一段史论，论述当代史书的优劣，说：

> 古之王者咸建史官，昭法立训，莫近于此。若夫原始要终，纪情括性，其言微而显，其义皎而明，然后可以茵蔼缇油，作程迿世者也。
> 丘明既没，班、马迭兴，奋鸿笔于西京，骋直词于东观。自斯已降，分明竞爽，可以继明先典者，陈寿得之乎。江汉英灵，信有之矣。允源将率之子，笃志典坟；绍统戚藩之胤，研机载籍，咸能综辑遗文，垂诸不朽，岂必克传门业，方擅箕裘者哉！处叔区区，励精著述，混淆芜舛，良不足观。叔宁寡闻，穿窬土氏，虽勒成一家，未足多尚。令升、安国有良史之才，而所著之书，惜非正典。悠悠晋室，斯文将坠。邓粲、谢沈祖述前史，葺宇重轩之下，施床连榻之上，奇词异义，罕见称焉。习氏、徐公，俱云笔削，彰善瘅恶，以为惩劝。夫蹈忠履正，贞士之心；背义图荣，君子不取。而彦威迹沦寇壤，逡巡于伪国。野民运遭革命，流连于旧朝，行不违言，广得之矣。②

这一段文字，简要回顾左、马以来史学的发展历史，最推崇陈寿，以为陈

---

① 《魏书》卷一百〇五《前上十志启》。
② 《晋书》卷八十二"史臣曰"。

寿是能继明先典的史学家。对东汉后的一些史家作了详尽的评论。同卷中，介绍了各个史家的史学作品：虞溥（允源）有《江表传》。司马彪（绍统）作《九州春秋》《续汉书》，又根据《汲冢纪年》，条陈谯周的《古史考》有百二十二事为不当。虞预（叔宁）作《晋书》，据载是借王隐（处叔）的著述"窃写之"。孙盛（安国）著《魏氏春秋》《晋阳秋》，其中的《晋阳秋》是"词直而理正，咸称良史焉"。干宝（令升）著《晋纪》，"其书简略，直而能婉，咸称良史"。邓粲有《元明纪》，谢沈著《后汉书》百卷、《汉书外传》等。习凿齿（彦威）著《汉晋春秋》，主张以蜀汉为史之正统，反对桓温的威逼晋室，"明天心不可以势力强也"。徐广（野民）作《晋纪》，为世所重。一代史家如许之多，虽没有什么传世之作，但是唐朝的史臣对这些史家，还是做出了大体贴切的批评。

在这些史学批评中，我们看出，史学著作能不能记载真实的史事，从而为人君提供有意义的历史经验教训；史学能不能宣传一代的政权的合理性，并且能起到褒善贬恶的道德垂训鉴戒的作用。这两条既是所谓"词直而理正"，是一代统治者开馆修史最关心的事，也是史学家评价、批评前代史著的最重要的标准。当然不是说，具备这两点的史著，就可以成为一本优秀的史学作品。评价史书优劣还有其他的标准。史书能不能反映出史家的精审见解，从而具有一家之言的精神，是区分史书优劣另一个十分重要的标准。此外，史书的文字表述，以至史家的个人的修养、品德也都成为后世评价史书的尺度。这里的史学的批评标准既有史学客体，也有史学主体方面的要求。史学批评由此而发展起来。但是如前所说，儒家的纲常名分、天人感应的理论框架又阻碍史学批评的发展。许多史学的批评往往是雷同的教条，这反过来又对史学的发展产生了不利的影响。

可以说，每位大史家写史时，对史学发展的历史、对当代的史著的情形的了解，都是成竹在胸。各类史书的《自序》《序传》、文学评论及《上书表》之类文字，可以说明这一点。一个史家的史学成就如何，在特定程度上，和他们对史学发展的状况的认识、和他们对史学历史的反思所能达到的理论的高度有关系。

魏晋南北朝、隋唐的史学总结，逐渐从对个别史家、史著的评论，向着对一类史学作品进行批评的方向发展，一些民族地区的史学批评同样体现出这样的趋向。崔鸿著《十六国春秋》也是由于不满意这些地区的史书情况而起意的。据载：

鸿弱冠便有著述之志，见晋、魏前史皆成一家，无所措意。以刘渊、石勒、慕容俊、苻健、慕容垂、姚苌、慕容德、赫连屈孑、张轨、李雄、吕光、伏乞国仁、秃发乌孤、李暠、沮渠蒙逊、冯跋等，并因世故，跨僭一方，各有国书，未有统一，鸿乃撰为《十六国春秋》，勒成百卷，因其旧记，时有增损褒贬焉。①

后来他在表中陈说自己著述的艰辛：自景明后，便开始收集诸国旧史，加以考订，"三豕五门之类，一事异年之流，皆稽以长历，考诸旧志，删正差谬，定为实录"；除了家贫纸尽，资费不足外，为搜常璩所撰李雄父子据蜀时书，又耗费大量时日。他称这百二卷之作，是"近代之事，最为悉备"。崔氏把史学批评和新史书的撰写结合起来。

其三，史学的社会价值的再认识。通过史学的总结，一些史家对史学的意义作了新的阐发。北魏高允在统治者的淫威面前，陈述对史学的看法，说："夫史籍者，帝王之实录，将来之炯戒，今之所以观往，后之所以知今。是以言行举动，莫不备载。故人君慎焉。"②这称不上是新见解，但在统治者屠刀前直说史学的意义，也是一种南董精神。北周的柳虬反对史官密书，以为这样起不到惩戒人主的作用，"史官密书善恶，未足惩劝"，他说：

> 古者人君立史官，非但记事而已，盖所以为监诫也。动则左史书之，言则右史书之，彰善瘅恶，以树风声。故南史抗节，表崔杼之罪；董狐书法，明赵盾之愆。是知直笔于朝，其来久矣。而汉魏已还，密为记注，徒闻后世，无益当时，非所谓将顺其美，匡救其恶者也。且著述之人密书其事，纵能直笔，人莫知之。何止物生横议，亦自异端互起。故班固致受金之名，陈寿有求米之论。著汉魏者，非一氏；造晋史者，至数家。后代纷纭，莫知准的。③

这对史学直笔的意义，有了进一层的阐释。过去采用"密书"的办法，史臣以为它可以作为一种劝诫君主的一种手段。而柳虬则以为这种密书，在实际上是达不到目的，"徒闻后世，无益当时"。"密为记注"的另一个弊端是真正行直笔的人，别人并不知道；而且后世一旦对史事有争议或褒贬不一

---

① 《魏书》卷六十七《崔鸿传》。
② 《魏书》卷四十八《高允传》。
③ 《周书》卷三十八《柳虬传》。

致时，后人也难以裁断，从而引起无数的文字纠纷。柳虬的看法说出一个事实，在封建社会里，靠史官以"密为记注"的办法行监戒，多是一句空话，如同掩耳盗铃，所以"直笔于朝，其来久矣"，却达不到预期的效果。这表明史家对史学的社会作用有了更多的思考。他主张史官记事，应当在当时就公之于朝，然后宣付史馆，"庶令是非明著，得失无隐。使闻善者日修，有过者知惧"①。但这同样是一种天真，一种理想，无法行得通的，北魏的崔浩，就是一个例子。当他的直笔揭露到当朝的人主时，就遭到杀身灭族之祸。即使唐太宗这样开明的君主，一旦触到痛处，也会表现反常，魏徵为此尝到过苦头。所谓的"直笔"是有限度的，只有它能为当朝的统治者提供历史经验教训时，才会为统治者所提倡。

史学的总结在魏晋南北朝隋唐时期，向一个新的方向即向着更为开阔的方向发展。这是史学思想发展的一个标志。刘勰的《文心雕龙·史传》《隋书·经籍志》和刘知幾的《史通》是这一时期史学总结的代表作，是史学总结思潮发展的标志。

第二节 《文心雕龙·史传》《隋书·经籍志》和《史通》对史学的总结

我们应当以通变的眼光去认识《文心雕龙》这本书，它是一部文论，也是一部史论著作。前人说，"论文则《文心雕龙》，评史则《史通》"，这话不是很确切。刘勰论文兼及史，融史论于文论之中。其一，史中有文，刘氏论及"论说""诏策""章表""奏启""议对""书记"，即使是"诠赋""颂赞"等，是文，但何尝不是史？是史中之文。其二，在刘氏看来，文需宗经、仰圣，史同样是要宗经、崇圣。文史一源，文笔分途，那是后代的事。刘勰说："今之常言，有文有笔，以为无韵者笔也，有韵者文也。夫文以足言，理兼诗书，别目两名，自近代耳。"②古代未尝有文、史之分。"仲舒专儒，子长纯史，而丽缛成文，亦诗人之告哀焉"。南北朝时的孙盛、干宝、袁宏等也都是文笔高手。③ 文需有识、有气，而史之识即为其一。"若夫镕铸经典之

---

① 《周书》卷三十八《柳虬传》。
② 《文心雕龙》卷九《总术第四十四》。
③ 参见《文心雕龙》卷十《才略第四十七》。

范，翔集子史之术，洞晓情变，曲昭文体，然后能莩甲新意，雕画奇辞"①。因而强分文论、史评并不可取，只可说各有所侧重。

《文心雕龙·史传》，是集中论述史学的篇章，另外其他各篇中，也都有史书评论的内容。

刘勰，字彦和，生活在 5 世纪的后半期至 6 世纪的前半期。《梁书·刘勰传》说，他的父亲刘尚是越骑校尉，"勰早孤，笃志好学，家贫不婚娶，依沙门僧祐，与之居处，积十余年，遂博通经论"。刘勰长于为文、长于佛理，所作的《文心雕龙》未为时人所重，沈约命取读，"大重之，谓为深得文理，常陈诸几案"。这已经是南北朝的后期，玄学经过一段时间的发展，已是强弩之末，佛学在南北传播，但是要吸收融化进各种学理中去还要一个过程。但是，刘勰的文论和史评中还是能看出时代的印痕。

"宗经仰圣"是刘勰论文的一个基本理论，也是他评史书的一个根本观点。"论文必征于圣，窥圣必宗于经"②。所谓"经"，他解释说："经也者，恒久之至道，不刊之鸿教也。"③"经"是远古圣人之作，经孔子的删定，"而大宝咸耀"。文能宗经才能体有六义：一则情深而不诡；二则风清而不杂；三则事信而不诞；四则义贞而不回；五则体约而不芜；六则文丽而不淫。刘氏认为，论文当以道为准，经为道之体现。宗经的要求，是把为文提高到"道"的高度上。史书立意，也应当是"立义选言，宜依经以树则；劝诫与夺，必附圣以居宗"④。

刘勰以宗经的观点在《史传》篇中评品各代的史书。在经书中，《尚书》是"言经"，《春秋》是"事经"。"丘明同时，实得微言，乃原始要终，创为传体。传者，转也，转受经旨，以授于后，实圣文之羽翮，记籍之冠冕也"。后来的刘知幾的史学评论可以看成是刘勰的延长与发展。对于两汉的史书，如《史记》《汉书》，刘勰借前人的评论表明他的看法：《史记》是"尔其实录无隐之旨，博雅弘辩之才，爱奇反经之尤，条例踬落之失"；《汉书》其优点是"宗经矩圣""端绪丰赡"，"十志该富，赞序弘丽，儒雅彬彬，信有遗味"。

刘勰认为，从司马迁、班固到张衡，在史书中所立的纪，都违背了"宗经"的原则，他说：

---

① 《文心雕龙》卷六《风骨第二十八》。
② 《文心雕龙》卷一《征圣第二》。
③ 《文心雕龙》卷一《宗经第三》。
④ 《文心雕龙》卷四《史传第十六》。

> 史班立纪，并违经实，何则？庖羲以来，未闻女帝者也。……吕
> 氏危汉，岂唯政事难假，亦名号宜慎矣。张衡司史，而惑同迁、固，
> 元、平二后，欲为立纪，谬亦甚矣。

两汉以后，刘勰称道的史书很少，东汉的史书中，"司马彪之详实，华峤之准当，则其冠也"。三国史中"唯陈寿《三志》，文质辨洽"。晋代史书中，"干宝述纪，以审正得序；孙盛《阳秋》，以约举为能"。

总之，刘勰评史，权衡史书的得失的最重要的准则，是以"宗经"为尺度。马、班之失，失在偏离宗经的宗旨。

刘勰的直笔论有两个方面。第一个方面，指出造成史书失实的原因。首先是因为爱奇述远。刘氏说："盖文疑则阙，贵信史也。然俗皆爱奇，莫顾实理。传闻而欲伟其事，录远而欲详其迹，于是弃同即异，穿凿傍说，旧史所无，我书则传，此讹滥之本源，而述远之巨蠹也。"其次是因为史书记载被权势利害所左右。"至于记篇同时，时同多诡，虽定、哀微辞，而世情利害。勋荣之家，虽庸夫而尽饰，……寒暑笔端，此又同时之枉，可为叹息者也"。仔细地分析一下，这两点指出的曲笔的缘由，有客观上材料的不足与权势的逼迫，也有主观认识上与品德上的问题。

刘勰直笔论的第二个方面是"尊贤隐讳"论，他把这一条作为史家修史的原则定了下来。刘勰说：

> 若乃尊贤隐讳，固尼父之圣旨，盖纤瑕不能玷瑾瑜也；奸慝惩戒，
> 实良史之直笔，农夫见莠，其必锄也；若斯之科，亦万代一准焉。至
> 于寻繁领杂之术，务信弃奇之要，明白头讫之序，品酌事例之条，晓
> 其大纲，则众理可贯。……若任情失正，文其殆哉。

这显然是一个矛盾。一方面要直笔，做到书法不隐；另一方面又提倡为圣人贤者讳，圣贤者有缺点也要为之隐。但这表明所谓的直笔，总是有一定的界限。直笔和为圣贤"讳"，统一在"宗经"这个前提之下，封建史学的这种特性表现得很明朗。我们在刘知幾那里也可以看得到的。

论史书的体裁与体例。总体说来，刘勰重编年体史书，也重纪传体史书。他称丘明的传体，是"实圣文之羽翮，记籍之冠冕"，他认为编年体的《左传》和纪传体的《史记》各有所长，纪传体中的传与之相比，则是一种发

展，他说："观夫左氏缀事，附经间出，于文为约，而氏族难明，及史迁各传，人始区详而易览，述者宗焉。"司马迁《史记》创五体，刘勰有一段评论，说司马迁创纪传体的五种体例，"取式《吕览》，通号曰'纪'，纪纲之号，亦宏称也。故本纪以述皇王，列传以总侯伯，八书以铺政体，十表以谱年爵，虽殊古式，而得事序焉"。但是纪传体又有其不足之处，他说：

> 然纪传为式，编年缀事，文非泛论，按实而书，岁远则同异难密，事积则起讫易疏，斯固总会之为难也。或有同归一事，而数人分功，两记则失于复重，偏举则病于不周，此又诠配之未易也。故张衡摘史班之舛滥，傅玄讥《后汉》之尤烦，皆此类也。

概括起来，是失于重复，病于不周，诠配不易。后来刘子玄的《史通》论纪传体的得失，大体也是这个思路。可以说，魏晋南北朝时期的史学评论、批评，为唐初的史学系统的总结打下了基础。

关于史学的作用，刘氏所论可以归结为三点。其一是"居今识古"。他说："开辟草昧，岁纪绵邈，居今识古，其载籍乎。轩辕之世，史有仓颉，主文之职，其来久矣。《曲礼》曰：'史载笔。'史者，使也；执笔左右，使之记也。古者左史记言，右史记事。"其二是"彰善瘅恶，树之风声"。孔子因鲁史以修《春秋》，"举得失以表黜陟，征存亡以标劝诫。褒见一字，贵逾轩冕，贬在片言，诛深斧钺"。其三是"表征兴衰"。刘勰以为："原夫载籍之作也，必贯乎百氏。被之千载，表征兴衰，殷鉴兴废。使一代之制，共日月而长存，王霸之迹，并天地而久大。"总之，史家的责任重大，"史之为任，乃弥纶一代，负海内之责，而赢是非之尤。秉笔荷担，莫此之劳"。①

《文心雕龙》论文，其中包括论历史文学。这里提出刘氏论文的几个方面，对于我们认识历史文学问题也是有益的：

第一，"善敷善删"说。这是说文当简洁，《镕裁》篇说："思赡者善敷，才核者善删。善删者字去而意留，善敷者辞殊而意显。"这和一味求简的主张不同。该敷则敷，该减则减。在《夸饰》篇中刘勰引孟子的话："说《诗》者，不以文害辞，不以辞害意。"

第二，"理发而文见"说。刘勰从两汉的子、史文中总结出这样的认识，所谓文中的风骨等，也都是这一层意思。"熔铸经典之范，翔集子史之术，

---

① 上引见《文心雕龙》卷四《史传第十六》。

洞晓情变",为文则达到风清骨峻的境界。刘彦和论文,言气、言识、言理、言势、言风骨,大前提是"宗经",但他重视文章的器识,对于史文来说,也是有启发的。他说的"文之司南",对于史文来说,同样有它的价值。

第三,文当达于政事。《程器》篇说:"安有丈夫学文,而不达于政事哉。"这和后世所说的文需有益于天下的思想相通。但他批评扬雄、司马迁的有文无质,却又是不了解史文。有人说,刘勰所论是一种形式主义,这样的看法并不全面。

《文心雕龙》反对纬书,提出"正纬"的主张。两汉以后说灾异、说祥瑞的谶纬之学弥漫,毒化了当时的社会风气。刘氏的出发点,是反对以这样的东西乱经,"经足训矣,纬何豫焉"。同时刘氏相信迷信、宿命的东西,所以他的历史观中积极的因素有限。他的通变的思想也仅仅局限在论文之中,比《周易》、司马迁等的通变的思想,显得狭隘。

刘勰论文论史中,开始引"道""气""理""势"的术语与概念。但重在说明为文之术,还没有以它来说明历史的变化、史学的发展,这固为论题所限,但表明这个时期的理性思维的不足。

魏晋南北朝时期的史学总结,为以后史学的进一步、系统的总结打下了良好的基础。

隋开皇三年,秘书监牛弘上表,请搜天下图书。"于是民间异书往往间出",后得图书三万余卷。唐初,由水道运图书进长安,由于船在砥柱漂没,存书"十不一二"。后经整理,总计留下图书 14466 部,89666 卷,史书蔚为大观,从而为史学的总结提供了条件。唐初史臣修的《隋书·经籍志》(下简称《隋志》)对中国的文献典籍是一次重要的总结性、分类性的研究。对史部书的总结超过了以往的规模。从文献学的角度对史学进行考察,可以说《隋志》是一部简明史学史。过去史学史研究对《隋志》重视得不够,这是一个很大的缺陷。下面着重分析它对史学的认识。

经籍源于史,《隋志》认为经籍文献起源于史部文献,这是一个值得注意的观点。《隋志》说:

> 夫经籍也者,先圣据龙图,握凤纪,南面以君天下者,咸有史官,以纪言行。言则左史书之,动则右史书之,故曰"君举必书",惩劝斯在。考之前载,则《三坟》《五典》《八索》《九丘》之类是也。下逮殷周,史官尤备,纪言书事靡有阙遗。

周道衰，孔子述《易》，删《诗》《书》，修《春秋》是为经籍；战国诸子纵横，始而有子。因此，中国的经籍及各种文献都是发源于史官之记录。《隋书·经籍志》的结论是："史官既立，经籍于是兴焉。"这可以说，是从文献发源上，论证了经即史的观点。

史部书在整个文献史上的重要地位，前面所论很可以说明。史部作为与其他门类的文献相独立的文献，经过了一个很长的发展阶段。刘向、刘歆父子作的《七略》即集略（《汉志》作辑略）、六艺略、诸子略、诗赋略、兵书略、术数略、方技略，除集略为总汇各篇旨意的文字外，实分天下图书为六类。曹魏秘书郎郑默作《中经》，秘书监荀勖因《中经》而作《中经新簿》。分图书为四部，第三部是丙部，中有史记、旧事、皇览簿、杂事，史始为独立门类，但别的门类中也有史部书。东晋著作郎李充、刘宋的谢灵运所作目录，无所变化。王俭作《七志》，一曰经典志，其中有史记及杂事之类。南朝梁的阮孝绪，作《七录》，其二曰《纪传录》，纪史传。直到《隋书·经籍志》，史书始真正成为独立的门类。史书与其他文献的合与分，史书与其他文献从最初一源，到混沌相错，然后再到成为独立的门类，它从一个侧面反映了史学的发展。史书只有成为一个独立的门类，才能为更好地讨论史学的问题提供条件，才能更好地思考史学的成果与发展走向。但是也要看到，史部的确立，从另一个方面又局限了人们对中国史学的认识。大量的思想家的作品，也就是"子部"及解"经"的作品被排列在史部书以外，其中丰富的史学思想、历史观点，往往被人们所忽视，以致一些学人认为中国的历史编纂学发达，但中国的史学思想贫乏。除了别的原因，以固定的眼光认识史部书的分类，不能说不是一个十分重要的原因。

在《隋志》中，除道、释的经藏外，四部书共有书 3127 部，36708 卷。史部书籍数量在各部中，数量最多，计有 817 部，13264 卷。诸子书 853 部，但卷数仅为史部书的一半。史部书卷数均在经、子、集部书籍的一倍以上。史部分为 13 类，即正史、古史、杂史、霸史、起居注、旧事、职官、仪注、刑法、杂传、地理、谱系、簿录。首先，这反映了封建统治阶级意志的正史，在史书中始终处于主导地位。正史的纪传体和编年体的古史，是史书的两大门类，史学的总结，集中在这两大门类中也就是自然的事。其次，分类表明《隋志》的作者对史书有较为开阔的认识，谱系、簿录收录进了史部，反映了社会的需求。最后，这样的分类，又反映出史家重历史记载、重编纂，而轻理论、轻思想的倾向。我们在分析《隋书·经籍志》中的史学思想时，重视史部书中的思想观点，同时也要重视其他各部中的史学思想，不应当为这种分类所局限。

《隋书·经籍志》对史学的批评可以归结为以下几点：

第一，反对谶纬和玄言，《隋志》在"经"类中历叙经学的发展，《隋志》说：

> 至后汉好图谶，晋世重玄言，穿凿妄作，日以滋生。先王正典，杂之以妖妄，大雅之论，汩之以放诞。陵夷至于近代，去正转疏，无复师资之法。

这是明显地要求学术从玄学和谶纬学中解脱出来，恢复儒学的地位。对佛、道之学，《隋志》的态度是："道、佛者，方外之教，圣人之远致也。俗士为之，不通其指，多离以迂怪，假托变幻乱于世，斯所以为弊也。故中庸之教，是所罕言，然亦不可诬也。"佛、道在中国的传播，儒士看到它不同于儒学的一面，同时又并不盲目排斥。经隋唐，儒、释、道相互吸收融合，到了宋代，理学的出现与这一股思潮的发展密不可分。

第二，指出史学的趋向是"作者多，而名家少"。司马迁以后，好事者亦颇著述，用《隋志》的话说，是"然多鄙浅，不足相继"。后汉班固的《汉书》是史书中的佼佼者。自陈寿《三国志》以后，"自是世有著述，皆拟班马，以为正史，作者尤广，一代之史，至数十家"。除范晔、陈寿等名家之外，其余是读之可知"《史记》传之甚微"。史学总的发展的趋向，《隋志》说：

> 自史官废绝久矣，汉氏颇循其旧，班马因之。魏晋以来，其道逾替。南董之位，以禄贵游，政骏之司，罕因才授。故梁世谚曰："上车不落则著作，体中何如则秘书。"于是尸素之俦，盱衡延阁之上，立言之士，挥翰蓬茨之下。一代之记，至数十家，传说不同，闻见舛驳，理失中庸，辞乖体要。

《隋志》的作者在"经"部的解说中，批评过学者"不知变"的缺点，这同样可以适用于史书作者的状况。史著表面繁荣，实是不景气，这就要讨论史学，寻求史学出路，史学的总结是形势的要求。

第三，对各类史书的批评。前面已说到《隋志》对正史、编年史书的批评。于杂史类，《隋志》说它是"盖率尔而作，非史策之正也"。"又自后汉以来，学者多钞撮旧史，自为一书，或起自人皇，或断之近代，亦各其志，而体制不经。又有委巷之说，迂怪妄诞，真虚莫测"。职官类史作："又多琐细，不足可纪。"仪注类："或伤于浅近，或失于未达，不能尽其旨要。"杂传类："因其事类，相继而作者甚众，名目转广，而又杂以虚诞怪妄之说。推其本源，盖亦史官之末事也。"地理类："是后载笔之士，管窥末学，不能及远，但记州郡之名而已。"簿录类（也就是目录类，如刘向《别录》、刘歆《七略》）："剖析条流，各有其部，推寻事迹，疑则古之制也。自是之后，不能辨其流别，但记书名而已。博览之士，疾其浑漫，故王俭作《七志》，阮孝绪作《七录》，并皆别行。大体虽准向、歆，而远不逮矣。"

第四，关于史才与史官。《隋志》认为，史官、史家应当是"疏通知远"之士。这里有一段话：

> 夫史官者，必求博闻强识，疏通知远之士，使居其位，百官众职，咸所贰焉。是故前言往行，无不识也；天文地理，无不察也；人事之纪，无不达也。内掌八柄，以诏王治；外执六典，以逆官政。书美以彰善，记恶以垂戒，范围神化，昭明令德，穷圣人之至赜，详一代之亹亹。

这简要地说史家应当是识前言往行，达于政事，明古神圣之道。以彰善瘅恶为己任。

《隋志》论史学的发展趋向，述说史书在整个文献经籍中的重要地位，评史书、史体，论史家的必备素养，所有这一切，都为史学的进一步总结奠定了基础，构筑了框架。

《史通》紧随《隋志》之后，对史学作了全面的总结。历代的学者对刘知幾以及他的《史通》的研究，相对说是比较充分的。现在我们应当作更为深入一点的思考。其一，我们要研究刘氏是怎样理解史学的。其二，他是从怎样的角度来看待史学的变化，以及他对中国史学发展的趋向提出了怎样的主张。

刘知幾贯通经史来论史学，这是我们首先要注意到的。刘知幾在总结史学时提出"家""类""流"等概念。他在《史通》的开篇说：

> 古往今来，质文递变，诸史之作，不恒厥体。榷而为论，其流有六：一曰《尚书》家，二曰《春秋》家，三曰《左传》家，四曰《国语》家，

五曰《史记》家，六曰《汉书》家。①

古代并没有一种独立的史学，因此，所谓史体也只是后来的事。"家"只能是就源流上说，刘知幾认为史学的源流是六家，这六家是史学的根本精神所在。我们也要看到，刘知幾说史学"六家"，与司马谈论学术"六家"含义不同。关于"家"的概念，司马谈更重在论学术源流，刘知幾论史源又重在"类"上，下面还要分析这一点。

《尚书》《春秋》为史之家，刘知幾引孔子的话说："疏通知远，《书》之教也；属辞比事，《春秋》之教也。"前者是重在说明史学述作的根本的宗旨，后者说明作为史的编纂的基本精神。属辞中有褒贬，比事中有书法，后世史书的变化也只是时代变迁的缘故。这和仅仅"言罕褒讳，事无黜陟"，所谓"整齐故事"那样的作品不是一回事。

《左传》之成家，主要在"述"。刘知幾说："观《左传》之释经也，言见经文而事详传内，或传无而经有，或经阙而传存。其言简而要，其事详而博，信圣人之羽翮，而述者之冠冕也。"于述中能得经之意，文字上是简而有要，记事详而广博，这是作为一本史书的基本的要求。《左传》为史之家，其基本精神在此。《国语》为史之一家，主要还是从文献方面说的，是在《左传》之外，"稽其逸文，纂其别说"以解经。

《史记》具有通史的见识，又创造出纪传体体裁，刘氏说："至迁乃鸠集国史，采访家人，上起黄帝，下穷汉武，纪传以统君臣，书表以谱年爵。"自此以后，史书二体，即纪传与编年二体，角力争先，不可废一。《汉书》家的特点，一是"包举一代"，二是"言皆精练，事甚该密"，从而成为"正史"撰写的范本。

刘知幾以"家"论史学的渊源，展示史学发展的流变，继承了考镜源流的治学传统，表明经史同源。《尚书》在刘氏的眼里地位十分重要，他说："夫《尚书》者，七经之冠冕，百氏之襟袖。"②而《尚书》也是史学之源，由《书》《春秋》而有《史》《汉》，是史学逐渐形成独立的学科的过程。刘知幾在《编次》篇中说：

　　　昔《尚书》记言，《春秋》记事，以日月为远近，年世为前后。用使

① 《史通》内篇卷一《六家》。
② 《史通》内篇卷四《断限》。

　　阅之者雁行鱼贯，皎然可寻。至马迁始错综成篇，区分类聚，班固踵
　　武，仍加祖述。

史学与经学同源，又从中演变成独立学科，很重要的一点是"类"的思想的
运用，所谓"至马迁始错综成篇，区分类聚"，也就是这个意思。刘知幾说
到"类"的地方很多。类聚思想促成史书在编纂上走向成熟，"类"又是立例
的方法，史之分类、立例，以及刘氏说的"别立科条"等都是这一含义。即
如史传杂篇，也当"区分类聚，随事立号"①。分类不清，会导致在史书编纂
上的混乱。"类"又是史家评史的方法。刘知幾说："盖闻方以类聚，物以群
分，薰莸不同器，枭鸾不比翼。""史氏自迁、固作传，始以品汇相从。"他批
评史书中类聚上的混乱，是朱紫不分，兰艾相杂，"是谁之过欤？盖史官之
责也"。他又说，史官之责，是"能申藻镜，区别流品，使小人君子，臭味
得朋，上智中庸，等差有叙。则惩恶劝善，永肃将来，激浊扬清，郁为不
朽者矣"。② 刘知幾的论史体、史例、史法以及评藻人物，无一不是"类"的
思想的运用。他的思想中消极的一面，如等级名教观念，史法论反映出的
等级尊卑思想，也同样是一种"类"的观念，其内涵则是另一种性质。
　　刘知幾说到《史通》的写作经历时，道：

　　　　自惟历事二主，从官（或作"宦"）两京，遍居司籍之曹，久处载言
　　之职。昔马融三入东观，汉代称荣；张华再典史官，晋朝称美。嗟予
　　小子，兼而有之，是用职思其忧，不遑启处。尝以载削余暇，商榷史
　　篇，下笔不休，遂盈筐箧，于是区分类聚，编而次之。③

可见，"区分类聚"也是他编纂《史通》的基本方法。刘知幾研究、总结史学，
作《史通》和编纂《史通》的基本方法是"类聚"的方法。章学诚说刘知幾言"史
法"，但刘氏的史法基本特征是什么，章学诚没有明说。刘知幾的史法，一
般来说，是谈史书编纂的方法，谈体裁、体例确定之法。但刘氏史法，也
是《史通》方法论的内在精神，是"类聚"。这只有通过对刘知幾的《史通》作
全面的分析，才能有更深的体会。

――――――――――

① 《史通》内篇卷四《题目》。
② 《史通》内篇卷七《品藻》。
③ 《史通·原序》。

值得重视的是刘知幾"类"的思想中的积极因素。首先，刘知幾说的"类"和他论源流的思想是结合在一起的。他的关于"家"和"类"的观点相联系。其次，他说："夫名以定体，为实之宾，苟失其途，有乖至理。"①就是说，"类"之名，应当从内在的内容出发，使之名实相符。刘知幾批评那种"貌同心异"的分类，也是基于他的名实论。如后世一些称为"某某尚书"作品，与《尚书》书名相同而精神相异，不能列入《尚书》家。又如《汉书·古今人表》，其失在于把古今人物强分之以三科，定之以九等。另外，刘知幾论"家""类"与论流变相统一。史有六家，有二体，但史又有变异，"爰及近古，斯道渐烦，史氏流别，殊途并骛。权而为论，其流有十焉：一曰偏记，二曰小录，三曰逸事，四曰琐言，五曰郡书，六曰家史，七曰别传，八曰杂记，九曰地理书，十曰都邑簿"②。刘知幾的通与类的思想结合，从而使他的史学通识具有自己的特色。

但是也应当看到，他的通和类的思想，为他的名分等级观念所窒息。很多地方，他以封建的礼教的"实"，去确立"名"，又是以先验的"名"规范现实世界，从而使自己"名以定体，为实之宾"这一很好的命题走向反面，同时也大大削弱了他的史学通识。他企图以立例的方法规范史学于固定的框架之中，稍有逾越，即被视为"为例不纯"。中世纪中国的史学思想不能很好地发育起来，往往在这一方面可以找到一些原因。史学的总结达到一定的高度，就被限制住了。

刘知幾总结史学的一个重要特点，是从史学变化的趋向上提出问题。总体说来，刘知幾认为史学的变化是今不如古。但他的史学退化论，其用意是论说史学更革的必要，以"复古"的语言说出对史学的希望，希望史学在古代的史学中找到恢复生机的营养。

刘知幾考察史学的各个方面，认为从整个学术的变化上看，是经史不分到经史相分。刘氏在《叙事》篇中说：

> 昔圣人之述作也，上自《尧典》，下终获麟，是为属辞比事之言，疏通知远之旨。子夏曰："《书》之论事也，昭昭然若日月之代明。"扬雄有云："说事者莫辨于《书》，说理者莫辨乎《春秋》。"然则意指深奥，诂训成义，微显阐幽，婉而成章，虽殊途异辙，亦各有差焉，谅以师范

---

① 《史通》内篇卷四《题目》。
② 《史通》内篇卷十《杂述》。

亿载，规模万古，为述者之冠冕，实后来之龟镜。既而马迁《史记》，
班固《汉书》，继圣而作，抑其次也。故世之学者，皆先曰五经，次云
三史，故经史之目，于此分焉。

对这样的学术趋势，刘知幾的认识是："自汉已降，几将千载，作者相继，
非复一家，求其善者，盖亦几矣。夫班马执简，既五经之罪人；而《晋》
《宋》杀青，又三史之不若。"①这真像他在另一处说的，史道凌夷，经史分作
两科后，是一代不如一代。以致"以观今古，足验积习忘返，流宕不归"②。
分而言之，这同样是一种倒退。从史体上说，自左丘明传《春秋》，司马迁
作《史记》，编年及纪传二体皆臻于成熟，刘知幾说："载笔之体，于斯备
矣。后来继作，相与因循，假有改张，变其名目。"③这种相与因循的积习，
导致史学的衰微。就编年体来说，"降及战国，迄乎有晋，年逾五百，史不
乏才，虽其体屡变，而斯文终绝"④。后人虽有干宝、沈约及萧子显一二人
企图使史例中兴，但总的趋势没有改变。

从史文上说，后世日益繁芜，文风浮华。上古文风纯朴，史文事简而
理深，周监于二代，郁郁乎文哉。后世尚文，然"自汉以下，无足观焉"⑤。
在史料的采择上，上古之时，采择既广，即使是有的史家杂引众书，亦多
是当代雅言，所以"能取信一时，擅名千载"。中世作者，其流日烦，作史
中虚益新事，好聚寓言，晋史作品中，有的是故造新奇。总之，越是到了
后世，采择日益乖滥。

史学变化上的趋向表明了史学变革的必要与迫切。刘知幾在《史通》中
提出史书更革的主张，这是刘知幾论史学大势的用心。下面择引刘知幾有
关论述。

在谈到史体的弊病时，刘知幾说："故前史之所未安，后史之所宜
革。"⑥论及写史的书法、称谓等问题时，他说：

---

① 《史通》内篇卷六《叙事》。
② 《史通》内篇卷八《书事》。
③ 《史通》内篇卷二《二体》。
④ 《史通》内篇卷四《序例》。
⑤ 《史通》内篇卷六《言语》。
⑥ 《史通》内篇卷二《二体》。

> 盖闻三王各异礼，五帝不同乐。故传称因俗，《易》贵随时。况史书者，记事之言耳。夫事有贸迁，而言无变革，此所谓胶柱而调瑟，刻船以求剑也。①

在谈到各史没有必要都作《艺文志》时，刘氏以为："愚谓凡撰志者，宜除此篇，必不能去，当变其体。"②

刘知幾全面论史学更革，一是从史学的变化的趋向上说，二是从史与时代的关系上说。所谓"三王各异礼，五帝不同乐"，"《易》贵随时"，说的就是这层道理。他意识到史书的写作总是和一定的时代政局有关。自魏晋以后，出现一批地区性的纪传、编年体的史著，刘氏认为这是可以理解的，说："自魏都许、洛，三方鼎峙，晋宅江、淮，四海幅裂，其君虽号同王者，而地实诸侯，所在史官，记其国事。为纪传者，则规模班马；创编年者，则议拟荀袁。是为《史》《汉》之体大行，而《国语》之风替矣。"③在论及史书的语言与文风时，刘知幾以为要"考时俗之不同，察古今之有异"④。再如后世史文芜累，这是一个事实，但应当看到这种情况"亦古今不同，势使之然也"。从一定的时代的政治、文化背景出发，从历史发展的大势出发，论述史书、史体的出现与变革的必要，这样的看法有积极的意义。

刘知幾的史学变革观中含有变通的史学批评精神。首先，他反对"因习""模仿"，提出要善于师古、巧于师古。例如，他以为《东观汉记》中立《载记》，"可谓择善而行，巧于师古者矣"。在史传杂篇的名称上，主张史家写作时，当"区分类聚，随事立号"⑤。《史记》《汉书》收录学人的言论、文字，对载事却不经意，这是一个不足，但是"后史相承，不改其辙"，这是师古而不知变的典型。其次，他说的师古而变，所谓师古，当得古人的学术精髓，要有一种见识。他提倡对古人应当"貌异而心同"。"何哉？盖鉴识不明，嗜爱多僻，悦夫似史而憎夫真史"⑥。所谓的变，不是一种形式上的变，当有鉴识，"盖貌异而心同者，模拟之上也；貌同而心异者，模拟之下

---

① 《史通》内篇卷五《因习上》。
② 《史通》内篇卷三《书志》。
③ 《史通》内篇卷一《六家》。
④ 《史通》内篇卷六《叙事》。
⑤ 《史通》内篇卷四《题目》。
⑥ 《史通》内篇卷八《模拟》。

也"。最后，刘知幾对前人的史学，不作绝对的肯定与否定。《尚书》《春秋》《左传》《国语》《史记》《汉书》，他都有各种批评。刘知幾"自小观书，喜谈名理"，对前史不当之处，勇于发表自己的看法，这种做法，使他受到一些批评，"当时闻者，共责以童子何知，而敢议前哲"。他著《史通》，继承了扬雄、王充、刘勰等人的学术批评的传统。关于《史通》的著述宗旨，他说：

> 若《史通》之为书也，盖伤当时载笔之士，其道不纯，思欲辨其指归，殚其体统。夫其书虽以史为主，而余波所及，上穷王道，下掞人伦，总括万殊，包吞千有，自《法言》以降，迄于《文心》而往，固以纳诸胸中，曾不蒂芥者矣。夫其为义也，有与夺焉，有褒贬焉，有鉴诫焉，有讽刺焉。其为贯穿者深矣，其为网罗者密矣，其所商略者远矣，其所发明者多矣。盖谈经者，恶闻服杜之嗤；论史者，憎言班马之失。而此书多讥往哲，喜述前非，获罪于时，固其宜矣。犹冀知音君子，时有观焉。①

由此可见，刘知幾的史学更革思想和他的史学批判继承的精神结合在一起，并且又是建立在一种开阔的历史见识上：总括万殊，包吞千有。

刘氏史学更革的具体主张，一个很重要的方面是扩大史书的反映面。他主张史书增三志，说："历观众史，诸志列名，或前略而后详，或古无而今有，虽递补所阙，各自以为工，权而论之，皆未得其最。盖可以为志者，其道有三焉：一曰都邑志，二曰氏族志，三曰方物志。"②史书应该有《都邑志》，以使"帝王表其尊极"；作《方物志》列于《食货》之首，以便"任土作贡，异物归于计吏"；作《氏族志》，谱系帝王及公侯的世系，可以品藻士庶，甄别华夷。这些适应了加强封建专制主义统治的需要，符合新的身份性门阀地主的需求。后来有的史学家接受了刘知幾的主张，在史著中增加了三志的内容。同时，刘知幾认为各史不必都修《天文志》《艺文志》，认为如果实在不能删去，当改变体例，《五行志》也不必强修。

在史文的叙事、语言、载事等各个方面，刘知幾提出更革的想法。

刘知幾从前人的史学中总结出史法，又以这种史法去评品历代的史书，并且用这样的史法作为史学更革的根本要求，从而使史书能起到尊经、尊

---

① 《史通》内篇卷十《自叙》。
② 《史通》内篇卷三《书志》。

君的作用。这是他的史学思想的根本的局限和缺陷所在。中国的中世纪史学在一次次的总结中，还是找不到出路，其原因也在这里。

刘知幾曾经把自己写《史通》和扬雄作《法言》相比，有"似"，有"不似"，这只是说，他要成"一家"，但其用心更深。如果说《白虎通》是中世纪封建专制主义统治的法典，那么刘知幾作《史通》也是企图为史学立一个法典。刘知幾说："昔汉世诸儒，集论经传，定之于白虎阁，因名曰《白虎通》。予既在史馆而成此书，故便以《史通》为目，且汉求司马迁后，封为史通子，是知史之称通，其来自久，博采众议，爰定兹名。"①从形式上看，刘知幾是表达他要以史学的通识总结史学，并且以"通"为名，用"史通"两字为他的史著定名。但是仔细读这一段，便可以体察出刘知幾的话是两层意思。一是说，他写的史著，是如同《白虎通》一样的作品。这是就作品的重要性来说的。二是说，自己的著作所以以"通"为名，是因为史学求通有悠久的传统。这不仅仅是在一本书的书名上作文章的问题，我们还要从中看刘知幾怎样思考史学的问题。

在刘知幾看来，史学最重要的问题是确立史之法，也就是史例。他说："夫史之有例，犹国之有法。国之无法，则上下靡定；史之无例，则是非莫准。昔夫子修经，始发凡例，左氏立传，显其区域，科条一辨，彪炳可观。"②又说："苟书而不法，则何以示后。"③史法、史例是史家作史的纲，也是评论史书的依据。

《史通》各篇总结出一套史例。以纪传体史书来说，本纪只能记帝王。刘知幾说："及司马迁之著《史记》也，又列天子行事，以'本纪'名篇，后世因之，守而勿失。譬夫行夏时之正朔，服孔门之教义者，虽地迁陵谷，时变质文，而此道常行，终莫之能易也。"④在同一篇另一处又说："又纪者，既以编年为主，唯叙天子一人，有大事可书者，则见之于年月，其书事委曲，付之列传，此其义也。"总之，纪传体史书中本纪只能记帝王的行事，如同《春秋》经一样。在这里刘氏把尊君和尊经统一起来作为史法。这是史之大法，纪传史书中的根本的"义"；时代会有变化，但这一条史义不变。由此出发，刘知幾批评包括司马迁、班固在内的各个史家，项羽入本纪、

---

① 《史通·原序》。

② 《史通》内篇卷四《序例》。

③ 《史通》内篇卷八《模拟》。

④ 《史通》内篇卷二《本纪》。

吕后入本纪、陈胜入世家都是为例不纯。陈寿作史以曹魏之主入纪，北魏的少数民族拓跋氏之主的事迹收在纪中，所有这些都受到刘知幾的批评。史学的变，只能在史例不变的前提下进行。与之相关的是"传"在史书中地位。刘知幾说：

> 夫纪传之兴，肇于《史》《汉》。盖纪者，编年也；传者，列事也。编年者，历帝王之岁月，犹《春秋》之经；列事者，录人臣之行状，犹《春秋》之传。《春秋》则传以解经，《史》《汉》则传以释纪。①

《史通》中的史学批评执着于这一原则，得出一条结论，如他在《列传》篇中说的一句话："自兹以后，史氏相承，述作虽多，斯道都废。"

刘知幾关于表、志各个史例上的评说，包括史料采择、记时书事，大体也是视其能不能服从尊君这一个根本的要求。

概括刘知幾的史学更革的主张，主要是：一是史学的更革，应有鉴识，其基本的方面是他在《六家》篇中说的疏通知远和属辞比事。二是史学变化要更开阔地反映出社会的各个层面。三是史学的变中有不变，这就是各种史例，史例体现尊君与尊经的要求。前两点富有活力，后一点则是僵化的，而后一点在刘知幾的史学思想中又是主要的。《史通》中的疑经、惑古，并非对儒家经籍的批判，而是从另一个角度，申述一些经文内容与尊圣、尊君不一致，"夫五经立言，千载犹仰，而求其前后，理甚相乖"②。除一些事实不合情理，更多是因为这些内容不合尊圣崇君的原则，却为一些昏君、逆臣、贼子开脱。《史通》中的"变"为"不变"所扼杀，"通"最后又是不通。章学诚说，两千年纪传体史书，最后成了科举之程式。他没有直接批评刘知幾，但是纵观中国史学的发展，以刘知幾为代表的史学家，他们硬是要以自己的史例写作史书，越雷池一步，便被视为"为例不纯"，受到各种责难。后来的史学评论，不少是这种模式。纪传体史书发展到后来，自然失去了生命力。评价一个史学家的史学主张的意义，不只是看到他提出怎样的主张，还要考察他的主张对后世史学产生的实际影响。

刘知幾的很多史学主张，从现象上看，是自相矛盾的。但如果从中世纪的史学的本质上看，则是可以理解的。刘知幾的史学"直笔"论，一方面

---

① 《史通》内篇卷二《列传》。
② 《史通》外篇卷十三《疑古》。

强调史书应当具有"实录"的精神，另一方面主张史学为存名教，可以为君父隐讳。

刘知幾说："善恶必书，斯为实录。"又说："盖君子以博闻多识为工，良史以实录直书为贵。"①史官应当坚持直笔，不畏强暴，他说：

> 盖烈士殉名，壮夫重气。宁为兰摧玉折，不为瓦砾长存。若南、董之仗气直书，不避强御，韦、崔之肆情奋笔，无所阿容。虽周身之防有所不足，而遗芳余烈，人到于今称之。②

直笔实录精神是史家的基本品质，也是史学的任务所规定的。他说："况史之为务，申以劝诫，树之风声。其有贼臣逆子，淫君乱主，苟直书其事，不掩其瑕。则秽迹彰于一朝，恶名被于千载，言之若是，吁！可畏乎！"③因此，史学要能发挥戒鉴、垂训的作用，直笔书事是不可或缺的。史家有三等："彰善贬恶，不避强御，若晋之董狐，齐之南史，此其上也。编次勒成，郁为不朽，若鲁之丘明，汉之子长，此其次也。高才博学，名重一时，若周之史佚，楚之倚相，此其下也。苟三者并阙，复何为者哉。"④这样区分史家不确切，但我们可以体会刘知幾强调的是实录、直书的精神，他认为在这方面做得好，才是一个好的史家。

但是，直笔有一个前提，即保存名教。那么怎样才能区分曲笔与存名教呢？刘知幾有一段论述，说：

> 肇有人伦，是称家国。父父子子，君君臣臣，亲疏既辨，等差有别。盖子为父隐，直在其中，《论语》之顺也。略外别内，掩恶扬善，《春秋》之义也。自兹已降，率有旧章。史氏有事涉君亲，必言多隐讳，虽直道不足，而名教存焉。其有舞词弄札，饰非文过，若王隐、虞预毁辱相凌；子野、休文，释纷相谢。用舍由乎臆说，威福行乎笔端，斯乃作者之丑行，人伦所同疾也。亦有事每凭虚，词多乌有。或假人之美，藉为私惠；或诬人之恶，持报己仇。若王沈《魏录》滥述贬甄之

---

① 《史通》外篇卷十四《惑经》。
② 《史通》内篇卷七《直书》。
③ 同上。
④ 《史通》内篇卷十《辨职》。

诏；陆机《晋史》虚张拒葛之锋。班固受金而始书，陈寿借米而方传。
此又记言之奸贼，载笔之凶人，下字讹狠。虽肆诸市朝，投畀豺虎
可也。①

　　这是一个怪圈，坚持直笔，应当无所隐讳；要隐讳，则对君父的秽行丑迹
又不能如实记载，坚持直笔。刘知幾的直笔论，也只能在这种怪圈中转，
找不到出路。

　　从一定的意义上说，在刘知幾的思想上，实际上有两种"曲笔"。一种
是封建史家为维护名教，在记载历史、评论史事上对历史的扭曲；另一种
是史家的品德不纯，受某种"私心"的驱使或迫于权势，隐讳历史的真相，
在记时书事、褒贬古今时，歪曲历史的本来面目，造成是非混淆、黑白颠
倒。刘知幾反对的是后一种"曲笔"。他认为维护名教也是"直笔"，不能做
到这一点，反倒是"曲笔"。他在《曲笔》篇中说的"史之不直，代有其书"，
很多是这方面的问题。但他尤其反对封建统治者对史家的迫害，如三国时
的韦昭、北魏的崔浩，由于坚持直书，遭到杀身灭族之祸。刘知幾说："夫
世事如此，而责史臣不能申其强项之风，励其匡躬之节，盖亦难矣。"所以
有些史家如孙盛著《晋阳秋》，其子孙深惧此书会招来灾祸，私下加以修改。
刘知幾说，这足以"验世途之多隘，知实录之难遇"②。

　　刘知幾提出史学独断之学，从学术精神上，反对封建统治者对史学的
控制。史馆诸多弊端，刘知幾说是有"五失"，在这样的地方修史，史官处
在封建权势的高压之下，史家没有也不允许有独到的见解，一依监修者的
意志而定。史家记时书事、评笃、褒贬，要达到直笔的要求，无异痴人说
梦。"每欲记一事，载一言，皆阁笔相视，含毫不断。故首白可期，而汗青
无日"；采择史材，"求风俗于州郡，视听不该，讨沿革于台阁，簿籍难
见"。在史局作史，"一字加贬，言未绝口，而朝野具知，笔未栖毫，而缙
绅咸诵。夫孙盛纪实，取嫉权门，王劭直书，见仇贵族。人之情也，能无
畏乎？"作史"多取禀监修，杨令公则云必须直词，宗尚书则云宜多隐恶。十
羊九牧，其令难行；一国三公，适从何在？"修史者众多，然而在史馆中"用
使争学苟且，务相推避，坐变炎凉，徒延岁月"。③ 因此刘知幾说："是以深

————————————

① 《史通》内篇卷七《曲笔》。
② 《史通》内篇卷七《直书》。
③ 《史通》外篇卷二十《忤时》。

识之士，知其若斯，退居清净，杜门不出，成其一家，独断而已。"①独断之学是反对封建国家控制史学的抗争，也是史家必备的素质。他说的史家三长②，即史识、史学、史才。史识的基本内涵，也就是成一家言的独断之学，他认为这是中国史学的优良的传统。"古之国史，皆出自一家，如鲁、汉之丘明、子长，晋、齐之董狐、南史，咸能立言不朽，藏诸名山"③。

关于史家坚持直笔之艰难，到了唐中期后，又引发出韩愈与柳宗元的一场争论。这里附带说一下。韩愈在《答刘秀才论史书》中，说做史官是一件很危险的事，他说：

> 愚以为凡史氏褒贬大法，《春秋》已备之矣。后之作者，在据事迹实录，则善恶自见，然此尚非浅陋偷惰者所能就，况褒贬邪？
>
> 孔子圣人作《春秋》，辱于鲁、卫、陈、宋、齐、楚，卒不遇而死。齐太史氏兄弟几尽，左丘明纪《春秋》时事以失明，司马迁作《史记》刑诛，班固瘐死，陈寿起又废，卒亦无所至。王隐谤退死家，习凿齿无一足，崔浩、范晔赤诛，魏收夭绝，宋孝王诛死。足下所称吴兢，亦不闻身贵而今其后有闻也。夫为史者，不有人祸，则有天刑。岂可不畏惧而轻为之哉！④

韩愈说史家遭祸的缘由有两点：一是史官据实记事，二是史家行褒贬。只要是坚持直笔，就会遭当事的权势者的打击、迫害。但他说的不合乎事实，更不可由此得出普遍性结论：为史者"不有人祸，则有天刑"。他在信中又声称自己年纪大了，从事史学的人，只好由年轻的人去担任，这更显出他怯懦与自私的一面。柳宗元听到此事后，"私心甚不喜"，给韩愈写了一封信，这封信是《与韩愈论史官书》。柳宗元说，作史官行记录、褒贬，涉及人事，会遭到祸害；其实在朝中，做宰相、做御史中丞，都有这个问题；你韩愈要是在朝中做官无所作为和为史官只享俸禄不作史，是一样的。柳宗元说：

---

① 《史通》内篇卷十《辨职》。
② 参见《旧唐书》卷一百〇二《刘子玄传》及《唐会要》卷六十四。
③ 《史通》外篇卷二十《忤时》。
④ 《韩昌黎文集·文外集上卷》。

又言"不有人祸，则有天刑"。若以罪夫前古之为史者，然亦甚惑。凡居其位，思直其道。道苟直，虽死不可回也；如回之，莫如亟去其位。孔子之困于鲁、卫、陈、宋、蔡、齐、楚者，其时暗，诸侯不能行也。其不遇而死，不以作《春秋》故也。当其时，虽不作《春秋》，孔子犹不遇而死也。若周公、史佚，虽纪言书事，犹遇且显也。又不得以《春秋》为孔子累。范晔悖乱，虽不为史，其宗族亦赤。司马迁触天子喜怒，班固不检下，崔浩沽其直以斗暴虏，皆非中道。左丘明以疾盲，出于不幸。子夏不为史亦盲，不可以是为戒。其余皆不出此。是退之宜守中道，不忘其直，无以他事自恐。退之之恐，唯在不直、不得中道，刑祸非所恐也。①

柳宗元一腔正气。无论为史抑或是为官，重要的是"为道"，重要的是为道直与不直，而不在其他。这里把"直笔"与"道"论结合起来。虽然，论"道"也是为了巩固封建统治，但是在那个时代，与韩愈相比，柳宗元的思想境界较高，把封建史家的直笔论提到一个新的高度。和刘知幾相比，柳宗元所说更带有理论的色彩。

我们再回过头来讨论刘知幾的史学评论。

刘知幾的史学的批评与总结，基本上是刘勰史学总结的延长，只是内容更加丰赡，眼光更为开阔。关于史学的基本精神，史书编纂体例、书法，史文要求，史料采择的原则，以及史家素质和必备的条件，乃至关于中国史学发展的趋向，刘氏都有论述，这些论述构成了一个理论体系。他要求史学革新，特别是要求以独断之学的一家言的精神，恢复史学的优良传统，这些都是值得肯定的。但是，在封建名教思想、尊经、尊君的观点的支配下，他又不可能为中国的中世纪的史学找到创新的路子。中世纪中国，在新的哲学理论没有出现以前，对历史与史学的思考，在理论上做出的概括只能停留在一定的水平上。刘知幾的史学理论的"理"性显得淡泊，一些精彩的见解又湮没在大量的史法、史例的说教中，这给后人对他的理论的研究带来困难，很难看出他史学见解中的精髓。应该说，刘知幾在史学理论上的局限性又是时代局限性的反映。

总之，刘知幾的史学总结、史学批评的内容，可以归结为以下几点：

其一，强调史学的根本精神是疏通知远，史学编纂重要的原则是属辞

---

① 《柳河东集》卷三十一。

比事。著史的基本方法是要合于义例。史之无例，犹国之无法，史文要简而晦。

其二，类聚以求史例，并以所求出的史例规范史学，以便所写史书合于义例，臻于"纯粹"的境地，合于尊经、尊君的要求。

其三，保存名教与史书直笔的要求相结合。

其四，提倡史家成一家言的独断之学的精神，批判封建政权对修史大权的垄断，揭露文化专制主义对史家的迫害与打击。但是，后世许多史家对刘知幾史学精神中的积极部分没有很好地继承，却突出刘氏论史法、史例的内容。史学失却了圆而神的创新的精神，多少和这样的思路有关。

刘知幾，字子玄，徐州彭城（今江苏徐州）人。生于唐高宗龙朔元年（661年），卒于玄宗开元九年（721年），年61。680年，刘知幾年20，举进士，授获嘉县主簿。此后二十余年，于官务余暇，究心史学。38岁作《思慎赋》以刺时事。次年，至京都任右补阙，预修《三教珠英》。长安二年，知幾年41，除著作佐郎，兼修国史；后与监修者不合，数度出入史馆。神龙元年始著《史通》，景龙四年《史通》书成，时刘氏年50；其后，不断修订、增补。《史通》一书的写作，也是对当时史馆修史制度的抗议，刘知幾说：

> 由是三为史臣，再入东观。每惟皇家受命，多历年所，史官所编，粗惟记录。至于纪传及志，则皆未有其书。长安中年，会奉诏预修《唐史》。及今上即位，又敕撰《则天大圣皇后实录》。凡所著述，尝欲行其旧议，而当时同作诸士及监修贵臣，每与其凿枘相违，龃龉难入。故其所载削，皆与俗沉浮，虽自谓依违苟从，然犹大为史官所嫉。嗟呼！虽任当其职，而吾道不行，见用于时，而美志不遂。郁怏孤愤，无以寄怀。必寝而不言，嘿而无述，又恐殁世之后，谁知予者？故退而私撰《史通》，以见其志。①

他在《史通·史官建置》具体说到唐朝史馆制度的弊端："由是史臣拜职，多取外司，著作一曹，殆成虚设。凡有笔削，毕归于馆。始自武德，迄乎长寿。其间若李仁实以直辞见惮，敬播以叙事推工，许敬宗之矫妄，牛凤及之狂惑，此其善恶之尤著者也。"在史馆中不能表达自己的主张，无法坚持实录直笔的传统，因此他退而著《史通》，以寄一个伟大史家的情怀。

---

① 《史通》内篇卷十《自叙》。

除《史通》外，刘知幾著有《刘氏家史》《刘氏谱考》《刘子玄集》及《释蒙》。合修的除《唐书》《三教珠英》《重修则天皇后实录》外，还有《中宗实录》及《睿宗实录》等。《唐会要》及《文苑英华》中收有刘氏多种佚文。同时代人徐坚及元行冲、吴兢等，与刘知幾为论学、论史之同调好友。

第三节　历史的总结

每一本史书都是历史的总结，但是在隋唐时期的历史的总结和以前相比，有了新的特点。一是总结的规模恢宏，唐初修的多种史书，表现出帝王对历史兴亡的关注。二是从中唐以后，这种总结向着纵通的方向发展。三是中唐以后的历史总结的特点，是一些思想家对历史的思考，向着哲理的高度发展，用通变的眼光分析历史的兴衰。

唐初，有修梁、陈、北齐、北周历朝史事之举，但没有成书。贞观三年(629年)重新开修的梁、陈、北齐、北周、隋五史，贞观十年修成。这五朝史，简谓之为"五代史"。贞观二十年修《晋书》，二十二年修成，这已经是六史。后来李延寿又作成南、北二史。高宗显庆四年(659年)，朝廷批准行世。稍前一点时间，即高宗显庆元年，《五代史志》成书，附在《隋书》中。在二十四史中，有八部正史是在唐初修成，前后不过30年，这无疑是一次大规模的历史总结。从西晋到隋亡，这350多年正是中国历史上一次大动荡的时期，民族经历一个新的组合。朝代更迭频繁，阶级矛盾、民族矛盾交织在一起，它给一代帝王提供了丰富的经验和教训。在隋末农民大起义后建立的唐政权，迫切需要总结历史的经验教训，作为维持统治的借鉴。

唐初修史的首要目的是总结历史兴亡的经验教训。令狐德棻向李渊建议，说："陛下既受禅于隋，复承周氏历数，国家二祖功业，并在周时。如文史不存，何以贻鉴今古？"唐高祖李渊同意这一建议，下诏说："司典序言，史官记事，考论得失，究尽变通，所以裁成义类，惩恶劝善，多识前古，贻鉴将来。"并且对修史人员作了安排。这次修史工作经过数年，并没有结果。贞观三年(629年)也就是李世民掌握政权的第三年，开始大规模的修史，命令狐德棻与岑文本修周史，李百药修齐史，姚思廉修梁、陈史，魏徵修隋史，魏徵与房玄龄总监诸代史。令狐德棻奏引崔仁师佐修周史，并总知类会诸史，十年书成。贞观二十年，修《晋书》，房玄龄等三人为监修，参修者一十八人，事实上是令狐德棻为首，"其体制多取决焉"①。应该说，令狐德棻在提倡、组织和发凡起例上是有很大的功劳，而在指导、参与编修上，魏徵起了主要的作用。"徵受诏总加撰定，多所损益，务存简正。《隋史》序论皆徵所作，《梁》《陈》《齐》各为总论，时称良史"②。所以这五部史书贯彻了魏徵的思想。魏氏作的文字，有的已标明，有的未标明，还有一些有争议，但无论怎样，其中体现的借鉴历史兴衰的观点与魏徵的思想一致。唐太宗为《晋书》写的史论，也是强调借鉴历史兴亡，要居安思危，这又是魏徵史论中的主要观点。李百药与其父李德林，同为史家，李百药深谙历史兴亡的经验教训，又是文字老手，"以名臣之子，才行相继，四海名流，莫不宗仰"③。所以，这一代的人君、名臣、史家，他们作史、总结历史，他们的历史思想非常鲜明。

首先，这些史书，特别重视收录前人关于历史兴亡的议论。这在《晋书》与《隋书》中，可以看得很清楚。《晋书》卷五收录干宝的兴亡史论，卷四十六有刘颂论兴亡，卷四十八西凉土著大姓段灼论往代的兴废，都是值得注意的篇章。卷五十有王羲之论军兴以后财赋征收及政治治理上的得失。卷六十五王导传中有论兴衰史论，卷五十四收陆机的《辩亡论》《豪士论》《五等论》，卷五十六有江统的《徙戎论》《谏太子书》，卷六十八纪瞻论兴衰，卷六十张方之论兴亡，卷六十九中有戴若思的兴亡论，卷七十二有郭璞以京《易》言兴亡。此外，卷八十五的《刘毅传》、卷八十七《李玄盛传》等，都收录了不同类型人物言盛衰的内容。在《隋书》中，魏徵的史论，主题是论历代的兴亡，《杨素传》《虞世基传》等都有言盛衰的文字。另外，魏徵在《梁书·敬帝纪》有论"金陵之覆没""江陵之灭亡"。

从《尚书》到《史记》《汉书》，观历史的盛衰，一直是中国史学上的一个优良传统，是史学的基本的主题，也是一代君王热衷修史的内在的原动力。史书上的直笔精神能保存得住，其基本的原因在这里。历史是无情的，违背历史的真实，也就不可能总结出能够为后世所借鉴的历史经验教训。中国中世纪史学的价值很大的部分就在这里。

其次，唐初的史臣在这些史书中，通过各种史论提出值得重视的历史经验教训，例如：

---

① 上引见《旧唐书》卷七十三《令狐德棻传》。
② 《旧唐书》卷七十一《魏徵传》。
③ 《旧唐书》卷七十二《李百药传》。

——封建人主应当居安思危。唐太宗李世民"御笔"为《晋书》的《武帝纪》写了史论，他在总结历史后，说了一段话：

> 通上代之不通，服前王之未服。祯祥显应，风教肃清，天人之功成矣，霸王之业大矣。虽登封之礼，让而不为，骄泰之心，因斯以起。见土地之广，谓万叶而无虞；睹天下之安，谓千年而永治。不知处广以思狭，则广可长广；居治而忘危，则治无常治。……虽则善始于初，而乖令终于末，所以殷勤史策，不能无慷慨焉。①

李世民总结晋史，把自己的思考说给唐室子弟听。《旧唐书·魏徵传》载魏徵给李世民上了四封疏，中心内容要李世民鉴前世败亡相继的教训，要居安思危。其中第三疏说：

> 夫鉴形之美恶，必就于止水；鉴国之安危，必取于亡国。《诗》曰："殷鉴不远，在夏后之世。"又曰："伐柯伐柯，其则不远。"臣愿当今之动静，思隋氏以为鉴，则存亡治乱可得而知。若能思其所以危，则安矣；思其所以乱，则治矣。……《易》云："君子安不忘危，存不忘亡，治不忘乱，是以身安而国家可保。"诚哉斯言，不可以不深察也。②

君臣的看法是一致的。在百年历史面前，他们看到这几乎是一条"铁律"：只有安而不忘危，存而不忘亡，才能长治久安。有这样的认识，才能去冷静思考兴亡的教训。《晋书》收段灼对晋武帝关于历史盛衰的长篇议论，他是"敢论前代隆名之君及败亡之主兴废所由"。他希望晋武帝"居安思危，无曰高高在上，常念临深之义，不忘履冰之戒"③。应当说《晋书》等史书收录这些言论，都包含一代史臣的用心。

　　——"帝王兴运，必俟股肱之力"。这是《晋书·王导传》"史臣曰"开头说的话。一代帝王的夺天下、治天下，都必须有贤良臣佐作为辅助。这里有一个问题，封建子弟"广树藩屏"当然是一个办法，作《晋书》的史臣以曹魏的衰亡说明这一点。但是史臣又看到一个明显的事实，西晋分封子弟，

---

① 《晋书》卷三《武帝纪》。
② 《旧唐书》卷七十一《魏徵传》。
③ 《晋书》卷四十八《段灼传》。

但恰恰是这些皇室子侄的争斗导致鼎祚的覆灭。"西晋之政乱朝危，虽由时主，然而煽其风，速其祸者，咎在八王"①，"晋氏之祸难荐臻，实始藩翰"②。因此，唐初史臣认为是否要封建子弟，应该采取变通的态度。从陆机到李百药作《封建论》，看法各不一样。但是，大唐的君主仍然封建子弟，宫中的争权夺利一直没有停止过，大唐在这种争斗中，由它的鼎盛期向着它的衰落期转化。

——以通变的眼光总结历史的经验教训。每本史书都会提出具体的历史经验教训，但又注意到时间、条件变化了，借鉴前代的经验与教训也要有所变化。唐朝史臣在他们的史论中总结出诸如用人、行仁义之道以及关于重民等经验教训。他们论历史兴衰，特别指出要以通变眼光看待历史上的经验。魏徵说："圣人举事，贵在相时，时或未可，理资通变。"③这里提出"时"的概念，认为运用历史经验，要注意看到"时"的变动。《隋书·虞世基传》引虞氏的《讲武赋》，说："夫玩居常者，未可论匡济之功，应变通者，然后见帝王之略。"《晋书》记纪瞻对陆机的话，说："三代相循，如水济火，所谓随时之义，救弊之术也。羲皇简朴，无为而化；后圣因承，所务或异。非贤圣之不同，世变使之然耳。"④注意，这里又提出随时"义"，是救弊之术。唐太宗为《晋书·宣帝纪》写的论中说："夫天地之大，黎元为本；邦国之贵，元首为先。治乱无常，兴亡有运。……顺理而举易为力，背时而动难为功。"注意，这里提出顺"理"而治的论点。这已经不局限于个别经验教训的总结了。虽然他们认识到历史的通变的问题，但并没有更多的理性分析，比起司马迁的认识，相对地说，缺少思维的力度。有的言历史的变通，却是通而不通。例如，李百药谈封建帝王子弟问题，自称不可胶柱于历史的经验，但是他依然墨守既往的经验。总体说，唐初的史臣接触到这个问题，这个史学的传统还是继承了下来。到了后一时期，这一思想得到进一步发展。

最后，有一点还要说明，在魏晋南北朝隋唐时期，历史的总结同样体现各家的观点，所得到的结论不尽一致。这是我们应当注意的。郭璞以京氏之《易》论历史的前途；干宝以儒家的观点谈历史的兴亡；西凉李玄盛等

---

① 《晋书》卷五十九《列传·序》。
② 《晋书》卷六十《张方传》。
③ 《全唐文》卷一百四十一。
④ 《晋书》卷六十八《纪瞻传》。

人以历数言帝王之兴，则完全是政治上的需要。所以，各种历史盛衰论既有不同的观点，又有不同的动机。

　　经过安史之乱，唐朝走上它的下坡路。各种社会危机、民族危机进一步加深，政治家、史学家、思想家开始从更深的层次上思考历史的变动。他们讨论的论题不是什么居安思危的问题，因为所谓的"安"，已经是昨天的事。各种危机暴露出来的矛盾，为思想家进一步思考历史、思考矛盾的由来，提供了条件。把历史的前天、昨天和现实联系起来，对历史认识的"通变"的思想得到进一步的发展。中唐以后，杜佑的《通典》是这方面的代表作品。

　　《通典》从史学思想上看，它具有新的特点。杜佑自谓："佑少尝读书，而性且蒙固。不达术数之艺，不好章句之学。所纂《通典》，实采群言，征诸人事，将施有政。"①这里要注意，杜佑说他的治学：一是"不达术数之艺"；二是"不好章句之学"。走的是另一条路径，和传统的儒学、玄学的学风相异。中国的经世史学在这中间孕育、发展起来。从形式上看，它和《周礼》、纪传体史书中的"书""志"有直接的联系。但是它表明史家的历史眼光已经从上层的政治斗争，转向社会的制度和治理的措施上。它关心的不仅是政权的更替，而以开阔的眼光，讨论社会的各个层面的问题。后人说它和传统的"博而寡要，劳而少功"的儒学不同②，这是杜佑史学的关键。

　　杜佑以食货为首，也就是以经济作为根本，来思考封建社会的治理问题，所谓教化问题是建立在这个基础上面的。这是他的史学通识中的核心。他说：

　　　　夫理道之先在乎行教化，教化之本在乎足衣食。《易》称：聚人曰财。《洪范》八政：一曰食，二曰货。《管子》曰：仓廪实，知礼节；衣食足，知荣辱。夫子曰：既富而教。斯之谓矣。夫行教化在乎设职官，设职官在乎审官才，审官才在乎精选举。制礼以端其俗，立乐以和其心，此先哲王致治之大方也。故职官设然后兴礼乐焉；教化隳然后用刑罚焉。列州郡，俾分领焉；置边防，遏戎狄焉。是以食货为之首，选举次之，职官又次之，礼又次之，乐又次之，刑又次之，州郡又次

---

① 《通典》卷一。
② 《通典·原序》。

之，边防末之。或览之者，庶知篇第之旨也。①

《通典》开篇申明自己的著述的宗旨，显示杜佑史学通识的特色。《通典》二百卷，其中《礼典》占去一百卷，但这并不能以此说明杜佑的思想局限于"礼"。杜佑解释《礼典》多的原因，说："《通典》之所纂集，或泛存沿革，或博采异同，将以振端末、备顾问者也，乌礼意之能建乎？"②整个《通典》以食货为首，由此来解剖封建社会中的问题。

《通典》各典继承考镜源流的传统，论述典制在发展过程中的变化，讨论沿革，《礼典》论《大唐开元礼》为古代礼经损益三变后形成的。《边防典》展示历代开边政策上的得失之源，得出的认识，是百世不易。论历世典制的渊源流变，杜佑提出几点值得重视的意见：

第一，认为事物变化有不得不然之理。他在总结唐代的边防政策时，认为在玄宗以前，唐朝的措施得当，为"安边之良算，为国家之永图"。但是玄宗时情况发生了变化：

> 开元二十年以后，邀功之将，务恢封略，以甘上心，将欲荡灭奚、契丹，剪除蛮、吐蕃，丧师者失万而言一，胜敌者获一而言万。宠锡云极，骄矜遂增。哥舒翰统西方二师，安禄山统东北三师，践更之卒，俱受官名；郡县之积，罄为禄秩。于是骁将锐士、善马精金，空于京师，萃于二统。边陲势强如此，朝廷势弱又如彼，奸人乘便，乐祸觊欲，胁之以害，诱之以利。禄山称兵内侮，未必素蓄凶谋，是故地逼则势疑，力侔则乱起。事理不得不然也。③

杜佑对历史问题的评价，这里不讨论，我们注意的是，他认为唐朝藩镇势力的强大，威胁中央，是由来已久，形成一种"势"，构成变化之"事理"。

第二，古今变化，今胜于古的观点。杜佑认为："汉、隋、大唐，海内一统，人户滋殖，三代莫俦。"④他称道《大唐开元礼》说："于戏！百代之损

---

① 《通典》卷一。
② 《通典》卷四十一《礼一·礼序》。
③ 《通典》卷一百四十八《兵一·兵序》。
④ 《通典》卷三十一《职官十三·王侯总叙》。

益，三变而著明，酌乎文质，悬诸日月，可谓盛矣。"①对于大唐的乐，他也是特别推崇，说："圣唐贞观初，作《破阵乐舞》，有发扬蹈厉之容，歌有粗和啴发之音，表兴王之盛烈，何谢周之文、武。"②

杜佑同样认为历史的变化是一种质文之变，其立意在于说明要根据历史的变化，适时地进行变革。在这一点上，他又继承了司马迁的承弊易变的思想。他论及历代的选举职官制度的变化，说：

> 夫人生有欲，无君乃乱。君不独理，故建庶官。……夫文质相矫，有如循环，教化所由，兴衰是系，……且三代以来，宪章可举，唯称汉室，继汉之盛，莫若我唐。惜乎当创业之初，承文弊之极，可谓遇其时矣，群公不议救弊以质，而乃因习尚文，风教未淳，虑由于此。③

杜佑指出在制度上，三代以后，可以称道的是汉代，而大唐度越两汉，这同样是一种历史的进步观点。他说的文质递变，如同循环。这是为他的更革论提供历史的依据。这里可以再深入一步分析，他认为"夫人生有欲，无君乃乱，君不独理，故建庶官"。在另一个地方他肯定前人的思想，说：

> 夫人，有生万物之最灵者也，然而爪牙不足供其欲，趋走不足避其害，无毛羽以御寒暑，必役物以为养，任智而不恃力者也。故不仁爱则不能群，不能群则不能胜物。群而聚之是为君矣，归而往之是为王矣。人既群居，不能无喜怒交争之情，乃有刑罚轻重之理兴矣。……今掇摭经史，该贯年代，若前贤有误，虽后学敢言，亦庶几成一家之书尔。④

从物质欲望上说明制度的发生，并进而指出制度的发展，表明生民在同自然斗争中形成群体，由是而有君王，由于群体中有争斗，产生了刑政。他说兴衰系于教化，而教化之本，则是在食货。这又是一种历史运动之"理"。把这些联系起来，可以看出他的历史运动观的深刻的内涵，发展了荀子等

①　《通典》卷四十一《礼一·礼序》。
②　《通典》卷一百四十一《乐一·乐序》。
③　《通典》卷十八《选举六·杂议论下》"评曰"。
④　《通典》卷一百六十三《刑法一·刑法序》。

人历史观中的积极的因素。以这样的眼光观察中国历史，成就了他的"一家之书"的特色。

第三，古今异势的论述。上面实际上已经涉及这个问题。古今是一个进步的过程，当然今与古相异。他不满足于一般论述进步中相异，进而提出处理具体的事件时，要以"势"的眼光综合分析历史的运动。中唐以后，有人以西周、东周都城变动为例，提出把唐朝的都城由长安迁到洛阳，或其他的地方。杜佑不同意这样的意见，说："古今既异，形势亦殊。"他从地势、财源、唐朝边塞情况及周边关系上作了分析，并以历史为例说明唐朝的都城不可变动。他慨叹："夫临制万国，尤惜大势，秦川是天下之上腴，关中为海内之雄地。巨唐受命，本在于兹。若居之则势大而威远，舍之则势小而威近，恐人心因斯而摇矣，非止于危乱者哉，诚系兴衰，何可轻议。"① 他反对那种是古非今的观点，说："人之常情，非今是古，不详古今之异制、礼数之从宜。"②

所以，杜佑的历史总结显示出的通识，表明他对历史的总结相当深刻。司马迁的《史记》的历史总结，体现承弊易变的卓越的思想，但应当说，《史记》着重思考的是战国到西汉前期的历史变动，历史所能提供的真实的历史材料有一定的限度。唐代是中国封建社会发展时期，宋元是封建社会的继续发展时期，但是中唐以后，从总体上看，中国封建社会的上升阶段已经结束。杜佑对封建社会的各个层面上暴露出来的各种矛盾，作了系统的、贯通的思考，史学通识因而得到了进一步的发展。

杜佑在《通典》中，对历史做出的具体的总结，其重心一个是食货，一个是兵与边防。礼的部分内容虽多，但相对来说，是放在一个较为次要的地位上。这一点可以理解，唐朝的危机集中在土地与赋税上，周边关系上的矛盾在激化，这些直接影响唐朝的盛衰变动。

杜佑反对土地的高度集中，认为土地危机直接影响政权的稳定。他说：

> 谷者，人之司命也；地者，谷之所生也；人者，君之所治也。有其谷，则国用备；辨其地，则人食足；察其人，则徭役均。知此三者，谓之治政。……夫《春秋》之义，诸侯不得专封，大夫不得专地。若使豪人占田过制，富等公侯，是专封也；买卖由己，是专地也。欲无流

---

① 《通典》卷一百七十四《州郡四·风俗》"议曰"。
② 《通典》卷五十八《礼十八·公侯大夫士婚礼》"议曰"。

宂，不亦难乎。①

中唐以后，土地集中的途径有两个，一是豪强无限制地占田，二是通过买卖土地。第一种情形一直存在，第二种情形，在商品经济发展以后，更加明显地表现出来。解决土地危机，杜佑没有新的方案，他所说的基本上还是行井田，使农民不离开土地，以保持社会的稳定。他看出土地问题在新的时代下有新的特点，但他又没有解决土地危机的良方。

杜佑认为农是国之根本。他说：“农者，有国之本也。先使各安其业，是以随其受田，税其所植，焉可征求货币，舍其所有而责其所无者哉。”②主张以农为本而反对货币地租，就这一点说，是思想上局限性的反映，但应当看到，其用心是在反对土地高度集中。

造成中唐以后社会危机的原因之一，杜佑认为是“厚敛”。唐初实行“薄赋轻徭”政策，收到了很好的成效，为后来唐朝的中兴奠定基础。他说：高祖、太宗轻徭薄赋“泽及万方，黎人怀惠，是以肃宗中兴之绩，周月而能成之，是虽神算睿谋，举无遗策，戎臣介夫能竭其力，抑亦累圣积仁之所致也”。由此他得出一个结论：“夫德厚则感深，感深则难摇，人心所系，故速戡大难，少康、平王是也。若敛厚则情离，情离则易动，人心已去，故遂为独夫，殷辛、胡亥是也。”夏商周秦的历史证实“轻敛”的意义，大唐的兴衰史也说明“轻敛”对维系一个政权较长时期稳定的重要性。杜佑作为一代宰臣，他也看到，薄敛、轻敛与当时繁重的财政开支有矛盾。空谈薄敛是无济于事。他从历史中总结出经验，说：

> 今甲兵未息，经费尚繁，重则人不堪，轻则用不足，酌古之要，通今之宜，既弊而思变，乃泽流无竭。夫欲人之安也，在于薄敛；敛之薄也，在于节用。若用之不节，宁敛之欲薄，其可得乎？

他提出具体的主张，说：“先在省不急之费，定经用之数，使天下之人，知上有忧恤之心。取非获已，自然乐其输矣。古之取于人也，唯食土之毛，谓什一而税；役人之力，谓一岁三日。未有直敛人之财，而得其无怨，况

---

① 《通典》卷一《食货一·田制上》。
② 《通典》卷十二《食货十二·轻重》“论曰”。

取之不薄、令之不均乎?"①行轻赋和省不急之费的"节用"是二位一体。他提出在理财上,应当是"酌古之要,通今之宜",通古今之变,以得到切实可行的理财之方。杜佑的通变思想和经世思想,是一个整体。

杜佑对货币的认识值得重视,他深知货币在经济流通中的作用,他说:"原夫立钱之意,诚深诚远。凡万物不可以无其数,既有数,乃需设一物而主之。其金银则滞于为器、为饰;谷帛又苦于荷担、断裂。唯钱但可贸易,流注不住如泉。若谷帛为市,非独提挈断裂之弊,且难乎铢两分寸之用。"所以,货币出现是一种经济上的必然。杜佑同意前人的观点,作为人主,应当以钱为"衡",以此作为鼓励垦殖农桑的手段:

> 衡者,使物一高一下,不得有常,故与夺贫富,皆在君上。是以人戴君如日月,亲君若父母,用此道也。
>
> 夫生殖众,则国富而人安;农桑寡,则人贫而国危。使物之重轻,由令之缓急。权制之术,实在乎钱,键其多门,利出一孔,摧抑浮浪,归趣农桑,可致时雍,跻于仁寿,岂止于富国强兵者哉!②

但是一代言利的君臣,以小钱作重钱,滥铸钱币,又以严刑禁铸,造成社会的动荡不安。杜佑主张以货币作为一种趋农归田的措施,以货币经济为手段,来维持封建社会生产有序地进行,这一点是他经济变革思想的重要特点。他意识到货币有分离农业生产者和土地相结合的作用,因此又力图通过货币,使农民再度依附于土地。封建社会理财家思想上的矛盾反映出社会商品经济发展的实际。

虽然对于战国时期商鞅开井田的办法,杜佑不同意,但是他仍把商鞅作为治财的六个贤臣之一。杜佑说:

> 周之兴也,得太公;齐之霸也,得管仲;魏之富也,得李悝;秦之强也,得商鞅;后周有苏绰;隋氏有高颎。此六贤者,上以成王业,兴霸图;次以富国强兵,立事可法。其汉代桑弘羊、耿寿昌之辈,皆起自贾竖,虽本于求利,犹事有成绩。自兹以降,虽无代无人,其余

---

① 上引见《通典》卷十二《食货十二·轻重》。
② 《通典》卷八《食货八·钱币上》。

　　经邦正俗，兴利除害，怀济时之略，韫致理之机者，盖不可多见矣。①

对历史上的理财有成绩的人物，不能一概视作"聚敛"之臣，杜佑指出这一
点是有意义的。理财与聚敛不是一回事。理财有一条原则，这就是使国用
增加，同时又使"大贾畜家，不得豪夺吾民"②。他首肯管仲、李悝、商鞅
等，也是从这一点出发的。

　　兵与边防，是杜佑总结历史的另一个重点。从历代的安边政策看，唐
朝前期对外用兵与积极备边，是"安边之良策，为国家之永图"③。开元以后
的"务恢封略，以甘上心"的开边政策，则是错误的。画野封疆，始自五帝，
五帝之治，重在德而不在开边，历代的帝王不顾后果的开边，使天下骚然，
民不聊生，这个教训可以作为一代人主的"殷鉴"。杜佑说：

　　　　夫天生烝人，树君司牧，是以一人治天下，非以天下奉一人。患
　　在德不广，不患地不广。秦汉之后，以重敛为国富，卒众为兵强，拓
　　境为业大，远贡为德盛。争城杀人盈城，争地杀人满野。用生人膏血，
　　易不殖土田。小则天下怨咨，群盗蜂起；大则殒命歼族，遗恶万代。
　　不亦谬哉！④

杜佑以两汉对匈奴用兵与和亲两方面的事实，说明实行和亲的政策，则边
境少事⑤。

　　与边疆思想相关的是杜佑的民族思想。他有一个重要的观点即"古之中
华与夷狄同"，他说：

　　　　古之中华多类今之夷狄。有居处巢穴焉，有葬无封树焉，有手团
　　食焉，有祭立尸焉。

所以，中华与四夷并没有根本的区别。只是由于所处的地理条件差异，导

　　①　《通典》卷十二《食货十二·轻重》"论曰"。
　　②　《通典》卷十一《食货十一·平准》。
　　③　《通典》卷一百四十八《兵一·兵序》。
　　④　《通典》卷一百七十一《州郡一·州郡序》。
　　⑤　参见《通典》卷一百九十四《边防十·匈奴》。

致发展上差别。由此，那种认为周边各族"非我族类"的观点自然是错误的，务欲开边的穷兵黩武政策，也自然是错误的。他说：

> 历代观兵黩武，讨伐戎夷，爰自嬴秦，祸患代有。始皇恃百胜之兵威，既平六国，终以事胡为弊；汉武资文景之积蓄，务恢封略，天下危若缀旒。王莽获元始之全实，志灭匈奴，海内遂至溃叛。隋炀帝承开皇之殷盛，三驾辽左，万姓怨苦而亡。夫持盈固难，知足非易，唯后汉光武深达理源。建武三十年，人康俗阜，臧宫、马武请殄匈奴，帝报曰："舍近而图远，劳而无功。舍远而谋近，逸而有终。务广地者荒，务广德者强。有其有者安，贪人有者残。"自是诸将莫敢复言兵事。于戏！持盈知足，岂特治身之本，亦乃治国之要钦。①

杜佑的历史总结把古与今联结在一起，指出开元天宝之际西陲、东北用兵的错误，说："前事之元龟，足为殷监者矣。"

杜佑，字君卿，京兆万年（今陕西西安）人，生于唐玄宗开元二十三年（735年），卒于唐宪宗元和七年（812年）。杜佑以荫入士，补济南郡参军、剡县丞。后任浙西观察、淮南节度等官。贞元十九年（803年）入朝，拜检校司空、同平章事，充太清官使。德宗崩，摄冢宰，充度支盐铁等使。元和元年（806年）拜司徒、同平章事，封岐国公。《旧唐书》对他的评价是："佑性敦厚强力，尤精吏职，虽外示宽和，而持身有术。为政弘易，不尚瞰察，掌计治民，物便而济，驭戎应变，即非所长。性嗜学，该涉古今，以富国安人之术为己任。"其中说他"驭戎应变"非其所长，这种评价不恰当。杜佑在开边问题上与唐宪宗不合，他反对用兵西北，上疏说："盖圣王之理天下也，唯务绥静黎人，西至流沙，东渐于海，在南与北，亦存声教。不以远物为珍，匪求遐方之贡，岂疲内而事外，终得少而失多。"这种意见没有被采纳。但事实证明杜佑的看法是对的。杜佑于繁忙政务中，"勤而无倦，虽位极将相，手不释卷。质明视事，接对宾客，夜则灯下读书，孜孜不怠"②。

杜佑著作除《通典》200卷外，还有《理道要诀》10卷，《管氏指略》2卷，《宾佐记》1卷。后三种作品，今天已经看不到了。

在杜佑稍后，柳宗元（773—819年）对历史的总结更为深刻，带有哲理

---

① 《通典》卷一百八十五《边防一·边防序》。
② 上引见《旧唐书》卷一百四十七《杜佑传》。

的特色。唐朝后期，社会的危机加深，学术上出现值得注意的思潮。柳宗元说："近世之言理道者，众矣；率由大中而出者，咸无焉。其言本儒术，则迂回茫洋而不知其适；其或切于事，则苛峭刻核，不能从容，卒泥乎大道。甚者好怪而妄言，推天引神，以为灵奇，恍惚若化而终不可逐。故道不明于天下，而学者之至少也。"①就思潮的一般表现形式，诚如柳宗元所说："言理道者众"，但是这中间有诸多情形，一种是韩愈的儒家的道统观，另一种是柳宗元的以儒为主，融会儒、释、道各家的"理道"理论。还有一种是杂博地言"理道"的观点，也就是柳氏批评的"其言本儒术，则迂回茫洋而不知其适"。总之，唐朝后期，学术思潮的新情况，在史学思想上必然有所反映。

为了说明问题，首先应当对柳宗元的思想特点，做一分析。柳宗元崇儒学，但他要求在穷究学问的本源后能立异以创新，这就是他说的："君子之学，将有以异也，必先究穷其书，究穷而不得焉，乃可以立而正也。""务先穷昔人书，有不可者而后革之，则大善"②。他不同意盲目排斥释老，说：

> 太史公尝言：世之学孔氏者，则黜老子；学老子者，则黜孔氏，道不同不相为谋。余观老子，亦孔氏之异流也，不得以相抗；又况杨、墨、申、商，刑、名、纵横之说，其迭相訾毁，抵捂而不合者，可胜言耶？然皆有以佐世。太史公没，其后有释氏，固学者之所怪骇舛逆其尤者也。③

他称赞有的学者，不守门户，"悉取向之所以异者，通而同之，搜择融液，与道大适，咸伸其所长，而黜其奇衺，要之与孔子同道，皆有以会其趣，而其器足以守之，其气足以行之。"

柳宗元"不守门户"的态度和韩愈迥异，他批评韩愈，说：

> 儒者韩退之与余善，尝病余嗜浮图言，訾余与浮图游。近陇西李生础自东都来，退之又寓书罪余，且曰："见《送元生序》，不斥浮图。"浮图诚有不可斥者，往往与《易》《论语》合，诚乐之，其于性情奭然，

---

① 《柳河东集》卷三一《与吕道州温论非国语书》。
② 《柳河东集》卷三十一《与刘禹锡论周易九六书》。
③ 《柳河东集》卷二十五《送元十八山人南游序》。

不与孔子异道。退之好儒未能过扬子，扬子之书于庄、墨、申、韩，皆有取焉。浮图者，反不及庄、墨、申、韩之怪僻险贼耶？曰："以其夷也。"果不信道而斥焉以夷，则将友恶来、盗跖，而贱季札、由余乎？非所谓去名求实者矣。吾之所取者，与《易》《论语》合，虽圣人复生不可得而斥也。①

柳宗元与韩愈的争论在学术史上是一件大事。韩氏在《原道》中，一再表明他是固守禹、汤、文、武、周公、孔、孟之道，对此之外的学术，必须一律排斥，他说："不塞不流，不止不行。人其人，火其书，庐其居，明先王之道以道之。"这简直是再放一把"秦火"，与西汉董仲舒"罢黜百家"的主张，是一脉系之。对于自己的好友柳宗元能融会诸家之说，大不以为然，直有鸣鼓而攻之之势。对此，柳宗元表明自己的心迹，说："通而同之，搜择融液，与道大适，咸伸其所长。"他说所取者，是取其与《易》《论语》两书相通者。无疑地，柳宗元的学术精神是汇众家之长，成一家之说。这正是学术发展的正确方向。柳宗元对佛学是有抉择的，除上面说的是取其与《易》《论语》合者。另外，他于佛学重在其学理思想，看重马鸣、龙树之道，认为在佛教传入中国过程中，言禅最病，"拘则泥乎物，诞则离乎真。真离而诞亦胜"②。柳宗元没有全盘接受佛学，而是有选择地取其要义。柳宗元对佛学的认识还有一些局限，但从总体上说，他主张吸收释、道中的学理，取其合于儒学学理者，这是代表当时学术发展方向的。应当说，以后两宋儒学的变化、理学的产生，在实际上是柳宗元的学术精神的延伸与发展。虽然宋代的理学家，都是以尧、舜、禹、汤、文、武、周、公、孔、孟及韩愈，作为道统的统系，而儒学如果不融会释、道，吸收新的思想因素，是不可能发生变化的。从这个意义上说，柳宗元的思想，预示着儒学行将发生的变化。因此，对于柳宗元吸收佛理的主张，要历史地看待，具体地给以评价。

我们把柳宗元的《贞符》《封建论》《天对》《非国语》等篇章联系起来，就可以明显看出他对历史的总结具有的哲理性。柳宗元认为自然与社会不是一回事，"天""人"不相预。他在给刘禹锡的信中说：

---

① 《柳河东集》卷二十五《送僧浩初序》。
② 《柳河东集》卷六《龙安海禅师碑》。

生植与灾荒，皆天也；法制与悖乱，皆人也。二之而已。其事各行不相预，而凶丰理乱出焉，究之矣。①

在柳宗元看来，自然的"天"，也就是生植与灾荒，同社会的"人"事上的法制与悖乱，是两件不相干的事。但是它们都有一个"凶丰理乱"的问题。所以说，柳宗元认为天人相分又相关。柳氏说的天人相关，也仅是"凶丰理乱"的变化，他不同意说"天"可以行赏罚，这也是他和韩愈思想上的分歧点。韩愈认为，人们经常哀号于上天，自然变化给人类带来各种灾祸，是一种赏罚报应。柳宗元批评这样的意见，说：

彼上而玄者，世谓之天；下而黄者，世谓之地；浑然而中处者，世谓之元气；寒而暑者，世谓之阴阳。是虽大，无异果蓏、痈痔、草木也。假而有能去其攻穴者，是物也，其能有报乎？蓄而息之者，其能有怒乎？天地，大果蓏也；元气，大痈痔也；阴阳，大草木也，其乌能赏功而罚祸乎？功者自功，祸者自祸，欲望其赏罚者，大谬。呼而怨，欲望其哀且仁者，愈大谬矣。②

柳宗元认为天地形成以前，只有元气。天地万物起源于"元气"说，构成了他的宇宙观、历史观的理论基础。他说："本始之茫，诞者传焉。"究其根本由来，"惟元气存"。③

社会上人的各种差别，是"气"的差别，柳宗元说：

夫天之贵斯人也，则付刚健、纯粹于其躬，倬为至灵，大者圣神，其次贤能，所谓贵也。刚健之气，钟于人也为志，得之者运行而可大，悠久而不息，拳拳于得善，孜孜于嗜学，则志者其一端耳。纯粹之气，注于人也为明，得之者爽达而先觉，鉴照而无隐，旽旽于独见，渊渊于默识，则明者又其一端耳。④

---

① 《柳河东集》卷三十一《答刘禹锡天论书》。
② 《柳河东集》卷十六《天说》。
③ 《柳河东集》卷十四《天对》。
④ 《柳河东集》卷三《天爵论》。

"气"的差别是圣贤及一般人的差别的根据，后来宋儒以"气"之清浊，说明圣贤的区别，可以看成是这一理论的发展和变化。

柳宗元认为历史的发展受势的支配，他在《封建论》中说，行封建或是废封建，不是某一个圣人的意志，它是为历史的势所决定的。"彼封建者，更古圣王尧、舜、禹、汤、文、武而莫能去之。盖非不欲去之，势不可也。势之来，其生人之初乎？不初，无以有封建。封建，非圣人意也。"①总之，柳宗元的历史观，是一种独特的气势说。

中国古代很多思想家、史学家对远古时代的认识含有一种历史的进化的思想，如《易·系辞》《韩非子》等。他们认为初民社会是一个和野兽相处的洪荒的时代，以后才慢慢地进步，进入到文明的社会。柳宗元继承这一思想，又有新的发展。他反对董仲舒的受命于天的说法，认为大唐是"受命于生人"。这一看法是建立在他的古史观上的，他在《贞符》篇中描述生民之初的社会，说：

> 惟人之初，总总而生，林林而群。雪霜风雨雷雹暴其外，于是乃知架巢空穴，挽草木，取皮革；饥渴牝牡之欲驱其内，于是乃知噬禽兽，咀果谷，合偶而居，交焉而争，睽焉而斗。力大者搏，齿利者啮，爪刚者决，群众者轧，兵良者杀。披披藉藉，草野涂血。然后强有力者出而治之，往往为曹于险阻，用号令起，而君臣什伍之法立。②

与前人的论述相比，《贞符》篇的思想发展的地方：一是初民是在同自然的斗争中发展起来的。这里没有说是圣人出现，才把初民引出洪荒世界。二是君臣什伍之法，是人类在初民的争斗中产生的。这里也没有田园牧歌式的黄金世界的场景。三是在初民的争斗中，才有君臣什伍之法，以后才有黄帝、尧、舜、禹这些圣人出现。后世帝王非受命于天，而是受命于生人。在史学思想史上，这是历史观上一次重大的进步。

《封建论》对远古人的生存发展做了更为详细的论述，说：

> 彼其初与万物皆生，草木榛榛，鹿豕狉狉，人不能搏噬，而且无羽毛，莫克自奉自卫。荀卿有言：必将假物以为用者也。夫假物者必

---

① 《柳河东集》卷三《封建论》。
② 《柳河东集》卷一《贞符》。

争，争而不已，必就其能断曲直者而听命焉。其智而明者，所伏必众；告之以直而不改，必痛之而后畏；由是君长刑政生焉，故近者聚而为群。群之分，其争必大，大而后有兵有德。又有大者，众群之长又就而听命焉，以安其属，于是有诸侯之列，则其争又有大者焉。德又大者，诸侯之列又就而听命焉，以安其封，于是有方伯、连帅之类。则其争又有大者焉，德又大者，方伯、连帅之类又就而听命焉，以安其人，然后天下会于一。是故有里胥而后有县大夫，有县大夫而后有诸侯，有诸侯而后有方伯、连帅，有方伯、连帅而后有天子。自天子至于里胥，其德在人者，死必求其嗣而奉之。故封建非圣人意也，势也。①

这就从社会内部的矛盾中阐明礼乐刑政及封邦建国的来历，这些都是历史发展的必然。

对于秦始皇废封建行郡县，历来史家多持批评的态度，而柳宗元是另一种看法。他认为，历史上的继承是"不得已"，而变革也是一种必然，"夫殷周之不革者，是不得已也。盖以诸侯归殷者三千焉，资以黜夏，汤不得而废；归周者八百焉，资以胜殷，武王不得而易。徇之以为安，仍之以为俗，汤、武之所不得已也。夫不得已，非公之大者也，私其力于己也，私其卫于子孙也。秦之所以革之者，其为制，公之大者也；其情私也，私其一己之威也，私其尽臣畜于我也。然而公天下之端自秦始"②。从历史变化的必然上看，秦废封建行郡县，在制度上是"公"，不是私，柳宗元说"然而公天下之端自秦始"，给历史以别样的评价。

柳宗元反对灾祥说，《国语》以灾祥解释社会人事的变动，他说："以配君罚天祸，皆所谓迁就而附益之者也。"他反对占卜迷信，说："卜史之害于道也多，而益于道也少，虽勿用之可也。"③在《贞符》篇中，他也指出了天命论之错谬，史书的所谓的符瑞，是"诡谲阔诞，其可羞也"。但我们也要指出，柳宗元对佛教态度有暧昧的地方，也相信人死后有灵魂，这些又是他的不足处。

总之，柳宗元是从哲理的高度上提出了对历史的总体的看法，是中国史学思想上的一个重大的发展，预示着中国史学思想史将向一个新的高度发展。

---

① 《柳河东集》卷三《封建论》。
② 《柳河东集》卷三《封建论》。
③ 《柳河东集》卷四十四《非国语上》。

第九章　理学和史学

第一节　理学和史学的相互影响

　　从根本上说，一个时代的史学思想的发展，反映了当时社会的矛盾。社会现实对史学思想的影响，有两个重要的方面。一个方面是现实的矛盾成为驱动史学家研究历史的动力，形成历史研究的课题，构成史学思想的具体内容，也决定这一时期的史学思想的性质。由于时代的变化，即使是同样的命题，不同时期的史学思想的内涵也不尽一致。同样是讲历史的盛衰，两宋以前和两宋以后，历史的盛衰论有着不同的特点。现实对史学影响的另一个方面，是这个时代的哲学思潮对史学的影响，特别是对史学思想的影响。这个问题不难理解，史学思想中的历史观点，本身就是哲学的一个组成部分。哲学的基本观点及思维方式，影响到人们对历史过程的认识，对历史的解喻。哲学观点也会影响史学的编纂思想，并作用于人们对史学社会价值的认识。一个时代的哲学对史学的影响，归根结底，是社会现实对史学作用的反映。因此，毫不奇怪，有的时代，经济也在发展，社会充满矛盾，但由于哲学贫困，这个时代的史学思想苍白，史学缺乏活力。研究史学思想，很重要的一个方面，是从时代的哲学的思潮上，把握这个时代的史学思想，讨论这个时代的史学。

　　这里不是说史学思想只是消极地反映现实，被动地接受哲学的影响。史学思想同样对社会、对哲学有重要的反作用。历史著作的刊刻、流传，传播了一定的思想，影响人们对社会现实的看法、对解决社会危机的思考，也影响到人们对历史前途的认识。在封建社会里，人主臣僚总是按照对历史的一定的理解，处理军国事宜，进行改革的活动。有的史学家也是努力通过自己的历史著作，宣传一种观点、一种主张，"格君心之非"，从而使历史作品对社会产生一定的影响。有的史学家明确地宣称自己写史书，是为"圣览"，是给皇帝读的。一定的史学思想、历史观，不同程度地影响社会变革的进程及其成效。封建统治者看到史学、哲学能够说明自己统治的合理性，合于天理，能够为自己的治理、更化提供一定的经验教训，就会倡导这样的学术。但这往往需要一个过程。

史学对哲学的影响，具体到宋明时期，是史学对理学的影响，这是很明显的。史学思想中的历史观是哲学的组成部分，这在上面已经说过，它影响到理学体系的形成。二程奠定理学的根基，却不是理学的集大成者，一个十分重要的原因，是他们论历史兴衰之"理"，却对史学的价值认识不足，至少是在史学的领域内没有做什么工作，这影响到二程对理学的构建。朱熹成为理学的集大成者，不但因为他能集理学诸家之说熔铸成朱学的基本的内容，而且还在于他十分重视史学，努力把包括史学在内的各个学术门类，纳入到他的理学的体系中去。他在史学方面所做的工作，一个很重要的方面是使史学"会归理之纯粹"。

宋明理学对史学的影响，可以从以下几个方面阐明。

首先，在历史认识上的影响。理学家认为，自然界和社会的运动是天理流行，是阴阳消长的气化的运行。二程认为："往来屈伸只是理。""有盛则必有衰，有终则必有始，有昼则必有夜。""时所以有古今风气人物之异者，何也？气有淳漓，自然之理……气亦盛衰故也"。① 朱熹进一步发展了二程的观点。理学家讨论天人问题，以"理"对宇宙自然和历史社会作深层次的概括，把人类社会作为宇宙总过程的一个组成部分。"求理"思维的特征之一，是通天通地，贯古贯今，周敦颐的《太极图》从根本上说，是"究天人合一之原"②。张载以气说明人与自然相统一，世界万事万物和人都是气的体现。气有清浊昏明，人与物才有分别。《西铭》说："民吾同胞，物吾与也。"这种气化史观是打通天人的理论。邵雍写的《皇极经世书》把自然发展和人类的历史行程作为一个统一的过程，编排出从"开物"到"闭物"的运动的周期。

这些是中唐以后的史学思想的发展，史学的通识明显地表现这一点。胡宏的《皇王大纪》、苏辙的《古史》等作品，论及宇宙的运动、生命的起源、社会的出现与发展，他们贯通天人思考这些问题，以证明天理的先验性、永恒性。司马光的《稽古录》、刘恕的《通鉴外纪》、黄震的《古今纪要》、金

---

① 《河南程氏遗书》卷十五。
② 《张子正蒙注》卷九。

履祥的《资治通鉴前编》等，都是这样的作品，"广摭史传，以经义贯通之"①。《通志》首列《三皇本纪》，用当时可能收集到的材料，写初民社会的状况。尽管以上各种作品受到时代的限制，很多是一种臆想、推测，但其中不乏精彩的描述、说明，这些是古史观念的发展。

理学家用"理气"说，贯通天人古今，以天理流行的情况作为划分历史的依据。在理学家、史学家中，较为普遍的看法是，中国历史可以划分成两个阶段，分成先王、后王，或者说分成三代以前和三代以后两个明显不同的阶段。用二程的话说是，先王之世是以道治天下，后世以法把持天下。邵雍以皇、帝、王、霸四段概括中国历史的变化。朱熹提出的历史过程论，完全渗透理学思想，把中国历史打成两截：三代和三代以后。他说这两个阶段不同：三代天理流行，汉唐人欲横流。史学家同样表现出对三代的推崇，司马光是这样，马端临同样有这样的倾向。马氏一方面指出，制度要因时变化，"返古实难"；另一方面，他认为三代以前是公天下，夏以后是家天下，秦始皇灭六国后，"尺土一民，皆视为已有"。

理学家认为对历史兴衰起作用的是天理，"理"是封建纲常名分。理学家、史学家多从这样的角度谈历史的兴衰，以"理"总结兴亡得失。司马光认为维持纲常名分的等级制度，是使"上下相保而国家治安"的根本的办法。史臣论赞、史评、史论作品，大多数是执天理标准评价历史事件，议论历史人物的功过，讨论历史的兴衰。

两宋以后，谶纬神学、灾祥说的天人感应理论受到进一步的批判。理学家从理的高度分析历史的问题，不满意谶纬神学对历史变化所做的粗鄙的解说。一般地说，他们没有否定天命论，但分析历史的兴亡，很少谈天命，不赞成以灾异说去牵强附会地解释历史的变动，认为言灾异须达理。这是大多数史家解说历史的理论。相比较而言，史学家在肯定天理对历史支配的同时，对天命论持保留意见的同时，又强调人事的作用。用欧阳修的话说是："盛衰之理，虽曰天命，岂非人事哉。"②

理学对史学产生的影响，另一个表现是理学观点反映到史书编纂的思想上。这种效应体现在两个方面：一是史法、史例，二是史书编纂体裁。

这里要提到两宋的《春秋》学，理学家对《春秋》的解释和研究，形成《春秋》学。它在史学上的影响可以从三个方面来说：一是所谓的《春秋》的褒贬

---

① 《曝书亭集》卷四十五《皇王大纪跋》。
② 《新五代史》卷三十七《伶官传》。

笔法。这一点也不完全是宋人的发明，他们大多数人不过更加突出这一点，从而形成一种思潮。他们认为孔子作《春秋》寓褒贬，甚至认为《春秋》中字字有褒贬，句句有圣人的用心。二是所谓的正统论，写史书要严正闰，别夷夏。与前二者相关的是所谓的《春秋》义例。史家很重视史例，吕夏卿作《唐书直笔》，系统解释《新唐书》的史例；徐无党注欧阳修的《新五代史》，着重发明《新五代史》的史例；朱熹作《资治通鉴纲目》，尹起莘等发明朱子的一套史例。当然，这些史例不一定合乎史书的本意，他们以天理说立凡例，是力图把理学渗透到史学中去。

史书的体裁发生的变化，同样也可以看出理学对史学的侵蚀。学术史著作得到较大的发展，一个重要原因是理学家写学术史作品，如朱熹的《伊洛渊源录》、李心传的《道命录》等书的编写，是为宣传理学的观点，以适应道统建立的需要。朱熹和他的学生改作《资治通鉴》为《资治通鉴纲目》，其动机，是要使史书更好地宣传天理之正。

理学与史学的发展几乎是平行的，这同样反映出理学对史学的影响。宋代重要的史学家，几乎每一个人都在理学史上占有重要的地位。但是，理学与史学在相互联结的发展过程中，是相互联系，又是相互矛盾的。理学家要使史学成为理学的附庸，提出所谓的"经细史粗"说。史学家在用理学观点解释历史时，并没有忽视从历史的实际出发，总结历史兴衰的经验教训，而不是停留在空洞的天理说教上。因此，有的史学家被理学家看作是"格物不精"。还有的史学家直接提出与理学相对立的观点。中国中世纪的史学没有完全理学化，没有成为理学的婢女，这不能不说是一个十分重要的原因。

宋明的史学思想大致可以分成两个时期，两宋和辽、金是一个时期，元和明前期是一个时期。前一个时期，是理学的体系建立和发展的时期，也是史学思想变化发展最为生动的时期。后一个时期，是承前一时期史学的余绪，随着理学成为钦定的学说，统治整个封建社会的学术思想，史学思想发展失去了前一时期的活力。

明中期后，心学发达是一变，实学、经世的史学思想和历史批判的意识及史学批评的思想异军突起，又是一变。

就两宋的史学思想说，可以分成四个阶段，从史学的变化上说，欧阳修的庐陵史学开其先，然后进入到一个新的阶段，出现众帆竞发、百舸争流的局面。朱熹的考亭史学后，史学思想上进入到相对缓慢发展的阶段，史学思想的天地里出现了沉闷的局面，依然是在争正统、论史例等上面作文章。而这恰恰是与理学的发展相平行的。

也应当说明史学对理学发展的影响。第一，理学的发展不能不包括史学思想。理学的求"理"，离开"考古今""多识前言往行"，是无法实现的。天理的论证，很重要的一点，是要说明封建社会等级制度的永恒，纲常名分道德为天理的体现。这一方面少不了历史的说明，万物一理，理一分殊，离开历史的阐释，理气说只能是半截子的理论；少了"历史"的说明这个"半壁江山"，理学就不成其体系。所以，理学家尽管在形式上轻视史学，提出经先史后、经细史粗等观点，但在实际上，他们不能不借助历史的说明，建构理学体系的大厦。而且理学的终极目标是以理来治天下，"修身齐家治国平天下"，维持封建的统治。缺少历史的验证，理学的说教没有落脚点，也很难为封建人主所接受，理学的价值难以为封建人君所认可。所以，史学的理学化是理学发展的需要。

第二，前面已经提到，理学与史学是在相互联系、相互吸收又相互矛盾、相互斗争中发展的。朱熹改作司马光的《资治通鉴》为《资治通鉴纲目》，固然是不满意司马光在理学思想上存在缺陷，但从另一方面说，他还是承认《通鉴》的作用，还是吸收了司马光的史学成果。朱熹思想在主要方面，与郑樵的史学思想对立，但是对郑樵在史学批评上的很多观点，却是加以认可，并且有所吸收，作为他的理学的因素。

在宋代的史学思想上，一方面是史学表现出理学化的倾向，从理学在古史、史评有关著作中浸润，到朱熹的考亭史学，明显地表现出这一点；另一方面，从司马光涑水史学到以李心传、李焘二李为代表的蜀中史学，以及浙东史学的经世思想，则是另一种情形。史学思想上，宋代的史学既有理学化的一面，又有重考订、求致用的一面，存在着非理学化的一面。以天理评论、解说、编排历史；又讲史学致用，讲修心、治国、平天下各个层次上的致用，以事实讲盛衰。两者并存于史学中。我们不能简单地把宋代的史学看成是理学化或者是非理学化的发展，但是确实是存在两种倾向。从主导方面上看，郑樵史学是和理学化的史学相对立的异军。理学也是在这种矛盾斗争中得到发展的。

所以，研究宋代的理学应当研究当时的史学思想。这一点，在近代的一些理学史的著作中开始被注意到，但在总体上，似乎还要做更深入一步的探讨。

第二节　天理论和历史盛衰论

两宋以及辽金时期的史学思想，具体地又可以划分为四个阶段。北宋以宋仁宗庆历元年作为第一和第二阶段的分界线。

我们应当从五代时期的史学观点说起。五代各个小朝廷，在战乱的情形下，还有一些人要求从史书中寻找鉴戒，后梁的史馆上书，要求写史，表彰他们的"忠臣名士"①。后周世宗时，监修国史李昉等上书，认为要直书记"国家安危之道"。从后唐文宗以后，修《日历》一事，一直为人君所重视②。周太祖鼓励史臣修史，以"究为君治国之源，审修己御人之要"③。五代时期的人君重视日历、实录的编修，在变动不定的环境下，出现一批较为有名气的史臣，如赵莹、贾纬、刘昫、张昭远等。赵莹曾在《诗》中称贾纬是"史才不易得"的人物，贾氏长于纪传，且议论刚强，有人说他是"贾铁嘴"。这一时期的史事记录、前朝史书唐史的编修，都反映他们重视借鉴历史的经验；同时又以史说明各个小朝廷政权出现合乎天意，说明"禅让"为"知其数而顺乎人"的行为。所以，两宋的史学思想沿着这条路径发展，随着理学的兴起，两宋的历史兴衰论得到了升华。

从太祖建隆元年（960年）到仁宗康定元年（1040年），北宋统治者消灭十国，并且采取措施加强中央集权统治。史学思想上所反映的时代特点，是突出《春秋》大一统及尊王攘夷的观念。宋朝官修的四大部书，即《太平御览》《太平广记》《文苑英华》和《册府元龟》，以及官修的《旧五代史》等，中心的观念是尊王与求鉴。从总的方面看，学术思想没有创新，皮锡瑞说："经学自唐以至宋初，已陵夷衰微矣。然笃守古义，无取新奇，各承师传，不凭胸臆。"④这里说的是经学在北宋前期的特点，但史学思想同样是陈陈相因，清人评论薛居正的《旧五代史》时说，这本史书"成自宋初，以一百五十卷之书，括八姓十三主之事，具有本末，可为鉴观。虽值一时风会之衰，体格尚沿于冗弱；而垂千古废兴之迹，异同足备夫参稽"⑤。馆臣说的"一时

---

① 《旧五代史》卷十《梁书十·末帝本纪下》。
② 参见《旧五代史》卷一百一十四《周书五·世宗本纪一》。
③ 《旧五代史》卷一百一十二《周书三·太祖本纪三》。
④ 《经学历史·经学变古时代》。
⑤ 《旧五代史·进旧五代史表》。

风会之衰，体格尚沿于冗弱"，交代了当时史学思想上的苍白的状况。

但这一阶段，史学承唐中期以后的史学思想的变化，孕育新的因素。一些学者要求有新的一家之说，发明经义，要求"通释老书，以经史传致精意，为一家之说"，反对"治一经或至皓首"①。有的学者认为治学不能只是墨守章句，孙复说："专守王弼、韩康伯之说而求于《大易》，吾未见其能尽于《大易》也；专守左氏、公羊、谷梁、杜、何、范氏之说而求于《春秋》，吾未见其能尽于《春秋》也；专守毛苌、郑康成之说而求于《诗》，吾未见其能尽于《诗》也；专守孔氏之说而求于《书》，吾未见其能尽于《书》也。"②发明经旨与疑古思潮的结合便是传统儒学的变化，理学由此而产生、发展。

契丹族建立辽国。辽注重历史，出现的史家有室昉、萧韩家奴等。唐史书及《贞观政要》，成为辽朝君臣的重要读物。这和同时的宋代史学相辉映，只是征战流动，以鞍马为家，又缺少儒臣，理学不能在辽朝兴起，它也影响辽朝史学思想的深化。金代史学相当发达，金世宗和辽圣宗一样重视以史为鉴。

从庆历以后，即从仁宗庆历元年（1041 年）至钦宗靖康二年（1127 年）北宋灭亡，是宋代史学思想发展的第二阶段。这一阶段，从社会上说，矛盾尖锐复杂，为求摆脱危机，社会改革达到一个高潮，庆历新政、王安石变法都是发生在这一时期。理学产生后，得到进一步的发展，所谓北宋五子即周敦颐、张载、邵雍、二程的学术，反映这一时期理学发展的程度。

与之相适应，史学思想上出现了各种历史盛衰论。欧阳修是开一代学术新风气的学人。清人全祖望说：

> 有宋真、仁二宗之际，儒林之草昧也。当时濂、洛之徒方萌芽而未出，而睢阳戚氏在宋，泰山孙氏在齐，安定胡氏在吴，相与讲明正学，自拔于尘俗之中。亦会值贤者在朝，安阳韩忠献公、高平范文正公、乐安欧阳文忠公皆卓然有见于道之大概，左提右挈，于是学校遍于四方，师儒之道以立。而李挺之、邵古叟辈共以经术和之。说者以为濂、洛之前茅也。③

---

① 上引见《东都事略》卷四十六。
② 《宋元学案》卷二《睢阳子集·与范天章书》。
③ 《宋元学案》卷三《谢山〈庆历五先生书院记〉》。

欧阳修被视作"濂、洛之前茅"的学人之一，这是正确的。他在文学、史学、金石文献学、文字书法等各个领域内都有突出的贡献。他提倡学术的革新，为学界带来一股新风；他写的《新五代史》以及主修的《新唐书》，在中国史学史上都占有十分重要的地位。欧阳修对历史盛衰的见解，反映一代史学家对社会现实的关心，标志史学思想所能达到的高度，体现出史家的时代感。

　　欧阳修以"道"与"理"，来谈历史的盛衰。他认为"道"高于万事万物，通过"理"支配世界上的万物，说："道无常名，所以尊于万物；君有常道，所以尊于四海。然则无常以应物为功，有常以执道为本，达有无之至理，适用舍之深机，诘之难以言穷，推之不以迹见。"①又说："儒者学乎圣人，圣人之道，直以简；然至其曲而畅之，以通天下之理，以究阴阳天地人鬼事物之变化。""道"支配自然，也支配社会人事的变化，它是通过"理"来实现这种支配，"理"是"诘之难以言穷，推之不以迹见"。而且"天人之理，在于《周易》否泰消长之卦"。② 他又说：

　　　　所谓穷则变，变则通，通则久也。久于其道者知变之谓也。天地升降而不息，故曰天地之道久而不已也。日月往来，与天偕行而不息，故曰日月得天而能久照。四时代谢循环而不息，故曰四时变化而久成。圣人者，尚消息盈虚而知进退存亡者也。故曰圣人久于其道而化成。③

因为有变化，世界上的事物才得以存在，各种事物包括自然的、社会的，变化的形态不尽相同，但变化是绝对的，圣人深知这一点，"尚消息盈虚而知进退存亡"，"故曰圣人久于其道而化成"。但变化是不是进化的呢？欧阳修没有回答。

　　也应该指出，欧阳修没有能建构起理学的体系，他对理的论述缺少系统。对于其他范畴，如"气""性""命"等，也没有作进一步的讨论。欧阳修曾谈到"气"，说："人禀天地气，乃物中最灵，性虽有五常，不学无由明。"④至于理与气、性之间的关系，也没有说明。凡此，都表现出欧阳修的

①　《笔说·道无常名》。
②　《居士集》卷四十四《送张唐民归青州序》。
③　《易童子问》卷一。
④　《居士外集》卷三《赠学者》。

理学思想的不成熟性，因此他也只能是"濂、洛前茅"之一。

欧阳修认为支配社会兴衰治乱的是"人理"，所谓的"人理"是封建的纲常伦理。五代是一个乱世，用欧阳修的话说，是陷入"贼乱之世"，这个时代，"礼乐崩坏，三纲五常之道绝，而先王之制度文章扫地而尽于是矣，……是岂可以人理责哉"①。纲常伦理道德沦丧，国家也就要衰亡。他说：

> 礼义，治人之大法；廉耻，立人之大节。盖不廉，则无所不取；不耻，则无所不为。人而如此，则祸乱败亡，亦无所不至。②

认为维持纲常伦理道德，为一个社会兴盛的关键，这不是什么新见解，欧阳修的贡献在于他以"理"的概念来概括纲常伦理，认为社会的兴衰治乱为"理"所支配。一个社会的纲常伦理的变化，造成历史变化的大势。他说：

> 道德仁义，所以为治，而法制纲纪，亦所以维持之也。自古乱亡之国，必先坏其法制，而后乱从之。乱与坏相乘，至荡然无复纲纪，则必极于大乱而后返，此势之然也，五代之际是已。③

历史盛衰之理的内涵是纲常道德，影响历史兴衰之理的变化又是什么呢？欧阳修的看法具有两面性的特点。一面是，也是他的历史思想的侧重点，认为人事在历史兴衰之理的变化中起作用。他说："盛衰之理，虽曰天命，岂非人事哉。"后唐的大理寺少卿康澄提出关于为国应有"五不足惧""六深可畏"的观点。欧阳修很赞成他的意见。所谓"五不足惧"，也就是：三辰失行不足惧，天象变见不足惧，小人讹言不足惧，山崩川竭不足惧，水旱虫蝗不足惧。"六深可畏"是：贤士藏匿深可畏，四民迁业深可畏，上下相徇深可畏，廉耻道消深可畏，毁誉乱真深可畏，直言不闻深可畏。这是把"盛衰之理"的重人事思想具体化了。概括地说，为国者对天象灾变不足惧，深可惧者是人事上的失误。欧阳修说："然澄之言，岂止一时之病，凡为国者，可不戒哉。"④

----

① 《新五代史》卷十七《晋家人传》。
② 《新五代史》卷五十四《杂传》。
③ 《新五代史》卷四十六《杂传》。
④ 《新五代史》卷六《唐本纪》。

《新唐书·五行志一》，对天人感应说的"灾异之学"进行批判，说："至为灾异之学者不然，莫不指事以为应，及其难合，则旁引曲取而迁就其说。盖自汉儒董仲舒、刘向与其子歆之徒，皆以《春秋》《洪范》为学，而失圣人之本意。至其不通也，父子之言自相戾，可胜叹哉。"《春秋》记灾异为的是谴告人君，灾异说并无根据，其应验有合有不合，所以真正的学者对此无所用心，而后世说灾异的人"为曲说以妄天意"。欧阳修在这里否定天意支配社会治乱的观点。但另一面，欧阳修给天命观保留地盘，前面已提到过，这就是"两存说"，即不绝天于人，也不以天参人，两者可常存而不究①。

重视德政，是欧阳修重人事史学思想的一个十分重要的部分。他说："自古受命之君，非有德不王。"②隋唐的兴亡史能够说明这一点。他说："考隋、唐地理之广狭、户口盈耗与其州县废置，其盛衰治乱兴亡可以见矣。盖自古为天下者，务广德而不务广地，德不足矣，地虽广莫能守也。呜呼，盛极必衰，虽曰势使之然，而殆忽骄满，常因盛大，可不戒哉。"③德政的主要内容，是重民、爱民。《新唐书·五行志一》在否定天意能感应、支配社会的观点的同时，指出："盖王者之有天下也，顺天地以治人，而取材于万物以足用。若政得其道，而取不过度，则天地顺成，万物茂盛，而民以安乐，谓之至治。"同"至治"相对照的是"乱政"，"民被其害而愁苦"，民安乐则天下治，民被害则天下乱。欧阳修说："古之善治其国而爱养斯民者，必立经常简易之法，使上爱物以养其下，下勉力以事其上，上足而下不困。"④社会安定，关键在此。

欧阳修进而提出"损君益民"的思想，说："损民而益君，损矣；损君而益民，益矣。"要做到这一点，人君应当"节以制度，不伤财，不害民者是也"。⑤爱民、重民的观点，集中表现为减轻百姓的负担，"损君而益民"的损就是指这一点。《新五代史》揭露五代的统治者对人民的各种残酷剥削手段，可以说具有实录的精神。

欧阳修兴衰论中有两点很引人注目。一是强调"兵"的作用。他说："古之有天下国家者，其兴亡治乱，未始不以德，而自战国、秦汉以来，鲜不

① 参见《新五代史》卷五十九《司天考第二》。
② 《新唐书》卷一《高祖本纪》。
③ 《新唐书》卷三十七《地理志》。
④ 《新唐书》卷五十一《食货志》。
⑤ 《易童子问》卷二。

以兵。夫兵岂非重事哉。"①总结唐、五代的历史经验，军权集中于中央是非常重要的，地方割据、藩镇拥兵，贻害匪浅。欧阳修说："方镇之患，始也各专其地以自世，既则迫于利害之谋，故其喜则连衡而叛上，怒则以力而相并，又其甚则起而弱王室。唐自中世以后，收功弭乱，虽常倚镇兵，而其亡也终以此，可不戒哉。"②从五代以后，侍卫亲军制对北宋的影响特别大。到了北宋，方镇是消灭了，侍卫亲军的问题更加突出，"今方镇名存而实亡，六军诸卫又益以废，朝廷无大将之职，而举天下内外之兵皆侍卫司矣。则为都指挥使者，其权岂不益重哉"③。

二是关于朋党论。仁宗时期庆历年间进行的改革，引起守旧派群起而攻之，庆历新政进行不下去，守旧派说范仲淹、欧阳修等革新派是在结"朋党"进行活动。欧阳修在史论中对此作了辩驳。他认为，所谓的"朋党"，应当作分析，有君子的真朋，也有小人的伪朋。他说："夫欲空人之国而去其君子者，必进朋党之说；欲孤人主之势而蔽其耳目者，必进朋党之说；欲夺国而与人者，必进朋党之说。"④从这里可以看出，欧阳修没有脱离现实治史，他没有离开现实空谈"人理"，他关心社会的出路。

欧阳修的理学思想虽没有形成体系，但是理学对史学的影响在欧阳修的思想上已经看出端倪。

欧阳修字永叔，吉州永丰（今属江西）人，生于宋真宗景德四年（1007年），卒于宋神宗熙宁五年（1072年），享年 66 岁。24 岁中进士，任过馆阁校勘等职。因为参加范仲淹的庆历新政，受到打击，被贬，先后任滁州、扬州、颍州、南京（今河南商丘）等地方官。仁宗至和元年（1054 年），奉调回京，拜翰林学士，刊修《新唐书》，书成，迁礼部侍郎，后任枢密副使、参知政事。神宗即位，欧阳修受诬告被贬，先后任亳州、青州、蔡州等知州。熙宁四年（1071 年），以观文殿学士、太子少师致仕，退居颍州，次年卒。他一生遭遇坎坷，但不曾挫伤他的志向。他的政治活动与治史、提倡古文革新运动结合在一起。他中进士后不久，即着手修《五代史》，贬官夷陵期间，条件相当困难，他也没有中止修史的事业。《新五代史》从开始收集材料到成书，前后历 25 年。《新唐书》编修期间，也是他政治上最活跃时

---

① 《新唐书》卷五十《兵志》。
② 《新唐书》卷六十四《方镇表序》。
③ 《新五代史》卷二十七《唐臣传》。
④ 《新五代史》卷三十五《唐六臣传》。

期，任刊修官，"先生在翰林八年，知无不言"。

欧阳修的史著，既不是得意之作，也不是受挫折时寄托失意的愤懑情绪的作品。在一定的意义上说，他的修史是他政治活动的内容之一，通过总结历史，思考解决社会危机的方案，表达对现实的看法。有一段话，很可以说明他写五代史的动机。他说：

> 今宋之为宋，八十年矣。外平僭乱，无抗敌之国；内削方镇，无强叛之臣，天下为一，海内晏然。为国不为不久，天下不为不广。……然而财不足用于上而下已弊，兵不足威于外而敢骄于内，制度不可为万世法而日益丛杂，一切苟且，不异五代之时。①

"一切苟且，不异五代之时"，北宋80年太平之下，埋藏着巨大的危机，欧阳修对唐史、五代史的兴趣，正表现出一个史家的时代感和历史感。他联结一批士人，构成一个学术的群体，其中多数又是他政治活动中的积极支持者。欧阳修的文章、学问、人品为世人景仰，为一代宗师，在他的周围，有梅尧臣、尹洙这样一批学人，迭相师友，交游唱和，政治上主张革新，文学、史学上开一代新风。

在两宋的史学史上，论历史兴衰的重要史著是司马光的《资治通鉴》。司马光字君实，陕州夏县涑水乡（今属山西）人。生于宋真宗天禧三年（1019年），卒于宋哲宗元祐元年（1086年），年68岁。

司马光于仁宗宝元初，中进士。父母相继去世后，司马光服丧五年，这期间，闭户读书，著《十哲论》《四豪论》《贾生论》《机权论》《才德论》《廉颇论》《龚君实论》《河间献王赞》等及史评18篇，其中许多内容成为后来《资治通鉴》"臣光曰"的内容。所以在事实上，司马光的修史工作早已开始。英宗治平初，司马光始作《历年图》5卷，是书为上起战国、下迄五代的大事年表，治平元年（1064年）进呈御览。又作《通志》8卷，起周威烈王，迄秦二世，其内容成为以后《通鉴》前8卷的内容。治平三年，司马光由谏官改龙图阁直学士、兼侍讲，夏四月，英宗命司马光设局于崇文院，自行选择协修人员，编辑《历代君臣事迹》。治平四年，神宗即位，三月，司马光除翰林学士；十月，《历代君臣事迹》书成，因其书"鉴于往事，有资于治道"，赐

---

① 《居士外集》卷十《本论》。

名《资治通鉴》，神宗亲制序。司马光反对王安石变法，与王安石不合，居西京洛阳，"自是绝口不论事"，专修《通鉴》。神宗元丰七年（1084 年）书成，加资政学士。次年，哲宗即位，司马光为尚书左仆射兼门下侍郎，废新法。为相八个月去世。短短几个月的政治生涯，他全力以赴的是废新法，实在不光彩；但毕竟他在助手的协助下，完成了《资治通鉴》这部伟大的史学巨制，在中国史学史上留下了他的光辉。

《资治通鉴》294 卷，记叙了上自周威烈王二十三年，到后周世宗显德六年的 1362 年的历史。这部书突出的是历史盛衰总结的意识。司马光说他修《资治通鉴》，动机是"每患迁、固以来，文字繁多，自布衣之士，读之不遍；况于人主，日有万机，何暇周览。臣常不自揆，欲删削冗长，举撮机要，专取关国家兴衰，系生民休戚，善可为法，恶可为戒者，为编年一书。"《资治通鉴》的指导思想是"资治"二字①。

司马光强调最高封建统治者在历史兴衰中的作用。他认为，人君的素质、才能、品质，直接影响历史的兴衰，所以人君特别要修心。修心的内容，一曰仁，二曰明，三曰武。"三者兼备，则国治强，阙一焉则衰，阙二焉则危，三者无一焉则亡。自生民以来，未之或改也。治国之要亦有三，一曰官人，二曰信赏，三曰必罚"②。这个三字经式的盛衰论，司马光说这是他一生治史的最大的心得，"平生力学所得至精至要，尽在于是"③。

仁、明、武和官人、信赏、必罚，是一种内和外的关系。前三者，是人君的内在素质，修之于内。后三者，是人君行使权力，施之于外。司马光说："夫治乱安危存亡之本源，皆在人君之心。仁、明、武，所出于内者也；用人、赏功、罚罪，所施于外者也。"④归根结底，司马光的历史观是"君心"决定历史盛衰论。

"礼"是人君仁、明、武的体现，又是用人、赏功、罚罪的依据。内在和外在统一于封建等级的礼制上。因此"礼教"的保存或破坏，就成了衡量一个社会盛衰的标尺。《资治通鉴》开篇说：

---

① 参见白寿彝：《说〈六通〉》，《史学史研究》，1983 年第 4 期。
② 《温国文正司马公文集》卷三十六《作中丞初上殿札子》；又见卷四十六《进修心治国之要札子状》及《稽古录》卷十六"臣光曰"。
③ 《温国文正司马公文集》卷三十六《作中丞初上殿札子》。
④ 《温国文正司马公文集》卷四十六《进修心治国之要札子状》。

　　　　臣光曰：臣闻天子之职莫大于礼，礼莫大于分，分莫大于名。何
　　谓礼？纪纲是也。何谓分？君、臣是也；何谓名？公、侯、卿、大夫
　　是也。

在这里，礼的根本在分与名。那么礼与分、名是一个什么关系呢？司马
光说：

　　　　夫礼，辨贵贱，序亲疏，裁群物，制庶事，非名不著，非器不形；
　　名以命之，器以别之，然后上下粲然有伦，此礼之大经也。名器既亡，
　　则礼安得独在哉？

在这里，所谓"名"，是概念；"器"为具体的事物，如君与各级官员的物质
待遇俸禄、爵位名号相应的服饰车马、仪仗乐舞等。以这种差别显示出等
级来，这就是"分"，所以司马光说："非器不形。"他以为实行了这种办法，
就可以"上下粲然有伦，此礼之大经"，以此表明"礼"是根本。但他下面又
说："名器既亡，则礼安得独在哉？"事实是，由于等级礼制的破坏，名器才
会错乱、亡失。司马光在哲理上，不只是颠倒"名"与"实"的关系，而且表
现出思维的混乱。历来史学家注意到司马光的基本用心，努力维持封建等
级制度的"礼"，从而达到社会安定、兴盛的局面，但事实上能不能做到这
一点，并没有作进一步思考。
　　在逻辑上，司马光陷入新的混乱：在专制统治下，维持等级制度，社
会才会兴盛；社会动荡，不安定，等级制度也就不能维持；而要使国家兴
盛，则要维持等级制度。这样的议论，是同义语反复，司马光所谓高招，
实际上等于什么也没有说。他的历史盛衰论除了其中的重人事的思想外，
相当的贫乏。司马光在《资治通鉴》中发了200多条"臣光曰"，如果把它们集
中起来，实在看不出有什么新意，多数是前人已弹过的"老调"。《资治通
鉴》的主要价值在"史"，以史事留给人的思考，而不在"论"。
　　这样说，不是简单地否定。上面说过，司马光历史盛衰论中值得重视
的是他的重人事的思想。前面说的"君心"决定兴衰，其中同样包含有重人
事的思想成分，他由此把人君分成五类。他在《稽古录》中说，人君之道一，
用人是也。人君之德有三，即仁、明、武。人君之才有五，也就是在历史
上有五类人君：第一类是创业之君，为智勇冠一时者。第二类是守成之君，
是中才能自修者，兢兢业业，奉祖考之法度。第三类是陵夷之君，是中才

不能自修者，习于宴安，乐于怠惰，不辨忠邪，不察得失，不思永远之患。第四类是中兴之君，这种人君是才过人而善自强者，知下民艰难，悉下层情伪，勤身克意，尊贤求道，见善则迁，有过则改。第五类为乱亡之君，是下愚不可移者。这种君王，舍道趋恶，弃礼纵欲，用谗陷之小人，诛杀正直人士，荒淫无厌，刑杀无度，内外怨叛而不顾。司马光说："夫道有得失，故政有治乱；德有高下，故功有小大；才有美恶，故世有兴衰。上自生民之初，下逮天地之末，有国家者，虽变化万端，不外是矣。"①

司马光特别强调"用人"对于治理社会的意义。人君的官人、信赏、必罚，其落脚点是"用人"。他说："为治之要，莫先于用人，而知人之道，圣贤所难也。"②关于用人之道，司马光总结出一些有价值的意见，例如：

——选人、用人、察人，据不同的职事的要求，考察实绩。司马光说：

> 欲知治经之士，则视其记览博洽，讲论精通，斯为善治经矣；欲知治狱之士，则视其曲尽情伪，无所冤抑，斯为善治狱矣；欲知治财之士，则视其仓库盈实，百姓富给，斯为善治财矣；欲知治兵之士，则视其战胜攻取，敌人畏服，斯为善治兵矣。至于百官，莫不皆然。虽询谋于人而决之在己，虽考求于迹而察之在心，研核其实而斟酌其宜。③

——用人不讲门第、阀阅。司马光说："选举之法，先门第而后贤才，此魏晋之深弊，而历代相因，莫之能改也。"他以为，君子与小人之分，不在于禄位，也不在于是在朝还是在野，而在德与才。宋代地主阶层中占支配地位的是品官地主。品官地主的特点是一般没有世袭的特权，门第阀阅的观念相对地说是淡化了。这是一种现实。另一种情况是，司马光由于反对王安石的革新，长期居洛阳，以"在野宰相"的身份冷眼旁观，等待收拾新政行不下去后的残局，他们把一批革新的人士视为"小人"。因此，他绝不会主张用锐意改革之士。所以一种史学思想中有合理的因素，但其中又有其一定的背景，这是我们研究史学思想时应当注意的。

——用人不论亲疏。在用人上应当"无亲疏、新故之殊，惟贤、不肖为

---

① 《稽古录》卷十六。
② 《资治通鉴》卷七十三，"明帝景初元年"。
③ 同上。

察"，区别贤与不肖，做到不论亲疏用人，一个重要的思想是有"公"心。司马光说：

> 古之为相者则不然，举之以众，取之以公。众曰贤矣，己虽不知其详，姑用之，待其无功，然后退之，有功则进之；所举得其人，则赏之，非其人，则罚之。进退赏罚，皆众人所共然也，己不置毫发之私于其间。①

这又是谈何容易。一切都以"众"的意见为准，"己不置毫发之私于其间"。在封建社会里，一切政治集团，都是一定政治倾向的"众"，即使"己不置毫发之私于其间"，所谓的"公"，也只是一定政治范围内的"公"。司马光临终前为相八个月，何尝不论亲疏去用人？

——用人当容其短。《资治通鉴》谈到敌国材臣可用，举到历史上的人物有秦用由余而霸西戎，吴得伍员而克强楚，汉得陈平而诛项羽，曹魏得许攸而破袁绍。这些例子，表明"彼敌国之材臣，来为己用，进取之良资也"②。

——用人不疑。既要用人，"任以大柄，又从而猜之，鲜有不召乱者也"③。

总之，《资治通鉴》突出了"用人"在历史治乱兴衰中具有关键作用。司马光认为，这是为君之"道"，"为君之要，莫先于用人"。他在《功名论》中说："人臣虽有才智而不得其施，虽有忠信而不敢效，人主徒忧劳于上，欲治而愈乱，欲安而愈危，欲荣而愈辱矣。"这些在司马光的历史盛衰论中是有价值的部分。

司马光反对灾异的神秘主义观点，也是他重人事思想的组成部分。唐玄宗开元二年，发生了两件事，第一件是太史预报庚寅日将有日食发生，结果没有出现日食。宰相姚崇上表祝贺，请求把这件事记到史册上，玄宗同意了姚崇的意见。第二件是太子宾客薛谦光把武则天所作《豫州鼎铭》献给玄宗，这篇铭文的结尾是"上玄降鉴，方建隆基"。姚崇上贺表，说是玄宗李隆基的受命之符，并请宣示史官，颁告中外。司马光批评这样的做

---

① 《资治通鉴》卷二百二十五，"代宗大历十四年"。
② 《资治通鉴》卷一百〇二，"海西公太和五年"。
③ 《资治通鉴》卷一百，"穆帝永和十一年"。

法，说：

> 日食不验，太史之过也；而君臣相贺，是诬天也。采偶然之文以为符命，小臣之诏也；而宰相因而实之，是侮其君也。上诬于天，下侮其君，以明皇之明，姚崇之贤，犹不免于是，岂不惜哉！①

司马光史学思想有积极的内容，但是他的折中主义的哲学观点，使得他的思想显现出矛盾与驳杂；他的政治态度，给他的史论打上烙印。

司马光批评了天人相关的灾异论，但又肯定"天"是支配社会的有意志的力量。他说：

> 天者，万物之父也。父之命，子不敢逆；君之言，臣不敢违。……违天之命者，天得而刑之；顺天之命者，天得而赏之。……君明、臣忠、父慈、子孝，人之分也。僭天之分，必有天灾；失人之分，必有人殃。②

司马光的名分礼教观，最终还是由天命论来支持。司马光思想上缺少哲理，比较肤浅，这是一些理学家如程颐所不满的地方。司马光着重从现实、从用人上论历史的兴衰，这本不错，但少了进一步地理性总结，他的议论为理学家看不起。加上司马光评论历史人物和天理的教条不一致，史书编写没有着力贯彻天理信条，也因此招来理学家的非难。凡此都说明司马光和理学有相通的一面，又有矛盾的一面。程颐对《资治通鉴》有微词，司马光修《资治通鉴》的助手范祖禹，另写《唐鉴》，在观点上和司马光有相当大的分歧。理学家包括后来的朱熹等都批评司马光，朱熹把司马光列入宋代理学家"六先生"中，但"于涑水，微嫌其格物之未精"③。其原因可以从中得到一定的解释。

南宋时期理学家朱熹认为，历史的盛衰完全为"理"所支配，整个中国历史依据天理流行情况，分成两个阶段，用他的话来说，三代天理流行，汉唐人欲横流。这是一种历史倒退论，也是为把史学纳入理学的范畴中去，

---

① 《资治通鉴》卷二百一十一"玄宗开元二年"。
② 《传家集》卷七十四《迂书·士则》。
③ 《宋元学案》卷七《涑水学案序录》。

"会归理之纯粹"。

和朱熹同时代的吕祖谦(1137—1181 年)认为，天理支配历史运动。但他和朱熹不同的是，更强调从历史运动自身谈盛衰。朱熹对他不满意的地方，也是在吕氏过多言史；吕祖谦重史亦重经，而没有把经放在最高位置上，导致对理学地位的重要性认识不足。朱熹批评吕祖谦宗太史公之学，"抬得这司马迁不知大小，恰比孔子相似"①。但这正是吕祖谦的优点，能继承司马迁的史学传统，所以吕氏的历史盛衰论在两宋的史学史上显现出自己独有的光泽来，把宋代理学家关于历史盛衰的认识向前推进一步。

首先，吕祖谦提出读史要看"统体"。他说：

> 读史先看统体，合一代纲纪风俗消长治乱观之，如秦之暴虐，汉之宽大，皆其统体也(其偏胜及流弊处皆当深考)。复须识一君之统体，如文帝之宽，宣帝之严之类。
>
> 统体，盖谓大纲。如一代统体在宽，虽有一二君稍严，不害其为宽。一君统体在严，虽有一两事稍宽，不害其为严。读史自以意会之可也。②

吕祖谦强调要从主导的方面去评定一代或一个人君统治时期是盛还是衰。但仅仅认识历史的统体还不够，还要从盛衰的现象中做出分析，找到原因，这称之为"机括"。他说：

> 既识统体，须看机括。国之所以兴，所以衰；事之所以成，所以败；人之所以邪，所以正。于几微萌芽时，察其所以然，是谓机括。③

说到具体的历史兴衰的机括，他又称这种机括为"枢机关纽"，论到战国时楚国灭亡时，他说："大抵观一国之兴亡，有枢机关纽处。楚之所以亡，执政众而乖，莫适任患，其枢机关纽在此，虽地以六千里，无一个担当国事人，安得不亡。然又须看其所以亡。……楚国人臣虽众，都无人把国事为

---

① 《朱子语类》卷一百二十二"吕伯恭"。
② 《东莱文集·别集》卷十四《读书杂记三·读史纲目》。
③ 同上。

己事，最为国之巨患，人主所当深忧。"①

这就要求从深层次上找出兴亡的原因，也就是他说的："看《左传》，须看一代之所以升降，一国之所以盛衰，一君之所以治乱，一人之所以变迁。能如此看，则所谓先立乎其大者，然后看一书之所以得失。"②在《左氏传说》中，吕祖谦又从历史盛衰互为联结上，具体分析战国时期的各国的历史变化，分析中原诸侯国的盛衰与周边少数民族建立的政权之间的关联。这些都是吕祖谦史学思想中的深刻处。

历史兴衰的变动使历史的过程显现出阶段来，吕氏把这称作为"节"。他说，看《左传》"须分三节看，五霸未兴以前是一节，五霸迭兴之际是一节，五霸既衰之后是一节"③。

在论及天人关系时，吕祖谦一方面强调天与理对历史兴衰的支配，说"至理之所在，可以心遇而不可以力求"④。又从另一个方面指出人事的重要作用：

第一，统治的兴盛，靠人君的自强，这称作为"依己"。他说：

> 为国者，当使人依己，不当使己依人。己不能自立，而依人以为重，未有不穷者也。所依者不能常盛，有时而衰；所依者不能常存，有时而亡。一旦骤失所依，将何所恃乎。⑤

第二，人君当识治乱大体，使谋臣人才得其所用。

第三，要培养百年好风气。周朝文、武、成、康涵养百年风气，才有一代忠臣义士，周代的盛世也由此而出现。

第四，"物之祥不如人之祥"，"物之异不如人之异"。吕祖谦虽没有否定灾祥说，但着重强调人事的作用。

两宋时期史学思想中的历史盛衰论，在吕祖谦那里已经达到一个新的高度，但"吕学"的博杂，在他的史学思想上也反映出来。这表现在他的"心学"的思想成分，也表现在给"灾异说"相当多的保留。

---

① 《左氏传说》卷十七《吴子问伍员伐楚何如》。
② 《左氏传说》卷首《看左氏规模》。
③ 《左氏传说》卷二《齐小白入于齐》。
④ 《东莱博议》卷十三《晋文公秦穆公赋诗》。
⑤ 《东莱博议》卷四《郑太子忽辞昏》。

元人金履祥不满意司马光的《资治通鉴》和刘恕的《通鉴外纪》，认为这些史书言盛衰，但记事不本于经，而信百家之说，"是非谬于圣人，不足以传信"。于是，他"用邵氏《皇极经世历》、胡氏《皇王大纪》之例，损益折衷，一以《尚书》为主，下及《诗》《礼》《春秋》，旁采旧史诸子，表年系事，断自唐尧以下，接于《通鉴》之前，勒为一书，二十卷，名曰《通鉴前编》。凡所引书，辄加训释，以裁正其义，多先儒所未发"。书成后，以授门人，说："二帝三王之盛，其微言懿行，宜后王所当法，战国申、商之术，其苛法乱政，亦后王所当戒。则是编不可以不著也。"①表面上看，金氏要使理学观点渗透到史书中去，以认识历史兴衰的变动，但他的折中，使他的历史盛衰论更显得"杂"。

两宋以后，到了王夫之那里，历史盛衰论才进入一个新的境界。

第三节　正统论和史书的编纂

中世纪的史学思想中的正统论，是一种先验的历史联系观点，它直接影响史书的编纂和对历史材料的处理。它和各种史书编纂体例，体裁主张合在一起，构成史书编纂思想。正统论肇始于三统五运说，历三国魏晋南北朝的争议而有所发展，而构成系统是在两宋。

欧阳修对正统的解释是"臣愚因以谓正统，王者所以一民而临天下"②。这是以尊王大一统的观点，作为正统论的内涵。这同以夷夏之别来定正统不一样。以这样的观点来看中国历史，他以为称得上是正统的王朝，有三类。第一类，"居天下之正，合天下于一"。如尧、舜、夏、商、周、秦、汉、唐各个王朝。第二类，"虽不得其正，卒能合天下于一"。如晋、隋。第三类，"居其正，而不能合天下于一"。如"周平王之有吴、徐是也"。东周时期，一统的局面不存在，但周天子仍号令天下，所以是正统所在。有争议的是三段时期：周秦之际，东晋、后魏之际，五代之际。在这样历史纷争时节，怎样确定历史的正闰，各种意见大相径庭。欧阳修以为其间原因有两点：

一是学者"挟自私之心而溺于非圣之学"。如写南北朝史的人，有"私东晋者曰：隋得陈，然后天下一。则推其统曰：晋、宋、齐、梁、陈、隋。

---

① 上引见《元史》卷一百八十九《儒林一·金履祥传》。

② 《居士集》卷十六《正统论序》。

私后魏者曰：统必有所受。则推其统曰：唐受之隋，隋受之后周，后周受之后魏"。这是为一己之政权作辩解，先立本朝为正统所在，然后上推统系相承的联系。有的更是相互诋骂；写南方史书的人以本朝为正统，称北方的政权不合法，是"虏"。为北方政权写史书的，则称南方的政权是"夷"。

二是依五行运转说，强行编排。这种学说，"谓帝王之兴，必乘五运"，"故自秦推五胜，以水德自名。由汉以来有国者，未始不由于此说，此所谓溺于非圣之学也"①。其实，造成这种种曲说，都是"私己"之心，都是为自己争正统。这实际是史学的另一种属性，以历史说明其统治是合理的合乎天意的。欧阳修指出了前代正统论的要害：一种是以天人相关理论，如五行说，编排统系；一种是以民族偏见确立正闰，或先立本朝为正统，再逆求统系渊源。

欧阳修认为，中国历史上的正统是"三绝三续"：他说：

> 故正统之序，上自尧、舜，历夏、商、周、秦、汉而绝。晋得之而又绝。隋、唐得之而又绝。自尧舜以来，三绝而复续。惟有绝而有续，然后是非公，予夺当，而正统明。②

这种正统"三绝三续"说，既可以贯穿尊王思想，又可以避免对历史做过多的曲解。欧阳修尊王思想的正统论，最终还是为赵宋王朝添上一个光环，论说"大宋之兴，统一天下，与尧、舜、三代无异"③。

欧阳修写五代史，首先碰到一个问题是怎样看待唐宋之间的五代的历史，给这个时期的历史以怎样的历史地位。宋人有人写五代史，认为后梁不得为正统，称"梁"为"伪"。这样的书法，遇到一个麻烦，赵匡胤承后周，后梁为伪，则后唐、后晋、后汉、后周都是"伪"，这岂不是骂到了宋朝皇帝老子的头上了。欧阳修发明正统"三绝三续"说，派上了用场，也就是说，五代时正统已绝，但不能把这一阶段的所有政权称为"伪"。对于梁，他说："于正统则宜绝，于其国则不得为'伪'。"④

欧阳修写《新五代史》，"不伪梁"的史法受到时人的讥刺，说这样的史

---

① 《居士集》卷十六《正统论上》。
② 《居士集》卷十六《正统论下》。
③ 《居士集》卷十六《正统论·序》。
④ 《居士集》卷十六《正统论下》。

法是在鼓励篡弑之君，有失《春秋》之旨。他对这样的批评不以为然，欧阳
修说，《春秋》的史法奖善惩恶，但《春秋》书法谨严，在传信求实。对于后
儒从《春秋》中总结出一套书法义例，欧阳修批评这种做法，说：

> 凡今治经者，莫不患圣人之意不明，而为诸儒以自出之说汩之也。
> 今于经外又自为说，则是患沙浑水而投土益之也，不若沙土尽去，则
> 水清而明矣。鲁隐公南面治其国，臣其吏民者十余年，死而入庙，立
> 谥称公，则当时鲁人孰谓息姑不为君也？孔子修《春秋》，凡与诸侯盟
> 会、行师、命将，一以公书之。于其卒也，书曰："公薨。"则圣人何尝
> 异隐于他公也。……故某常告学者慎于述作，诚以是也。①

应该说明，欧阳修的学生徐无党在注《新五代史》时，大谈欧阳修作《新五代
史》的书法，说何事"书"，何事不"书"，用什么字以示褒贬。对于这种做
法，欧阳修是有看法的。他给徐无党的信中，说到以前的儒生总结《春秋》
书法，是"患沙浑水而投土益之"，并且告诫学者，要"慎于述作"。在这里，
欧阳修的态度是很明朗的，《新五代史》"动辄呜呼"，直接抒发自己的思想、
情感。包括他的学生徐无党在内的一些学者，发明欧阳修的史法，大多不
合欧阳修的本意。学生歪解老师的学术精神，而且产生较大的影响，徐无
党也是一个代表。《新五代史》值得为世人重视的地方，是那种强烈的历史
感和时代感以及质朴的文风。

有关以前正统论的各种见解，在欧阳修之后，司马光作了历史的回顾。
秦朝，焚书坑儒；汉兴，始推五行相生、相胜。汉人以为秦在木火之间，
霸而不王，不在五德相生之正运，是为闰位；汉为火德，上继尧，正闰之
论由此而起。南北各朝所纂国史，互为排黜，南谓北为"索虏"，北谓南为
"岛夷"。五代时期，后唐庄宗又以自己继唐为正，而梁则应为"篡"。司马
光说："此皆私己之辞，非大公之通论。"他对正统的看法是：

> 臣愚诚不足以识前代之正闰，窃以为苟不能使九州合为一统，皆
> 有天子之名而无其实者也。虽华夏仁暴、大小、强弱，或时不同，要
> 皆与古之列国无异，岂得独尊奖一国谓之正统，而其余皆为僭伪哉！
> 若以自上相授受者为正邪，则陈氏何所受？拓跋氏何所受？若以居中

---

① 《居士外集》卷二十《答徐无党第一书》。

夏者为正邪，则刘、石、慕容、苻、姚、赫连所得之土，皆五帝、三王之旧都也。若以有道德者为正邪，则蕞尔之国，必有令主，三代之季，岂无僻王！是以正闰之论，自古及今，未有能通其义，确然使人不可移夺者也。①

司马光以历史事实证明正统论之错谬，是一种求实的史学思想，又是一种开阔的民族思想。因此，他写史书重在论兴衰，而不在争正统，他说："臣今所述，止欲叙国家之兴衰，著生民之休戚，使观者自择其善恶得失，以为劝诫，非若《春秋》立褒贬之法，拨乱世反诸正也。正闰之际，非所敢知，但据其功业之实而言之。"周、秦、汉、晋、隋、唐是大一统王朝，到了末期，王室子孙微弱，四方争斗也还是故臣，写这一段历史不应有所抑扬。南北朝、五代的时期，是"天下离析之际"，写这一阶段历史，不当分正闰，其记岁时年代，当从事实出发。"据汉传于魏而晋受之，晋传于宋，以至于陈而隋取之。唐传于梁以至于周而大宋承之。故不得不取魏、宋、齐、梁、陈、后梁、后唐、后晋、后汉、后周年号，以纪诸国之事，非尊此而卑彼，有正闰之辨也。"②

司马光这种求实的史书编纂思想，据"功业之实而言之"，虽然合于"尊宋"的要求，但没有以天理之正、没有以《春秋》大义来评品历史，区分华夷，褒贬人物，在理家看来，这是理之不纯的表现。范祖禹是司马光修史的助手，但是范祖禹写《唐鉴》，和司马光的思想有明显的分歧。《唐鉴》这部书和《资治通鉴》不同的地方，很重要的一点，是范氏的史法，他不承认武则天统治的合法性。唐中宗已经被废，中宗被迁至房州，范祖禹写这一段历史，以"帝在房州"为年号，来纪时书事，视武则天的统治是"母后祸乱"。中宗被召回后，纪年办法，书"帝在东宫"。范祖禹认为这样作史，才合于《春秋》之义。而《资治通鉴》把武则天统治的二十一年系于"则天皇后"纪年之中。司马光与范祖禹这种思想上的差异，过去在史学史的书中，不大说这一件事。这大约也是掩盖二者思想上的差异吧。

范祖禹主张史法要合于理学的标准，受到理学家的称道，程颐称是"垂世"之作。他的门人看出"《唐鉴》议论，多与伊川同"③。程颐在对唐太宗、

① 《资治通鉴》卷六十九"文帝黄初二年"。
② 以上引见《资治通鉴》卷六十九"文帝黄初二年"。
③ 《程氏外书》卷十二，吕坚中所记"尹和靖语"。

魏徵等历史人物的评价上，同司马光不尽一致。这些也是要注意的方面。

朱熹不满意《资治通鉴》，很重要的原因是司马光写史依据自己对正统的理解，不以天理之正的思想编纂史书。由此，又引发出他对史法、史例等问题的议论。他评《通鉴》，说：

> 臣旧读《资治通鉴》，窃见其间周末诸侯僭称王号而不正其名；汉丞相亮出师讨贼，而反书"入寇"。此类非一，殊不可晓。又凡事之首尾详略，一用平文书写，虽有目录，亦难寻检。①

在朱熹看来，《资治通鉴》有两大缺陷：一是不合乎纲常名分的史法；二是编排上眉目不清，难以检寻。他在《答刘子澄》的书信中进一步阐明说：

> 近看温公论东汉名节处，觉得有未尽处。但知党锢诸贤趋死不避，为光武、明、章之烈，而不知建安以后，中州士大夫只知有曹氏，不知有汉室，却是党锢杀戮之祸有以驱之也。……邪说横流，所以甚于洪水猛兽之害，孟子岂欺予哉。②

朱熹认为离开"义理"评价历史事件、历史人物，是一种"邪说"。他批评《资治通鉴》出发点在此，驱使他改作《资治通鉴》的动机也在此。李方子作了概括，说：

> 至于帝曹魏而寇蜀汉，帝朱梁而寇河东，系武后之年，黜中宗之号，与夫屈原、四皓之见削，扬雄、荀彧之见取，若此类，其于《春秋》惩劝之法，又若有未尽同者，此子朱子《纲目》之所为作也。③

《资治通鉴》不合义理的地方，一是涉及正统观，司马光写史，"帝曹魏而寇蜀汉，帝朱梁而寇河东"，这不合朱熹的正统观。二是《资治通鉴》的书法不合《春秋》的惩劝之法。再一个是史书的编排上有问题。

《资治通鉴纲目》是朱熹与门人共同完成的。《资治通鉴纲目》的《凡例》，

---

① 《朱文公文集》卷二十二《辞免江东提刑奏状三》"贴黄"。
② 《朱文公文集》卷三十五《答刘子澄》。
③ 《资治通鉴纲目·李方子后序》。

是否出自朱熹之手，有争议。但结合《朱文公文集》《朱子语类》等，可以肯定，《通鉴纲目》及《通鉴纲目凡例》反映了朱熹的观点。门人赵师渊参加撰写，是主要的执笔者。

《通鉴纲目》《通鉴纲目凡例》中的主导思想是明正统。《朱子语类》中有一段记载：

> 问：《纲目》主意？
>
> 曰：主在正统。
>
> 问：何以主在正统？
>
> 曰：三国当以蜀汉为正，而温公乃云，某年某月"诸葛亮入寇"，是冠履倒置，何以示训？缘此遂欲起意成书，推此意，修正处极多。若成书，当亦不下《通鉴》许多文字。①

在《朱子语类》等文献中，朱熹的正统观很明显。他认为中国历史的进程有两种情形：

第一，天下为一，诸侯朝觐，狱讼皆归，便是得正统。而得正统又分两种，其一为"始不得正统，而后方得者，是正统之始"。如秦朝开初不是正统，秦始皇并天下后，方得正统。其他，西晋自太康后才得为正统；隋朝在灭陈后，得正统；宋自太宗灭北汉后，始为正统。其二是"始得正统，而后不得者，是正统之余"。如蜀汉与东晋。因此，司马光称蜀汉对北方用兵，是"寇"，朱熹以为是明显不妥当，不合义理的书法。

第二，无统。"如三国、南北、五代，皆天下分裂，不能相君臣，皆不得为正统"。司马光写分裂时期的历史，以一方为主，书"帝"，帝死书"崩"。其余各方，书为"主"，主死书"殂"。朱熹认为不能这样写史，"此等处，合只书甲子，而附注年号于其下"。②

朱熹说到他写《资治通鉴纲目》的缘起，"岁周于上而天道明矣，统正于下而人道定矣，大纲概举而监戒昭矣，众目毕张而几微著矣。是则凡为致知格物之学者，亦将慨然有感于斯矣"③。这里说的"统正于下"，可以说是全书编纂的基本思想。至于《凡例》中列出七种统系的几十种书法，越演越

---

① 《朱子语类》卷一百〇五《通鉴纲目》。
② 同上。
③ 《朱文公文集》卷七十五《资治通鉴纲目序》。

繁。这种《凡例》是其门人所作，不完全符合朱熹的思想。揭傒斯说："然言愈烦而义愈密，非深得朱子之意。"①

《资治通鉴纲目》行褒贬，但是朱熹反对字字寓褒贬的所谓《春秋》书法。所以，《凡例》烦琐的书法，同样不完全合朱熹的本意。关于《资治通鉴纲目》的特点，朱熹说："盖表岁以首年，而因年以著统，大书以提要，而分注以备言，使夫岁年之久近，国统之离合，事辞之详略，议论之同异，通贯晓析如指诸掌。"②从形式上看，《资治通鉴纲目》的特点是：

一是表岁以首年。其解释是：在大事发生的年岁之行外，书写某甲子，遇甲字、子字，则朱书以别之；虽无事，依举要亦备岁年。

二是因年以著统。意思是，凡正统之年，岁下大书（甲子下书年号），非正统者两行分注。

三是大书以提要。即以醒目大字把这一年的史事以提要形式写出来。

四是分注以备言。简要地说，详注史事，辑录史论，史评。

这样的编纂方法意图是："有追原其始者，有遂言其终者，有详陈其事者，有备载其言者，有因始终而见者，有因拜罢而见者，有因事类而见者，有因家世而见者。有温公所立之言，所取之论；有胡氏所收之说，所著之评。而两公所遗与夫近世大儒先生折衷之语，今亦颇采以附于其间云。"

朱熹呕心沥血，吸收当世著述编纂的长处，会之于心，融合创作。创造这种编纂的形式，他的正统观转化为编纂思想，使史书更好地体现理学观点。可以说一种编纂形式，在一定程度上说，它总是反映一种学术观点，有时也是一种政治观点的折光。纲目体继纪事本末体后，成为史书又一种重要的编纂体裁，很能说明这一点。在两宋以后，这种体裁的史书为史籍中一大宗。

正统论争议，直接影响元人修《宋史》《辽史》《金史》。元初世祖史臣如袁桷请购辽、金、宋三史遗书。虞集受命修史，由于在正统问题上见解的分歧，三史的编修工作受到影响。或主张以宋为本纪，辽、金为载记；或主张辽立国在宋之先，当以辽、金为《北史》，宋太祖至钦宗靖康为《宋史》，高宗建炎以后为《南宋史》。各种意见相持不下。元顺帝至正三年（1343 年），诏修三史，辽、金、宋各为一史，命脱脱为都总裁官③，争议乃告一段落。

———————————

① 《资治通鉴纲目·揭傒斯书法序》。

② 《资治通鉴纲目·序例》。

③ 参见《元史》卷一百三十八《脱脱传》。

在众多总裁官中，张起岩、欧阳玄与揭傒斯起了重要的作用。《元史》载："诏修辽、金、宋三史，召（欧阳玄）为总裁官，发凡举例，俾论撰者有所据依；史官中有悻悻露才、论议不公者，玄不以口舌争，俟其呈稿，援笔窜定之，统系自正。至于论、赞、表、奏，皆玄属笔。"①张起岩"熟于金源典故，宋儒道学源委，尤多究心，史官有露才自是者，每立言未当，起岩据理窜定，深厚醇雅，理致自足"。如果没有欧阳玄及张起岩果断见识，三史还不知何时可以杀青。而揭傒斯为修三史竭尽精力，最后死于史任上。这里摘引《元史》中的一段材料：

> 诏修辽、金、宋三史，傒斯与为总裁官。
>
> 丞相问："修史以何为本？"曰："用人为本，有学问文章而不知史事者，不可与；有学问文章知史事而心术不正者，不可与。用人之道，又当以心术为本也。"且与僚属言："欲求作史之法，须求作史之意。古人作史，虽小善必录，小恶必记。不然何以示惩劝？"由是毅然以笔削自任，凡政事得失，人材贤否，一律以是非之公；至于物论之不齐，必反覆辩论，以求归于至当而后止。
>
> 四年，《辽史》成，有旨奖谕，仍督早成《金》《宋》二史。傒斯留宿史馆，朝夕不敢休。因得寒疾，七日卒。②

其他如中书平章政事铁木儿塔识为首要总裁官，也是"学术正大，伊、洛诸儒之书，深所研究"。太平（贺惟一）"平生好访问人材，不问南北，必记录于册，至是多进用之"。③

总之，元代史臣中不乏有精审见识者，这对于三史的修成，起了相当重要的作用。特别是在正统论的见解上，三史各为一史的编纂，在实际上是对传统的正统论的一个大的突破。"各与正统"，在实际上是否定陈旧的"正统论"，然而这种办法仍然没有脱离正统争论的框架。

---

① 《元史》卷一百八十二《欧阳玄传》。
② 《元史》卷一百八十一《揭傒斯传》。
③ 《元史》卷一百四十《铁木儿塔识传》。

第四节 历史的"因""革"论

两宋社会矛盾相当复杂和尖锐，围绕着如何解决社会危机的问题，史学家，也包括思想家，提出各种历史变革的主张。这些主张反映出他们的历史观点，也表现出史学思想对社会的重要作用，史学的社会价值很重要的一个方面，就表现在这里。下面从两个方面进行归纳，一是史学家、政治家对更革的理解，二是理学家的有关言论。

可以说这一时期的史学家、思想家，大多数对社会摆脱危机的出路，都有自己的思考。或是直接表述不同倾向的变革主张，参与变革的活动，或是通过史论、史评表达自己改革社会的观点。欧阳修、司马光、王安石以及邵雍、二程，他们的变革观具有代表性。南宋朱熹、吕祖谦是一种看法，到了南宋末年至元初，马端临变革观点，体现在对两宋历史的总结中。

欧阳修是庆历新政的主将之一，他的历史变革思想较为突出地表现出通变的思想。

欧阳修看出变通是天地日月自然运动的法则，也是社会人事上的进退存亡的法则。他又把变化、变通称作"理"，说"凡物极而不变，则弊。变则通，故曰'吉'也，物无不变，变无不通，此天理之自然也"[1]。他又说，"困极而后亨，物之常理也。所谓《易》穷则变，变则通也"[2]，"夫物极则反，数极则变，此理之常也"[3]。

依据变通之理的思想，他提出一系列变革政治的主张，他在《新五代史》中，表述出重民、重德政的思想以及关于朋党的议论等，都是他的变革思想的组成部分。

欧阳修疑《周礼》，不能仅仅看作是他的文献学方面的思想。他疑《周礼》，更有一层深意，是反对按《周礼》那一套处理社会问题。他有一段较长的议论，说：

> 夫内设公卿、大夫、士，下至府吏、胥徒，以相副贰，外分九服，建五等，差尊卑，以相统理，此《周礼》之大略也。而六官之属，略见

---

[1] 《居士集》卷十八《明用》。

[2] 《易童子问》卷二。

[3] 《居士集》卷十七《本论下》。

于《经》者，五万余人，而里闾县都之长、军师卒伍之徒不与焉。王畿千里之地，为田几井？容民几家？……夫为治者，故若是之烦乎？此其一可疑也者。秦既诽古，尽去古制，自汉以后，帝王称号，官府制度，皆袭秦故，以至于今，虽有因有革，然大抵皆秦制也。未尝有意于《周礼》者，岂其体大而难行乎？其果不可行乎？夫立法垂制，将以遗后也，使难行而万世莫能行，与不可行等尔。然则，反秦制之不若也，脱有行者，亦莫能兴，或因以取乱，王莽、后周是也，则其不可用决矣。①

前两条是从事理出发疑《周礼》，其一，它烦琐，不可能行得通。其二，秦汉以来，尽管有因有革，但大体是行秦制。其三，说明后世按《周礼》行事，没有一个不以失败而告终。王莽、宇文周都是企图按《周礼》变革，结果是"莫能兴""以取乱"。

不幸的是欧阳修言而有中，王安石重演《周礼》的一幕。熙宁新政的流产，原因是多方面的，如果从王安石的历史观找根源的话，可以清楚看到，一定的史学思想对社会变革的影响。王安石一方面提出了"天变不足畏，祖宗不足法，人言不足恤"的观点，敢于打破旧传统的束缚，进行变革，但是他又确实是企图从《周礼》中寻找革新的方案。他说："百王之道虽殊，其要不过于稽古。"②新政的蓝图是从《周礼》中稽古所得。

王安石作《三经新义》，是他们变革的思想依据。邱汉生先生说："王安石著《三经新义》为他推行新法服务，具有鲜明的政治目的性。"③《三经新义》是《诗义》《书义》《周官义》。《三经新义》是王安石和他的学人所共同完成的，如陆佃、沈季长以及他的儿子王雱等。这部书始修于熙宁初年，成书于熙宁八年。其中《周礼义》是王安石亲自执笔写就的。"从跟新法的关系说，《周礼义》最重要。《周礼义》是新法的理论根据，由王安石亲自训解"④。关于《周礼义》与新法的关系，晁公武在《郡斋读书志》中也做了说明：

---

① 《居士集》卷四十八《问进士策三首》。
② 《临川先生文集》卷五十六《诏进所著文字谢表》。
③ 邱汉生辑校：《诗义钩沉·序》，北京：中华书局，1982年版。
④ 侯外庐主编：《中国思想通史》，第4卷（上），北京：人民出版社，1960年版，第442页。

　　熙宁中，设经义局，介甫自为《周官义》十余万言，不解《考工记》。
按，秦火之后，《周礼》比他经最后出，论者不一。独刘歆称为周公致
太平之迹。……王莽尝取而行之，敛财聚货，渎祀烦民，冗碎诡异，
离去人情远甚。施于文则可观，措于事则难行。凡莽之驯致大乱者，
皆其所致。厥后唯苏绰、王通善之，诸儒未尝有言者。至于介甫，以
其书理财者居半，爱之，如行青苗之类，皆稽焉，所以自释其义者，
以其所创新法，尽傅着经义，务塞议者之口。后其党蔡卞、蔡京绍述
介甫，期尽行《周礼》焉。圆土方田皆是也。……何其甚也。久之，祸
难并起，与莽曾无少异。①

　　《三经新义》成书是在熙宁的末期，但王安石以《周官义》行新法，青苗法、
保甲法、募役法、方田均税法、市易法等都能在《周礼》中找出它的原型。
这一方面是从中找依据，又一方面也是不得已，在当时行新法，没有一种
经作旗帜，很难推开。至于蔡京这一伙人搞所谓绍述，假《周礼》之名，行
搜括之实，最终导致北宋的灭亡。
　　《周礼义》一书现在有清人的辑本。无论如何，《周礼义》一书的历史观
点是一种历史倒退论。《周礼义序》说：

　　　　自周之衰，以至于今，历岁千数百矣，太平之遗迹，扫荡几尽，
学者所见，无复全经。于是时也，乃欲训而发之，臣诚不自揆，然知
其难也。以训而发之之为难，则又以知夫立政造事，追而复之之为难。
……以所观乎今，考所学乎古，所谓见而知之者，臣诚不自揆，妄以
为庶几焉。②

侯外庐先生主编的《中国思想通史》对这一段序言作了分析，王安石的话表
述了"古之《周官》，为今日新法所从出；今日新法，更足证古之《周官》的实
际。这样，就大胆地进行训释了。说明了这一关系，就揭露了王安石全部
新法的根据"③。王安石说从周代到当今，周代的太平之世的遗迹已经看不
见了，所谓变革，不过恢复周代的太平盛世而已。其实，《周礼》不说它是

　①　《郡斋读书志》卷一上《新经周礼义二十二卷》。
　②　《临川先生文集》卷八十四《周礼义序》。
　③　侯外庐主编：《中国思想通史》，第 4 卷（上），第 443 页。

全部伪造，至少后人加进不少的理想成分。借着旧日的衣冠，说出的是陈旧的思想，却又发动一场革新运动，希望以此改造现实成为一个崭新世界，思想体系上矛盾的反映是找不到历史出路的困惑，因而也找不到有效的改革措施。所以，一场革新运动，应当有一新的历史观作为指导，这种历史观在整个改革的进行过程中，都显现出它的巨大的力量，变革的历史严正地向后世人展示了这一道理。

这里要说明的是，一代大政治家的历史观点，也应当作为一代史学思想来进行研究。历史学对社会的作用，途径是多方面的，通过历史教育，包含在各种文艺、文学作品中的历史知识、历史观点的影响，转化成一种观念、思想，影响人们的行动、行为。这些都能体现出史学的作用。而史家依据自己对历史的理解，参与现实的活动，以及政治家依据一定的历史观点，进行的政治治理、改革，都明显地昭示史学的意义，昭示史学思想反映一定的社会现实，又从思想上给社会以巨大的反弹力。

从形式上看，王安石是轻视史学的。但他在进行历史变革时，同样要考古今，熙宁新政的成败从某一方面上说，和"史"都有联系。

宋末元初，史学家马端临作《文献通考》。作为大宋的遗民，他总结王安石变法，一方面称赞王安石进行变法的"勇于任怨，而不为毁誉所动"的勇敢精神①，肯定"荆公新法，主于理财"的一面。同时，马端临揭露新法诸多弊端，其中从思想上说，一个突出的问题是"不知时适变"。如王安石的保甲法是借鉴古代的籍民为兵的方法，这在古代行得通，但是后世的条件发生了变化，按老套路办事"则无益而有害。言其无益者，则曰田亩之民不习战斗，不可以代募兵；言其有害者，则曰贪污之吏并缘渔猎，足以困百姓"。说到助役法，马端临又说："盖介甫所行，刻核瘜疾之意多，惨怛忠利之意少。故助役虽良法，保甲虽古法，而皆足以病民。"②

王安石看重实际，勇于革新，思想中有唯物主义的因素；但无可否认，王氏的变革历史观却固化在一定的、陈旧的思维范式里面，正缺少一种通变的思想。马端临对王安石的评论还是抓到了问题的关键。

马端临，字贵与，饶州乐平（今属江西）人，生于理宗宝祐二年（1254年），卒年不详。元英宗至治二年（1322年）饶州路将《文献通考》付刊时，年69。除《文献通考》348卷外，他还著有《多识录》153卷、《义根墨守》3卷及

---

① 参见《文献通考》卷十二《职役考一》。
② 《文献通考》卷一百五十三《兵考五》。

《大学集传》等，俱失传。其父马廷鸾官至参知政事兼同知枢密院事，进右丞相兼枢密使。马廷鸾的著作中，史学作品最重要的是《读史旬编》。他对马端临的史学观念产生直接的影响。当然父子在封建等一些问题上观点也不尽一致。《文献通考》共 24 考：田赋考、钱币考、户口考、职役考、征榷考、市籴考、土贡考及国用考，这几考是关于封建国家经济制度的；选举考、学校考、职官考是关于封建专制主义政治制度的；与礼制有关的是郊社考、宗庙考、王礼考、乐考；关于国家专制统治的有兵考、刑考；关于文化典籍的有经籍考；关于国家、皇族统系的有帝系考、封建考；有关天象和地理的有象纬考、物异考、舆地考；关于周边的问题有四裔考。各"考"合起来对整个封建社会各个时期的各个方面作了全面的总结。白寿彝先生说它是"封建社会的素描的图景"①。这部书对中国历史，特别是对两宋的历史变动做了系统的总结。我们要重视的是他在历史的总结中，表现出的一种通变的历史眼光。如宋人企图以封建、井田的办法来解决社会危机的主张，他批评说：

> 夫封建者，古帝王所以建万世之长策。今公心良法一不复存，而顾强希其美名以行之，上则不利于君，中则不利于臣，下则不利于民。而方追咎其不能力行，此书生之论，所以不能通古今之变也。②

以通变的眼光来思考历史、总结历史变革，是两宋的历史因革论的一个特点。

理学家如邵雍、二程、朱熹对历史的"因"与"革"都有自己的看法，其中心是以天理作为变革社会的准则。因此，他们高谈天理对正人心、风俗以及复三代的至治的重大作用，但是他们拿不出切实有效的振兴社会的办法。极有讽刺意味的是，在理宗上台时，真德秀等一批理学大儒，政治上也最为风光之日，却是南宋急速走下坡路之时。但并不是说他们中一些人不能提出一些值得重视的观点，也不是说他们历史的因革思想没有任何价值。他们的历史因革思想也有一些闪光点。下面列出几点：

——随时变易以从道。这是理学家程颐历史因革论的集中表述。程颐在《上仁宗皇帝书》中，说到北宋到了非变革不可的地步。他指出：

① 侯外庐主编：《中国思想通史》，第 4 卷（下），第 842 页。

② 《文献通考》卷二百七十五《封建考十六》。

> 臣请议天下之事。不识陛下以今天下为安乎？危乎？治乎？乱乎？乌可知危乱而不思救之之道！如曰安且治矣，则臣请明其未然。方今之势，诚何异于抱火厝之积薪之下而寝其上，火未及然，因谓之安者乎？①

他说一想到社会的动荡，"每思之，神魂飞越"。程颐认为变革要把"稽古"和"不泥于常"两者结合起来，认为这两者不能分开。在《又上太皇太后书》中说：

> 进德在于求道，图治莫如稽古，道必询于有道之士，古必访诸稽古之人。若夫世俗浅士，以守道为迂，以稽古为泥，适足惑乱人主之听。②

稽古是复三代之治，但是稽古又能变常，才能得圣人之意。宋代很多人主张以行封建、井田的办法，来缓和土地危机，如张载、李觏等，都是这样。王安石也是仿古之封建、井田，定方田均税。程颐是另一种看法，他说：

> 必井田，必封建，必肉刑，非圣人之道也。善治者，放井田而行之而民不病，放封建而使之而民不劳，放肉刑而用之而民不怨。故善学者，得圣人之意而不取其迹也。迹也者，圣人因一时之利而制之也。③

他同意柳宗元的关于古之行封建是"势也"的说法，程氏没有说"势"，而称之是"不得已"。应当看到，程颐的观点与王安石的差异，应在经济中去找。方田均税在一定程度上，触动大地主、大商人的利益。所以，王安石的"荆公新学"与理学发生冲突，不少人说王安石的新学是"坏人心术"，其实这不过是触动经济利益而引出的一种仇恨心绪，因为即使在学术上的差异，也不至于达到不顾学者应有的气度非要这样诋骂的地步。损失了一个铜子的

---

① 《二程文集》卷六《上仁宗皇帝书》。
② 《二程文集》卷七《又上太皇太后书》。
③ 《河南程氏遗书》卷二十五《畅潜道录》。

经济利益，往往招致一场辱骂，更何况要变动那些大族世家品官们的田产呢！王安石的遭遇可以预料。

——慎虑而动。这也是程颐提出来的，程颐说："变革，事之大也，必有其时，有其位，有其才，审虑而慎动，而后可以无悔。"①在另一地方，程颐提出变要"渐""随时"，特别是牵连到近戚、贵家时，更要慎重。他的话是这样说的："若夫禁奢侈则害于近戚，限田产则妨于贵家，如此之类，既不能断以大公而必行，则是牵于朋比也，治泰不能朋亡，则为之难矣。"②从这个地方可以看出，程氏的历史因革论是一种保护近戚、贵家的变革论。一切都是以天理为准，说王安石是言利，坏人心术，实际不过是坏了近戚、贵家之利。所谓"治泰不能朋亡"，这里提出一个问题，即行新法不能得罪、损害权贵，否则后果是"朋亡"。这清楚表明了程氏因革论的实质。

——通变使简易。朱熹继二程发展理学，是理学的集大成者。关于历史的变革，朱熹和二程基本的观点一致，是顺理而治。但是朱熹具有更多的通变的思想。他说："使孔子继周，必能通变使简易。"又说："居今之世，若欲尽除今法，行古之政，则未见其利，而徒有烦扰之弊。又事体重大，阻格处多，决然难行。"③以井田、封建的办法，来解决宋代的社会问题，也是行不通的。他说：

> 封建实是不可行。若论三代之世，则封建好处，便是君民之情相亲，可以久安而无患；不似后世郡县，一二年辄易，虽有贤者，善政亦做不成。④

他同意柳宗元对封建的看法，但又以为柳子厚把封建说得全不好，也不对。其实，柳宗元对封建是一种历史的思考。朱熹提出行古制，当重在通其精神，其精神是在减轻百姓的负担。他说：

> 今欲行古制，欲法三代，煞隔霄壤。今说为民减放，几时放得到他元肌肤处。且如转运使每年发十万贯，若大段轻减，减至五万贯，

---

① 《周易程氏易传》卷四"革·初九"。
② 《周易程氏易传》卷一"泰·九二"。
③ 《朱子语类》卷一百〇八《论治道》。
④ 同上。

可谓大恩。然未减放那五万贯，尚是无名额外钱。须一切从民正赋，凡所增名色，一齐除尽，民方始得脱净，这里方可以议行古制。①

朱熹(1130—1200 年)仕宦生涯不过九载，主张轻民赋，知漳州任上，试行"正经界"，对百姓有利。为此他受到豪宗大姓的攻击，朝中一些官僚以此为口实，排诋朱熹。在这些地方，他的历史因革观与程颐又不完全一样。

——言因革，当通其变。邵雍的代表作《皇极经世书》提出一种通变的历史的"因""革"观。他说：

> 为治之道，必通其变，不可以胶柱，犹春之时不可行冬之令。②

这里实际上提出了历史的变革是一种必然，应有一种变的意识。

邵雍说历史上的更革有四种类型：正命、受命、改命、摄命。对此他作了解释，说：

> 正命者，因而因者也。受命者，因而革者也。改命者，革而因者也。摄命者，革而革者也。……革而革者，一世之事业也。革而因者，十世之事业也。因而革者，百世之事业也。因而因者，千世之事业也。可以因则因，可以革则革者，万世之事业也。一世之事业者，非五伯之道而何？十世之事业者，非三王之道而何？百世之事业者，非五帝之道而何？千世之事业者，非三皇之道而何？万世之事业者，非仲尼之道而何？是知皇帝王伯者，命世之谓也。仲尼者，不世之谓也。③

可以将上面的内容归结为以下要点：

三皇之道：因而因者，千世之事业，正命。

五帝之道：因而革者，百世之事业，受命。

三王之道：革而因者，十世之事业，改命。

五伯之道：革而革者，一世之事业，摄命。

仲尼之道，又远在此之上。可以因则因，可以革则革，是万世之事业。

---

① 《朱子语类》卷一百一十一《论民》。

② 《皇极经世书》卷十二上《观物外篇上》。

③ 《皇极经世书》卷十一上《观物篇五十五》。

从中可以看出邵氏特别重视"因"，这是他的历史因革观保守的一面。但他强调"可以因则因，可以革则革"，顺历史的形势进行因与革，认为这样则可以达万世太平。这里是以道家的思想对孔子的"损益观"作了改造。

"可以因则因，可以革则革"，怎样才能做到这一点呢？邵雍在同一篇文字中提出所谓的"善"的准则，即善化、善教、善劝、善率。这里的化、教、劝、率，是一种方式，是手段，是"用"；而道、德、功、力，是"体"。所以邵雍的历史变革观，一方面，有通达的地方，特别重视"可因则因，可革则革"；另一方面，又是保守、贫乏、空洞的，最终还是天理、天道为万世不变的结论。

第五节　事功之学与经世之学

两宋一次次的变法、革新、更化，都解决不了社会危机。理学家高谈天人性命，同样是无济于事。另外，有许多思想家和史学家言义理而不空谈性命，言义理又重事功。一些史学家力图把历史和各种社会的现实结合起来，思考解决一些具体的社会问题。南宋的浙东事功之学，以及吕祖谦的吕学都带有这样的特点。

全祖望说："水心较止斋又稍晚出，其学始同而终异。永嘉功利之说，至水心始一洗之。……乾、淳诸老既殁，学术之会，总为朱、陆两派，而水心断断其间，遂称鼎足。"[①]朱、陆二派对立，至于另一大宗是什么学派，说法不尽一致，角度也不一样。或说吕学，或谓湖湘之学，这里不作辩论。从薛季宣（艮斋）、陈傅良（止斋）到叶适（水心）的永嘉学派和陈亮（龙川）的永康学派，以及吕祖谦（东莱）的吕学在思想上相通，同朱熹的朱学有重大的分歧。所以，有的将它们统称为"浙学"，尽管它们之间有差异。朱熹把浙学当作是学术上的大敌。说：

> 江西之学只是禅，浙学却专是功利。禅学后来学者摸索一上，无可摸索，自会转去。若功利，则学者习之，便可见效，此意甚可忧。

在朱熹看来，功利之学比禅学还要可怕。他又说：

---

① 《宋元学案》卷五十四《水心学案序录》。

> 陈同父（亮）学已行到江西，浙人信向已多。家家谈王伯，不说萧何、张良，只说王猛；不说孔、孟，只说文中子，可畏，可畏！①

全祖望则称之为"婺学"，并且把吕祖谦作为婺学的代表。他说：

> 乾、淳之际，婺学最盛，东莱兄弟以性命之学起，同甫以事功之学起，而说斋（唐仲友）则为经制之学。考当时之为经制者，无若永嘉诸子，其于东莱、同甫，皆相互讨论，臭味契合。东莱尤能并包一切，而说斋独不与诸子接，孤行其教。试以艮斋、止斋、水心诸集考之，皆无往复文字。水心仅一及其姓名耳。至于东莱，既同里，又皆讲学于东阳，绝口不及之，可怪也。②

可见，浙学也就是全祖望说的婺学，他们之间没有往来，但有共同的学风特征。之所以还不能称为学派，一是它们之间存在差异，二是即如永嘉诸子，他们学术相互切磋的记录，在他们的文集中也没有发现，全祖望对此感到不可理解。当然全氏的说法不是很全面，但要形成一个学派，至少必要的学术上的往复还是要有的。我一向认为，可以称之为浙学、婺学或者浙东学术，但把它们作为一个学派，则明显不妥。

全氏说"东莱尤能并包一切"，说明吕学在浙学中的折中地位。浙学的第一个特点，是重经亦重史，讲畜德致用。陈亮、叶适论史、议史并且把史和现实联系起来，是非常突出的。叶适在《习学记言序目》中说：

> 明于道者，有是非而无今古。至学之则不然，不深于古，无以见后，不监于后，无以明前。古今并策，道可复兴，圣人之志也。

水心又谓：

> 古人多识前言往行，以畜其德。近世以心通性达为学，而见闻几废，狭而不充，为德之病。③

---

① 《朱子语类》卷一百二十三《陈君举》。
② 《宋元学案》卷六十《全祖望按》。
③ 《宋元学案》卷五十五《水心文集·题周子实所录》。

陈亮同样言事功，所不同之处，龙川以同理学相对立的形式出现。全祖望说："永嘉以经制言事功，皆推原以为得统于程氏。永康则专言事功而无所承。"①黄百家说"然其为学，俱以读书经济为事"。陈亮是"推倒一世之智勇，开拓万古之心胸"的一世大学者，其论史言功利是其思想中一大特点。同时代的吕祖谦倡读史变风气，讲畜德致用。他说：

> 多识前言往行，考迹以观其用，察言以求其心，而后德可畜。不善畜，盖有玩物丧志者。②

朱熹对吕祖谦不满的地方，如前所说，是"于史分外仔细"。

浙学重史亦重经，朱熹以经为先，史为后，认为经细而史粗，把史学放在从属的地位，朱熹是使史学会归于理学之纯粹。浙学与朱学不同，言经言史，重经也重史，在吕氏那里，更体现为"言性命者，必究于史"。吕祖谦的作品中，史学著作是主要的。重要的有：《大事记》《大事记解题》《大事记通释》《左氏传说》《左氏续说》以及《东莱博议》。前三本书相互联系，构成一个系统。《大事记》12卷，起自周敬王三十九年，止于汉武帝征和三年，是一本编年大事；《通释》3卷，引诸儒文字评论历史，其中引《易大传》《书序》《诗序》《论语》《孟子》、刘向的《战国策序》《太史公自序》，一直到《程氏遗书》。关于《大事记解题》12卷的写作意图以及它和《大事记》《通释》的关系，吕祖谦说：

> 《大事记》者，列其事之目而已，无所褒贬抑扬也。熟复乎《通释》之所载，则其统纪可考矣。
>
> 《解题》盖为始学者设，所载皆职分之所当知，非事杂博求新奇，出于人之所不知也。至于畜德致用浅深大小，则存乎其人焉。次辑之际，有所感发或并录之，此特一时意之所及，览者不可以是为断也。

这三本书组成一个整体：一是"畜德致用"的修史指导思想，这也贯穿他的理学观点；二是编年载事为主要内容；三是把史考、史论综合为一体，

---

① 《宋元学案》卷五十六《龙川学案序录》。
② 《宋元学案》卷五十一《丽泽讲义》。

当然这样"史""论"分开来写，又给人以割裂的感觉。

由第一个特点，导出浙学的第二个特点，是倡经世致用之学，这里不仅是通过畜德讲致用。黄宗羲说："永嘉之学，教人就事上理会，步步着实，言之必使可行，足以开物成务。"①吕祖谦在《与朱侍讲书》说薛士龙（季宣），"于田赋、兵制、地形、水利，甚下工夫，眼前殊少见其比"。叶适说："读书不知接统绪，虽多无益也；为文不能关教事，虽工无益也。"②浙学言理财，言用兵，言民生日用，甚得要领。

作为浙学的代表人物，吕祖谦在经世致用之学上，更为突出。他提倡"学者须当为有用之学"③，他写的《历代制度详说》从12种制度中谈致用，这本书和《大事记》《左氏传说》《左氏传续说》以及《文集》，言致用是主要内容。这些内容包括以下各个方面：选举、学校、官制、赋税（有的地方又单列财赋）、漕运、盐法、酒禁、钱币、荒政、治河、田制、屯田、兵制、马政、刑法、政事等。（这里涉及官制以外的内容，后来王应麟、黄震在史学上也具有这样的特色。）

经世致用的史学，在南宋以后发展很快，成为史学中的主要思潮之一。

浙学的学术兴趣广泛。黄百家说，薛季宣在治学上，"凡夫礼、乐、兵、农莫不该通委曲，真可施之实用"④。陈傅良（止斋）继承这一传统。从另一面说，这种广博，在一些学者那里，又有"杂"的一面。叶适是较为纯粹的，而吕祖谦的学术是博杂，朱学、陆学、湖湘之学、经制之学，乃至佛释思想在他的思想上都有反映。这影响他的史学的致用，也使他的史学不能形成一家之言，史学成就受到限制。所以，一些人谈宋代的史学，对他的史学没有给予足够的重视。这和吕氏思想上的博杂有一定的关系。他的史学著作中理学色彩相当重。《东莱博议》虽说是"少年场屋所作"，但无可争辩的是这本书中的史论、史评精见不少，议论文字亦规范，但反映出来的观点却充满斑驳的色彩。

事功学者所论，不合朱熹等理学家的求于天理之正的要求，朱熹和陈亮的王霸义利之辩很可以说明他们之间的分歧。陈亮不同意朱熹的天理论，朱熹以三代为天理流行的至治之世，后世为人欲横流的时代，学者当论天

---

① 《宋元学案》卷五十二《黄宗羲按》。

② 《宋元学案》卷五十五《水心文集·赠薛子长》。

③ 《左氏传说》卷五《令尹拔艾猎城沂使封人虑事》。

④ 《宋元学案》卷五十二《黄百家按》。

理之正，不当言功利。陈亮在《又甲辰答书》中系统阐明自己的观点，他说：

> 自孟、荀论义利、王霸，汉唐诸儒未能深明其说。本朝伊、洛诸公，辨析天理人欲，而王霸、义利之说于是大明。然谓三代以道治天下，汉唐以智力把持天下，其说固已使人不能心服；而近世诸儒，遂谓三代专以天理行，汉唐专以人欲行，其间有与天理暗合者，是以亦能久长。信斯言也，千五百年之间，天地亦是架漏过时，而人心亦是牵补度日，万物何以阜蕃，而道何以常存乎？故亮以为，汉唐之君本领非不洪大开廓，故能以其国与天地并立，而人物赖以生息。惟其时有转移，故其间不无渗漏。曹孟德本领一有跷欹，便把捉天地不定，成败相寻，更无着手处。此却是专以人欲行，而其间或能有成者，有分毫天理行乎其间也。诸儒之论，为曹孟德以下诸人设可也，以断汉、唐，岂不冤哉！

陈亮认为不能把汉唐以下历史，都看成是人欲横流的时代，看成是历史的倒退。汉唐时代是一种"与天理暗合"的时代，汉唐人君的本领同样"宏大开廓"，陈亮驳斥了朱熹的历史退化的议论。但也要指出，陈亮的思想又有不彻底的一面。他肯定汉唐人君的同时，又认为曹孟德一类人是应该否定的，果真如此，这千五百年，只有一二人君有与天理暗合之心，那历史仍是"架漏过时"。这就给朱熹的攻击留下缺口。

在《又乙巳春书之一》中，陈亮回答朱熹的非议，进一步阐发道不离器、道不离人的观点，这也为事功的思想提供了理论的说明。从这些方面，可以看出朱熹与浙学在思想上的分野。

经世的史学思想从南宋以后，得到长足的发展。

第六节　史学批评与《通志》

两宋的史评作品相当多，如胡宏的《皇王大纪》、范祖禹的《唐鉴》和吕祖谦的《东莱博议》，以及两宋文集中的史论等。史评包括历史评论和史学评论，论古史的起始，论封建，论井田，论历史人物与事件，议天理纲常与历史盛衰得失，构成历史评论的方方面面。在史学评论中，最有生气的是郑樵（1104—1162 年）在《通志》200 卷中的史学批评。

清代的梁启超从史学批评的角度把郑樵、刘知幾和章学诚三位史家联系起来，说：

> 批评史书者，质言之，则所批评即为历史研究法之一部分，而史
> 学所赖以建设也。自有史学以来二千年间，得三人焉：在唐刘知幾，
> 其学说在《史通》；在宋则郑樵，其学说在《通志·总序》及《艺文略》《校
> 雠略》《图谱略》；在清则章学诚，其学说在《文史通义》。①

梁启超将刘、郑、章三人并列，并不贴切，三个人各有不同的特点。章学
诚说，"刘言史法，吾言史意"，也是这个意思。郑樵是史评，郑樵的史学
批评在那个时代具有他自己的特点。

郑樵的史学批评具有广泛的特点。他对前代的大史家和学者，几乎都
有评论。他推崇孔子，但对《论语》却有微辞，认为这是一本"空言著书"一
类的著作。司马谈、司马迁是孔子五百年以后的大著述家，《史记》是六经
以后的最重要的著作，但这部书也有两点未可人意的地方：一是限于客观
条件，司马迁见到的书不多，因此《史记》有"博不足"之恨；二是司马迁写
史的语言风格不统一，又"间有俚语"，因而又有"雅不足"之恨。郑樵对班
固的《汉书》批评最多，归结起来：

一是《汉书》断汉为代，割断了历史的联系，"是致周秦不相因，古今成
间隔"。人们从这种史书中，无法了解古今制度的"损益"情况。

二是班固宣传"汉绍尧运"一套的无稽之谈。

三是《汉书·古今人表》，强行把古今人物分为九等，失去司马迁作表
的用心。

四是班固"无独断之学，惟依缘他人以成门户"。这表现在，《汉书》中
武帝以前的材料取自《史记》，自昭帝至平帝记载"资于贾逵、刘歆"，并且
是班昭使《汉书》得以完篇。

还有，《汉书·艺文志》写得好，但《汉书·艺文志》出自刘向、刘歆的
《七略》。"若班氏步步趋趋不离于《七略》，未见其失也；间有《七略》所无，
而班氏杂出者，则踬矣"。并且，班固对一代典制也缺乏了解。应该说，郑
樵的批评的主要部分还是不错的。

对于其他的学者，郑樵从不同的角度进行了批评。董仲舒、刘向、刘

---

① 梁启超：《中国历史研究法（外二种）》，石家庄：河北教育出版社，2000 年版，
第 33 页。

歆宣传灾祥理论，影响很坏；刘向、刘歆不重视图谱，使图谱之学失传；范晔、陈寿沿袭班固的路数，没有创新的精神；魏晋南北朝和唐初的史臣没有纠正断代史的缺点，这一时期的史书任意褒贬美刺，互相指摘，南谓北为"索虏"，北谓南为"岛夷"，这都是错误的。还有，刘知幾不应该尊班而抑马，刘知幾和司马迁都"不通姓氏之学"，他们写的作品，涉及这一方面时，出现了不少错误；欧阳修《新唐书》的表采信谱牒，谱牒为"私家冒荣之书"，其记载不足信；司马光写《资治通鉴》纪年烦琐，用岁阳、岁阴之名。此外，对杜预、颜师古都有批评。①

郑樵的史学批评反映出他的历史见解和史学观点，当时来说，在理论上相当深刻。

第一，郑樵认为五行为世界的本原，而五行的变化是无穷的，由此他对理学作了原则性的批评。他说义理之学是"空谷寻声"②，他批评"灾祥说"，指出：

　　说《洪范》者，皆谓箕子本《河图》《洛书》，以明五行之旨。刘向创释其传于前，诸史因之而为志于后，析天下灾祥之变，而推之于金、木、水、火、土之域，乃以时事之吉凶而曲为之配，此之谓为欺天之学。

郑樵称"灾祥说"为"欺天之学"，并且揭露历代史志，如天文志、五行志、祥瑞志等理论依据上的荒谬。他又说：

　　且万物之理不离五行，而五行之理其变无方。"离"固为火矣，而"离"中有水；"坎"固为水矣，而"坎"中有火。安得直以"秋大水"，为水行之应，"成周宣榭火"，为火行之应乎？况周得木德，而有赤乌之祥；汉得火德，而有黄龙之瑞。此理又如何邪？③

值得注意的是：

——"万物之理不离五行，五行之理其变无方"的提法，肯定"理"是不

① 参见《通志·总序》。
② 《通志》卷七十二《图谱略·原学》。
③ 《通志》卷七十四《灾祥略·灾祥序》。

离五行的，而五行的变化并不是机械地运动。

——以对立统一的观点解说《周易》的卦义，击破了灾祥说的依据。"离"卦是"火"，但"离"卦中有"水"；"坎"卦是代表"水"，但是"坎"卦中有"火"。矛盾的事物相互包含，固定以一种卦代表一种征兆是没有道理的。

这里多说几句，郑樵对《离》《坎》卦的解说，是取虞氏的卦变说，认为《离》与《坎》旁通。《坎》卦，虞氏注："《乾》二五之《坤》，与《离》旁通。"同样，《离》卦，虞注："《坤》二五之《乾》，与《坎》旁通。"明末王夫之又做了进一步的发挥，他说："故《颐》有《离》象而失位，二阳旋得乎中，则为《坎》。《大过》有坎象而失位，二阴旋得乎中，则为《离》。《颐》《大过》《坎》《离》定位于中，而阴阳消长乃不失其权衡。"①清人钱大昕说，《坎》《离》等八个卦，"皆以旁通为对者也"②。但是相比之下，郑樵说"《离》固为火矣，而《离》中有水；《坎》固为水，而《坎》中有火"，更为简洁、更富有辩证的特色。

第二，郑樵从历史贯通的思想出发，提出他的古史观点：

——人类的起源。郑樵在《通志》中谈到原始人的情形，说：

> 人与虫鱼禽兽同物，同物者，同为动物也。天地之间，一经一纬，一从一衡。从而不动者，成经；衡而往来者，成纬。草木成经，为植物；人与虫鱼禽兽成纬，为动物。然人为万物之灵，所以异于虫鱼禽兽者，虫鱼禽兽动而俯，人动而仰；兽有四肢而衡行，人有四肢而从行。植物，理从；动物，理衡。从，理向上；衡，理向下。人，动物也，从而向上，是以动物而得植物之体。向上者，得天；向下者，得地。人生乎地而得天之道，本乎动物而得植物之理，此人之所以灵于万物者，以其兼之也。③

这里指出了人与动物同源，又具有动物、植物两重优点，所以人为万物之灵。他的解说，特别强调人的直立行走的意义。两宋的邵雍以及程颐与后来的朱熹都有关于人的起源的论述，但是相比之下，郑樵不只是没有天理的说教，而且相对地说，也含有一定的真理因素。

——关于初民社会的描述。郑樵综合先秦思想家的论述，描述了人类

---

① 《周易外传》卷七《序卦传》。
② 《十驾斋养新录》卷一《六十四卦》。
③ 《通志》卷三十五《六书略第五·论便从》。

最初的社会的情形。他说：

> 臣谨按，三皇、伏羲但称氏，神农始称帝，尧、舜始称国。自上
> 古至夏、商，皆称名，至周始称谥。而称氏者，三皇以来未尝废也。
> 年代则称纪。
>
> 厥初生民，穴居野处，圣人教之，结巢以避虫豸之害，而食草木
> 之实，故号有巢氏，亦曰大巢氏，亦谓之始君。言君臣之道于是乎始
> 也，有天下百余代。民知巢居未知熟食，燧人氏出焉，观星辰而察五
> 木，知空有火丽木则明，故钻木取火，教民以烹饪之利，号燧人氏。
> 以夫燧者，火之所生也。时无文字，未有甲历纪年，始作结绳之政而
> 立传教之台，始为日中之市而兴交易之道，亦谓之遂皇。或言遂皇持
> 斗机运转之法，以施政教，此亦钦若昊天以授民时之义也。①

这段文字和《周易·系辞》内容大致相同，而少了神道设教的说明。司马光
《稽古录》的卷首，也写伏羲氏，但着重是写伏羲"以木德继天而王"，说明
皇权天授的由来。如果再和《韩非子·五蠹》篇、柳宗元的《贞符》篇相比较，
《通志》增加了有关文字、文明产生的内容。郑樵的描写，是把人类的古史
理解为一个不断进化的过程。

　　在另一个地方，郑樵写到古代的君臣之道，有更加详细的说明：

> 上古之时，民淳俗熙，为君者惟以奉天事神为务，故其治略于人
> 而详于天，……唐虞之后，以民事为急，故其治详于人而略于天。②

这里实际上已经涉及有关国家职能的问题，虽然他不可能对这个问题有科
学的理解，但他揣测到原始社会治理是"略于人而详于天"，到了唐虞时代，
管理职能发生变化，"详于人而略于天"，这已经是性质上的变化。

　　此外，郑樵对历史发展的阶段，对封建社会的兴衰等问题都有独到的
论述，并以这些认识去品评历史著作。

　　第三，郑樵提出"会通"的思想。用"会通"思想评价史学作品，这里面
体现了他对历史一定的理解，也是他对史书编纂的要求。"会通"思想是一

---

① 《通志》卷一《三皇纪》。
② 《通志》卷二《五帝纪》。

个体系，《通志·总序》开篇说：

> 百川异趋，必会于海，然后九州无浸淫之患；万国殊途，必通诸
> 夏，然后八荒无壅滞之忧。会通之义大矣哉。

历史前后互相联结，相互因依，因此写史应当反映这一历程。按照这样的
标准去衡量史学作品，他特别推崇通史著作，批评那种割断历史联系的断
代史。他强调历史的前后联系，这是不错的，但具有"通识"的史家写断代
史，同样可以成一家之言。突出一代盛衰变动，断代史又有自身的优点。
这里，我们不争论通史、断代史的长短，也不去评论班、马的优劣，重要
的是从中看出郑樵的历史的眼光。

第四，郑樵批评前代史书以天人感应说、灾祥说解释历史，反对以所
谓的《春秋》笔法，在史书中"任情褒贬"。前面我们已经谈到这一问题。郑
樵认为，在史书中以灾祥说解说历史兴衰的变动，是一种"欺天之学"。他
称在史书中以所谓的《春秋》史法，搞字字褒贬，是"欺人之学"。他说：

> 凡说《春秋》者，皆谓孔子寓褒贬于一字之间，以阴中时人，使人
> 不可晓解。三传唱之于前，诸儒从之于后，尽推己意而诬以圣人之意，
> 此之谓欺人之学。①

郑樵主张，史家的职责在如实记载史实，而不在褒贬。他说："史册以详文
该事，善恶已彰，无待美刺。读萧、曹之行事，岂不知其忠良。见莽、卓
之所为，岂不知其凶逆。"因此，他认为史家没有必要在书中写论赞，他说：
"且纪传之中既载善恶，足为鉴戒，何必于纪传之后，更加褒贬。此乃诸生
决科之文，安可施于著述。"②在记载史事时，写史书要平心直道，"著书之
家，不得有偏徇而私生好恶，所当平心直道，于我何厚，于人何薄哉"③。

在中世纪，所谓的纯客观的史学是不会存在的。但郑樵揭露封建史学
"欺人""欺天"的实质，要求史家如实地反映历史的真实，有进步的意义。

另外，郑樵在批评前代的文献学时，提出了治学要用类例的方法。

---

① 《通志》卷七十四《灾祥序》。
② 《通志·总序》。
③ 《通志》卷二十七《氏族略三·周人字》

他说：

> 善为学者，如持军治狱。若无部伍之法，何以得书之纪；若无核
> 实之法，何以得书之情。①

这里说的"部伍之法"，郑樵解释是，"古人编书，必究本末，上有源流，下
有沿袭"②，"类书，犹持军也。若有条理，虽多而治，若无条例，虽寡而
纷。类例不患其多也，患处多之无术尔"③。"类例"主张强调治学、整理文
献，要分类研究，分类要在探究文献本末源流的基础上进行。这在文献学
史上有重要的意义，章学诚说：

> 自刘、班而后，文艺著录，仅知甲乙部次，用备稽检而已，郑樵
> 氏兴，始为辨章学术，考镜源流。④

郑樵的严格学术批评，招来不少非议。南宋陈振孙说郑樵"讥诋前人，高自
称许"，"虽自成一家，而其师心自是"⑤。清人如钱大昕、王鸣盛、戴震、
周中孚等，对郑樵的学术批评很反感，说他"大言欺人"⑥，"贼经害道"⑦。
郑樵的史学批评受到这样的指责，是不公平的，章学诚有中肯的分析。说：

> 郑樵生千载而后，慨然有见于古人著述之源，而知作者之旨，不
> 徒以词采为文，考据为学也。于是遂欲匡正史迁，益以博雅，贬损班
> 固，讥其因袭，而独取三千年来遗文故册，运以别识心裁，盖承通史
> 家风，而自为经纬，成一家言者也。学者少见多怪，不究其发凡起例，
> 绝识旷论，所以斟酌群言，为史学要删，而徒摘其援据之疏略，裁剪
> 之未定者，纷纷攻击，势若不共戴天。古人复起，奚足当吹剑之一

---

① 《通志》卷七十二《图谱略·明用》。
② 《通志》卷七十一《校雠略·编次必记亡书论》。
③ 《通志》卷七十一《校雠略·编次必谨类例论》。
④ 《校雠通义》卷二《焦竑误校汉志第十二》。
⑤ 《直斋书录解题》卷二《诗类》。
⑥ 《郑堂读书记》卷十八《史部四》。
⑦ 《戴震文集》卷九《与任孝廉幼植书》。

映乎。①

郑樵的史学批评，给当时的学术界带来一股新鲜空气。郑樵也说，他的批评，用意是要打破那种"经既苟且，史又荒唐"②的局面。他说自己并非好攻击古人，他做出批评，"正欲凭此，开学者见识之门，使是非不杂揉其间"③。

总之，无论从哪一个方面来说，两宋的史学思想都是中世纪史学思想的一个大的发展。在理学浸润的学术氛围中，郑樵的史学独树一帜，坚持实学的主张，具有反理学的意义。

附　录
史书体裁的发展

按： 史学思想的发展，也表现在历史编纂学思想上，它影响史书体裁的变化。唐宋是中国史书体裁大发展的时期。

一、编年体史书的发展

《左传》以后，编年体史书很久没有发展。魏晋南北朝时期，在纪传体史书发展的同时，也有很多编年体史书，但是其质量不高，流传到后世的不多。随着宋代的大一统思想的发展，《春秋》学的兴盛以及资鉴思想的发展，编年体史书再度展现辉煌。与以前编年体史书相比，这一时期的编年体史书有了自己的时代特点：一是规模恢宏，出现贯通古今的编年体史书巨制，这就是司马光和他的助手编修的294卷的《资治通鉴》；二是突出对社会现实的关注，这就是资鉴的思想，专门选取关系到国家兴衰与生民休戚相关的材料修史；三是在一些编年体史书中贯穿天理的说教，如范祖禹的《唐鉴》、吕祖谦的《大事记》等；四是历史文学在这些史书中也有很大发展。

两宋重要的编年体史书，在《资治通鉴》影响下，出现不少有重大影响的著作。其中主要的有李焘的《续资治通鉴长编》520卷、李心传的《建炎以来系年要录》200卷，等等。

---

① 《文史通义》内篇卷五《申郑》。
② 《通志·总序》。
③ 《通志》卷四十九《乐略一·琴操五十七曲》。

二、纪事本末体史书的出现与发展

为了更好地体现资鉴思想，适应时代的需要，南宋袁枢把《资治通鉴》改编成《通鉴纪事本末》42 卷。如果说纪传体史书是以"人"为中心，以"帝王"为主轴的综合性体裁，那么，纪事本末体则是以"事"来归类的体裁。杨万里在《袁机仲通鉴本末序》中说：

> 予每读《通鉴》之书，见事之肇于斯，则惜其事之不竟于斯。盖事以年隔，年以事析，遭其初莫绎其终，揽其终莫志其初，如山之峨，如海之茫，盖编年系日，其体然也。今读子袁子此书，如生乎其时，亲见乎其事，使人喜，使人悲，使人鼓舞，未既而继之以叹且泣也。……有国者不可无此书，前有奸而不察，后有邪而不悟。学者不可以无此书，进有行而无徵，退有蓄而无宗。此书也，其入《通鉴》之户欤？

就是说，《资治通鉴》作为求鉴的历史作品，有它不足的地方。本末体的史书正好纠正这样的缺失。所以，袁枢献上《通鉴纪事本末》，宋孝宗"读而嘉叹，以赐东宫及分赐江上诸帅，且令熟读，曰：'治道尽在是矣'"①。史书体裁是形式，一定的内容，要有一定的形式相适合，才能成为一部完美的作品，这是历史编纂学史给我们的启示。

此后的本末体史书，重要的有：

冯琦撰，陈邦瞻增订：《宋史纪事本末》109 卷。

陈邦瞻撰，张溥论正：《元史纪事本末》27 卷。

谷应泰：《明史纪事本末》80 卷。

高士奇：《左传纪事本末》53 卷。

张鉴：《西夏纪事本末》36 卷，卷首 2 卷。

李有棠：《辽史纪事本末》40 卷；

　　　　《金史纪事本末》52 卷。

杨陆荣：《三藩纪事本末》22 卷等。

又，宋人徐梦莘撰《三朝北盟会编》250 卷，《四库全书总目》收录在"纪事本末类"中，柴德赓先生《史籍举要》入"编年体类"。

---

① 《宋史》卷三百八十八《袁枢传》。

三、典制体史书

典制体史书在中唐以后，获得很大发展。典制体史书导源于三礼与纪传体的"书""志"，是以典章制度的设立与变迁为内容的一种史书体裁。《通典》《通志》和《文献通考》并称为"三通"，是典制体史书的代表，但这种叫法并不准确。《通志》是纪传体的通史，但其中的《二十略》可作典制体的内容。下面以《文献通考》为例，说明典制体史书的编纂要义。

《文献通考》348 卷，共二十四考，其各考的内容是这样的。前八考 27 卷是：《田赋考》7 卷，《钱币考》2 卷，《户口考》2 卷，《职役考》2 卷，《征榷考》6 卷，《市籴考》2 卷，《土贡考》1 卷，《国用考》5 卷，这些是关于封建制的，主要是关于国家经济制度的。关于政权机构的，主要是关于国家政权机构的有三考 40 卷，即《选举考》12 卷，《学校考》7 卷，《职官考》21 卷。关于表达等级形式方面的礼制，其中包含有神化皇权的宗教形式的礼制，以及和礼制密切联系的乐制，有四考 81 卷，这就是《郊社考》23 卷，《宗庙考》15 卷，《王礼考》22 卷，《乐考》21 卷。关于"兵""刑"方面的有二考 25 卷，即《兵考》13 卷，《刑考》12 卷。关于文献典籍的有《经籍考》76 卷。关于历代纪元和国家组织形式变迁的内容有二考 28 卷，包括《帝系考》10 卷，《封建考》18 卷。有关天象，各种变异现象和地理的有《象纬考》17 卷，《物异考》20 卷，《舆地考》9 卷，共计三考 46 卷。关于汉族以外的民族和国家的，有《四裔考》25 卷。

白寿彝先生分析《通考》的结构后，说："马端临勾画出了封建制社会的素描的图景，还不能揭露封建制社会的规律。当然，马端临在他那个时代能提出这个图景，已是难能的了，我们不能苛求他在十三四世纪之际作到近代的水平。"[①]

值得注意的是，《文献通考》通过《自序》和各考的序及"按"语，提出对历史的看法。马端临采录历代思想家、史学家的论断，又以前贤的议论和自己的观点相比照，通过这种方法总结历史，也给读者留下深刻的印象。

马端临对历史全面的总结，重要的还在于他对中国历史有一个整体的看法，并在总结前人史书编纂成就的基础上，定下《文献通考》编纂的格局，形成《文献通考》编纂上的特点。

---

① 白寿彝：《中国史学史论集》，第 252 页。

强调典制的贯通相因，是马端临编纂学思想的主要方面。他对贯通因依有自己的看法，他在《文献通考·自序》中说：

> 窃尝以为理乱兴衰，不相因者也。晋之得国，异乎汉；隋之丧邦，殊乎唐。代各有史，自足以该一代之始终，无以参稽互察为也。典章经制，实相因者也，殷因夏，周因殷，继周者之损益，百世可知。圣人盖已预言之矣。
>
> 爰自秦汉，以至唐宋，礼乐兵刑之制，赋敛选举之规，以至官名之更张，地理之沿革，虽其终不能以尽同，而其初亦不能以遽异。如汉之朝仪官制，本秦规也。唐之府卫租庸，本周制也。其变通张弛之故，非融会错综，原始要终而推寻之，固未易言也。

马端临说理乱兴衰不相因，值得商榷。他强调历史事件的特殊性、个别性，只承认典制相因，以及相因中有"损益"，但不承认历史事件的理乱兴衰也相因。作为封建社会的典章经制，相对地说，因依变革看得清晰，但典章经制沿革损益，在一定程度上反映出时代史事的变迁，不应该割裂开来。依据他的变化观，他认为《资治通鉴》不合乎贯通因依的要求。

《文献通考》编纂的目的，依马端临所说，为"聊辑见闻，以备遗忘"，"庶有志于经邦稽古者，或可考焉"。前者虽是谦辞，但反映了网罗文献的兴趣，后者是说《文献通考》撰修意图在通过典章经制的研究，以为振邦经世之用。这又是从杜佑到南宋经制之学的学者，优良治学传统的发扬。但应当看到，他的历史变化观有缺陷，对他的历史总结是不利的。

《文献通考》的构成有其鲜明的特点，马端临在《自序》中说：

> 凡叙事则本之经史，而参之以历代会要，以及百家传记之书，信而有证者从之，乖异传疑者不录，所谓"文"也。凡论事，则先取当时臣僚之奏疏，次及近代诸儒之评论，以至名流之燕谈、稗官之记录，凡一话一言可以订典故之得失，证史传之是非者，则采而录之，所谓"献"也。其载诸史传之纪录而可疑，稽诸先儒之论辨而未当者，研精覃思，悠然有得，则窃著己意，附其后焉。命其书曰《文献通考》，为门二十有四，卷三百四十有八，而其每门著述之成规，考订之新意，各以小序详之。

全书有"文""献""考",而以贯通因依的要求,使各门以及每门中的各个部分的文、献和考构成一个整体:

——"文"包括两项内容,一是文献网罗,二是文献考订。《文献通考》网罗文献范围相当广泛,有经、史、历代会要,有百家传记之书。

——"献",是指前人的议论。前人评论、批评,只要有可取的地方,都收录下来。这些议论主要是评论得失的,也有些是掌故的考订。

——"考",主要是马端临的意见。就《文献通考》全书看,"考"是这几部分:全书的《自序》,各考前的小序和各考中的"按"。马端临对历史的见解通过材料编排和自己的议论贯彻全书。《四库全书总目》说,马端临的按语,"亦多能贯穿古今,折衷至当"。

需要说明,《通典》的《食货典》中有田制等节,但都总称为《食货典》。《通志》的谥、器服等略可纳入《礼略》中,但《谥略》是专门性学问,只可视为与《礼略》相近。同样,校雠、图谱、金石、六书、七音等略,与《经籍考》相近。另外,《地理略》与《通典》的州郡、边防,和《文献通考》的舆地、四裔相接近。《通志》的《氏族略》中有一些内容与《通考》的帝系、封建两考相近,但两者不同。

可以看出,《通典》重在《礼典》,《礼典》一百卷,其卷数占全书的一半。《通志》的兴趣在文化方面,把经济的《食货》放在极次要的地位。而《文献通考》从一个相当开阔的方面,反映封建社会的经济、政治、文化生活,大大增添了食货的内容,文献著录解题的《经籍》一考,分量尤重。

《文献通考》增写《帝系》《封建》两考,是吸收会要的编纂上的优点。《通考》增加这两部分,把一些史事归纳后作了记载,因此,《文献通考》对典制体裁史书编纂形式作了发展。这也更加全面地反映了封建社会的各个层面的政治活动。

四、纲目体史书

朱熹为使史学纳入理学的体系中去,对编年体史书作了改造,达到使史学"会归理之纯粹"的要求,与其门人作《资治通鉴纲目》59卷。其特点是,"岁周于上而天道明矣,统正于下而人道定矣,大纲概举而监戒昭矣,众目毕张而几微著矣,是则凡为致知格物之学者,亦将慨然有感于斯"。这在前面有论述。

五、学术史的新体裁

适应理学学派的建立，记载学术史的综合体裁的作品出现了，例如：

李心传：《道命录》10 卷。

朱熹：《伊洛渊源录》14 卷。

黄宗羲：《明儒学案》62 卷。

黄宗羲、全祖望等：《宋元学案》100 卷。

史书体裁与政治学术思潮，与史学思想有一定的联系。史学家写史，能有意识地在接受前人编纂学成果的基础上，进行创新，对于保证史书从内容到形式成为完美的作品，是十分重要的。传统史书体裁的史学遗产十分丰富，编年体史书的编年系事，其中凝含史义；纪传体体现出以"人"的活动为中心的综合体裁，多角度、多层面反映社会历史活动；纪事本末体史书聚焦于历史大事，以"事"归纳历史，讨论盛衰；典制体史书突出典章制度在社会历史中的意义；学案体既有学术渊源展示，学派学风特征的概括，又有主要学术人物的传记、言论及学术精粹观点的摘录。中国古代的历史编纂学思想十分丰富，继承这些优良传统，对发展 21 世纪的史学有着重要的意义。

第四编　历史的批判和
史学求变

第十章　明末清初的史学思想

第一节　实学和经世的史学思想

实学思想在中国史学上有优良的传统，而明清之际的实学思想，在新的历史条件下又有新的发展。

明末清初是中国封建社会，从发展走向衰老的一个大转折阶段。侯外庐先生说："中国思想史有一个优良传统。每到社会发展的一定阶段，随着社会历史的变化和发展，思潮也就有了转向和进步，这个阶段的中国哲人便做出他们自己时代所能做出的总结。"又说："中国思想史上的每一次总结，不但批判了过去的传统思想，而且发扬着另一时代的新的端绪。"①明末清初，一方面，资本主义的萌芽在前一阶段发展的基础上，又在缓慢地向前行进；另一方面，封建社会进入到衰老时期，衰老的生产关系严重地阻碍社会前进。在这"天崩地解"的时代，"死的"拖住了"活的"。因此，毫不奇怪，明清之际的实学思想带有自己的特点。历史的批判却又带着复古的色彩，变革现实的要求仍然在"旧学"中寻求答案；哲理的思辨达到古代的高峰，但却没有实验科学的基础，这就不能不限制它的成就。

这个时期的实学思想，显示的自身特色和价值，首先是批评当时社会上的空疏学风。笼统地说明代学风是空疏的，并不确切，但不可否认，明代的学术中一个衰败的征兆即所谓的"束书不观，游谈无根"。"自明中叶以后，讲学之风已为极敝，高谈性命，直入禅障，束书不观，其稍平者则为学究，皆无根之徒耳"②。之所以造成这种学术状况，顾炎武把它归结为三

---

①　中国社会科学院历史研究所中国思想史研究室编：《侯外庐史学论文选集》，（下），北京：人民出版社，1988 年版，第 65 页。

②　《鲒埼亭集外编》卷十六《甬上证人书院记》。

个原因：

第一个原因是科举利禄之途的诱导。他说："今之经义、论策，其名虽正，而最便于空疏不学之人。"①科场之兴，"学问由此而衰，心术由此而坏"②。顾炎武认为，科举制度对学术的危害甚至超过秦始皇的坑儒。他说：

> 故愚以为八股之害，等于焚书；而败坏人材，有甚于咸阳之郊所坑者但四百六十余人也。③

造成空疏学风的第二个原因是"清谈"，顾氏以历史的事实对照明代的学术状况，说：

> 刘、石乱华，本于清谈之流祸，人人知之。孰知今日之清谈，有甚于前代者。昔之清谈，谈老庄；今日之清谈，谈孔孟。未得其精，而已遗其粗；未究其本，而先辞其末。不习六艺之文，不考百王之典，不综当代之务，举夫子论学论政之大端一切不问，而曰"一贯"，曰"无言"。以明心见性之空言，代修己治人之实学。股肱惰而万事荒，爪牙亡而四国乱，神州荡覆，宗社丘墟。昔王衍妙善玄言，自比子贡，及为石勒所杀，将死，顾而言曰："呜呼，吾曹虽不如古人，向若不祖尚浮虚，戮力以匡天下，犹可不至今日。"今之君子得不有愧乎其言？④

实学的内容，不能仅仅看成是学术上的事，它具有更深层次的含义，着重是要学以致用，要挽救天下、宗社的危亡。历史的鉴戒，现实的批判结合在了一起。在一定意义上说，学风是社会风气的一面镜子，空疏学风正是当时社会衰败的象征。顾炎武说："而制义初行，一时人士尽弃宋元以来所传之实学，上下相蒙，以饕禄利，而莫之问也。呜呼！经学之废实自此始，后之君子欲扫而更之，亦难乎其为力矣。"⑤

---

① 《日知录》卷十六《经义论策》，见上海古籍出版社1985年版《日知录集释（外七种）》中册，下引同书仅注卷名、篇名。
② 《日知录》卷十六《三场》。
③ 《日知录》卷十六《拟题》。
④ 《日知录》卷七《夫子之言性与天道》。
⑤ 《日知录》卷十八《四书五经大全》。

第三个原因是"溺于禅"。顾炎武从学术发展史的角度做了一个简单的回顾。他说古代的圣人教人的道理，其行在孝悌忠信，其职在洒扫进退，其文在《诗》《书》《礼》《易》《春秋》；这些用之于身，就是处事交际，施之于天下，就是政令教化与刑罚。虽然有"体"与"用"的分别，但这些是并没有离开实际的、用心于内的主张。脱离实际的学术主张，在中国思想史上，可以上溯到老庄，其后发生一些变化，但都是不重视《诗》《书》的研究。佛学传入中国，六朝以后，部分学人陷于佛学之中①；到了明代，一些人"终日言性与天道，而不自知其堕于禅学也"②。应当说明，顾氏在这里，似乎是排陆王心学，但仔细辨析，亭林在学术的辩论中的用心，在提倡重实践的实学。

反对虚无之学，提倡实学，是明末清初有识学人共同的见解，王夫之、黄宗羲等都在力矫学风之偏。顾炎武的实学主张，最具有典型的意义。顾炎武(1613—1682年)，字宁人，原名绛，江苏昆山人。他的著述很多，《日知录》是他的史学代表作，其实学思想较为集中地在这本书中表述出来，这本书又是其实学思想实践的结晶。他说：

> 君子之为学，以明道也，以救世也。徒以诗文而已，所谓雕虫篆刻，亦何益哉。某自五十以后，笃志经史，其于音学深有所得，今为《五书》，以续三百篇以来久绝之传。而别著《日知录》，上篇经术，中篇治道，下篇博闻，共三十余卷。有王者起，将以见诸行事，以跻斯世于治古之隆，而未敢为今人道也。③

关于顾炎武的实学的特色，可以潘耒在《日知录·原序》中的一段话来说明：

> 昆山顾宁人先生，生长世族，少负绝异之资，潜心古学，九经诸史，略能背诵，尤留心当世之故。实录奏报，手自抄节；经世要务，一一讲求。当明末年，奋欲有所自树，而迄不得试，穷约以老。然忧天悯人之志，未尝少衰，事关民生国命者，必穷源溯本，讨论其所以

---

① 参见《日知录》卷十八《内典》。
② 《日知录》卷七《夫子之言性与天道》。
③ 《日知录·又与人书二十五》。

然。足迹半天下，所至交其贤豪长者，考其山川风俗、疾苦利病，如指诸掌。精力绝人，无他嗜好，自少至老，未尝一日废书。出必载书数簏自随，旅店少休，披寻搜讨，曾无倦色。有一疑义，反复参考，必归于至当；有一独见，援古证今，必畅其说而后止。

全面理解这一段话，对顾炎武的实学会有更深的认识。

第一，顾氏实学的主旨，学问的兴趣在于"留心当世之故""事关民生国命者"的大事。实学的内容既有"九经诸史"这些古学的内容，也有当世世务的知识，一代的历史的记载，如实录、奏报之类，以及掌故、实地考察得来的材料。顾宁人倡实学的研究方法是：援古证今，穷源溯本，讨论其所以然。在学风上，提倡认真读书，实地考察。顾炎武以"采铜于山"作为比喻，说："某自别来一载，早夜诵读，反复寻究，仅得十余条，然庶几采山之铜也。"①关于"采铜于山"，顾氏有一个解释，他说："尝谓今人纂辑之书，正如今人之铸钱。古人采铜于山，今人则买旧钱，名之曰'废铜'，以充铸而已。所铸之钱，既已粗恶，而又将古人传世之宝舂锉碎散不存于后，岂不两失之乎？"②这就是要求治学应当力求掌握第一手的资料，而不凭信以讹传讹的材料，或是根据那些第二三手的资料研究问题，这是实学的方法论基础。我们应当从整个实学的思想体系上，认识顾炎武的"采铜于山"的主张，不能把它仅仅看作是学术上的一种主张。顾氏一生治学实践了自己的主张，他"足迹半天下，所至交其贤豪长者，考其山川风俗、疾苦利病，如指诸掌"③，"所至厄塞，即呼老兵退卒，询其曲折，或与平日所闻不合，则即坊肆中发书而对勘之"④。

第二，实学思想反映在学术研究内容方面，是重经又重史。对经史关系的问题，各个学者都有自己的看法。在当时，学术变化中有一个趋向是重视史学的作用，顾炎武说，提倡史学"可得通达政体之士，未必无益于国家也"⑤。顾氏崇朱学，但他并不像朱熹那样把史学放在一个次要的地位上。他自十岁读《左传》《国语》《战国策》，十一岁开始读《资治通鉴》，十三四岁

① 《日知录·又与人书十》，见《日知录集释(外七种)》上册。
② 同上。
③ 《日知录·潘耒原序》，见《日知录集释(外七种)》上册。
④ 《鲒埼亭集》卷十二《亭林先生神道表》。
⑤ 《日知录》卷十六《史学》。

读完这部书。自崇祯己卯后，为写《天下郡国利病书》《肇域志》，读二十一
史、文集和郡县志书等一千余部。顾氏重视史，强调："夫史书之作，鉴往
所以训今。"①这样的对经史关系的认识，在乾嘉时期得到充实，发展到章学
诚那里，便是"六经皆史"说。从"多识前言往行以畜其德"，到实学思潮中
的重史学的观点，再到经世思想中的"六经皆史"说，可以看到人们对历史
知识作用的认识逐渐深化，对史学的社会功能的理解在不断发展。

　　第三，明末清初实学思想十分重要的一个方面，是把解决当世之务，
作为学术研究的着眼点。黄汝诚为《日知录集释》作序，说：

　　　　其言经史之微文大义、良法善政，务推礼乐德刑之本，以达质文
　　否泰之迁嬗，错综其理，会通其旨。至于赋税、田亩、职官、选举、
　　钱币、权量、水利、河渠、漕运、盐铁、人材、军旅，凡关家国之制，
　　皆洞悉其所由盛衰利弊，而慨然著其化裁通变之道。

顾炎武对当世之务洞悉明达，研究政治、经济、文化等各个方面问题，揭
露有明一代的弊政，提出自己的变革主张。这是他的实学思想十分有特色
的地方。

　　比起传统儒家的知识论，明末思想家的实学思想有了一个较大的发展。
孔子要求学生多识鸟兽虫鱼草木之名，后来很多人提倡实学也多限于此。
也有不少学者提倡关注现实研究历史，但并没有提到实学的高度上来认识
这个问题。顾炎武认为，研究学问重要的是解决"当务之急"，他认为"以格
物为多识于鸟兽草木之名则末矣"②。为学在于明道，而明道却不是全部学
问的终极为学目的，他说："君子之为学，以明道也，以救世也。"③明道与
救世，是为学的目的。个人践履与治国平天下，并不矛盾。顾炎武说："文
之不可绝于天地间者，曰明道也，纪政事也，察民隐也，乐道人之善也。"④
各个方面的修养，如孝悌忠信之行，洒扫应对之职，《诗》《书》《礼》《易》《春
秋》之文，都是为用之于身，施之于天下。这是实学的主张，要求把"修身
齐家治国平天下"的论述具体化。由于时代翻天覆地的变化，民族危机的加

------

① 《顾亭林诗文集》卷六《答徐甥公肃书》。
② 《日知录》卷六《致知》。
③ 《日知录·又与人书二十五》。
④ 《日知录》卷十九《文须有益于天下》。

深，因此这个时期的实学又演变、构成了经世思想的基础，经世思想成为实学的思想核心。

顾炎武写《天下郡国利病书》，以历史地理的研究为中心，把历史和现实问题紧密结合起来。它记载各地有关漕运、粮额、马政、草场、盐政、屯田、水利、赋税、徭役、户口等；研究各地的土地占有、兼并状况，记载各地赋税征收的情形，对各地的水利设施作历史的考察。顾氏还把记载和现实的调查结合起来，抨击弊政，进而反映他的更革的观点。这部书通过编选材料，反映他的经世的用心。他在这本书的序言中说：

> 崇祯己卯，秋闱被摈，退而读书。感四国之多虞，耻经生之寡术，于是历览二十一史以及天下郡县志书，一代名公文集及章奏文册之类，有得即录，共成四十余帙。一为舆地之记，一为利病之书。

这里说的"利病之书"，也就是《天下郡国利病书》；"舆地之记"，是他写的《肇域志》。这两本书之间有什么关系，还要进一步考证，但有一点是明确的，即两本书都是经世、救世之作。

在顾炎武之后，有顾祖禹的《读史方舆纪要》，同样是一本充满强烈经世思想的著作，后人说这本书，"详建设则志邑里之新旧，辨星土则列山川之源流。至于明形势以示控制之机宜，纪盛衰以表政事之得失，其词简，其事赅，其文著，其旨长，藏之约而用之博，鉴远洞微，忧深虑广，诚古今之龟鉴，治平之药石也。有志于用世者，皆不可以无此篇"①。可见，经世思想铸成这一时期实学思想的精髓。

第二节 历史盛衰总结的思潮

在中国，每到一个大的历史转折时期，都有大思想家、大史学家对历史进行总结，从历史兴亡盛衰的变化中找出经验教训。明末清初的大思想家历史总结的重要特点，是把这种总结提高到历史哲学的高度，这可以说是中国古代历史哲学的发展，又是中国古代历史哲学的终结。王夫之是这方面的杰出代表。王夫之从"理"与"势"上，论说历史的盛衰变化是必然的，是"理"。他说："治有治之理，乱有乱之理，存有存之理，亡有亡之理。

---

① 《读史方舆纪要·吴兴祚序》。

……夫国家之治乱存亡，亦如此而已矣。"①在说到郡县延续两千年时，他说，"郡县之制，垂二千年而弗能改矣，合古今上下皆安之，势之所趋，岂非理而能然哉"②。"理"贯彻、支配一切事物的运动变化。历史运动的必然又表现为一种"势"，"迨已得理，则自然成势，又只在势之必然处见理"③。有时王夫之又把"理"称之为"道"，他说："天下之生，一治一乱，帝王之兴，以治相继，奚必手相授受哉！道相承也。"④同样，顾炎武的论述中也是把历史盛衰变化当作是一种必然，他说："天地之化，过中则变，日中则昃，月盈则食。"⑤一切事物都是这样变化的。

应当说明，王夫之的历史盛衰论中包含历史进化的思想，《读通鉴论》中有一段很长的文字描绘中国历史的进程。唐虞以前，没有文字可以详考，那时"衣裳未正，五品未清，婚姻未别，丧祭未修"，"人之异乎禽兽无几也"⑥。人类就是这样从蛮荒世界中走出来的，人的历史是从"植立之兽"⑦进化来的过程。他批评邵雍的"皇帝王霸"说，指出邵雍的历史循环观点是"泥古过高而菲薄方今，以蔑生人之性"⑧。

另外，王夫之以"理"解说历史的变化，指出历史的必然，同时也重视在历史盛衰变动中人事作用的意义。他说，"《易》曰：'汤武革命，顺乎天而应乎人。'圣人知天而尽人之理，……应人以其时则志定，时者，圣人之所不能违也"⑨，"善言天者验于人，未闻善言人者之验于天也"⑩。王夫之说，吉凶消长在天，动静得失在人，他说的"天"，不是神意的。他认为，"知天者，知天之几也。夫天有贞一之理，有相乘之几焉。知天之理者，善动以化物"⑪，还是强调人事作用。

王夫之的历史兴亡论又和变革现实的主张联系在一起。由于王氏以他

① 《读通鉴论》卷二十四《德宗》。
② 《读通鉴论》卷一《秦始皇》。
③ 《读四书大全说》卷九《孟子·离娄上》，《船山遗书》本。
④ 《读通鉴论》卷二十二《玄宗》。
⑤ 《日知录》卷一《已日》。
⑥ 《读通鉴论》卷二十《太宗》。
⑦ 《思问录·外篇》，《船山遗书》本。
⑧ 《读通鉴论》卷二十《太宗》。
⑨ 《读通鉴论》卷二十《唐高祖》。
⑩ 《读通鉴论》卷七《和帝》。
⑪ 《读通鉴论》卷二《文帝》。

的历史哲学作为兴亡论的基础，所以他的变革思想表现为一种富有哲理的变通思想，以变通的眼光把古与今联系起来，阐发变革的主张。他抓住《周易》的变通的观点，说明变与通的关联。《周易大象解·序》说：

> 天下无穷之变，阴阳杂用之几，察乎至小、至险、至逆，而皆天道之所必察。苟精其义，穷其理，但为一阴一阳所继而成象者，君子无不可用之以为静存动察、修己治人、拨乱反正之道。……天无不可学，物无不可用，事无不可为。繇是以上达，则圣人耳顺从心之德也。

人们从易象中体察变动中的世界万事万物，变中又有常，革中又有因，谈变革，又要注意"时"、条件。如果简单地以复古、复三代的办法行变革，还要说这是古先圣之大法，这实在是"自欺以诬天下"①。他又说："以古之制，治古之天下，而未可概之今日者，君子不以立事；以今之宜，治今之天下，而非可必之后日者，君子不以垂法。"②

治理国家，最重要的是要有一种通识，他说："经国之远图，存乎通识。通识者，通乎事之所由始，弊之所由生，害之所由去，利之所由成。"③王船山丰富了中国古代通识的内容。治国、变法无疑地可以从历史的兴亡成败中找到经验教训，诸如退小人、用贤才，不可盲目聚财，要保民等，这些王夫之也都提到了。但王夫之又指出，用通变的思想处理事务更为重要，他说："一彼一此者，死生之命；一进一退者，反复之机也；一屈一伸者，相乘之气也。运以心，警以目，度以势，乘以时。"④对历史上治世、盛世的经验也有一个善不善于学习的问题，王夫之说："故善法三代者，法所有者，问其所以有，而或可革也；法所无者，问其何以无，而或可兴也。跰遵而步效之，黠民乃骄，朴民乃困，治之者适以乱之。"⑤

盲目提倡效法三代，以三代的模式变革现实，其效果只能是适得其反，欲治反乱。历代一些史学家、思想家企图恢复古代的井田制，反对土地的高度集中，行分封制，反对皇权专制。包括王安石在内的许多政治家、思

---

① 《读通鉴论》卷二《文帝》。
② 《读通鉴论》卷末《叙论四》。
③ 《读通鉴论》卷二十二《玄宗》。
④ 《读通鉴论》卷二十四《德宗》。
⑤ 《读通鉴论》卷二十八《五代上》。

想家希望从古代典制中找到变革现实，挽救社会危机的办法，都碰了壁。不能说他们的思想动机不好，但是他们以凝固的眼光看待历史上的经验，要走进这间屋子，结果却走进另一间屋子里去，让历史开了一个玩笑。司马光写《资治通鉴》，以鉴兴衰作为著史的宗旨，企图维持等级名分的礼制，使社会安定，达到"跻尧舜之治"的目的。从思想方法上说，司马光的失误就是离开通变的要求，谈历史的兴亡教训。王夫之批评司马光，说："夫古今异时，强弱异势，战守异宜，利害异趣，据一时之可否，定千秋之是非，此立言之大病，而温公以之矣。"①所以，司马光打着"资治"旗号，却达不到"资治"目的，王夫之在卷末说，这样写史，也是"玩物丧志"。王夫之和司马光的兴亡论不同，除开别的方面，王夫之是以通变的思想总结历史的经验教训，司马光却缺乏这样的眼光。

王夫之同样认为，史学的重要意义，是总结历史盛衰的经验教训。他说："所贵乎史者，述往以为来者师也。为史者，记载徒繁而经世之大略不著，后人欲得其得失之枢机以效法之无由也，则恶用史为？"②王夫之认为，古人成功的地方可以借鉴，古人失败的地方也可以借鉴，"得可资，失亦可资，同可资，异亦可资也。故治之所资，惟在一心，而史特其鉴也"。"然则治之所资者，一心而已矣。以心驭政，则凡政皆可以宜民，莫匪治之资；而善取资者，变通以成乎可久"。③ 据此，王夫之又提出"天下有定理无定法"，他说："天下有定理而无定法。定理者，知人而已矣，安民而已矣，进贤远奸而已矣；无定法者，一兴一废一繁一简之间，因乎时而不可执也。"④要因时立法，才是善师古者。

总之，借鉴历史的经验教训，不能脱离现实的条件，这也就是王夫之强调"时"的意义，要趋时立本。从《尚书》的殷鉴思想，到司马迁的"见盛观衰"的思想，再到司马光的鉴盛衰以编纂史书的主张，一直到明末清初王夫之的通变和历史兴亡论，中国论历史兴衰的史学思想也发展到了高峰。

王夫之（1619—1692 年），字而农，号姜斋，湖南衡阳人，晚年隐居在湘西的石船山麓，人称船山先生。崇祯六年（1633 年）、九年（1636 年）他两次参加乡试，未中举。崇祯十一年（1638 年），王夫之读书于岳麓时曾组织

---

① 《读通鉴论》卷二十六《文宗》。
② 《读通鉴论》卷六《光武》。
③ 《读通鉴论》卷末《叙论四》。
④ 《读通鉴论》卷六《光武》。

"行社"，次年又结"匡社"。崇祯十五年（1642年）他在湖广乡试以第五名中举人。次年，张献忠占领衡阳，王夫之走匿深山，拒绝与农民军合作。李自成入北京，王夫之为明朝的灭亡悲痛，作《悲愤诗》一百韵。崇祯十七年（1644年），清兵入关，王夫之避居"续梦庵"。他曾上书湖北巡抚，并没有受到重视。顺治五年（1648年），王夫之与匡社成员在衡山组织义兵抗清。后又投奔桂王永历帝，而永历朝政依然腐败不堪，王夫之又奔瞿式耜。顺治九年，王夫之到湘西耶姜山侧"屏迹隐居"，十四年，返回"续梦庵"。南明永历十六年（康熙元年），永历帝被执，十八年，南明王朝覆灭。康熙十四年（1675年）王夫之迁居石船山下，潜心著述，《读通鉴论》《宋论》《张子正蒙注》等一大批著作，都是在这个时期完成的。康熙三十一年（1692年），王夫之在久病之后，于石船山下的湘西草堂辞世。

《清史稿·王夫之传》将他和时儒做了比较，说："夫之论学，以汉儒为门户，以宋五子为堂奥。其所作《大学衍》《中庸衍》，皆力辟致良知之说，以羽翼朱子。于张子《正蒙》一书尤有神契。"这里说到王夫之重汉学又重宋学，这只是一个特点。在宋学中，王夫之崇朱学，又重张横渠的学说，仔细地考察一下，便可以看出，王夫之更推崇横渠之学，他以张载的"气"说改造了朱熹的理气说，形成他自己的独特的理气观。王夫之推崇张载的学术，说："张子之学，上承孔孟之志，下救来兹之失，如皎日丽天，无幽不烛。圣人复起，未有能易焉者也。"①《正蒙》是张氏的代表作，张载认为宇宙本体是"气"，气的聚散形成不同形态的物，主要有三大类，也就是天、地、人。三者合一，为天性，也就是天理。理是不离气的，所谓，"易，一物而合三才：阴阳，气也，而谓之天；刚柔，质也，而谓之地；仁义，德也，而谓之人"，"六爻各尽利而动，所以顺阴阳、刚柔、仁义，性命之理也"②。研究人类的历史也是要穷理。王夫之继承、发扬了张载的思想，不离气言理，"循物穷理"。他认为物质是"气"，气的聚散显示物质的客观运动。事物在发展中越来越丰富，事物在发展过程中得到更新。

王夫之痛斥佛老，却注意吸收二者的方法，并不盲目地排斥，"可禅、可继、可革，而不可使夷类间之"③。对老庄，也是有批判、有吸收，要做到这一层，应当深入学术的内核中探究一番，"盖入其垒，袭其辎，暴其

---

① 《张子正蒙注·序论》，另参《横渠易说·说卦》。
② 《张载集·大易篇》。
③ 《黄书·原极》。

恃，而见其瑕矣"①。又说："凡庄生之说，皆可因以通君子之道。"②对王学，他也仅仅是反明代的王学中的狂禅之学。所以，王夫之不是在党同伐异，他反对的仅仅是"知有门户而不知有天子"。他能融合众家之学形成他自己的理气观，从而构成他的历史哲学的基础。

第三节　历史和学术的批判、总结

明末清初，对历史、学术的批判总结形成一股有影响的思潮。李贽对历史的批判是相当猛烈的，顾炎武、王夫之及黄宗羲的批判总结具有明显的时代特点。顾炎武以经世的眼光去反思过去的历史，王夫之以通变的观点抓住历史盛衰的问题总结历史，而黄宗羲的批判总结具有启蒙思想的性质和意义。

历史的批判与总结，首先有一个标准的问题，即以一个什么样的观点去认识过去的历史。这一点和盛衰经验总结又有所不同。盛衰经验总结着重从过去的历史的实际出发，从中概括出经验教训。而历史的批判总结，则是以时代的眼光，时代的思想高度，去分析过去的历史，过去的思潮，暴露其中的腐朽、残忍。有的更进而在这种总结中展示对历史前途的思考。

黄宗羲的批判总结的重要特点，首先在于他的批判的视角，他的标准。他承认"私""利"的合理性，批判过去的封建君主专制。他说："有生之初，人各自私也，人各自利也，天下有公利而莫或兴之，有公害而莫或除之。有人者出，不以一己之利为利，而使天下受其利，不以一己之害为害，而使天下释其害。此其人之勤劳必千万于天下之人。"③人人都有"私"，都有求"利"的欲望，这个追求是合理的。但封建君王剥夺百姓的"私"和"利"，是以一人之私、利去夺千万人之私，夺千万人之利。古代的君如尧、舜、禹以及许由、务光都不是主动夺百姓之利的人。三代以后就发生了变化，他说：

> 后之为人君者不然，以为天下利害之权皆出于我，我以天下之利尽归于己，以天下之害尽归于人，亦无不可。使天下之人不敢自私，

① 《老子衍·自序》。
② 《庄子通·叙》。
③ 《明夷待访录·原君》。

不敢自利，以我之大私为天下之大公。始而惭焉，久而安焉，视天下为莫大之产业，传之子孙，受享无穷。汉高帝所谓"某业所就，孰与仲多"者。其逐利之情，不觉溢之于辞矣。此无他，古者以天下为主，君为客，凡君之所毕世而经营者，为天下也。今也，以君为主，天下为客，凡天下之无地而得安宁者，为君也。是以其未得之也，屠毒天下之肝脑，离散天下之子女，以博我一人之产业，曾不惨然，曰"我固为子孙创业也"。其既得之也，敲剥天下之骨髓，离散天下之子女，以奉我一人之淫乐，视为当然，曰"此我产业之花息也"。然则为天下之大害者，君而已矣。向使无君，人各得自私也，人各得自利也。

呜呼，岂设君之道，固如是乎？古者天下之人，爱戴其君，比之如父，拟之如天，诚不为过也。今也，天下之人，怨恶其君，视之如寇雠，名之为独夫，固其所也。……岂天地之大，于兆人万姓之中，独私其一人一姓乎？

黄宗羲的批判比起过去的"无君论"更深刻，也带有那个时代的特征。由此，黄宗羲在《原臣》篇中又说："盖天下之治乱，不在一姓之兴亡，而在万民之忧乐。"他以为治天下要为万民，天下可"分治之以群工"。黄氏的话是这样说的："缘夫天下之大，非一人之所能治，而分治之以群工。故我之出而仕也，为天下，非为君也；为万民，非为一姓也。"①显然，黄宗羲的义利观以及建立在此基础上的历史观点已经有新的因素，也就是具有启蒙的性质。王夫之也说过，"随处见人欲，即随处见天理"②，"私欲之中，天理所寓"③。从李贽的"穿衣吃饭，即是人伦物理"④的命题，到王夫之、黄宗羲的义利观，都反映历史处在一个转折的关头。封建社会固有的意识形态受到严重的挑战。

黄宗羲学术总结的基本思想是："学要有宗旨，但不可有门户"，反对学术定于一尊，反对学术"必欲出于一途"。他说：

盈天地间皆心也，人与天地万物为一体，故穷天地万物之理，即

---

① 《明夷待访录·原臣》。
② 《读四书大全说》卷八《孟子·梁惠王下》。
③ 《四书训义》卷二十六《孟子·梁惠王章句下》。
④ 《焚书》卷一《答邓石阳》。

在吾心之中。后之学者，错会前贤之意，以为此理悬空于天地万物之间，吾从而穷之，不几于义外乎？此处一差，则万殊不能归一。夫苟功夫著到，不离此心，则万殊总为一致。

学术之不同，正以见道体之无尽也。奈何今之君子，必欲出于一途，剿其成说，以衡量古今，稍有异同，即诋之为离经畔道，时风众势，不免为黄芽白苇之归耳。夫道犹海也，江、淮、河、汉，以至泾渭蹄涔，莫不昼夜曲折以趋之，其各自为水者，至于海而为一水矣。①

黄宗羲强调各种学术、学派的存在都是合理的，明确地反对以一种学术、学派去压制其他的学术、学派，以一种观点衡量古今所有的学术，容不得和自己稍有不同的观点，把不同的学派、学术说成是离经叛道，这些从根本上说，违背了学术发展的要求。学术发展的规律是"万殊总为一致"。虽然黄宗羲学术的归属是王学，但是他并没有以自己的学术，作为一种绝对正确的"道"，去罢黜"百家"，这实际上是一种学术平等的主张。他认为既是"道"，就不能是一家之私言。说："盖道非一家之私，圣贤之血路，散殊于百家，求之愈艰，则得之愈真，其得之有至有不至，要不可谓无与于道者也。"②

学术不宜有门户，但不能无是无非，混杂在一起。作为一个学人，又必须有自己的宗旨。所谓"宗旨"，他解释说："大凡学有宗旨，是其人之得力处，亦是学者之入门处。天下之义理无穷，苟非定以一二字，如何约之，使其在我。故讲学而无宗旨，即有嘉言，是无头绪之乱丝也。学者而不能得其人之宗旨，即读其书，亦犹张骞初至大夏，不能得月氏要领也。"③学术宗旨又是一种学术上的独到的见解，因此它又是和自得之学相合。黄宗羲说："学问之道，以各人自用得著者为真。凡倚门傍户，依样葫芦者，非流俗之士，则经生之业也。"④它提倡独立思考，要求突破"门户"传统的束缚，这和学术上不可有门户，是一个问题的两个方面。作为学者个人来说，要有宗旨，反对"倚门傍户，依样葫芦"，也不能有门户之见，不能排斥其他

---

① 《明儒学案·序》。

② 《南雷文定》三集卷二《清溪钱先生墓志铭》。

③ 《明儒学案·明儒学案发凡》，《明儒学案》除《四库全书》本、《四部备要》本以及中华书局1985年沈芝盈点校本外，又见《黄宗羲全集》浙江古籍出版社2005年版。

④ 《明儒学案·明儒学案发凡》。

学术，这是黄宗羲的卓识。

学术史性质的著作，自宋元以降发展很快，成为史学的一支大宗。这些著作和理学的兴起联系密切，宣扬道学，讲道统统系是这类作品的基调。宋代的李心传的《道命录》和朱熹的《伊洛渊源录》为开启之作，在前面已经做过说明。明代学术史方面的作品数量不少，《明史·艺文志三》中关于学术史的著作有谢铎的《伊洛渊源续录》、薛应旂的《考亭渊源录》、朱衡的《道南源委录》等。此外有熊赐履的《学统》、张伯行的《道统录》。以上多是崇朱的作品。尊陆王之学的有金贲亨等人的作品。对理学做总结的有周汝登（海门）的《圣学宗传》、孙奇逢（钟元）的《理学宗传》。这些书存在许多不足和缺点。黄宗羲批评周、孙的两部书，说：

> 从来理学之书，前有周海门《圣学宗传》，近有孙钟元《理学宗传》，诸儒之说颇备。……且各家自有宗旨，而海门主张禅学，扰金银铜铁为一器，是海门一人之宗旨，非各家之宗旨也。钟元杂收，不复甄别，其批注所及，未必得其要领，而其闻见亦犹之海门也。

《明儒学案发凡》批评了当时学术史著作中的主要缺点。相比之下，黄宗羲的《明儒学案》对学术的总结则是另一番气象。仇兆鳌在序中说："寻源溯委，别统分支，秩乎有条而不紊，于叙传之后，备载语录，各记其所得力，绝不执己意为去取，盖以俟后世之公论焉尔。"

《明儒学案》的编撰体现了黄宗羲几个方面的思想：

其一，戒门户之见。他反对在史书中设立《理学传》，说："某窃谓道学一门所当去也，一切总归'儒林'，则学术之异同皆可无论，以待后之学者择而取之。"①论学脉，黄氏师刘宗周，其学术渊源为王学。但黄宗羲尊王而不贬朱，《明儒学案》首列"师说"，一以示师承，二以揭示编撰主旨，书中"间有发明，一本之先生"。虽然《明儒学案》的发明与"师说"的意思有差异，但大纲节目一以贯之体现师门的宗旨。他特别推崇王阳明，说："向无姚江，则学脉中绝；向无蕺山，则流弊充塞，凡海内之知学者，要皆东浙之所衣被也。"②甚至把北宋五子和王阳明、刘宗周联结起来，看作是天意的学统。

---

① 《南雷文定》前集卷四《移史馆论不宜立理学传书》。
② 同上。

《明儒学案》尊王学的同时，又给朱学以重要的地位，把明代前期的朱学人物吴与弼看作是有明一代学术的开山者，说："康斋倡道小陂，一禀宋人成说。……其相传一派，虽一斋、庄渠稍为转手，终不敢离此矩蠖也。白沙出其门，然自叙所得，不关聘君，当为别派。于戏，椎轮为大辂之始，增冰为积水所成，微康斋，焉得有后时之盛哉？"①由康斋、白沙，折而王阳明。《明儒学案》从学术发展的总过程中肯定吴与弼（康斋）的重要地位，首列《崇仁学案》以述吴与弼的学术。

在评价明代学人的思想上，《明儒学案》体现出"和会"朱学、王学的特点。如谈到双江先生聂豹和南野先生欧阳德的思想体系时，黄宗羲说："双江与（南野）先生议论虽未归一，双江之归寂，何尝枯槁，先生之格物，不坠支离，发明阳明宗旨，始无遗憾，两不相妨也。"②黄宗羲没有把"格物"与"致良知"看成是水火不相容的。这在明人"宗格物者极诋良知，护良知者复讥格物"的学术氛围中，确是另一种品格。黄宗羲宗阳明而不回护，论考亭之学有求是之意。"和会"朱学与陆王之学，不是折中，不是无所甄别。

其二，明学术宗旨，求学术精神。学术宗旨是两个方面的意思，一是全书贯穿黄宗羲对明代学术变迁的总体认识，贯穿对心、性及气的一以贯之的认识，体现黄宗羲的学问的精神。二是在每一篇的内容中，抓住学案案主的学问精神，评说事理，叙述行事，辑录材料。

《明儒学案》的每一篇的结构是三个部分：

一是序。序文或述学术变迁，师承衍变；或述案主的学术要点，学术地位或影响；或补充正文材料之不足。如《泰州学案》开篇说：

> 阳明先生之学，有泰州、龙溪而风行天下，亦因泰州、龙溪而渐失其传。泰州、龙溪时时不满其师说，益启瞿昙之秘而归之师，盖跻阳明而为禅矣。然龙溪之后，力量无过于龙溪者，又得江右为之救正，故不至十分决裂。泰州之后，其人多能以赤手搏龙蛇，传至颜山农、何心隐一派，遂复非名教之所能羁络矣。③

序文以点睛之笔写出王学变动的趋势。王学到了泰州时发生了裂变，"复非

---

①　《明儒学案》卷一《崇仁学案·聘君吴康斋先生与弼》。
②　《明儒学案》卷十七《江右王门学案·文庄欧阳南野先生德》。
③　《明儒学案》卷三十二《泰州学案一》。

名教之所能羁络"。序文紧接着补充正文所没有的内容，引叙颜山农的事迹
与思想。

二是传记。序文后面是案主的经历行事和学术要点的内容。行文中间
有按断或寓论断于叙事，以突出传主的学术精神。

三是传记后传主的学术著述、议论方面的资料辑录。这一部分同样要
突出思想家的学旨。黄宗羲说："每见抄先儒语录者，荟撮数条，不知去取
之意谓何。其人一生之精神未尝透露，如何见其学术？是编皆从全集纂要
钩玄，未尝袭前人之旧本也。"①即便是资料辑录，也力图从中透露出学人一
生的学术精神。

《明儒学案》中属王学以及和王学有紧密联系的学案，占总数一半以上。
无可讳言，黄氏对王学的评析，对刘宗周的评价，还有偏袒处，但总体上
说，是较为客观地反映出有明一代学术发展变化的趋势，写出明代数百年
的学脉。

其三，穷原竟委，博采兼收。清人冯全垓为《明儒学案》写跋说明其具
有"穷原竟委，博采兼收"的特点。一是说《明儒学案》明学术的源流，二是
说它是明各家的学术的源流。明初的学术和朱学分不开，吴与弼和薛瑄师
承朱学。到了陈献章（白沙），明代的理学发生变化，这是一大关节处。由
陈白沙而王阳明，王学兴起后，很快形成浙中王门、江右王门、南中王门、
楚中王门、北方王门、粤闽王门，和王学相联系紧密的是止修之学。王学
盛中又有衰，六派王门中，传王学的只有江右王门。黄宗羲说：

> 姚江之学，惟江右为得其传，东廓、念庵、两峰、双江其选也。
> 再传而为塘南、思默，皆能推原阳明未尽之旨。是时越中流弊错出，
> 挟师说以杜学者之口，而江右独能破之，阳明之道赖以不坠。盖阳明
> 一生精神，俱在江右。②

在众多王门中，只有江右诸先生能传王学，这本身就是不景气的现象，更
何况阳明之后，其及门弟子能得师说精神的不多，而泰州学派兴起又从另
一个方面破坏王学。龙溪有发明，但龙溪"竟入禅"，"悬崖撒手，非师门宗
旨所可系缚"。所以黄宗羲说："阳明先生之学，有泰州、龙溪而风行天下，

① 《明儒学案·明儒学案发凡》。
② 《明儒学案》卷十六《江右王门学案一》。

亦因泰州、龙溪而渐失其传。"①

在学术史的研究方法论上,《明儒学案》具有自己的特色。首先,它展示了学术变化也是盛中有衰,盛极而衰。刘宗周以"慎独"说救王学后期之弊,实则是王学衰变的表现。黄宗羲把明代理学,特别是王学当作一个发生、兴盛至衰变的过程;同时他又注意到每一个学派兴起,是有条件的,而在兴盛中又孕育着分化、衰变的因素。另外,各种学派、学术在相互联系中发展,明代的王学不是脱离朱学突然出现的。

其次,它表明了一个大时代的学术的变化有一个过程,一个学派的变动,一个思想家的变化都经历了不同的阶段。王阳明一生的思想变化经历了三个阶段,黄宗羲称为"三变",他说:

> 先生之学,始泛滥于词章,继而遍读考亭之书,循序格物,顾物理吾心终判为二,无所得入。于是出入于佛、老者久之。及至居夷处困,动心忍性,因念圣人处此更有何道?忽悟格物致知之旨,圣人之道,吾性自足,不假外求。其学凡三变而始得其门。②

这就是王阳明学术思想由"滥""杂"至"入门"的三变,此后王阳明的学术思想又有三变。黄宗羲说:"自此以后,尽去枝叶,一意本原,以默坐澄心为学的。"这是一变。继之,是第二变,"江右以后,专提'致良知'三字,默不假坐,心不待澄,不习不虑,出之自有天则"。最后,是第三变,"居越以后,所操益熟,所得益化,时时知是知非,时时无是无非,开口即得本心,更无假借凑泊,如赤日当空而万象毕照"。③ 阳明之学只是在此之后,才日臻于纯粹的境地。

有的学案中,黄宗羲没有明说变化的几个阶段,但读者自可理会。如颜山农师刘师泉无所得,又转从徐波石学,乃得泰州之传,是为一大转折。又如浙中王门钱德洪思想转变,黄宗羲通过罗洪先的评介,间接地写出"绪山之学数变"。着力研究理学家思想的转变,是《明儒学案》的特点。

再次,是辨析细微。《明儒学案》看到学术的渊源传授,又看到不同学派之间和同一学派内的差异。朱学、王学差异自然是泾渭分明,而同守朱

---

① 《明儒学案》卷三十二《泰州学案一》。
② 《明儒学案》卷十《姚江学案·文成王阳明先生守仁》。
③ 同上。

学家法的吴与弼与薛瑄又各自有特点。吴康斋重"涵养"，薛文清重"践履"。同为江右王门诸先生，在守师门之旨上各有发挥。邹守益（东廓）的"戒惧"说，罗洪先（念庵）的"主静"观点，聂豹（双江）的"归寂"说，这些学说各有不同。同是浙中王门的钱德洪（绪山）和王畿（龙溪），学术差异明显，进而又别出机杼，另有枝叶。两人都是"亲炙阳明"，却又有差别，"龙溪从见在悟其变动不居之体，（绪山）先生只于事物上实心磨练。故先生之彻悟不如龙溪，龙溪之修持不如先生"①。

辨析细微还在于从相似的现象中看到差别。陈献章（白沙）一些论点似禅学，但毕竟不是禅。黄宗羲说："白沙论道，至精微处极似禅，其所以异者，在'握其枢机，端其衔绥'而已，禅则并此而无之也。奈何论者不察，同类并观之乎。"②分析细微，是明学术宗旨的深化，这和标榜门户不是一回事。以王阳明和湛若水为例，黄宗羲说：

> 王、湛两家，各立宗旨。湛氏门人虽不及王氏之盛，然当时学于湛者，或卒业于王，学于王者，或卒业于湛，亦犹朱、陆之门下，递相出入也。其后源远流长，王氏之外，名湛氏学者，至今不绝，即未必仍其宗旨，而渊源不可没也。③

《甘泉学案》中这段按语把王、湛关系比之朱、陆，各个学派宗旨相异而又相互联系，相互作用，看到渊源所自，又注意发展流变。相异与相成，发展与分化是有机的联结，黄宗羲分析学派的方法具有辩证的因素。

最后，《明儒学案》指出，时代思想潮流有主潮，也有其他潮流，这两者又是相互联结，相互作用的。黄宗羲正是从这一角度来兼综百家的。朱学在明代占着统治地位，而王学的兴起，迅速发展，波及各地。王学、朱学及其他的学术构成明代学术潮流的全景。黄宗羲以崇仁朱学为明代学术的开启者，以姚江王学为明代学术的主潮，以刘宗周为后劲，写出时代思潮的主流趋向。同时，他以联系的眼光，兼综百家，以《诸儒学案》为例，黄宗羲说他立这个学案的缘由：

---

① 《明儒学案》卷十一《浙中王门学案一·员外钱绪山先生德洪》。
② 《明儒学案》卷六《白沙学案下·通政张东所先生诩》。
③ 《明儒学案》卷三十七《甘泉学案一》。

　　　　儒者之学，不同释氏之五宗，必贯串到青源、南岳。夫子既焉不
　　学，濂溪无待而兴，象山不闻所受，然其间程、朱至何、王、金、许，
　　数百年之后，犹用高、曾之规矩，非如释氏之附会源流而已。故此编
　　以有所授受者，分为各案；其特起者，后之学者，不甚著者，总列诸
　　儒之案。①

可见，《明儒学案》编撰分立学案，以授受源流为准，这里既有为朱学的学
者立的学案，也有为王学的学者立的学案，也有为和朱学或王学有关系，
但另有明显宗旨特色的学者立的学案。《诸儒学案》的设立和收入的各家是
不是很恰当，姑且不论，但《诸儒学案》体现出兼综百家的特色是没有疑
问的。

　　《诸儒学案》中的学者是这样几类：一是"或无所师承，得之于遗经者"；
二是"或朋友夹持之力，不令放倒，而又不可系之朋友之下者"；三是"或当
时有所兴起，而后之学者无传者"。总之，是在师承上不明或不可强附师门
的学者。

　　《诸儒学案》编列体现黄宗羲著述之旨，他说：

　　　　上卷则国初为多，宋人规范犹在。中卷则皆骤闻阳明之学而骇之，
　　有此辨难，愈足以发明阳明之学，所谓他山之石，可以攻玉也。下卷
　　多同时之人，半归忠义，所以证明此学也，否则为伪而已。②

《诸儒学案》具体内容不做讨论，要注意的是黄宗羲的兼综百家的思想，平
等地看待各家学术。在中国古代，不少学者提出过"百川异趋""殊途同归"，
但最终大多数人还是强调学术的统一，定于一与汇于一的要求。而黄宗羲
强调的是"圣贤之路，散殊于百家，其得之有至有不至，要不可谓无与于道
者也"。不同的学术、学派，都有真理的成分，区别只是获得真理的程度上
的差别，不能说"无与于道"，更不能把不同的学说视为"离经叛道"。

　　所以，黄宗羲的历史与学术的总结、批判，有一个新的视角，有一个
平等的学术眼光，这里体现的时代精神，是以前所没有的。

　　黄宗羲在学术的总结中指出，学术的价值，学问的目的在于经世。他

①　《明儒学案·明儒学案发凡》。
②　《明儒学案》卷四十三《诸儒学案上一》。

从学术发展历史的角度出发，以历史总结的眼光谈这个问题，说：

> 尝谓学问之事，析之者愈精，而逃之者愈巧。三代以上，只有儒之名而已，司马子长因之而传儒林。汉之衰也，始有雕虫壮夫不为之技，于是分文苑于外，不以乱儒。宋之为儒者，有事功经制改头换面之异，《宋史》立道学一门以别之，所以坊其流也；盖未几而道学之中又有异同，邓潜谷又分理学、心学为二。夫一儒也，裂而为文苑，为儒林，为理学，为心学，岂非析之欲其极精乎。奈何今之言心学者，则无事乎读书穷理；言理学者，其所读之书，不过经生之章句，其所穷之理，不过字义之从违，薄文苑为词章，惜儒林于皓首，封已守残，摘索不出一卷之内。其规为措注，与纤儿细士不见长短，天崩地解，落然无与吾事，犹且说同道异，自附于所谓道学者，岂非逃之者之愈巧乎？①

这种学术总结既不是守理学门户，也不是守心学教条，而典型地反映了黄宗羲的主张，即不师一门与倡导学有宗旨两者相结合。这同样明显地体现他的经世思想。

黄宗羲（1610—1695 年），字太冲，号梨洲，浙江余姚人。其父黄尊素，东林名士，天启年间，因弹劾魏忠贤，被害死于狱中。黄宗羲入京为父讼冤，手携铁锥，对簿公堂，锥刺仇人。清军进军江南，黄宗羲回到家乡，组织义兵抗清。黄宗羲失败后，为躲避清政府的缉捕，隐伏山林中，直到清政府的迫害有所松动，才回到家乡。康熙十七年（1678 年）清政府诏征博学鸿儒，后又开明史馆，黄宗羲屡屡被荐，皆不就。康熙三十四年（1695年）卒，年86。主要著作有：《明儒学案》62 卷，《明夷待访录》21 篇，《南雷文定》前集、后集、三集和《南雷诗历》，以及《宋儒学案》《元儒学案》若干卷，另外还有《易学象数论》6 卷等多种作品。

---

① 《南雷文定》前集卷一《留别海昌同学序》。

第十一章　史学求变和《文史通义》

第一节　史学求变和《文史通义》

有些清代史学史、学术史的研究者，对清代史学状况给予中肯的分析，特别是对乾嘉史学给予恰当的评价，没有把这时期的史学，笼统看作是逃避现实的纯粹的考据之学。梁启超在他的《清代学术概论》《中国近三百年学术史》中对清人史学的评价，有一条意见很有见地，他说："清代史学开拓于黄梨洲、万季野，而昌明于章实斋。"①在这里他没有把清初史学与乾嘉时期史学分成两截，并且以"开拓"作为这一时期的一个重要特征。这一章内容和前面一章联系起来，更能看出史学发展趋向。

事实上，有清一代史家，一方面是沿着传统史学的路径继续行进；另一方面，是有识的史学家，力求开拓，他们不满意史学的现状，提出史学变革的主张。这种情况突出表现在乾嘉时期的史学。有一个问题，要在这里说明，乾嘉时期的史学内容相当丰富，有考证史学、考信史学、经世史学，也有一种史学着重从理论上说明史学变革的必然与必要。有一种看法，把这时期的史学笼统称为"乾嘉史学"，并且又把"乾嘉史学"视为考证史学，是不恰当的，至少不全面。

清前期的史学可以概括为以下诸端：

——撰写纪传体史书。代表性的作品是《明史》。万斯同撰《明史稿》，王鸿绪得之，张廷玉等在此基础上，修成《明史》。康熙十八年(1679年)开修，乾隆四年(1739年)成书。

——补史表、史志。二万(斯大、斯同)兄弟、汪越、周嘉猷、钱大昕、钱大昭、洪饴孙、杭世骏、顾栋高等，在补史表上都是有成就的大家。洪

---

①　梁启超：《中国近三百年学术史》，北京：东方出版社，1996年版，第297页。

亮吉、钱仪吉、郝懿行、钱大昕等在补史志上做出了重大的成绩。

清代学人的成就是多方面的。二万在史学上的意义，侯外庐先生有一段话，说："斯大的治经方法，实开后来专门汉学的方法论的先河，而斯同对于史料整理的态度，则对后来章学诚的文史学有显著的影响。"对万斯大的方法论，侯先生说："不盲从，重裁断，比较归纳，以经文的实事以求是，而不以传注的心传来傅会，这是朴实说理的传统。他对于传注的不信任态度更为戴震以至阮元的训诂注疏的前导。"①治经重经文之本身，不信传注，与清人考史特别重正史，考正史以及归纳史实论史，在思想方法上是一个路径。

万斯同对史料的整理，可以引钱大昕在《万先生斯同传》中的一段话："就故家长老求遗书，考问往事，旁及郡志邑乘杂家志传之文，靡不网罗参伍，而要以实录为指归。盖实录者，直载其事与言，而无所增饰者也。"②后来，章学诚强调方志、家乘对于修史的价值，与万氏所论是一个路数。

——古史之作。邹平马骕作《绎史》，这部书"取太古以来及亡秦之事，合经史诸子，钩括裁纂，佐以图考，参以外录，谓之《绎史》"。全书分五部，一为太古三皇五帝，二为三代夏商西周，三为春秋十二公时事，四为战国春秋至秦亡，五为外录，纪天官、地志、名物、制度等，计160篇。"其书最精，时人称为马三代。顾炎武读是书，叹曰'必传之作也'"③。李锴作《尚史》，亦是博采众书，以《绎史》为稿本，修成纪传体上古史的作品。

——历史地理书。最重要的是顾祖禹的《读史方舆纪要》，这部书是地理书的一个新发展。"禹之为是书也，以史为主，以志证之，形势为主，以理通之"④。顾氏说，人君、人臣"经邦国，理人民，皆将于吾书有取焉耳"⑤。

——学术史。明人黄宗羲始修的《宋元学案》，其子黄百家与全祖望等续纂而成。

——史考。清初的阎若璩的《古文尚书疏证》以及胡渭的《禹贡锥指》《易

---

① 侯外庐：《中国思想通史》，第5卷，北京：人民出版社，1956年版，第408页。

② 《潜研堂文集》卷三十八。

③ 《汉学师承记》卷一。

④ 《读史方舆纪要·彭（士望）序》。

⑤ 《读史方舆纪要·总序三》。

图明辨》，再有西河毛奇龄，实为有清考据学之先声。江藩《汉学师承记》站在汉学的立场上，在此书的卷首说到此后经学变化，汉学之兴，"乃知经术一坏于东西晋之清谈，再坏于南北宋之道学，元明以来，此道益晦。至本朝三惠(惠周惕、惠士奇、惠栋)之学，盛于吴中；江永、戴震诸君继起于歙。从此汉学昌明，千载沉霾，一朝复旦"。考据学学风及方法论影响到史学，考据史学是为当时的考据学的一个重要部分。

乾嘉时期的考史代表作是王鸣盛的《十七史商榷》、赵翼的《廿二史劄记》、钱大昕的《二十二史考异》。除此之外，三人还有另外一些考史之作。三大考史之作，在学风上不尽相同。王鸣盛重目录、校勘，重学术上的师法，考史之中论史学、史书尤为突出。赵氏重类辑史实，论史、评史，论治乱盛衰，风会递变，是其考史的特色。钱大昕尤长于以小学考史，将文字训释运用于考典章制度、地理沿革中，见其功力之深厚。在三氏之外，还有一批在考史上有成就的史家。他们的学术成就构成乾嘉考据史学的概貌。而崔述的考信之作，在乾嘉时期是一股新风。

——其他如史抄，改作前史等都是有成绩的。秦蕙田的《五礼通考》、毕沅的《续资治通鉴》、李清的《南北史合抄》等都是有名气的史学作品。在文献的校勘整理上，更有一大批成果。清人开修的《四库全书》在历史文献学史上是一件盛事。

清代的史学领域里的斗争相当尖锐。清统治者控制修史大权，是巩固统治的需要，张廷玉在《上明史表》中说："(明朝)纪统二百余年，传世十有六帝。创业守成之略，卓乎可观；典章文物之规，灿然大备。迨乎继世，法弗饬于庙堂；降及末流，权或移于阉寺。无治人以行治法，既外衅而内讧，因灾氛以启寇氛，亦文衰而武弊。朝纲不振，天眷既有所归；贼焰方张，明祚遂终其运。我国家丕承景命，肇建隆基。"希望有清人主，"参观往迹，考证得失之源，懋建鸿猷，昭示张弛之度"。一方面，史臣修《明史》希望清朝人君从明代的创业、守成中吸收经验，从明祚终运中吸取教训；另一方面，表明了清代统治是承天命，肇建隆基。这样的史学作品理所当然地为清统治者欢迎。对于那些意在"复明"的史学作品，于其统治不利的史书，和历史上其他统治者一样，清统治者或销毁，或宣布为禁书，甚而镇压、迫害这些史书的作者。

《四库全书》的编纂起到了双重的作用，既整理了历代的典籍，又在清理中剔除了于其统治不利的文字。清初文字狱中有诗文触及时讳的，也有史著触犯禁忌的。清代被禁毁的史书，表现出民族的意识，有学术价值，是清代史学中一个组成部分。

由以上诸端，从总体上说，至少可以看出两点。第一，清前期的史学相当兴盛。把清前期的史学，特别是把乾嘉时期的史学描写为凄凄戚戚的景象，说当时的史学只是学者为逃避文字之祸，在书斋中进行的虫鱼事业，这不合乎事实。更不能以偏见评价乾嘉史学。把清前期的史学，与唐代前期的史学、宋代前期的史学作一全面比较，清代史学的成就未必逊色于前代。但是，当时史学上没有大的突破，基本上是沿着传统的老路数治史，也是事实。

第二，在沿袭中又有别样的见解，有的也有所开拓。除了上面说的以外，在史学思想上，可以列出几点：

一是经史关系的认识与重正史的思想。钱大昕为赵翼的《廿二史劄记》作序，说"经与史岂有二学哉"。他们不同意宋代理学家提出的"经精史粗""经正史杂"的观点。他在序中又说："彼之言曰：经精而史粗也，经正而史杂也。予谓经以明伦，虚灵玄妙之论，似精实非精也。经以致用，迂阔刻深之谈，似正实非正也。"

王鸣盛一面说"治经断不敢驳经，而史则虽子长、孟坚，苟有所失，无妨箴而砭之"①，表现出其认识上的局限；另一面又认为史书中史例、史法同样重要，说："读史之难，与治经等。"②这些都可以看作是对顾炎武经史关系论的发挥。另一点，是重正史。赵翼有一条理论，认为正史的材料是经过筛选的，因此，不赞成以正史以外的资料来考史，这些资料不足依凭，这样考史不是正道。他说，对一些稗乘脞说，与正史记载有差异的地方，他是不敢拿来证史，"盖一代修史时，此等记载无不搜入史局，其所弃而不取者，必有难以征信之处，今或反据以驳正史之讹，不免贻讥有识"③。王鸣盛说："读史宜专心正史，世之学者于正史尚未究心，辄泛涉稗官杂说，徒见其愚妄。且稗史最难看，必学精识卓，方能裁择参订，否则淆讹汨乱，虽多亦奚以为。"④又说："有一等人不能看正史，旁搜宋元小说，以掩其短，如姚宽之辈，未尝学问而好为议论，自有学识者观之，虽多亦奚以为。"⑤清

---

① 《十七史商榷·序》。
② 《十七史商榷》卷五十四《徐傅两人官名连书互异》。
③ 《廿二史劄记·小引》。
④ 《十七史商榷》卷三十八《后汉书年表》。
⑤ 《十七史商榷》卷四十《田畴字》。

初王尔瞀，"其论读史也，以正史为主，而旁证以外史"①。他们重视正史，反对猎奇，这有其合理的地方。但如果一味排斥别的记载，只能局限自己的治史、考史，表现出清代汉学考据学上的片面性。

二是对史书编纂体裁、体例的认识。清人讲史法，讲史例，又主张有所变通。王鸣盛对史体问题有他的看法，说："编年虽古法，而古不可泥。"他赞成皇甫湜的观点，说：

> 湜以为合圣人之经者，以心不以迹；得良史之体者，在适不在同。编年、纪传系于时之所宜耳，何常之有。夫是非与圣人同，辨善恶得天下之中，不虚美，不隐恶，则为纪传，为编年，皆良史矣。②

王氏以纪传为正，编年为别体。但他又谓：

> 今之作者苟能遵纪传之体制，同《春秋》之是非，文适迁、固，直如南、董，亦无上矣。倘舍源而事流，弃意而征迹，虽服仲尼之服，手绝麟之笔，等古人之章句，署王正之月日，谓之好古则可矣，顾其书何如哉。③

他继承前人史学编纂的思想，主张从内容上，而不是仅从形式上看待史体问题。此前马骕的《绎史》体为纪传，但又有所突破。白寿彝先生说《绎史》"有编年体，有纪事本末体，有人物传记，有诸子的言论，有书志，有名物训诂，有古今人表，有史论。就体裁上讲，它是更为发展的综合体"④。

三是实学思潮包括经世史学思想的发展。清代的浙东史学，倡经世史学，讲畜德致用，重民族气节，兼综百家，发扬宋代浙东地区吕祖谦的史学传统。

这种实学，由多种路径而汇合。一是以对理学批判的形式，颜元和他的弟子李塨的"颜李学派"为代表。（关于颜李的学术归属，学界有不同的意

---

① 《汉学师承记》卷一。
② 《十七史商榷》卷九十九《正史编年二体》。
③ 同上。
④ 白寿彝：《历史教育和史学遗产》，郑州：河南人民出版社，1983年版，第112页。

见。)他们倡导实学，颜元说："救蔽之道，在实学，不在空言。……实学不明，言虽精，书虽备，于世何功，于道何补。"①其门人李塨，提倡复古之实学，以求学问经世。二是顾炎武倡导的经世之学，前面已经有说明。王学有流入禅者，如浙中王门的龙溪学派"竟入禅"。也有从另一条路数发展王学并纠王学之偏的，刘宗周（蕺山）师从许孚远，许氏出甘泉湛若水门下。许孚远教育刘宗周"为学不在虚知，要归实践"，刘宗周由此深悟学问之道，他以"慎独"为宗，又重践履，救王学后期之弊。刘氏提出"盈天地间一气而已"和"道不离器"的观点，认为读书应闻前言，见往行，但是要"多闻择其善者而从之，多见而识之"。刘宗周认为，为学在治心，但治心不能离开外部世界，"本体只在日用常行之中"。凡此，都在倡学问经世，与王学偏离。章学诚说：

> 浙东之学，虽出婺源，然自三袁之流，多宗江西陆氏，而通经服古，绝不空言德性，故不悖于朱子之教。至阳明王子，揭孟子之良知，复与朱子抵牾。蕺山刘氏，本良知而发明慎独，与朱子不合，亦不相诋也。梨洲黄氏，出蕺山刘氏之门，而开万氏弟兄经史之学；以至全氏祖望辈尚存其意，宗陆而不悖于朱者也。惟西河毛氏，发明良知之学，颇有所得；而门户之见，不免攻之太过，虽浙东人亦不甚以为然也。②

由刘宗周，而黄宗羲，而万斯大、斯同兄弟及全祖望，而章学诚，为浙东一系，主张学术经世。同样浙西的顾炎武虽宗朱，但与浙东相通，重要的一个方面是讲求学问经世。章学诚说：

> 世推顾亭林氏为开国儒宗，然自是浙西之学。不知同时有黄梨洲氏，出于浙东，虽与顾氏并峙，而上宗王、刘，下开二万，较之顾氏，源远而流长矣。顾氏宗朱，而黄氏宗陆。盖非讲学专家，各持门户之见者，故互相推服，而不相非诋。学者不可无宗主，而必不可有门户；故浙东、浙西，道并行而不悖也。浙东贵专家，浙西尚博雅，各因其

---

① 《存学编》卷三。
② 《文史通义》内篇卷五《浙东学术》。

习而习也①。

所以实学的思潮是一代不同学术思想的合流，体现出时代思想发展的共同的要求。

一个时代的思潮既是各种学术思想的合流，同时，这个思潮对各门学问又产生它的影响。研究史学思想史要看到这个思潮中各种思想的差别，又要注意到共同的地方；要看到各种思想的汇合，又要注意到时代思潮对各门学术思想的影响。明中叶以后，经世史学思想的发展是在这种大背景下出现的，并且向前发展。

《文史通义》是在这样的学术潮流中产生的。章学诚治学以矫学术风气之弊为己任，他在与别人的书信中说："学诚从事于文史校雠，盖将有所发明，然辩论之间，颇乖时人好恶，故不欲多为人知。""惟世俗风尚，必有所偏，达人显贵之所主持，聪明才俊之所奔赴，其中流弊必不在小。载笔之士，不思救挽，无为贵著述矣。苟欲有所救挽，则必逆于时趋"。② 他称自己著述同样是逆时趋，"拙撰《文史通义》，中间议论开辟，实有不得已而发挥，为千古史学辟其蓁芜"③。

从史学方面说，《文史通义》的意义在于它是在复古学的旗帜下，力求史学创新，求史学变革之道。章学诚在《文史通义》开篇中，提出"六经皆史"说：

> 六经皆史也，古人不著书，古人未尝离事而言理，六经皆先王之政典也。④

这三句话可以说是全书纲领。

第一，打出复古学的旗号。复古学又不是简单复古，其用心在复六经精神。中国古代思想家提倡政治变革，学术革新，往往都是在复古的外衣下进行的，章学诚也不例外。

这里要指出的是，古代思想家在复古的外衣下提出政治与学术更革的

---

① 《文史通义》内篇卷五《浙东学术》。
② 《章氏遗书》卷二十九《上钱辛楣宫詹书》。
③ 《章氏遗书》卷九《与汪龙庄书》。
④ 《文史通义》内篇卷一《易教上》。

主张，但情形又各有别。一种是依据一些历史影子，虚构出三代盛世，作为变革的范本；一种是依自己的需要，改编或重新解说先前的历史或理论，作为更革的信条；还有一种是从过去的历史或学术史中概括、抽象出有益的经验，作为革新的理论。章学诚所说，从形式上看，也是复古学的形式，但他是实实在在地从古代学术史总结中，寻求新的认识，虽然其中有些地方有点理想化。

第二，章氏提出他学术与史学思想的哲理认识，即事不离理，理在事中，道不离器。他在《文史通义》的《经解中》篇中又说："事有实据，而理无定形。故夫子之述《六经》，皆取先王典章，未尝离事而著理。"由此，他指出"道不离器"，这是他整个学术思想、理论的原点，他的有关这一思想的论述长了一些，但为理解章氏的史学思想，有必要摘录下来。他说：

> 《易》曰："形而上者谓之道，形而下者谓之器。"道不离器，犹影不离形，后世服夫子之教者自六经，以谓六经载道之书也，而不知六经皆器也。《易》之为书，所以开物成务，掌于春官太卜，则固有官守而列于掌故矣。《书》在外史，《诗》领大师，《礼》自宗伯，《乐》有司成，《春秋》各有国史。三代以前，《诗》《书》六艺，未尝不以教人，不如后世尊奉六经，别为儒学一门，而专称为载道之书者。
>
> 盖以学者所习，不出官司典守，国家政教；而其为用，亦不出于人伦日用之常。是以但见其为不得不然之事耳，未尝别见所载之道也。……夫子自述《春秋》之所以作，则云："我欲托之空言，不如见诸行事之深切著明。"则政教典章，人伦日用之用外，更无别出著述之道，亦已明矣。……夫天下岂有离器言道，离形存影者哉？彼舍天下事物、人伦日用，而守六籍以言道，则固不可与言夫道矣。①

所以从学术源流上说，章学诚上承刘宗周而黄宗羲而全祖望脉，是明代王学的学脉；但是从学术的实质上看，刘蕺山之学，已偏离王氏之学，章氏学术与王氏的心学则是貌似而实异。

第三，经史非两种截然不同的学问，学问目的在求致用。上面章学诚的论述从哲理上阐明这一点。六经是古代先王之政典，是"史"，但政典、史之中有理，政典、史都不是脱离民生日用的学术，"若夫六经，皆先王得

---

① 《文史通义》内篇卷二《原道中》。

位行道，经纬世宙之迹，而非托于空言"①，"但切入于人伦之所日用，即圣人之道也"②。"故无志于学则已，君子苟有志于学，则必求当代典章，以切于人伦日用，必求官司掌故，而通于经术精微；则学为实事，而文非空言，所谓有体必有用也"，"舍人伦日用而求学问精微，皆不知府史之史通于五史之义者也"③。在章学诚看来，古代的《春秋》《史记》都是经世之作，古代只有史，并没有经。他说：

　　天人性命之学，不可以空言讲也，故司马迁本董氏天人性命之说，而为经世之书。儒者欲尊德性，而空言义理以为功，此宋学之所以见讥于大雅也。夫子曰："我欲托之空言，不如见诸行事之深切著明也。"此《春秋》之所以经世也。圣如孔子，言为天铎，犹且不以空言制胜，况他人乎？故善言天人性命，未有不切于人事者。三代学术，知有史而不知有经，切人事也。后人贵经术，以其即三代之史耳。④

章学诚的"六经皆史"说，以及古代"有史无经"说，是为阐发经世致用思想提出依据。《史记》是经世书，《春秋》是经世书，三代的学术也是切于人事的史，后人重经史，理由也在此。因此，章氏的"六经皆史"说，无论就命题的用意，还是命题的哲理属性，抑或是章学诚为史的内涵做的界定来说，都与前人的"五经皆史""六经皆史"说，有很大的差异。章学诚的经世思想，在当时的实学思潮中，具有自己的哲学特征。这是我们在分析章学诚的史学思想时要十分注意的。

　　章学诚由此指出，史学的根本宗旨也应当是经世致用。他说："夫子曰：'我欲托之空言，不如见诸行事之深切著明也，'此则史氏之宗旨也。"⑤这是史学的根本精神，史学的宗旨；后世史学失去这样的主旨，到了非变不可的时候。变更史学，重要的一条，就是恢复史学的经世致用的作史宗旨。

　　当然，六经毕竟与后世的史不完全相同，六经以后如何演变为史，章

————————————

① 《文史通义》内篇卷一《易教上》。
② 《文史通义》内篇卷一《易教下》。
③ 《文史通义》内篇卷三《史释》。
④ 《文史通义》内篇卷五《浙东学术》。
⑤ 《文史通义》内篇卷二《言公上》。

学诚指出，这种流变是通过一定的途径完成的。注意，这里说的是后世的史，因为古代的"经"，也是"史"。他说：

> 盖六艺之教通于后世有三：《春秋》流为史学；官礼诸记，流为诸子；论议诗教，流为辞章辞命。其他《乐》亡而入于《诗》《礼》；《书》亡而入于《春秋》。《易》学亦入官礼，而诸子家言，源委自可考也。①

后世史学渊源于《春秋》，《书》亦入于《春秋》，"叙事实出史学，其源本于《春秋》比事属辞，左史班陈，家学渊源，甚于汉廷经师之授受。马曰好学深思，心知其意；班曰纬六经，缀道纲。函雅故通古今者。《春秋》家学，递相祖述，虽沈约、魏收之徒，去之甚远；而别识心裁，时有得其仿佛"②。这就从渊源上论史学。所以，一方面要看到章学诚指出古代经史合一，六经皆史；另一方面他又说，后世的史学由《春秋》演变出来。

第四，章学诚以变通的思想，说明了史书编纂也到了非变革不可的地步。他有两段文字，其一：

> 三代以上之为史，与三代以下之为史，其同异之故可知也。三代以上，记注有成法，而撰述无定名；三代以下，撰述有定名，而记注无成法。夫记注无成法，则取材也难；撰述有定名，则成书也易。成书易，则文胜质矣；取材难，则伪乱真矣。伪乱真而文胜质，史学不亡而亡矣。良史之才，间世一出，补偏救弊，愈且不支。非后人学识不如前人，《周官》之法亡，而《尚书》之教绝，其势不得不然也。③

章氏又说三代以后的《史记》《汉书》还能得古代先王政典的遗意，但是自《史记》《汉书》以后，史学失去古学的精神，他说：

> 历法久则必差，推步后而愈密，前人所以论司天也。而史学亦复类此。《尚书》变而为《春秋》，则因事命篇，不为常例者，得从比事属辞为稍密矣。《左》《国》变而为纪传，则年经事纬，不能旁通者，得从

---

① 《章氏遗书补遗·上朱大司马论文》。
② 同上。
③ 《文史通义》内篇卷一《书教上》。

类别区分为益密矣。纪传行之千有余年，学者相承，殆如夏葛冬裘，渴饮饥食，无更易矣。然无别识心裁，可以传世行远之具，而斤斤如守科举之程式，不敢稍变，如治胥吏之簿书，繁不可删。以云方智，则冗复疏舛，难为典据；以云圆神，则芜滥浩瀚，不可诵识。盖族史但知求全于纪、表、志、传之成规，而书为体例所拘，但欲方圆求备，不知纪传原本《春秋》，《春秋》原合《尚书》之初意也。《易》曰："穷则变，变则通，通则久。"纪传实为三代以后之良法，而演习既久，先王之大经大法，转而为末世拘守之纪传所蒙，曷可不思所以变通之道欤？①

史学发展有一个过程，《尚书》与《春秋》与以后迁、固的纪传体史书，是一个发展的前后联结关系。后世史学走向衰败，一个重要原因是，史学失去创新的精神，史书的编纂成了一种程式，"唐后史学绝，而著作无专家。后人不知《春秋》之家学，而猥以集众官修之故事，乃与马、班、陈、范诸书，并列正史焉。于是史文等于科举之程式，胥吏之文移，而不可稍有变通矣"②。要从史意上去理解史学的源流与变化，就要以变通的思想思考史学的更革，所以章氏说，"曷可不思所以变通之道欤"。

恢复古代史学的著作精神，但当得"圆而神""方以智"的精神。章学诚说：

> 《易》曰："蓍之德，圆而神；卦之德，方以智。"间尝窃取其义，以概古今之载籍。撰述欲其圆而神，记注欲其方以智夫。夫智以藏往，神以知来，记注欲往事之不忘，撰述欲来者之兴起，故记注藏往似智，而撰述知来拟神也。藏往欲其赅备无遗，故体有一定，而其德为方；知来欲其决择去取，故例不拘常，而其德为圆。③

这两种精神在史学发展的过程中表现出来。同一篇又谓：

> 《尚书》《春秋》，皆圣人之典也。《尚书》无定法，而《春秋》有成

---

① 《文史通义》内篇卷一《书教下》。
② 《文史通义》内篇卷五《答客问上》。
③ 《文史通义》内篇卷一《书教下》。

例。……史氏继《春秋》而有作，莫如马、班，马则近于圆而神，班则近于方以智也。

《尚书》一变而为左氏之《春秋》，《尚书》无成法，而左氏有定例，以纬经也。左氏一变而为史迁之纪传，左氏依年月，而迁书分类例以搜逸也。迁书一变而为班氏之断代，迁书通变化，而班氏守绳墨，以示包括也。就形貌而言，迁书远异左氏，而班史近同迁书。盖左氏体直，自为编年之祖，而马、班曲备，皆为纪传之祖也。推精微而言，则迁书之去左氏也近，而班史之去迁书也远。盖迁书体圆用神，多得《尚书》之遗；班氏体方用智，多得官礼之意也。

史书的编纂，当取方以智、圆而神的精神。《史记》《汉书》具有自己的特点，但即使是《汉书》，"于近方以智之中，仍有圆且神者"①。所以在编纂中应当要变通，师其心，"因事命篇，本无成法，不得如后史之方圆求备，拘于一定之名义者也"②。对史书编纂体裁，一个总的原则是："夫史为记事之书，事万变而不齐，史文屈曲而适如其事，则必因事命篇，不为常例所拘。"对于纪传体史书体裁，当"斟酌古今之史，而定文质之中，则师《尚书》之意，而以迁《史》义例，通左氏之裁制焉。所以救纪传之极弊，非好为更张也"。章学诚进而讨论纪传体史书的编纂发源与发展，以及这种体裁到了后世所产生的种种流弊，他说：

纪传虽创于史迁，然亦有所受也。观于《太古年纪》《夏殷春秋》《竹书纪年》，则本纪编年之例，自文字以来，即有之矣。《尚书》为史文之别具，如用左氏之例，而合于编年，即传也。以《尚书》之义，为《春秋》之传，则左氏不致以文徇例，而浮文之刊落者多矣。以《尚书》之义，为迁《史》之传，则八书、三十世家，不必分类，皆可仿左氏而统名曰传。或考典章制作，或叙人事终始，或究一人之行，或合同类之事，或录一时之言，或著一代之文，因事命篇，以纬本纪。则较之左氏翼经，可无局于年月后先之累；较之迁《史》之分列，可无歧出互见之烦。文省而事益加明，例简而义益加精，岂非文质之适宜，古今之中道欤？至于人名事类，合于本末之中，难于稽检，则别编为表，以

---

① 《文史通义》内篇卷一《书教下》。
② 《文史通义》内篇卷一《书教上》。

经纬之；天象地形，舆服仪器，非可本末该之，且亦难以文字著者，别绘为图，以表明之。盖通《尚书》《春秋》之本原，而拯马《史》、班《书》之流弊，其道莫过于此。①

这是章学诚对变革纪传体史书开出的具体方案。这中间我们应当看到章氏的思想中心，是强调史书编纂当"因事命篇，不为例所拘"，贯穿"圆而神"与"方以智"的精神。离开变通的观点是无法理解章学诚的史书编纂思想的。这和刘知幾以一定的史法、史例规范史书的编纂，大不一样。章学诚说，刘知幾言史法，他是言史意，所谓的史意，在史书编纂上，就是一种"因事命篇，不为例所拘"的变通的思想。

第五，章学诚强调"通史家风"的通识和"独断之学"在史学中的重要的意义。章学诚认为，史学的史义，根本在史的见解，在史的一家之言，他说：

> 史之大原，本乎《春秋》，《春秋》之义，昭乎笔削。笔削之义，不仅事具始末，文成规矩已也。以夫子"义则窃取"之旨观之，固将纲纪天人，推明大道。所以通古今之变，而成一家之言者，必有详人之所略，异人之所同，重人之所轻，而忽人之所谨，绳墨之所不可得而拘，类例之所不可得而泥，而后微茫杪忽之际，有以独断于一心。及其书之成也，自然可以参天地而质鬼神，契前修而俟后圣，此家学之所以可贵也。②

史学的史义，最重要的是一种"独断于心"的见解，它体现在见解、取材、类例各个方面，这就是在史学上体现司马迁的"通古今之变，成一家之言"的精神。史学的衰微，也就是这种独断之学的式微，"史学绝，而著作无专家"。他又说：

> 子长、孟坚氏不作，而专门之史学衰。陈、范而下，或得或失，粗足名家。至唐人开局设监，整齐晋、隋故事，亦名其书为一史；而学者误承流别，不复辨正其体，于是古人著书之旨，晦而不明。至于

① 《文史通义》内篇卷一《书教下》。
② 《文史通义》内篇卷五《答客问上》。

辞章家舒其文辞，记诵家精其考核，其于史学，似乎小有所补；而循流忘源，不知大体，用功愈勤，而识解所至，亦去古愈远而愈无所当。①

专门之学、独断之学、专家之学，集中表现在对史的见解上，以及这种见识在史书编纂，在史学工作各个方面的体现。文辞、考据也重要，但影响史学的发展，最重要的是这种独断之学。

史学的独断之学，在史学的通识上集中体现出来。应该说明，章氏说的史学通识，重视通史只是一个方面。要有真正通识的通史，那种貌似通而其实不通的通史，不在章氏所说之列。"《说文》训通为达，自此之彼之谓也。通者，所以通天下之不通也"。"载笔汇而有通史，一变而流为史抄，再变而流为策士之括类，三变而流为兔园之摘比，不知者习而安焉，知者鄙而斥焉"。② 章学诚特别称道郑樵的《通志》，说：

> 郑樵生千载而后，慨然有见于古人著述之源，而知作者之旨，不徒以词采为文，考据为学也。于是遂欲匡正史迁，益以博雅；贬损班固，讥其因袭。而独取三千年来遗文故册，运以别识心裁，盖承通史家风，自为经纬，成一家言者也。③

"承通史家风，自为经纬，成一家言"，是连接在一起的。离开了独断之学的一家言，所谓的"通"也只能是不通。

章学诚指出：

> 孔子作《春秋》，盖曰其事则齐桓、晋文，其文则史，其义则孔子自谓有取乎尔。夫事，即后世考据家之所尚也；文，即后世词章家之所重也。然夫子所取，不在彼而在此，则史家著述之道，岂可不求义意所归乎？自迁、固而后，史家既无别识心裁，所求者，徒在其事其文。惟郑樵稍有志乎求义，而辁学之徒，嚣然起而争之。然则充其所论，即一切科举之文词，胥吏之簿籍，其明白无疵，确实有据，转觉

---

① 《文史通义》内篇卷五《申郑》。
② 《文史通义》内篇卷四《释通》。
③ 《文史通义》内篇卷五《申郑》。

贤于迁、固远矣。①

章氏认为在史事、史文、史义三者中，史义最为重要，郑樵史学的成就，在其独到的史识，而不是其他。后人以为章氏主张通史，只能是皮相之言。章学诚推崇司马迁的通史之作《史记》，同样也称道班固的断汉为代的史著《汉书》，是有独断之学。他说自己所论，"其文上溯马、班，下辨《通考》，皆史学要旨，不尽为《通志》发也"②。在校雠学上，章学诚推崇《汉书·艺文志》的辨章学术，考镜源流的传统，这同样是独断之学与学术求通的结合。

章学诚由此把学问分为两类，一是独断之学，一是考索之功。有独断之学的撰述，也有考索之功的比次之书，"高明者多独断之学，沉潜者尚考索之功"。但两者，又是相互联系，他说：

> 若夫比次之书，则掌故令史之孔目，簿书记注之成格，其原虽本柱下之所藏，其用止于备稽检而供采择，初无他奇也。然而独断之学，非是不为取裁；考索之功，非是不为按据。如旨酒之不离乎糟粕，嘉禾之不离乎粪土，是以职官故事案牍图牒之书，不可轻议也。然独断之学，考索之功欲其智，而比次之书欲其愚。③

独断之学离不开考索之功，撰述离不开比次之书。比次之法，"不名家学，不立识解，以之整齐故事，而待后人之裁定"。这样说，并不意味贬损考索之功，轻视比次之书，比次之业也不尽相同。有及时撰集，以待后人之论定者；有有志著述，先猎群书以为薪樵者；也有陶冶专家，勒成鸿业者。但学问之道，最终不在此，"而今之学者，以谓天下之道，在乎较量名数之异同，辨别音训之当否，如斯而已矣；是何异于观坐井之天，测坳堂之水，而遂欲穷六合之运度，量四海之波涛"④。

顾炎武提倡治学要认真读书，获取原始的材料，如"采铜于山"，而不是捣碎旧钱币以铸新币。章学诚区分学术，认为有考索之功，与独断之学，有比次之书，与撰述之作，这是对学术工作认识的深化。章氏针对乾嘉时

---

① 《文史通义》内篇卷五《申郑》。
② 《文史通义》内篇卷五《答客问上》。
③ 《文史通义》内篇卷五《答客问中》。
④ 《文史通义》内篇卷五《答客问下》。

期不少学者，把学问局限在目录、校勘、音韵、训诂的文献范围内，提出了学问、研究有两个层次的观点。这既是矫当时学风之弊，又是在史学的史料学上，研究方法论上的一个新发展，也是他更革史学的主张。

他对史部书有更详细的说明，谓："世士以博稽言史，则史考也；以文笔言史，则史选也；以故实言史，则史纂也；以议论言史，则史评也；以体裁言史，则史例也。唐宋至今，积学之士，不过史纂、史考、史例；能文之士，不过史选、史评。古人所为史学，则未之闻矣。"①史纂、史考、史例、史选及史评，从宽泛意义上说是史学作品，但没有独断之学的精神，就不合于古代的史学要求，他以恢复独断之学的史学为己任。

第六，关于史德说。章学诚以"史德"补充刘知幾的史家三长论中的史识，他认为刘知幾的史家"三长"说不全面，有局限性，仅仅讲史识，而不谈史德是不行的。章学诚说：

> 才、学、识三者，得一不易，而兼三尤难，千古多文人而少良史，职是故也。昔者刘氏子玄，盖以是说谓足尽其理矣。虽然，史所贵者义也，而所具者事也，所凭者文也。孟子曰："其事则齐桓、晋文，其文则史，义则夫子自谓窃取之矣。"非识无以断其义，非才无以善其文，非学无以炼其事，三者固各有所近也，其中固有似之而非者也。

> 记诵以为学也，辞采以为才也，击断以为识也，非良史之才、学、识也。虽刘氏之所谓才、学、识，犹未足以尽其理也。夫刘氏以谓有学无识，如愚估操金，不解贸化。推此说以证刘氏之指，不过欲于记诵之间，知所抉择，以成文理耳。故曰：古人史取成家，退处士而进奸雄，排死节而饰主阙，亦曰一家之道然也。此犹文士之识也，非史识也。

> 能具史识者，必知史德。德者何？谓著书者之心术也。夫秽史者所以自秽，谤书者所以自谤，素行为人所羞，文辞何足取重。魏收之矫诬，沈约之阴恶，读其书者，先不信其人，其患未至于甚也。所患夫心术者，谓其有君子之心，而所养未底于粹也。夫有君子之心，而所养未粹，大贤以下，所不能免也。此而犹患于心术，自非夫子之《春秋》，不足当也。以此责人，不亦难乎？是亦不然也。盖欲为良史者，当慎辨于天人之际，尽其天而不益以人也。尽其天而不益以人，虽未

① 《章氏遗书补遗·上朱大司马论文》。

能至，苟允知之，亦足以称著述者之心术矣。而文史之儒，竞言才、学、识，而不知辨心术以议史德，乌乎可哉？①

章学诚认为刘知幾解说的史家三长的史识，没有超过文士之识的范围。应当以"史德"去补充"史识"，所谓"能具史识者，必知史德"。章学诚在《史德》篇中给"史德"做了一个界定：

德者何？谓著书者之心术也。

史德，不仅仅是指史家的品德，所谓"心术"，应该是指"有君子之心，而所养至于纯粹"。其内涵是："慎辨于天人之际，尽其天而不益以人也。"这是要求史家平心地从天人关系上认识整个世界、认识历史。譬如，言尧、舜与桀、纣的善与恶，崇王道而斥霸功，这是儒者都办得到的；但心术是发于内心，"以天与人参，其端甚微，非是区区之明所可恃也"。能从天人之际上明此之理，这就不是一般的言善恶所能做得到的。

仔细地体味章氏说的"心术"：一是从天人关系上对事物有一个根本的体察，对事物的个别的认识，是在此基础上"一以贯之"得出的；二是它发于内心，是一种纯粹之心，由此形成的"一念之动"后的对事物的评价；三是平心体察，不以主观的因素介入，"尽其天不益以人"。所以，章氏的"史德"论是一种更高层次的"史识"论，要求史家从理性，从更为宏观的上面认识人事历史，做出自己的评价，并且在评价历史中要排除主观的因素。

章学诚的史德论以为，史德是要求"发于内心"，明显带有心学的烙印。但章学诚已经修正了心学，认为是"气"引起"心"的变动。他说：

夫史所载者，事也。事必藉文而传，故良史莫不工文，而不知文又患于为事役也。盖事不能无得失是非，一有得失是非，则出入予夺相奋摩矣。奋摩不已，而气积焉。事不能无盛衰消息，一有盛衰消息，则往复凭吊生流连矣。流连不已，而情深焉。凡文不足以动人，所以动人者，气也。凡文不足以入人，所以入人者，情也……

史之义出于天，而史之文，不能不藉人力以成之。人有阴阳之患，而史文即忤于大道之公，其所感召者微也。夫文非气不立，而气贵于

---

① 《文史通义》内篇卷三《史德》。

平。人之气，燕居莫不平也。因事生感，而气失则宕，气失则激，气失则骄，毗于阳矣。文非情不深，而情贵于正。人之情，虚置无不正也。因事生感，而情失则流，情失则溺，情失则偏，毗于阴矣。阴阳伏沴之患，乘于血气而入于心知，其中默运潜移，似公而实逞于私，似天而实蔽于人，发为文辞，至于害义而违道，其人犹不自知也。故曰：心术不可不慎也。①

就是说，文是记载事的，文本身并不能感人，能动人的是气。气能人人的情，气、情的变化，引起心的变动。气贵于平，气失、情失，则阴阳变化，从而乘于血气而入于人心，发而为文辞，则害于义，违于道。章学诚说的"史德"，建立在"气"的基础上，虽然他没有明确地以事为第一要义，但他以"气"作为"心"的前提，这已经偏离了心学的观点。

还应当说明，章氏说事的正与不正，事的得失是非，事的盛衰消息，引起"气"的变化，心术也由此发生变化。那么，"正"与"不正"，得与失，是与非，这中间有一个什么样的标准？章氏最终归结到名教上。"好善恶恶之心，惧其似之而非，故贵平日有所养也"，怎样养心，章氏说的是"不背于名教"②。所以章氏说的名教，是从根本上，要有发自内心的，合于名教的史识，这是章学诚的"史德"论的实质。那么，如何能心平呢？章氏说，这也靠养心，其关键是"临文主敬"。他说："要其大旨则临文主敬，一言以蔽之矣。主敬则心平，而气有所摄，自能变化从容以合度也。夫史有三长，才、学、识也。古文辞而不由史出，是饮食不本于稼穑也。夫识，生于心也；才，出于气也；学也者，凝心以养气，炼识而成其才者也。"③这种养心以培育史德的见解，又表现出心学的神秘的特征。

章学诚从社会风气上论心术，是值得重视的。他说："且人心日漓，风气日变，……在官修书，惟冀塞责，私门著述，苟饰浮名，或剽窃成书，或因陋就简。使其术稍黠，皆可愚一时之耳目，而著作之道益衰。"④这里从社会风气上论心术，由此论史德，又可多少纠正心学的缺陷。

第七，章学诚的方志学思想，本章不能做更多讨论，但章氏明显是把

---

① 《文史通义》内篇卷三《史德》。
② 《文史通义》内篇卷三《史德》。
③ 《文史通义》内篇卷三《文德》。
④ 《文史通义》内篇卷三《史注》。

方志作为一代国史编修的总体中的一部分来看待。章学诚说：

> 夫变法所以便民，而吏或缘以为奸，文案之功，或不能备，图史所以为经国之典也。然而一代浩繁，史官之籍，有所不胜，独州县志书，方隅有限，可以条别诸目，琐屑无遗，庶以补国史之力之所不给也。①

这里还只是说，方志是"补国史之力之所不给"。实际上，章学诚对于修一代之史有他自己的看法，他是把志书和国史的编修联系起来，作为一个系统看待，他说：

> 且有天下之史，有一国之史，有一家之史，有一人之史。传状志述，一人之史也；家乘谱牒，一家之史也；部府县志，一国之史也；综纪一朝，天下之史也。比人有后而有家，比家而后有国，比国而后有天下。惟分者极其详，然后合者能择善而无憾也。谱牒散而难稽，传志私而多谀；朝廷修史，必将于方志取其裁。而方志之中，则统部取于诸府，诸府取于州县，亦自下而上之道也。然则州县志书，下为谱牒传志持平，上为部府征信，实朝史之要删也。②

章实斋以一人之史、一家之史、一国之史、天下之史，作为一个有联系的系统，在这个系统中，方志是处在一个关键的地位上，"下为谱牒传志持平，上为部府征信，实朝史之要删"。在章学诚看来，三代以后，州县志书由于猥滥无法，不能为一代史官采择，这也是造成后世史学衰败的原因。所以，章学诚的方志学思想是他的史学变革思想中的一个部分，他重视修方志，以志书为史，都是一个意图，是要建立起一个修当朝史的系统，从而使一代之史的编修建立在一个坚实的基础上。这里看出两点要义：一是从"征信"、求实的思想出发，重视方志的编修；二是统一国家的国史编修，不能仅凭政府拥有的材料，地方志，乃至家乘、谱牒都是国史的一部分。这是开阔的史学眼光。如果把章学诚的史学同他的方志学分开来，很难看出章氏的史学思想的全貌，也不能领会章氏更革史学的要义。章学诚关于

---

① 《文史通义》外篇卷六《和州志田赋书序例》。
② 《文史通义》外篇卷六《州县请立志科议》。

方志的一系列的主张，方志学界已经有了大量的研究，这里不再赘述。

总之，章学诚的《文史通义》，在中国封建社会进入到晚期的时候，对中国古代史学做出了系统的理论性的总结，以变通的思想，思考中国古代史学的出路。他在"六经皆史"的命题下，阐释了古代史学的经世致用的精神，对史学的史义、史识、史德，以及史书编纂作了总结，对一代之史的编修提出自己的构想。章学诚艰难地寻找突破旧史学的缺口。此外，章氏对历史文学、史注、史释等都有自己独到的见解，应该说，章学诚的"变通史学之道"，在古代史学的晚期，显现出史学求新的一线曙光。但是章学诚的史学没有突破名教的束缚，对旧史学批判没有力度，章氏理论残存着心学的痕迹，没有新的历史哲理和史学方法论。加上他的史学思想在当时的条件下，没有可能发挥它的影响，"学诚的文史之学，毕竟在当时的汉学封锁中不能成为显学，而且到了晚年他也只得变通一些自己的主张，和汉学妥协"①。中国史学在此后一个时期内，基本上还是沿着原来的模式，唱的也是老调子。

章学诚，字实斋，浙江会稽（今绍兴）人，生于清乾隆三年（1738年），卒于嘉庆六年（1801年）。实斋自谓，"仆尚为群儿，嬉戏左右，当时闻经史大义，已私心独喜"，"自少性与史近"②。章华绂为《文史通义》作序说，其父"性耽坟籍，不甘为章句之学"，"观书常自具识力，知所去取"。乾隆三十三年（1768年）应顺天府乡试，中副榜。在京师结识朱筠，这在章实斋的学术生涯中是一件大事，"自游朱竹君先生之门，先生藏书甚富，因得遍览群书，日与名流讨论讲贯，备知学术源流同异；以所闻见，证平日之见解，有幼时所见及，至老不可移者。乃知一时创见，或亦有关天授，特少时学力未充，无所取证，不能发挥尽致耳。从此所学益以坚定"③。章学诚当时交游的名贤有邵晋涵、周永年、洪亮吉、汪辉祖等。乾隆三十六年（1771年），朱筠为安徽省学政，章学诚于是年冬，至太平府使院，始撰《文史通义》。乾隆四十二年（1777年），章学诚中顺天府乡试举人，第二年，中进士。在此前后，修《和州志》《永清县志》等。后又参加《湖北通志》等志书的编修，参加毕沅的《续资治通鉴》的编撰。

晚年，章学诚修《史籍考》，可惜这325卷的著作未传之于世。《史籍考》

---

① 侯外庐：《中国思想通史》，第5卷，第490页。

② 《章氏遗书》卷二十二《与族孙汝楠论学书》。

③ 《文史通义·章华绂序》。

的写作，是受到朱彝尊《经义考》的启发。"今修《史籍考》，一仿朱氏成法，少加变通。蔚为钜部，以存经纬相宜之义"。总目有：

制书2卷。

纪传部：正史14卷，国史5卷，史稿2卷。

编年部：通史7卷，断代4卷，记注5卷，图表3卷。

史学部：考订1卷，义例1卷，评论1卷，蒙求1卷。

稗史部：杂史19卷，霸国3卷。

星历部：天文2卷，历律6卷，五行2卷，时令2卷。

谱牒部：专家26卷，总类2卷，年谱3卷，别谱3卷。

地理部：总载5卷，分载17卷，方志16卷，水道3卷，外裔4卷。

故事部：训典4卷，章奏21卷，典要3卷，吏书2卷，户书7卷，礼书23卷，兵书3卷，刑书7卷，工书4卷，官曹3卷。

目录部：总目3卷，经史1卷，诗文即文史5卷，图书5卷，金石5卷，丛书3卷，释道1卷。

传记部：记事5卷，杂事12卷，类考13卷，法鉴3卷，言行3卷，人物5卷，别传6卷，内行3卷，名姓2卷，谱录6卷。

小说部：琐语2卷，异闻4卷。

共325卷。[①]

《史籍考》编纂的特点是：古逸宜存，家法宜辨，剪裁宜法，逸篇宜采，嫌名宜辨；经部宜通，子部宜择，集部宜裁；方志宜选，谱牒宜略；考异宜精，板刻宜详，制书宜尊；禁例宜明，采摭宜详[②]。这部书较全面地反映出章氏的史学编纂学思想。

嘉庆六年（1801年）十一月章学诚辞世。章实斋的一生，是为学术求新做出重大贡献的一生，他不但有理论上的探索，而且在实践上也做出尝试。在当时风气下，章氏的见识不合时尚，他自己也不愿趋风气，所以"朋辈征逐，不特甘苦无可告语，且未有不视为怪物，诧为异类者，意气寂寞"[③]。章学诚在中国史学思想史上有着特殊的地位。

---

① 《章氏遗书补遗·史籍考总目》。

② 《章氏遗书》卷十三《论修史籍考要略》。

③ 《章氏遗书》卷二十二《与族孙汝楠论学书》。

第二节　考史中的历史评论与史学评论

对清代乾嘉时期的考据学的评价，近代学者的看法不尽一致。章太炎、梁启超、陈寅恪、柳诒徵各家的见解不一。在这个问题上，有几点应当提出来。一是古代经史不分，如章实斋所云，但经与史毕竟不是一种学问。二是清代的文字狱对学术发展造成的负面影响相当大，但是要有一个正确的估计。在封建社会里，专制主义的统治者控制修史大权，兴文字狱，以"私史案"来迫害士人，是常有的事。班固修《汉书》，被人告为"私修国史"，即使像他那样在社会上有一定地位的人，也同样受到迫害，差一点送掉性命。其他如北魏、两宋、明初等的文字上的风波，在史书的记载中屡见不鲜。不能把清代考史的学者，都视为脱离现实治史，以避文字之祸。三是清人的考据中综合运用各种学问。他们类辑史实以论史评史，不能说他们的考史是琐屑考据，至少不全是这样。几部主要的考史作品，可以看作是从文献考订、整理的角度，对前代历史做评说，对前代史书做出的系统的总结。如果把这一时期考史的作品与章学诚的著作联系起来，可以清楚地表明史学到了中世纪晚期，史学的总结与批判并存，这是新的突破的内在要求。清代考史之作，一般来说有一个通病，也就是章学诚所说的"指功力以谓学"①。在哲理上没有大的建树，论史而蔽于理。陈寅恪先生说，清代的史学"远不逮宋人"②，主要是指这一点。史学大著述的缺乏，史学体裁没有创新，在各个领域内，清代史学没有宋代史学那样的气象规模。

清代的考史作品，不能看成是单纯的考据，而是考史中有论史。钱大昕的《廿二史考异》、赵翼的《廿二史劄记》与王鸣盛的《十七史商榷》是三部考史的代表作，这三部书各有不同的风格。

钱大昕融经史于一体，以经学的成果去考史，他是乾嘉时期一位学问博大精深的学者。他擅用文字、音韵、训诂等方面的知识考史，考天算、地理、典章、制度等，尤显其功力。阮元为钱氏的《十驾斋养新录》作序，说到钱大昕的学术与人品，指出钱氏有九个方面是时人所难能及的。他说：

---

①　《文史通义》内篇卷二《博约中》。

②　陈寅恪：《重刻〈元西域人华化考〉序》，陈垣：《元西域人华化考》，上海：上海古籍出版社，2000 年版，第 157 页。

国初以来，诸儒或言道德，或言经术，或言史学，或言天学，或言地理，或言文字音韵，或言金石诗文，专精者固多，兼擅者尚少。惟嘉定钱辛楣先生，能兼其成，由今言之，盖有九难：先生讲学上书房，归里甚早，人伦师表，履蹈粹然，此人所难能一也；先生深于道德性情之理，持论必执其中，实事必求其是，此人所难能二也；先生潜研经学，传注疏义，无不洞彻原委，此人所难能三也；先生于正史、杂史，无不讨寻，订千年未正之讹，此人所难能四也；先生精通天算，三统上下，无不推而明之，此人所难能五也；先生校正地志，于天下古今沿革分合，无不考而明之，此人所难能六也；先生于六书音韵，观其会通，得古人声音文字之本，此人所难能七也；先生于金石，无不编录，于官制史事，考核尤精，此人所难能八也；先生诗古文词，及其早岁，久已主盟坛坫，冠冕馆阁，此人所难能九也。合此九难，求之百载，归于嘉定，孰不云然。

这里说到钱氏的学术规模，真可谓浩浩乎其若无涯，他的考史汇通经史，熔天文、算术、地理、文字于一炉。乾嘉时代学者考史，在治学上融会贯通，打通经、史与子的间隔，因此从这个意义上说，清代考史名家与汉学中章句之儒不可同日而语。钱氏在经学上有一定的成就，但在哲理上发明不多，这也是事实。钱大昕著作有《廿二史考异》《三史拾遗》《诸史拾遗》以及《十驾斋养新录》《养新余录》《潜研堂文集》等，还有补元史及唐、五代、宋代的一些表志，及金石学等方面的一些作品。

赵翼在《廿二史劄记》中，以气运说解释历史变动是必然之势。在分析秦亡汉兴和汉代历史变动时，他说：

盖秦汉间为天地一大变局。自古皆封建诸侯，各君其国，卿大夫亦世其官，成例相沿，视为固然。其后积弊日甚，暴君荒主，既虐用其民，无有底止，强臣大族又篡弑相仍，祸乱不已。再并而为七国，益务战争，肝脑涂地，其势不得不变……

于是纵秦皇尽灭六国，以开一统之局。使秦皇当日发政施仁，与民休息，则祸乱不兴，下虽无世禄之臣，而上犹是继体之主也。惟其威虐毒痡，人人思乱，四海鼎沸，草泽竞奋，于是汉祖以匹夫起事，角群雄而定一尊。其君既起自布衣，其臣亦自多亡命无赖之徒，立功以取将相，此气运为之也。天之变局，至是始定。……乃不数年而六国诸王皆败灭，汉所封异姓王八人，其七人亦皆败灭。则知人情犹狃于故见，而天意已另换新局，故除之易易耳。而是时尚有分封子弟诸国，迫至七国反后，又严诸侯王禁制，除吏皆自天朝，诸侯王惟得食租衣税，又多以事失侯，于是三代世侯、世卿之遗法，始荡然净尽，而成后世征辟、选举、科目、杂流之天下矣。岂非天哉。①

赵氏论历史兴亡：第一，指出历史的变动有一个必然的趋向，所谓"其势不得不变"。各个阶层在社会大变动中，地位升降，也是一种必然，"此气运为之也"。第二，赵翼指出人心在历史兴亡的变动中，起了决定性的作用。秦之亡，是由于始皇不能发政施仁，与民休息，反而威虐百姓，导致人人思乱，四海鼎沸，汉祖因此而起。第三，赵氏以为汉代异姓王与同姓王逐渐衰灭，选举、科目之制由此而起，是另有说不清的原因，"岂非天哉"。很明显，赵氏的解释，是一种折中的气运史观。

赵氏的历史观带有博杂色彩，从他对东汉等朝代兴灭所做的分析中，看得更清楚。他说：

> 国家当气运隆盛时，人主大抵长寿，其生子亦必早且多。……盖汉之盛在西京，至元、成之间，气运已渐衰。故成帝无子，而哀帝入继；哀帝无子，而平帝入继；平帝无子，而王莽立孺子婴。班《书》所谓'国统三绝'也。……晋室南渡后多幼主嗣位，宋南渡后亦多外藩入继，皆气运使然，非人力所能为也。②

这里的"气运说"完全是一种神秘的天命论。

《廿二史劄记》中对历史中一些变动无法说得清，就以迷信去解释。在卷二十八的《辽金之祖皆能先知》一节，说到辽太祖、世祖能预知来事，二君"岂非所谓夙慧性成，鬼神相契，有不可以常理论者耶"。他又说："佛教在六朝时，最为人所信向。各史所载虽近似于怪妄，然其教一入中国，即能使天下靡然从风，是必实有耸人观听者。"他还从正史中收集史实验证，认为"史所记诵经获报诸事，或当时实有之，非尽诬也"③，说五行灾异"非

---

① 《廿二史劄记》卷二《汉初布衣将相之局》。
② 《廿二史劄记》卷四《东汉诸帝多不永年》。
③ 《廿二史劄记》卷十五《诵经获报》。

尽空言"①。到了赵翼的时代，灾异迷信已经受到历代学者的批判，而赵氏在自己考史中，还在宣传这样的观点，就更显得其史学思想落伍。

如前所说，赵氏重民的思想，在他论史中还是比较突出的。他从正史中，类辑出大量事实，揭露两宋的冗官、冗费对百姓造成的危害，"举此类推，国力何以支乎"②。北宋后期，统治者加紧对百姓的搜括，赵氏说："于是民力既竭，国亦随亡。统观南宋之取民，盖不减于唐之旬输月送，民之生于是时者，不知何以为生也。"③此外，赵氏还注意到用人在治国中的作用。这些都不是什么新鲜意见，但毕竟反映了赵氏的考史的风格。

在有些地方，赵氏以地气说来解释历史的兴亡变动。他说：

> 地气之盛衰，久则必变。唐开元、天宝间，地气自西北转东北之大变局也。
>
> 秦中自古为帝王州，周、秦、西汉递都之。苻秦、姚秦、西魏、后周相间割据，隋文帝迁都于龙首山下，距故城仅二十余里，仍秦地也。自是混一天下，成大一统，唐因之，至开元、天宝，而长安之盛极矣。盛极必衰，理固然也。是时地气将自西趋东北，故突生安、史以兆其端。
>
> 自后河朔三镇名虽属唐，仅同化外羁縻，不复能臂指相使，盖东北之气将兴，西方之气已不能包举而收摄之也。东北之气始兴而未盛，故虽不为西所制，尚不能制西；西之气渐衰而未竭，故虽不能制东北，尚不为东北所制。而无如气已日薄一日，帝居遂不能安，于是玄宗避禄山有成都之行。……当长安夷为郡县之时，契丹阿保机已起于辽，此正地气自西趋东北之真消息。特以气虽东北趋，而尚未尽结，故仅有幽、蓟，而不能统一中原。而气之东北趋者，则有洛阳、汴梁为之迤逦潜引，如堪舆家所谓过峡者。
>
> 至一二百年，而东北之气积而益固，于是金源遂有天下之半，元、明遂有天下之全。至我朝为不惟有天下之全，且又扩西北塞外数万里，皆控制于东北，此王气全结于东北之明证也。而抑知转移关键，乃在开元、天宝时哉。今就《唐书》所载开元、天宝以后，长安景象日渐衰

---

① 《廿二史劄记》卷二《汉儒言灾异》。
② 《廿二史劄记》卷二十五《宋冗官冗费》。
③ 《廿二史劄记》卷二十五《南宋取民无艺》。

耗之处，撮而叙之，可以验地气之变也。①

赵氏以"理"与地气说，来解释历史的变动，实不多见。赵翼以地气运转来说明中国历史的进程，认为整个中国历史的兴衰变动是自西北而东北，地气转移，政治兴衰亦随之而变化。一方面，这样的地气说，带有神秘的性质，但它又是一种宏观的历史运动观，这是我们要肯定的一点；另一方面，赵氏以地气说，为中国历史划分两个大阶段，以唐之开元、天宝为转折点，这基本合于中国历史的实际。像这样的开阔的历史见解，是应当肯定的。到近代西方的史学家如孟德斯鸠、黑格尔、汤因比等，也以地气运转说明世界文明历史的变动。中国的梁启超同样以地气转移说，论证中国能够兴盛的原因。这样考史与论史相结合，从历史大趋势上讨论兴亡问题，眼界不是狭隘而是开阔，我们不能以偏见贬低他们在史学思想上的地位。

《廿二史劄记》卷十五的《北朝经学》《南朝经学》，论南北经学之不同，述其学术之源委，展示儒学兴衰变动，是一代经学史之梗概，所议所论，颇有见地。

如果说，司马光的《资治通鉴》在史法上通过编年系事来言盛衰，那么也可以说，赵翼的《廿二史劄记》很多篇目，是类列史实、叙本末，论历史与学术文化的兴衰。由此可见，说乾嘉学者的考史是逃避社会现实，也不合于事实。

《廿二史劄记》揭露统治者的荒淫残暴与内部斗争的残忍，是相当突出的。有关这方面内容的篇目，如卷三《武帝刑罚之滥》《汉诸王荒乱》，卷五《宦官之害民》，卷十一《宋齐多荒主》《宋世闱门无礼》《宋子孙屠戮之惨》，卷十五《北齐宫闱之丑》《隋文帝杀宇文氏子孙》，卷二十六《秦桧文字之祸》，卷二十八《海陵荒淫》及卷三十二《胡蓝之狱》等皆是此类。

赵翼在《廿二史劄记》中揭露了封建专制统治者兴文字狱，对士人的迫害。在卷二十六《秦桧文字之祸》中，赵翼写道："秦桧赞成和议，自以为功，惟恐人议己，遂起文字之狱，以倾陷善类。因而附势干进之徒，承望风旨，但有一言一字稍涉忌讳者，无不争先告讦，于是流毒遍天下。"在卷三十二《明初文字之祸》中，赵翼开篇说："明祖通文义，固属天纵，然其初学问未深，往往以文字疑误杀人，亦已不少。"朱元璋兴文字狱的事例，与清朝的文字狱实在相似，赵氏以大量事实说明这种行为残暴到了何等程度。

----

① 《廿二史劄记》卷二十《长安地气》。

如杭州教授徐一夔贺表有句云："光天之下，天生圣人，为世作则。"此贺表触犯朱元璋，究其原因是：朱元璋当过和尚，表中"生"者，是"僧"的同音字；"光"，是剃发之意；"则"是"贼"的近音字。就因为这一道贺表，徐氏送掉了性命。赵翼于文末说："上由此览天下章奏，动生疑忌，而文字之祸起。"赵翼生活在乾嘉文字风波易起的年代，《廿二史劄记》能这样揭露历代的文字狱，是要有一定胆识的。

赵翼的《廿二史劄记》对历代史书，做出了系统地评论。近代学者对赵翼评论史事、史学表现出的史识，有充分的研究。这里主要说明几点：

——重一家之言，反对草率作史。他盛赞"自左氏、司马迁以来，作史皆自成一家言，非如后世官修之书也"①。修史要潜心研究，"李延寿作南、北《史》凡十七年，欧阳修、宋子京修《新唐书》，亦十七年，司马温公作《资治通鉴》凡十九年，迁作史之岁月，更有过之。合班固作史之岁月并观之，可知编订史事未可聊尔命笔矣。元末修《宋》《辽》《金》三史，不过三年，明初修《元史》两次设局，不过一年，毋怪乎草率荒谬，为史家最劣也"②。

——史书要载有用之文。赵翼不同意以文字多寡论史书优劣，认为史书要载有用之文。赵翼说《汉书》比《史记》各传增加的，"皆系经世有用之文"，"《汉书》所载文字，皆有用之文"。《汉书》中赋亦多，"此虽无关于经术政治，而班固本以作赋见长，心之所好，爱不能舍，固文人习气，而亦可为所后世词赋之祖也"③。但赵氏不同意在史书中增收与史无关的琐言细事的内容，他批评李延寿在史书中"所增皆琐言碎事，无甚关系者，李延寿修史，专以博采异闻，资人谈助为能事，故凡稍涉新奇者，必罗列不遗。即记载相同者，亦必稍异其词，以骇观听。……毋怪行文转多涩滞"④。

——反对曲笔。卷十三《魏书多曲笔》具体揭露《魏书》记事不实之处，说："然则收之书趋附避讳，是非不公，真所谓秽史也。"赵翼比较新、旧《五代史》，指出薛居正的《旧五代史》多回护，而欧阳修的《新五代史》为直笔。"薛史全据各朝实录，而不复参考事之真伪。此欧《史》之所以作也"⑤。但薛史亦有直笔，欧史亦有失检处。

---

① 《廿二史劄记》卷六《三国志书法》。
② 《廿二史劄记》卷一《司马迁作史之年岁》。
③ 《廿二史劄记》卷二《汉书多载有用之文》。
④ 《廿二史劄记》卷十一《南史增梁书琐言碎事》。
⑤ 《廿二史劄记》卷二十一《薛史失检处》。

——文直事核。赵氏称赞欧阳修等的《新唐书》，说："不阅《旧唐书》，不知《新唐书》之综核也；不阅薛史，不知欧史之简严也。欧史不惟文笔洁净，直追《史记》，而以《春秋》书法寓褒贬于纪传之中，则虽《史记》亦不及也。"①赵氏的话有的说得过了头，一些地方也表现出他的思想上的局限。其实欧阳修的书法，多是其门人徐无党发明的，很多地方不一定合于欧阳修的原意。但于此处，可以看赵翼对史书的要求。

——史文简洁。上面已经说到了。赵氏除称道欧阳修的《新五代史》《新唐书》处，还称赞《梁书》《金史》。说：

> 《梁书》虽全据国史，而行文则自出炉锤，直欲远追班马。……皆劲气锐笔，曲折明畅，一洗六朝芜冗之习，《南史》虽称简净，然不能增损一字也。……世但知六朝之后古文自唐韩昌黎始，而岂知姚察父子已振于陈末唐初也哉。②

——史书当多立表。他称赞《辽史》，说："《辽史》最简略，二百年人物，列传仅百余篇，其脱漏必多矣。然其体例亦有最善者，在乎立表之多，表多则传自可少。"③清人重视史表，为前史补作表、志，成为一种风气。赵氏对史表的看法，与汪越诸人的看法大体一样。

——重史书叙事法。一种是子孙附传。赵氏反对那种子孙附传，这种方法是"传一人，而其子孙皆附传内"。赵翼说其起源，"此《史记》世家例也。至列传则各因其人之可传而传之，自不必及其后裔。间有父子祖孙各可传者，则牵连书之"。但是到了魏收，这种情况开始膨胀起来，"若一人立传，其子孙兄弟宗族，不论有官无官，有事无事，一概附入，竟似代人作家谱"。到了南、北《史》中，子孙附传过多，史书内容头绪不清的弊病达到极点。④

另一种是"类叙法"。赵翼推崇范晔在《后汉书》中的"类叙法"。有些历史人物不能单独立传，但却是有相当影响的人物，对此类人的事迹，可用《后汉书》的类叙法。"此等既不能各立一传，而其事可传，又不忍没其姓

---

① 《廿二史劄记》卷二十一《欧史书法谨严》。
② 《廿二史劄记》卷九《古文自姚察始》。
③ 《廿二史劄记》卷二十七《辽史立表最善》。
④ 《廿二史劄记》卷十《南北史子孙附传之例》。

氏，故一人立传，而同事者，用类叙法，尽附见于此一人传内，亦见其简而该也"。①

还有一种为"带叙法"。所谓"带叙法"，赵翼说："《宋书》有'带叙法'，其人不必立传，而其事有附见于某人传内者，即于某人传内，叙其履历以毕之，而下文仍叙某人之事。"这种办法的优点是："盖人各一传，则不胜传；而不为立传，则其人又有事可传。有此带叙法，则既省多立传，又不没其人，此诚作史良法。"②这种方法，近似于类叙法，但有一点差异，带叙法是连带叙及，而非归类叙述。可见，赵翼比较自觉地研究了史书的写作方法。史学史应当对这类问题做综合的研究，使历史文学这一门学科发达起来。

赵翼考史中论史，多是搜集同类史实，以论述史事的始末，评论历史得失利病。《廿二劄记》中有的篇目内容详赡，直是一篇论文。如卷五《东汉尚名节》一篇，论及战国至东汉的尚名节的风气，认为："昔人以气节之盛，为世运之衰，而不知并气节而无之，其衰乃更甚也。"卷七《禅代》历述各代禅代故事，以论"古来只有禅让、征诛二局，其权臣夺国则名篡弑，常相戒而不敢犯"。卷十三《太上皇帝》叙历史上十四个太上皇帝，并论及前人所论的内容，像这样的篇目，与其说是考史，不如说是论史更为妥帖。

钱大昕于嘉庆五年（1800 年）为赵翼的《廿二史劄记》作序，评价这本书说：

> 今春予访吴门，复出近刻《廿二史劄记》三十有六卷见示。读之，窃叹其记诵之博，义例之精，论议之和平，识见之宏远，洵儒者有体有用之学，可坐而言，可起而行者也。乃读其自序，有"质钝不能研经，唯诸史事显而义浅，爰取为日课"之语，其挢谦自下如此。虽然，经与史岂有二学哉。……又谓："稗乘脞说间与正史歧互者，本史官弃而不采，今或据以驳正史，恐为有识所讥。"此论古特识，颜师古以后未有能见及此者矣。③

这是钱大昕提出的"经与史岂有二学"的出处。钱大昕称"予平生嗜好与先生

---

① 《廿二史劄记》卷四《后汉书编次订正》，又见卷九《齐书类叙法最善》。
② 《廿二史劄记》卷九《宋齐书带叙法》。
③ 《廿二史劄记·钱大昕序》。

同",但钱大昕所论,可以说不达赵氏的学术精神。古代经与史未分,但后世经与史还是不同。钱氏在序中谓,经与史于李充等在目录上有分别,史部为一类,"创立四部,而经史始分",这不知从何说起。如果在此以前,如《史记》《汉书》等,按竹汀的说法,都是经史不分的作品,那么赵翼作二十二史的札记,岂不是胡写。有人认为,正史以外的材料都不可信,不能用来考史,这是一种狭隘的史料学观点。赵翼在很多地方批评正史、国史、实录的不实,说明正史不是都可信,如果正史取材都是可信的,那么考正史也没有意义了。钱氏所论,只是注意到赵翼考史的一个特点。

王鸣盛的考史代表作是《十七史商榷》。相比之下,王鸣盛于考史中论史,重在论学术,评史学、史书。

王鸣盛重学术上的师法。他指出:"自唐中叶以后,凡说经者,皆以意说无师法。夫以意说而废师法,夫子之所谓'不知而作'也。"①王氏为吴派惠栋营垒中人,在乾嘉时期的史学上,张汉学旗帜突出的是王鸣盛。他重师法,是重汉学的师法,但也不一味排斥宋学,他说:"自唐高宗、武后以下,词藻繁兴,经案遂以凋丧。宋以道学矫之,义理虽明,而古书则愈无人读矣。"②他反对释、道之说,但主张汉学与宋学可以联合。他说:

> 学者若能识得康成深处,方知程伊川、朱晦庵义理之学。汉儒已见及,因时未至,含蕴未发;程朱之时,训诂失传,经无家法,故轻汉儒,而其研精义理,仍即汉儒意趣。两家本一家,如主伯亚旅,宜通力以治田;醯醢盐梅,必和剂以成味也。彼异端邪妄之谈,又何足道哉。③

王鸣盛的学术重汉学。第一,王氏认为研经当墨守汉人家法,治经异于治史。他说:

> 治经断不敢驳经,而史则虽子长、孟坚,苟有所失,无妨箴而砭之,此其异也。抑治经岂持不敢驳经而已,经文艰奥难通,若于古传注,凭己意择取融贯,犹未免于僭越,但当墨守汉人家法,定从一师,

---

① 《十七史商榷》卷二十七《师法》。
② 《十七史商榷》卷二十二《汉艺文志考证》。
③ 《十七史商榷》卷六十四《顾欢论道佛二家》。

而不敢它徙。至于史，则于正文有失尚加箴砭，何论裴骃、颜师古一辈乎。①

墨守经与传，而敢于证史文之讹，这就是王鸣盛"墨守汉人家法，定从一师"的史学"胆识"。

第二，提倡读书当先精校书。"尝谓好著书不如多读书，欲读书，必先精校书。校之未精而遽读，恐读亦多误矣。读之不勤而轻著，恐著且多妄矣"②。王鸣盛治学是一种尊汉博闻的特点。

第三，重目录之作。《十七史商榷》开篇卷一说："目录之学，学中第一紧要事。必从此问途，方能得其门而入。然此事，非苦学精究，质之良师，未易明也。"③又说："凡读书，最切要者目录之学。目录明方可读书，不明终是乱读。"④他尤其重《汉书·艺文志》，时人金榜有一句话，为王鸣盛是所称道，金榜以为，"不通汉《艺文志》，不可以读天下书。《艺文志》者，学问之眉目，著述之门户也"⑤。

第四，治史求实，反对议论褒贬。王鸣盛在《十七史商榷·序》中说：

大抵史家所记典制，有得有失，读史者不必横生意见，驰骋议论，以明法戒也。但当考其典制之实，俾数千年建置沿革了如指掌，而或宜法或宜戒，待人之自择焉可矣。其事迹则有美有恶，读史者亦不必强立文法，擅加与夺，以为褒贬也，但当考其事迹之实，俾年经事纬，部居州次，纪载之异同，见闻之离合，一一条析无疑。而若者可褒，若者可贬，听之天下之公论焉可矣。书生胸臆，每患迂愚，即使考之已详，而议论褒贬犹恐未当，况其考之未确者哉。

盖学问之道，求于虚不如求于实。议论褒贬，皆虚文耳。作史者之所记录，读史者之所考核，总期于能得其实焉而已矣。外此又何多求邪！

---

① 《十七史商榷·序》。
② 《十七史商榷·序》。
③ 《十七史商榷》卷一《史记集解分八十卷》。
④ 《十七史商榷》卷七《汉书叙例》。
⑤ 《十七史商榷》卷二十二《汉艺文志考证》。

在另一处又说："大抵作史者，宜直叙其事，不必弄文法，寓予夺；读史者，宜详考其实，不必凭意见，发议论"①。这样主张，是对古代史学的所谓史法、史例以及各种正统论、名分论等的一种反动；为反对空疏学风，有一定道理，却失之于偏，而且在实际上是行不通的。《十七史商榷》何尝不发议论，上面所云就是议论。所以在有些地方，王鸣盛也只能变通自己的主张。他说："凡史宜据事直书，不必下褒贬，然分析伦类则不可无。"②那么，"分析伦类"究竟是指什么？恐怕王氏也说不清楚。在这篇中，王鸣盛是就晋八王之乱，说明应怎样在史书中叙述八王之乱，如果不得法，就会造成"乱臣贼子与他王同传"。如果史家没有善恶褒贬，又如何知道自己的书法得当不得当呢？王鸣盛在这里陷入了两难境地。

王鸣盛提出"史权"说。《史记》将公孙弘与主父偃同传，张汤、杜周虽为三公，入《酷吏传》。《汉书》做了更动，班氏在史书后的论赞中又做了说明。王鸣盛谓司马迁"不伦不类"，称道班固道："此等措词之妙，班直不让马矣。吁，自有马班，而二人之恶，孝子慈孙百世不改，若非良史，则为善者惧，为恶者劝，史权不亦重哉。"③这里的"史权"说，与他主张为史不得横生议论、不得行褒贬是矛盾的。但这正是史学二重性在一个极端上产生的矛盾，史学二重性的两者本来就是不同的两个方面，但又有联系。如果推向极端，把两个方面作为相互绝对排斥，在论及具体问题时，就有可能遇到难以解决的矛盾。

第五，重正史。王鸣盛主张读史，应当着重读正史，在前面已分析了王氏的有关论述。但王氏认为考史自是可利用正史以外的材料，这一点与赵翼有所不同。王鸣盛在《十七史商榷·序》中说自己的校史书的体验，"二纪以来，恒独处一室，覃思史事，既校始读，亦随读随校，购借善本，再三雠勘，又搜罗偏霸杂史，稗官野乘，山经地志，谱牒簿录，以暨诸子百家、小说笔记、诗文别集、释老异教，旁及于钟鼎尊彝之款识，山林冢墓、祠庙伽蓝碑碣断阙之文，尽取以供佐证，参伍错综，比物连类，以互相检照，所谓考其典制事迹之实也。"

关于史体，王鸣盛谈《汉书·艺文志》时，说到史体的发源与发展：

---

① 《十七史商榷》卷九十二《唐史论断》。
② 《十七史商榷》卷五十九《皇子概作合传为非》。
③ 《十七史商榷》卷六《公孙弘等》。

此志之意以编年本为古法，马班出，而编年废，直至《汉纪》复用编年，至《竹书纪年》出，始悟此为古法，而复多用此以纪事者，文义甚明。要之，并列二体，其意则以纪传为正体，编年为别体。

王鸣盛认为，"编年虽古法，而古不可泥"。他同意前人皇甫湜的观点，认为"合圣人之经者，以心不以迹，得良史之体者，在适不在同。编年、纪传，系于时之所宜耳，何常之有。夫是非与圣人同，辨善恶得天下之中，不虚美，不隐恶，则为纪传、为编年，皆良史矣"。王鸣盛不同意孙甫、晁公武"以编年为正"的观点。又说："即用编年，亦必至司马君实，方成一大著作，荀悦、袁宏等聊堪充数，犹未成章。"①从这里可以看出，王鸣盛在史体上的观点，具有通变的思想，这也反映了当时要求变通史体的思潮。

王鸣盛评历代史书，体现出他的史学思想。《十七史商榷》除评正史外，同时也评《资治通鉴》《唐鉴》《史通》等，乃至《补历代史表》。在历代史书中，《十七史商榷》一书较为集中地批评了南北朝史书如《宋书》《南史》等载符瑞，他反对时人以《南史》《北史》代替南北朝各朝史书的主张。王氏批评李延寿《南史》《北史》的文字也最多：指责李延寿的子孙附传，把国史变成了家谱；李延寿删削不当，删去有关国计民生利害的内容；任意更移，不顾其实，割断菁华；说李延寿写的南、北二《史》直是抄袭南北朝各代史书，是"真无耻"②。同时，他也肯定其中的值得采择的地方，如《南史》中增加一些《宋书》中所没有的材料。王鸣盛说："延寿之书虽疵病百出，而仍不可废者，为有此等小小补益故也。"③另外，李延寿记高洋的行径比较成功，有些史论写得精彩，也值得称道。

《十七史商榷》肯定《新唐书》，但是认为不能过于称赞。对其他史书都有具体的评论，包括从《通鉴》到清初吴任臣的《十国春秋》等史书。

从严格意义上说，钱大昕的《廿二史考异》是考史作品，而赵翼的《廿二史劄记》与王鸣盛的《十七史商榷》是评史、论史，论史书、论史学之作，评论中有考据。笼统地把三人的作品称为三大考史著作，并不确切。

王鸣盛（1722—1797年）、赵翼（1727—1814年）、钱大昕（1728—1804年），是这一时期考证史学的代表人物。稍后有崔述（1740—1816年），他的

---

① 《十七史商榷》卷九十九《正史编年二体》。

② 《十七史商榷》卷六十八《后妃传论》。

③ 《十史商榷》卷五十四《零陵王妲》。

考信学风是另一个类型。他同样阐发古无经史之别的观点，说：

> 夫经、史者，自汉以后分别而言之耳。三代以上所谓经者，即当日之史也。《尚书》，史也；《春秋》，史也。经与史恐未可分也。①

崔述尊经亦疑经，他重在驳传疏与经文不同的地方，后人作的传疏损害"经"的正宗思想，实际上崔氏对《尚书》等做了大量的考辨。同样是疑，这和王鸣盛"断不敢驳经"的学风大相径庭。他批评当时一味信古的人，说："近世浅学之士，动谓秦汉之书近古，其言皆有所据；见有驳其失者，必攘臂而争之。此无他，但徇其名而实未尝多观秦汉之书，故妄为是言耳！"②后人读崔氏的《考信录》，感受颇多，有人说："圣人，人知尊之；经传，人知读之。读之而不知考之，尊之而不敢议之，遂致圣人之真，圣人之正，混于附会伪托之辞者，几二千年矣。""今吾崔子，具卓识，出雄辨，博览群书，互参考证，发为议论，其意谆谆，其言侃侃，拨尽附会伪托之辞"。③崔述上继唐宋以后的疑古辨伪的传统，在乾嘉时，未成为史学主潮，但确是开启了近代的疑古辨伪的思潮。顾颉刚诸先生的疑古辨伪是受到崔述的影响，顾先生整理崔氏著作为《崔东壁遗书》。

清人编修《四库全书》，在文化上，毕竟还是一件右文盛举，在史学上，又是一次大总结。《四库全书》的《史部总叙》，所论和当时的史家的观点相似，对经史关系，提出自己的看法，"儒者好为大言，动曰舍传以求经，此其说必不通"。《四库全书》作者推崇正史，但也肯定正史以外的材料的价值，特别以司马光写《资治通鉴》为例做了说明。《四库全书》史部的"总叙"和各部"提要"反映了历史文献学的发展，在历史文献学思想史上，其意在于：

第一，强调以"正史"为纲，提出十五部分类法。即史部书分为：正史、编年、纪事本末、别史、杂史、诏令、奏议、传记、史抄、时令、地理、职官、政书、目录、史评。删去谱牒。

第二，反映当时汉学学风特征，提出了"史之为道"论。这就是作者说的"史之为道，撰述欲其简，考证则欲其详，莫简于《春秋》，莫详于《左

---

① 《洙泗考信余录》卷三《左子》。

② 《考信录提要》卷上《释例·论战国邪说寓言不可征信》。

③ 《考信附录》卷二《题词·刘云》。

传》。鲁史所录，具载一事之始末，圣人观其始末，得其是非，而后能定以一字之褒贬。此作史之资考证也"①。又谓宋明人于史学好议论，分门户等，这样笼统的议论，不达学术大旨。

第三，展示了史学发展变化的梗概。相比较而言，《四库全书》的《经部总叙》比《史部总叙》写得更为精彩，史部总叙缺少辨章学术，考镜源流的学术精神。史部各类下的史书"提要"，辨析史书的精义，比较相关史书优劣异同，以及讨论版本源流及校勘得失。在这些方面，显示作者的识见和功力。合各史书之"提要"，便可展示中国传统史学变化之梗概。在一定意义上说，近代的目录解题式的史学史作品，便是在"提要"基础上发育出来的，有的重加分类，有的结合《廿二史劄记》和自己心得，做一些评述。

后来阮元对经史的整理，同样具有一种总结的意义。

所以全面地看乾嘉时期的史学，就可以看出当时史学的气象。无论是理论上的探讨，还是对前代的史学的批评与总结，都可以体察出史学上孕育着突破的因素。但也要看到，历史哲理没有建树，没有两宋那样的学术思想上的大升华，加之时代发展不充分，史学还没有充分的条件开辟出一片新天地。

---

① 《四库全书总目提要》卷四十五《史部总叙》。

第五编　近代史学思潮与中国史学思想的几个问题

第十二章　近代史学思潮

　　中国近代史学与古代史学相比，有不同的特点，但是与古代史学的联系并没有被割断。在前一章我们说过，在中国封建社会的后期，有识的史学家对僵化的史学现状表示不满，要求史学创新。章学诚指出，作为史学领域内的正史的纪传体史书发展到后来，已经失去了活力，史学墨守史法、史例，"斤斤如守科举之程式，不敢稍变；如治胥吏之簿书，繁不可删"①。他希望"圆而神"的史学精神能够得到恢复，寻找到史学创新的"变通之道"。嘉道时期这一史学求变思潮仍在发展。我们应该看，到史学的重大变化，与社会的大变动是联结在一起的。

　　世界大形势变化了，资本主义国家要用武力打开中国的大门，从而导致中国历史大震荡，中国史学需要在大震荡中做出自己的抉择。

　　鸦片战争后，中国的历史进入一个新的时期，社会的矛盾和社会的性质都发生了变化。民族危机加深，在中国传统经世史学基础上发展起来的救亡图存的爱国主义史学思潮，贯穿近代史学的整个过程，借鉴的史学思想、通变史学思想在这一过程中得到长足的发展。史学家把中国的历史兴衰和世界的变动联系在一起，以世界史的眼光认识历史兴亡变化。

　　19世纪末到20世纪初，西方各种学术思想和历史研究方法论传入中国，这些和中国史学传统中历史进化思想，以及传统的治史、考史方法相结合，从而在中国史学领域内出现了一股新史学思潮。传统的考据学也发展为近代的新考据学。

　　"五四"前后，马克思主义传入中国，在中国近代史学的发展史上是一件大事。马克思主义史学家以唯物史观来解释中国历史，认识中国的社会和历史的前途，唯物史观在史学领域内成为史学发展的主潮。

　　从这三股思潮来认识中国近代史学思想的变化和发展，一些问题会看

---

① 《文史通义》内篇卷一《书教下》。

得更清楚，对于认识中国史学发展也是十分必要的。各种史学思潮在相互联系中发展起来，不同的历史观点和史学思想充满着激烈的斗争，各种学派旋起旋落，学人出入其间。这些构成中国近代史学发展的复杂景观。

第一节　救亡图存的爱国主义史学思潮

中国的爱国主义史学思想，经历一个发展的过程，大致可以分成三个时期，每一个时期如果再细分，还可以分成若干个小阶段。第一个时期是从 19 世纪 40 年代至 90 年代，第二个时期是从 19 世纪末到 20 世纪 20 年代末，第三个时期是从 20 世纪 30 年代至 40 年代末。

鸦片战争前后，魏源、林则徐、姚莹、夏燮、何秋涛、张穆、徐继畬等一批先进的人物，为反对外国资本主义的侵略，为适应形势的需要，积极开展边疆史地研究，这是第一次边疆史地研究的高潮。他们具有共同的学术特点、共同的学风，同声相应，同气相求，实际上已经形成一个新型的学术群体。不同于旧日的学派的是，他们不争门户，争民族自强，求民族的生存和发展。放开眼界看变化中的世界，又从变化的世界中思考中国的出路，带着这个时代印记的忧患意识汇成爱国主义的史学思潮。所以，这个时期爱国主义史学思想的特点是御侮图强。

加强边防的边疆观念。这个时期资本主义列强对中国侵略的特点，用魏源的话说，是"兵贾相资"。资本主义列强要以战争打开中国的大门，又企图以鸦片和其他商品开拓中国的市场。边疆史地研究的一个重要内容是宣传加强边防，巩固边防的观念。魏源的《圣武记》《道光洋艘征抚记》《海国图志》，姚莹的《康輶纪行》，张穆的《蒙古游牧记》，何秋涛的《朔方备乘》，夏燮的《中西纪事》以及徐继畬的《瀛环志略》等，各种著作的内容和体裁不尽相同，但都是通过边疆史地的研究，唤起时人对边防的关注。姚莹写《康輶纪行》，并且想编《异域丛书》，谈到这一想法时，他说：

> 故自嘉庆年间，购求异域之书，究其情事，近岁始得其全。于海外诸洋有名大国，与夫天主教、回教、佛教，一一考其事实，作为图说，著之于书，正告天下，欲吾中国童叟皆习见习闻，知彼虚实，然后徐筹制夷之策。是诚喋血饮恨而为此书，冀雪中国之耻，重边海之

防，免胥沦于鬼蜮，岂得已哉。①

"冀雪中国之耻，重边海之防"，是当时边疆史地研究的基本出发点。何秋涛写《朔方备乘》，说到他的写作动机："益究心经世之务，尝谓俄罗斯地居北徼，与我朝边卡相近，而诸家论述，未有专书，乃采官私载籍，为《北徼汇编》六卷。"②

为求制夷之道，这一批边疆史地学作者，从亚洲、非洲一些国家的惨痛的亡国事实中吸取教训，同时也总结安南、缅甸曾经战胜"英夷"的经验。特别重要的是，他们把制夷与师夷结合起来。魏源说："善师四夷者，能制四夷；不善师外夷者，外夷制之。"③魏源认为中国要学习西方的各种科技和长处，他在《海国图志》中介绍西方的战舰、火轮船、铁炮、火铳、水雷、铅字印刷、钟表、望远镜、天文历法、算术测量、蒸汽机原理等，认为这些是中国人应当学习的。姚莹在台湾时，登上过英国人的船，有一件事对他的刺激很大，他记载这件事说：

> 余尝至英夷舟中，见其酋室内列架书籍，殆数百册，问之，所言亦与回人相似，而尤详于记载及各国山川风土，每册必有图。其酋虽武人而犹以书行。且白夷泛海，习天文算法者甚众，似童而习之者，……吾儒读书自负，问以中国记载，或且茫然，至于天文算数，几成绝学，对彼夷人，能无沚然愧乎？④

他们能以清醒的眼光看待世界，而反对盲目排外，魏源说盲目自大是"株守一隅，自画封域，而不知墙之外之有天，舟之外之有地也"。他希望自己的国家民族振兴起来。梁廷枏、徐继畬等，开始注意到西方的政治、经济制度上的值得吸收的东西。

另外，这一时期的史学家在史著中，讴歌人民反对帝国主义的斗争，如梁廷枏的《夷氛闻记》、夏燮的《中西纪事》等，揭露了投降派的罪行，讴歌了人民英勇的反抗行动。

---

① 《东溟文后集》卷八《复光律原书》。
② 《续碑传集》卷二十《曹司·何秋涛》。
③ 《海国图志》卷三十七《大西洋欧罗巴洲各国总叙》。
④ 《康輶纪行》卷五《外夷讲图书》。

到了 19 世纪末 20 世纪初，也就是从 19 世纪 80 年代到 20 世纪 20 年代，爱国主义史学思想的特征是救亡图强。

第一，这一时期的爱国主义史学思想的内容主要是：反对帝国主义瓜分中国，反对列强的"蚕食鲸吞""瓜分豆剖"；避免像印度与一些非洲国家那样沦为殖民地。梁启超在《南学会叙》中说："敌无日不可以来，国无日不可以亡。数年以后，乡井不知谁氏之藩，眷属不知谁氏之奴，血肉不知谁氏之俎，魂魄不知谁氏之鬼。"中华民族到了生死存亡的关头。这些史学家谈历史的借鉴，继续发扬了魏源、姚莹的史地学的研究精神，把眼光转向世界。王韬写《普法战纪》《法国志略》，黄遵宪写《日本国志》都是在总结世界各国的历史经验，要求振兴民族，指出当时世界是一个"弱肉强食"的时代，只能"相竞而强"才能避免亡国的命运。

第二，明确指出史学在救亡图存的爱国主义斗争和维新变法中的意义。梁启超在《新史学》中说："史学者……爱国心之源泉也。"章太炎说："不读史书，则无从爱其国家。"①维新派也以世界历史的经验，宣传维新改革的主张。康有为把《俄罗斯大彼得变政记》《日本明治变政考》呈送给光绪皇帝，以外国变法的历史，说明中国实行新政的必要性、必然性。资鉴的历史观在救亡图存，维新变革中仍然体现出它的价值，并且眼光更为开阔，这是中国资鉴史观的新发展。

第三，史学家把爱国主义的历史教育和群众的反帝反封建的斗争结合起来。邹容的《革命军》，陈天华的《猛回头》《警世钟》宣传了爱国主义的思想，在当时产生重大的影响，唤起了国民热爱祖国的赤诚之心。

爱国主义的史学思潮，已经不再用夷夏之别的观念宣传爱国主义的思想。他们宣传反对列强侵略的思想，对于群众认识侵略的本质，振奋民族精神，起了重要的作用。与前一个时期的爱国主义史学思想相比，无论就规模或就深度来说，这个时期的爱国主义史学思想都有了更大的发展。

第三个时期是二十世纪三四十年代，随着日本帝国主义侵略的加深，日本企图把中国变为它独占的殖民地，中日之间的矛盾成为当时社会的主要矛盾。这一时期的爱国主义思想高涨，爱国主义的史学思想是其中的重要组成部分，这一时期的史学思想以要求抗日救国为内容。

在史学领域内，马克思主义史学家以唯物史观研究中国历史，思考中国的前途，表现出史学的时代性和强烈的忧患意识。郭沫若在《中国古代社

---

① 章太炎：《历史之重要》，《制言》，1939 年，第 55 期。

会研究》的自序中说："对于未来社会的待望逼迫着我们不能不生出清算过往社会的要求。目前虽然是'风雨如晦'之时，然而也正是我们'鸡鸣不已'的时候。"当时在中国史学界中，有许多具有爱国思想的史学家，他们开展史地学研究，宣传抗日救国的迫切性，激发起广大群众的爱国热情，这可以《禹贡》为例。1934 年 3 月，顾颉刚、谭其骧诸位先生创办《禹贡》半月刊，这份杂志突出刊物的宗旨，即爱国主义的史学思想。按照《禹贡学会研究边疆计划书》所说，这是继续发扬鸦片战争前后边疆史地研究的优良传统，由于外国资本主义的侵略的刺激，"遂使一班学人跳出空疏迂远之范围，而转向于经世致用之学术。边疆学者，经世致用之大端也"。

《禹贡》半月刊一出版就张起爱国主义的大旗，在"强邻肆虐，国亡无日"的情况下，一些学者"遂不期而同集于民族主义旗帜之下"。杂志所以以"禹贡"为名，是因为《尚书·禹贡》是"中国地理沿革史的第一篇"①，刊名寄寓着反抗侵略的自强意识。"今日一言'禹域'，畴不思及华夏之不可侮与国土之不可裂者！以此自名，言简而意远"②。从创刊到"七七事变"后刊物被迫中止发行，总计出版了 82 期。学者们研究我国古地理，其用意是"把我们的祖先努力开发的土地算一个总账，合法地承受这份我们国民所应当享有的遗产，永不忘记在邻邦暴力压迫或欺骗分化下所被夺的是自己的家业"③。而版图观念是培植爱国思想所不可或缺的，他们又说："世未有于其田园院舍经界不明而能尽其保守之责者，亦未有于国家版图茫无所知而能发动其正确之爱国观念者。"④他们力图使自己的研究，"激起海内外同胞爱国之热诚，使于吾国疆域之演变有所认识，而坚持其爱护国土之意向"⑤。

这一刊物宣传了中华民族团结起来共同反对侵略的思想。有的文章说："我们要把我们的祖先冒着千辛万苦而结合成的中华民族的经过探索出来，使得国内各个种族领会得大家可合而不可离的历史背景和时代使命，彼此休戚相关，交互尊重，共同提携，团结为一个最坚强的民族。"⑥

《禹贡》用历史的材料和现实调查得来的资料，研究巩固西北、东北边

---

① 顾颉刚、谭其骧：《发刊词》，《禹贡》，1934 年一卷一期。
② 顾颉刚：《禹贡学会募集基金启》，《禹贡》，1936 年四卷十期。
③ 顾颉刚：《纪念辞》，《禹贡》，1937 年七卷一、二、三合期。
④ 《本会此后三年中工作计划》，《禹贡》，1937 年七卷一、二、三合期。
⑤ 同上。
⑥ 顾颉刚：《纪念辞》，《禹贡》，1937 年七卷一、二、三合期。

疆的办法，主张"共谋改良边地经济之道，盖边陲安，内地斯能高枕矣"。有的文章还提出移民屯田的主张。

学者以大量的研究揭露帝国主义的侵略行径，特别是日本帝国主义研究中国史地所包藏的祸心。有的文章说："百年以来，东邻西邦之研吾史与社会者踵相接，仆仆道途，皆搜觅其所欲得者以去。孳孳焉究而察之，若水银泻地，无孔不注，其谋国者遂得藉之以设施其政治计画，而吾国为之大困。"①他们的研究往往是军事行动的先导。有的文章说："按中日战争前有'朝鲜学'，朝鲜以灭；日俄战争前有'满鲜学'，辽省以陷；'九一八'以前有'满蒙学'，四省以亡。今之日人又高唱所谓'东亚学'了。呜呼，剑及屦及，事至迫矣。请看明日之东亚，将为谁家之天下！愿我国人醒一醒吧。"②

抗日战争时期，延安地区的史学家，国统区的一些史学家坚持爱国主义的史学思想，鼓舞人民进行抗日的斗争，反妥协投降。郭沫若在重庆以历史剧的形式，宣传爱国史学思想，推动抗日的斗争。范文澜等人在延安写中国通史，寄寓爱国的史学思想。当时，许多史学家驳斥卖国投降的史学，批驳当时一些对抗日前途持悲观态度的论调。爱国主义的史学，对推动抗日的爱国斗争有积极的意义。

应当指出，中国共产党人把爱国主义思想提高到一个崭新的高度，从世界革命的角度说明爱国主义的特点，把爱国主义史学思想和中国民族解放斗争、中国抗日战争结合在一起，批判各种民族虚无主义和抗战中的亡国论，增强中国人民的民族自豪感，鼓舞中国人民为争取光明的历史前途，为建立新中国树立信心。在抗日战争期间，爱国主义是中国人民团结起来反抗日本帝国主义侵略的旗帜。

第二节　"新史学"思潮

我们这里说的"新史学"，是指和传统中世纪的史学有联系但又有不同特点的史学，它反映近代社会的现实。"新史学"一方面是近代社会发展的产物，另一方面又是西方学术思想传入影响的产物。从广泛的意义上说，马克思主义史学无疑是新史学，但马克思主义史学是近代史学的主潮，有

---

① 顾颉刚：《禹贡学会募集基金启》，《禹贡》，1936年四卷十期。
② 冯家昇：《日人对于我东北的研究现状》，《禹贡》，1936年五卷六期。

必要单独论述。人们在习惯上，是把这一时期的西方资产阶级学术思想影响下的史学称为"新史学"。

新史学的内涵应当包括这样的一些方面：一是以新的历史哲学认识传统的史学，重新解释历史过程和历史现象，扩大历史的反映面，同时对旧史学展开批判。二是采用新的史书编纂形式写出各种通史、文化史、专门史、断代史，以及出版各种近代的学术期刊等，以传播学术研究的成果，促进学术流派的形成和发展。三是借鉴西方的学术研究方法，结合中国传统的史法，推动历史研究的发展，包括引进自然科学方面的成果，用于历史的研究。此外，传统的考据学也发展为近代的考据学。概括起来，有以下几个方面。

一、公羊三世说和社会历史进化论

在中国近代史学史上，历史哲学的重大进展莫过于社会历史进化论的提出，它直接影响人们对历史的认识，对历史的解释，影响史书的编写。这是中国传统的进化思想的延伸和发展。

清朝嘉、道年间，今文学派复兴，公羊学因之以盛。皮锡瑞说清朝学术的变化，谓：

> 国朝经学凡三变。国初，汉学方萌芽，皆以宋学为根柢，不分门户，各取所长，是为汉、宋兼采之学。乾隆以后，许、郑之学大明，治宋学者已尟，说经皆主实证，不空谈义理，是为专门汉学。嘉、道以后，又由许、郑之学导源而上，《易》宗虞氏以求孟义，《书》宗伏生、欧阳、夏侯，《诗》宗鲁、齐、韩三家，《春秋》宗《公》《谷》二传。汉十四博士今文说，自魏、晋沦亡千余年，至今日而复明，实能述伏、董之遗文，寻武、宣之绝轨，是为西汉今文之学。学愈进而愈古，义愈推而愈高；屡迁而返其初，一变而至于道。①

这里不可能来论述庄存与、刘逢禄等人的今文学的情形，但明显的事实是，学术思想的变化对一个时代的史学思想的发展产生了重要的影响。研究一个时代的史学思想，注意到社会的现实，这里包括当世的学术思潮的发展

---

① 《经学历史·经学复盛时代》。

与变化。

鸦片战争前后,思想家、史学家以历史进化的思想说明历史的发展,阐释社会变革的必要和必然,这种历史进化的思想是以今文经学的公羊三世说为理论基础。从龚自珍、魏源到王韬、黄遵宪、康有为,再到严复、梁启超,从他们对历史的解释,我们可以看到历史进化思想的发展途径。龚自珍在《乙丙之际著议第六》《五经大义终始论》《五经大义终始答问》等相关文章中,以公羊三世说阐明"自古及今,法无不改,势无不积,事例无不变迁,风气无不移易"①的观点。

魏源的公羊三世说建立在他的气运史观上,他认为历史的运动是气的运转和再造。他曾经以气运的变化描述中国历史的过程:黄帝、尧、舜为太古,夏、商、周三代为中古,春秋战国时代,历史进入末世,秦到了灭亡的时代。汉代为气运再造,进入另一个气运运转的过程,他说:"三皇以后,秦以前,一气运焉。汉以后,元以前,一气运焉。其历年有远近,即其得于先王维持之道有厚薄。"②这以后的气运该怎样运行,魏源没有说清,但他在实际上是将今文的公羊三世说,与宋儒的理气史观合在一起,论说历史的变易是一种必然。

王韬的进化论同样是三世说的模式,同时他又吸收了宋元理学家关于历史理气说的因素。首先,他从宇宙运动的总过程中理解人类历史的行程。王韬在《韬园文录外编》卷一、卷八各节阐述他对历史运动的看法,他以为历史的周期大约是一万两千年,第一个时期是两千年,第二个时期在一万年左右。前五千年为诸国分建之天下;后五千年,地球、人类将趋向灭亡;再经过一个时期,又开始一个时期。这同宋人邵雍的历史运动元会运世说中,从开物到闭物为一个周期的说法近似。王韬把中国历史的发展,分成三个阶段,他说:

> 三代以上,君与民近而世治;三代以下,君与民日远而治道遂不古若。至于尊君卑臣,则自秦制始。③

---

① 《定庵文集补编·上大学士书》。

② 《默觚·治篇三》。

③ 王韬:《弢园文新编》,北京:生活·读书·新知三联书店,1998 年版,第 26 页。

中国历史的发展是由三代之道、君民相近，到郡县之道、尊君卑臣的过程。在另一处他又说，巢、燧、轩时代，开辟草昧，为创制时代；唐虞继统，号曰中天，则文明时代。三代以后，又一大时期，三代至秦为一变，秦汉以来又是一大变。他从不同的角度，论历史的过程的变化，中心思想是论证变法是合乎历史的法则，"变古以通今"方可得民心。这一时期的思想家都是以历史必变、历史进化的思想说明变革的必然，王韬是这样，郑观应也是这样。

　　近代思想家有的以公羊三世说作为维新变法的思想基础。康有为的论述最有代表性，他在《礼运注》《春秋董氏学》《孔子改制考》《新学伪经考》和《论语注》等文献中阐述公羊三世说。康有为重视吸收西方学术思想，在"西学初输入中国"时，康有为经过上海、香港，"见西人植民政治之完整，属地如此，本国之更进可知。因思其所以致此者，必有道德学问以为之本原，乃悉购江南制造局及西教会所译出各书尽读之"①。因此在康氏的公羊三世说中已经吸收了西方的知识，和传统的三世说不完全一样。一是他把三世变化，即据乱、升平、太平三个阶段，与君主专制、君主立宪、民主共和三个阶段相对应。他不是维护封建专制，而是要求建立君主立宪的制度，因而具有一定的反封建的因素，以西方资本主义国家的模式作为中国实现太平之世的范本。二是他以三世说，论证将来进入大同世界的必然。三是他论说人类历史的进化过程是各国共同的，是历史发展的共同法则，"盖自据乱进为升平，升平进为太平，进化有渐，因革有由，验之万国，莫不同风"②。他的今文经学，公羊三世说，具有时代的特点。《大同书》是康有为的代表作。但是也要指出，在戊戌变法失败后，他的进化思想在向后倒退。康有为强调"顺序而进"的观点，这在他的《春秋笔削大义微言考》等著作中，可以明显地看出这一点。

　　黄遵宪的进化思想包含生存竞争的观点，这说明传统的进化观受到西方思想的影响而发生变化。应当着重提到的是，严复在传播西方的进化思想上的贡献。1895 年，严复写的《原强》一文，称道斯宾塞的社会学。1896年，他译赫胥黎的《天演论》，传播"物竞天择，适者生存"的思想。1897 年，他翻译斯氏的《社会学原理》的首篇，登在《国闻周报》上，题改为《斯宾塞尔劝学篇》。1903 年，他将《社会学原理》全书译出，以《群学肄言》为书名。他

---

　①　梁启超：《饮冰室合集》，文集之六第 61 页。

　②　康有为：《论语注》，北京：中华书局，1984 年版，第 28 页。

的译作还有亚当·斯密的《原富》、约翰·穆勒的《穆勒名学》、甄克思的《社会通诠》、孟德斯鸠的《法意》等。他是近代系统介绍西方进化论，西方学术的第一位国人，对于中国近代的史学思想的发展产生了重要的影响。但是他到了晚年，思想也发生变化，相信历史是在做循环的运动。

二、以历史进化思想来写中国历史的作品

夏曾佑的《中国历史教科书》，在中国近代史学史上影响最为广泛，这是中国"第一部有名的新式通史"①。夏曾佑把中国今文经学的历史进化思想和西方的历史进化因果论结合起来，构成他的历史进化世运说。这本书把中国历史分为三大期：自草昧以至周末为上古之世；自秦至唐，为中古之世；自宋至今，为近古之世。三大期中，每一期又分为几个阶段。上古之世分为两个阶段：由开辟至周初为传疑时期；周之中叶至战国为化成时期。中古之世有三个阶段：由秦至三国为极盛时期；由晋至隋为中衰时期；唐室一代为复盛时期。近古之世分成两个阶段：五季、宋、元、明为退化期；有清一代的 261 年，为"更化期"。所谓的"更化"就是历史"将转入他局"。

《中国历史教科书》对有文字记载以前的历史即所谓的"有史以前"社会的理解，在当时来说，是一个崭新的见解。夏曾佑认为，包牺氏时，历史离开渔猎社会，进入游牧社会。在婚姻形态上，是从"知有母而不知有父"的状态，转变为家族形态，始制嫁娶。神农时，社会由游牧社会进入到耕稼社会。夏曾佑认为，历史最初阶段这样的发展是"万国各族所必历"，只是"为时有迟有速"而已。社会进化的原因，夏氏认为是文化典制改变造成的，而对于经济的条件意义很少给予注意。有时，他又用地理条件、种族竞争解说文化问题。在个别章节，说"革命用兵"之后，才出现"隆盛之世"，认为这是历史的"公例"；但在另一些章节，他又说革命起义是"为祸于中国"。他还说，秦皇、汉武是"造成中国历史之力"。这些都反映了他的历史进化思想上的肤浅和博杂。1933 年，商务印书馆重印这本书时，书名改为《中国古代史》。除夏曾佑外，还有不少学者以进化观点写中国历史，这一时期，以历史进化思想解说中国历史成了一股思潮。

1901 年梁启超写《中国史叙论》，1902 年写《新史学》，这两篇文章是新史学理论的代表作。梁启超把中国近代的进化思想推向一个新的高度。在

---

① 齐思和：《近百年来中国史学的发展》，《燕京社会科学》，1949 年 10 月第 2 卷。

《新史学》这篇文章中，他把进化说作为与旧史学根本对立的思想，认为创造新史学，最重要的是明历史进化的理论，这是创新史学的"界说"。梁启超把历史进化思想和历史公例公理观点结合在一起，系统说明对历史运动的看法。

第一，历史者，叙进化之现象也。"凡百事物，有生长、有发达、有进步者，则属于史之范围"。他批判旧史学的历史循环论，说：

> 孟子曰："天下之生久矣，一治一乱。"此误会历史真相之言也。苟治乱相嬗无已时，则历史之象当为循环，与天然等，而历史学将不能成立。孟子此言盖为螺线之状所迷，而误以为圆状，未尝综观自有人类以来万数千年之大势，而察其真方向之所在，徒观一小时代之或进或退，或涨或落，遂以为历史之实状如是云尔。……吾中国所以数千年无良史者，以其于进化之现象见之未明也。①

第二，历史者，叙述人群进化之现象。梁启超指出进化是社会自然共同的发展规则，人类的进化是指"一群之进也"。中国过去的史学，重一人，不重一群，"动辄以立佳传为其人之光宠"。

第三，历史者，叙人群进化之现象而求得其公理公例者。梁启超说：

> 是故善为史者，必研究人群进化之现象，而求其公理公例之所在，于是有所谓历史哲学者出焉。历史与历史哲学虽殊科，要之，苟无哲学之理想者，必不能为良史，有断然也。虽然，求史学之公理公例，固非易易。②

梁氏从历史哲学的高度来认识进化学说，这是以前所没有的情形。以前不可能知道这一点，有两个原因，一是过去的史学知道一局部的史，而不知道自有人类以来的全体的史，这种局部之史，或局于一时代，或局于一地。研究中国史，于外国史就不知道，"夫欲求人群进化之真相，必当合人类全体而比较之，通古今文野之界而观察之"。二是过去史家只知道史学，而不知道史学与其他学科之关系。

---

① 梁启超：《饮冰室合集》，文集之九第 8 页。
② 同上书，第 10 页。

最后，梁启超认为求历史公理公例，是为了应用这样的理论观察历史，造福人类。他说：

> 夫所以必求其公理公例者，非欲以为理论之美观而已，将以施诸实用焉，将以贻诸来者焉。历史者，以过去之进化，导未来之进化者也。吾辈食今日文明之福，是为对于古人已得之权利，而继续此文明，增长此文明，孳殖此文明，又对于后人而不可不尽之义务也。而史家所以尽此义务之道，即求得前此进化之公理公例，而使后人循其理，率其例以增幸福于无疆也。史乎！史乎！其责任至重，而其成就至难！中国前此之无真史家也，又何怪焉！而无真史家，亦即吾国进化迟缓之一原因也。①

关于这种公理公例，梁启超之前在《中国史叙论》中有具体的阐释。他说有三种公例，一是物质公例，二是人种公例，三是地理公例。他将人类史分成史前时代、上世史、中世史、近世史。史前期分成石刀期、铜刀期、铁刀期，石刀期又分为新、旧二期。他说："此进化之一定阶级也，虽其各期之长短久暂，诸地不同，然其次第则一定也。"当时中国考古材料缺乏，但梁启超仍深信中国的历史要经过这几个阶段。在《新史学》中，他概括提出人类历史发展的公理公例，此外，在《论君政民政相嬗之理》《尧舜为中国中央君权滥觞考》等文中，都有类似的论述。他在各篇中的提法不尽一致，他说的"公理公例"，还不能等同于人类历史发展的客观规律，但他意识到历史运动中有一个统一的必然法则。梁启超对进化理论的阐述，是中国近代史学思想的一个发展。但是和不少资产阶级史学家一样，到了晚年，他的思想也在倒退。20 年后，他写《研究文化史的几个重要问题》时，思想已经发生了根本的变化，说：

> 孟子说："天下之生久矣，一治一乱。"这句话可以说是代表旧史家之共同观念。我向来最不喜欢听这句话（记得二十年前在《新民丛报》里头有几篇文章很驳他），因为和我所信的进化主义不相容。但近来我也不敢十分坚持了。我们平心一看，几千年中国历史，是不是一治一乱

---

① 梁启超：《饮冰室合集》，文集之九，第 11 页。

的在那里循环？何止中国，全世界只怕也是如此。①

中国近代史学家们不能坚持进化思想，这不是说进化思想失败，而是在当时的历史条件下，他们对历史前途的信心不足并感到惶恐。不管怎样，历史进化的思想在史学领域中仍是主要的思潮，成为史书编纂的主要思想。其后，吕思勉诸位先生在他们的史著中以进化的观点解释中国历史，取得重要的成就，

章太炎批判了今文派的三统三世说，他主张以进化的思想编写中国通史，他计划中的《中国通史》要写制度的变迁、形势的变迁、生计的变迁、礼俗的变迁、学术的变迁和文辞的变迁。1902 年 6 月，他在《致梁启超书》中又说："所贵乎史者，固有二方面：一方以发明社会政治进化衰微之原理为主，则于典志见之；一方以鼓舞民气，启导方来，则亦必于纪传见之。"章太炎写通史的计划虽未实现，但是他的进化思想是明显的，写史当"知古今进化之迹"。他的许多历史作品已经显示出他的通史规模和在史学上的卓越史识。

将达尔文进化论直接搬到社会史领域内，是一种社会达尔文主义，它宣传种族优胜劣败，成了西方的殖民主义侵略弱小民族的理论。但是，中国近代史学家是要以此说明反对外国资本主义侵略的紧迫性，因此它含有要求民族自强的意识。这是我们要注意的，不能把当时中国史学家的进化思想与社会达尔文主义混为一谈。另外，当时西方新康德主义，新黑格尔主义，柏格森的人格主义，尼采、叔本华的唯意志论等西方学术思想对一些中国史家的历史观点产生影响，这些给当时的史学思潮增添了博杂的色彩。

三、对旧史学的批判

20 世纪初，对旧史学的批判形成一股潮流，中国史家提倡民史，反对君史成为一种风气，梁启超是其代表。1901 年，梁启超作《中国史叙论》②，

① 梁启超：《饮冰室合集》，文集之四十第 5 页。

② 《中国史叙论》，见《饮冰室合集·文集之六》；《新史学》，见《文集之九》。《中国历史研究法》，见《饮冰室合集·专集之七十三》；《中国历史研究法补编》，见《专集之九十九》。

对旧史学展开批判，说："前者史家，不过记述人间一二有权力者兴亡隆替之事，虽名为史过一人一家之谱牒。"1902 年，他在《新史学》中对封建史学展开系统的批判，指出旧史学的"四弊二病"。所谓四弊：一是"知有朝廷而不知有国家"。所谓的二十四史，不过是二十四姓家谱。二是"知有个人而不知有群体"。"中国之史，则本纪、列传，一篇一篇，如海岸之石，乱堆错落。质而言之，则合无数之墓志铭而成者耳"。三是"知有陈迹而不知有今务"。四是"知有事实而不知有理想"。"故汗牛充栋之史书，皆如蜡人院之偶像，毫无生气。读之徒费脑力。是中国之史，非益民智之具，而耗民智之具也"。二病是："能铺叙而不能别裁"；"能因袭而不能创作"。由以上六点弊病而生三种恶果：一曰难读，二曰难别择，三曰无感触。梁氏对传统史学的正统论、循环论和所谓的"春秋笔法"，提出批评。梁启超认为无论从史学的发展上看，还是从救国的需要上看，中国都要进行一次史界革命。他说：

> 今日欲提倡民族主义，使我四万万同胞强立于此优胜劣败之世界乎？则本国史学一科，实为无老无幼、无男无女、无智无愚、无贤无不肖所皆当从事，视之如渴饮饥食，一刻不容缓者也。……呜呼！史界革命不起，则吾国遂不可救。悠悠万事，惟此为大。新史学之著，吾岂好异哉！吾不得已也。[①]

20 年后，梁启超作《中国历史研究法》，对旧的史学进行批评，从形式上看，言辞没有过去激烈，对此，要做具体的分析。辩证批判、扬弃不是简单的否定、割断，他对中国传统史学做具体分析，比起简单地否定是深化了一步。他把"史界革命"的口号改成"史之改造"，也应当这样看。关于史之改造，他有这样的一些主张：

——反对旧史的"贵族性"。过去修史主要目的是供帝王阅读。"旧史中无论何体何家总不离贵族性。其读客皆限于少数特别阶级，或官阀阶级，或智识阶级。故其效果一如其所期，助成国民性之畸形的发达。此二千年史家所不能逃罪也"。

——要"以生人本位的历史，代死人本位的历史"。不当只是与死人，与已朽之骨校短量长，只褒善贬恶，表彰忠孝节义之类。

---

① 梁启超：《饮冰室合集》，文集之九第 7 页。

——注意分科历史的研究。中国古代，是史外无学，这样的状况不适合时代的需要。

——主张著"近于客观性质的历史"。写史不能主观任情褒贬。"夫史之性质与其他学术有异，欲为纯客观的史，是否事实上所能办到，吾犹未敢言。虽然，吾侪有志史学者终不可不以此自勉"。"故吾以为，今后作史者宜于可能的范围内，裁抑其主观而忠实于客观，以史为目的而不以为手段。夫然后有信史，有信史然后有良史也"。

——写史当把握"人类活动相而注重其情态"。

——写史当注意各个史事的关联。"善为史者之驭事实也，横的方面最注意于其背景与其交光，然后甲事实与乙事实之关系明，而整个的不至变为碎件。纵的方面最注意于其来因与其去果，然后前事实与后事实之关系明，而成套的不至变为断幅"。

——治专门之史的同研究普遍之史一样，要有两种觉悟。梁启超说：

其一，当思人类无论何种文明，皆须求根柢于历史。治一学而不深观其历史演进之迹，是全然蔑视时间关系，而兹学系统终未由明了。

其二，当知今日中国学界已陷于"历史饥饿"之状况，吾侪不容不亟图救济。

普遍史与专门史相区别又相互联系。这些主张注意到世界史学发展的事实，从史料收集、分类到史料的考订，史书的编纂，各种专门史的写法，对中国传统史学有批判有吸收。梁启超写《清代学术概论》《中国近三百年学术史》等，可以说是他主张写专门史的实践。

章太炎在《訄书》中写的史论篇章如《尊史》《征七略》《哀焚书》《哀清史》等，同样对封建史学展开了批判。

总之，梁启超在20世纪20年代初写了《中国历史研究法》，稍后到了1927年写了《中国历史研究法补编》，同他前期的史学思想相比，他的历史观点在向后退。而在对传统史学上，是有分析的批判，有吸收也有改造，这又是他在史料学、历史编纂学、历史文学观点上的发展。

顾颉刚的古史辨，从文献的角度，论述自己的古史观念，同样对旧史学进行了一次批判，他提出了"层累地造成的中国古史"的论点。这个理论的要点如下：

第一，古代历史记载，是"时代愈后，传说的古史期愈长"。在周代，最古的人是禹。到了战国时代，最古的人是黄帝、神农。秦朝时出现三皇，到了两汉，又有盘古的记载出现。

第二，时代愈后，传说中的人物的事迹内容不断增添，即是"传说中的中心人物愈放愈大"。在孔子的言论中，舜是一个"无为而治"的圣君。稍后，《尧典》的作者，将舜写成了一个"家齐而后国治"的圣人。战国的孟子，说到舜，又加上了舜是孝子的内容。

第三，我们"不能知道某一件事的真确的状况，但可以知道某一件事在传说中的最早的状况"。我们即不能知道东周时的东周史，也至少能知道战国时的东周史；我们即不能知道夏、商时的夏、商史，也至少能知道东周时的夏、商史。①

顾颉刚的古史观点在当时的史界是一个大胆的言论，破除了人们盲目崇古的思想，三皇、五帝并不是什么充满仁义道德的黄金时代，它不过是后代为了某种需要而制造出来的神话。因此，他主张应当剥去这些假的、伪的材料，恢复真的古史原貌。他有些全盘否定古史记载的观点确是疑古过头，古史的记载有后人虚构的成分，但也有真实历史的因素，地下发掘的材料证实了这一点。在当时，顾颉刚的古史观是对封建史学的批判，是"五四"时期思想解放运动的一个组成部分。

四、史学作品编纂形式的变化和学术期刊的出现

新史学思潮同样反映在史书的编纂形式上。前面我们着重从历史观点上，谈新的通史作品，这里从编纂形式上看通史的写作。20 世纪初，史学家采用新的编纂形式撰写中国历史，或者提出编写中国通史新的设想。章太炎的《中国通史略例》、梁启超的《中国史叙论》和《新史学》，对新的中国历史编写提出了重要的原则，并且他们开始了编写工作。《饮冰室合集》的专集中还保了存梁启超写的《中国通史稿》的存目。在这同时，陈黻宸也在《新世界学报》上发表他对编写中国通史的设想，主张"据我中国古书，旁及东西邻各史籍，荟萃群言，折衷贵当，创成史例"，写出一部民史。马叙伦也有写新史的构想。在新的史著方面，前面说到有夏曾佑的《中国历史教科书》。曾鲲化写《中国历史》，曾氏说他的这部史书是要"调查历代国民全部

---

① 参见顾颉刚：《顾颉刚古史论文集》，第 1 册，北京：中华书局 1988 年版，第 102 页。

运动进化之大势，最（撮）录其原因结果之密切关系，以实国民发达史价值，而激发现在社会之国魂"。在形式上是"每编尾必综论其时代之社会与国民之情状，使读者按其统系之活脉，以吞纳四千年历史上舞台之万因万果"。①梁启超 1906 年写有《中国四千年开化史》，20 年代有王桐龄的《中国史》，30年代有吕思勉的《中国通史》、邓之诚的《中华二千年史》、缪凤林的《中国通史纲要》、刘师培的《中国历史教科书》等，40 年代通史著作更多，如柳诒徵先生的《中国文化史》等。史书编写除了历史观点的变化，另一个就是章节体的形式成了史书编纂的主要形式。

　　总之，这一时期有历史教科书及各种通史等各类史著，与封建时代的史著相比，有"新"的特点。新的史著采用章节体裁，这还只是形式上的特点，更重要的是新的史著对历史有新的理解。史书记载的内容和封建史学著作也不同，由记言、记事叙述性的史著，变成历史因果关系研究式的著作。虽然世界的联系"只是片面地、断续地、不完全地由因果性表现出来"，但因果关系运动实际上等于"在不同的广度或深度上被捉摸到、被把握住内部联系的物质运动以及历史运动"②。可以说这些史学作品已经开始注意历史的内在联系。

　　学术期刊成为传播历史研究成果的一种重要形式，20 世纪 20 年代前后，出现各种带有学术探讨性质的综合性刊物。有影响力的报纸如《民报》《新民丛报》也登载史学研究的文章，专门性的学术刊物有北京大学的《国学季刊》、中央研究院的《历史语言研究所集刊》等，其他一些高等学校也出版自己的学报。学术期刊的出现，一方面是更便于传播学术研究成果，另一方面促进了学派的形成与发展。往往一个学术期刊就是一个学派的阵地，体现他们独有的观点、学风，在这个刊物的周围聚集同一学术倾向的学人，或一个有特点的学术群体，逐渐成为有相当影响的学派。学术传播的形式上的变化促进了史学思想的发展，这是史学的近代化上一个重要的方面，这一方面我们研究得还很不够。

---

　　① 以上参见俞旦初：《二十世纪初年中国的新史学思潮初考（续）》，《史学史研究》，1982 年第 4 期。

　　② 列宁：《哲学笔记》，北京：人民出版社，1993 年版，第 134、135 页。

五、新历史研究方法论的提倡和近代新考据学

新史学产生的一个重要方面，是由于西方学术思想和学术研究方法论的传入，使中国传统的史学发生了变化。西方的史学方法论作品，通过不同的途径传入中国。一是从日本学者的作品中，中国的学人接触到西方的学术思想、史学方法论。二是直接从西方的学术作品中了解他们的研究方法论，其中不少是中国的留学生直接介绍。二十世纪初，汪荣宝编译的《史学概论》是以日本的坪井九马三的《史学研究法》为"底本"，译介西方的学术方法论。日本浮田和民的《史学原论》在中国有多种译本，在当时的中国学界中产生了广泛的影响。最早在中国提倡方法论，并且把它和中国传统史学方法论相结合的，应当是胡适的《中国哲学史大纲》，不论怎样说，他毕竟开了一种讲求研究方法的风气。胡适到晚年回忆说："我治中国思想与中国历史的各种著作，都是围绕着'方法'这一观念打转的。'方法'实在主宰了我四十多年来所有的著述。"①稍后有何炳松的《历史研究法》，特别是梁启超的《中国历史研究法》和《中国历史研究法补编》，在中国史学界有相当大的影响。

二十世纪二三十年代，西方史学方法论的作品被译介到中国的、重要的有朗格诺瓦与瑟诺博司的《史学原论》、班兹的《新史学与社会科学》、弗领的《历史方法概论》，等等。除此以外，还有各种西方的历史哲学、史学史、史学概论的著作被译介到中国。从总体上看，西方的历史研究方法论传入中国，对中国传统考据学的变化产生重大的影响，促进了中国史学的近代化。但同时也要看到，当时一些史学家否定历史因果关系的客观性，否定历史有客观运动的规律，一些学者把历史研究法归结为史料的搜集、考订、整理、排比和编纂的方法，这在史学思想上是一种倒退。另一些史学家，把传统的考据方法与西方的学术研究方法结合起来，深入研究文献和新发现的历史材料，包括甲骨文以及考古发掘的材料，从而取得了重大的成果，也为中国马克思列宁主义史学的发展准备了条件。

下面介绍一些史学家提倡的历史研究方法。

其一，归纳的研究方法。梁启超认为历史的科学的方法是归纳的方法。他在《研究文化史的几个重要问题》一文中说，归纳法的最大的工作，是把

---

① 唐德刚译：《胡适口述自传》，北京：华文出版社，1992年版，第105页。

许多事物相异的属性剔去，求其共性，"各归各类，以规定该事物之内容及行历何如"，但只能运用在整理史料上。他认为，清代乾嘉诸老琐屑考据的毛病应当批评，但乾嘉诸老的治史有科学归纳法的精神应当肯定。他认定自己的研究方法"纯为前清乾嘉诸老之严格的考证法，亦即近代科学家所应用之归纳研究法也"①。他的《中国历史研究法》及《补编》，以归纳法的精神把中国的传统考据法做了一个总结，这是有意义的。

但是我们也应该看到，梁启超的方法论和新康德主义相通。他接受了德国的新康德主义西南学派立卡尔特（Heinrich Rickert，现在译为李凯尔特）的观点，把自然科学方法和历史学的方法绝对的对立起来。认为研究自然要用严格的方法，普遍化的方法；而研究历史文化科学只有采用个别化的方法。梁启超按照这样的观点，说宇宙事物"划然分为两系，一是自然系，二是文化系，自然系是因果法则所支配的领土，文化系是自由意志所支配的领土"②，这时他已经否定了他提出过的关于历史因果的思想。他认为在历史研究中，只有史料的整理、考证，可以应用归纳的方法③。梁启超晚年提倡的历史研究法，实际是史料的考订与整理的方法。

其二，古史二重证据法。二十世纪前半期我国的考古发掘获得重大的进展，最重要的是殷墟甲骨卜辞的发现和整理，敦煌文书的发现与研究，另外是汉、晋简牍的发现和整理。这些给学者治史提供了新的资料，也影响历史研究方式的变化。王国维的"古史二重证据法"很有代表性，他说："吾辈生于今日，幸于纸上之材料外更得地下之新材料。由此种材料，我辈固得据以补正纸上之材料，亦得证明古书之某部分全为实录，即百家不雅驯之言，亦不无表示一面之事实。此二重证据法惟在今日始得为之"④。陈寅恪先生对王国维古史新证方法做了如下说明：

> 其学术内容及治学方法，殆可举三目以概括之者。一曰取地下之实物与纸上之遗文互相释证。凡属于考古学及上古史之作，如《殷卜辞中所见先公先王考》及《鬼方昆夷玁狁考》等是也。二曰取异族之故书与吾国之旧籍互相补正。凡属于辽金元史事及边疆地理之作，如《萌古

① 梁启超：《中国历史研究法》，第 101 页。
② 梁启超：《饮冰室合集》，文集之三十九第 99 页。
③ 梁启超：《饮冰室合集》，文集之四十。
④ 王国维：《古史新证》，北京：清华大学出版社，1994 年版，第 2 页。

考》及《元朝秘史之主因亦儿坚考》等是也。三曰取外来之观念，与固有之材料互相参证。凡属于文艺批评及小说戏曲之作，如《红楼梦》评论及《宋元戏曲考》《唐宋大曲考》等是也。此三类之著作，其学术性质固有异同，所用方法亦不尽符会，要皆足以转移一时之风气，而示来者以轨则。吾国他日文史考据之学，范围纵广，途径纵多，恐亦无以远出三类之外。①

王国维综合文献及金石、甲骨、流沙坠简、敦煌写卷等材料，运用了文字、音韵、文物、典制、地理、宗教、外国语等各方面的知识进行考证。"古史二重证据法"，实际上是一种综合比较的考史方法，其中含有科学的因素。一是他把文字的训释和史事、制度的考察结合起来。"苟考之史事与制度文物，以知其时代之情状；本之《诗》《书》以求其文之义例；考之古音，以通其义之假借；参之彝器，以验其文字之变化。由此而之彼，即甲以推乙，则于字之不可释、义之不可通者，必间有获焉。然后阙其不可知者，以俟后之君子，则庶乎其近之矣"②。他以这样的方法，把甲骨文与《史记》《世本》《山海经》结合起来，考订殷先公先王，取得令人瞩目的成绩。二是重目验。在考证历史事实时，王国维重视亲见亲闻的材料。他批评清儒考证史事时，只据文字训释，而不顾实际情形，从而造成许多谬误。王氏作《浙江考》一文，强调司马迁在实际考察后的记载，不能轻易地否定。三是反对穿凿之说。他说："自来释古器者，欲求无一字之不识，无一义之不通，而穿凿附会之说以生。穿凿附会者，非也，谓其字之不可识者，义之不可通而遂置之者，亦非也。"③

　　王国维考证古史时，不是孤立地看待事物，而能从事物的联系、发展中认识事物的流变，进而考订事物。他写的《汉魏博士考》可以说是一部汉代学术变化史，他把两汉博士制度作为一个不断变化的过程来把握。应该说，王国维继承了清代乾嘉考据学的考据法，又发展了乾嘉考据学。特别是他把乾嘉学者在小学上，尤其是音韵学的成果，音韵学上的通转流变的方法运用到考史上来，从而能发前人之所未发，见前人之所未见。

---

　　① 陈寅恪：《金明馆丛稿二编》，北京：生活·读书·新知三联书店，2001年版，第247、248页。
　　② 陈寅恪：《观堂集林》，北京：中华书局，1959年版，第294页。
　　③ 同上。

中国近代考据学是继承了传统的考据学，又发展了传统的考据学。首先，王国维的二重证据法，在史料学上体现出一种开阔的眼光。史料不再是局限于纸上的材料，它应该包括甲骨卜辞、金文以及各种新发现的材料，诸如封泥、玺印、货贝、陶文，都是考史的好材料，"足以考经证史"。文献资料除经史书籍外，其他"言不雅驯"的百家言之中，也有历史的影子。其次，二重证据法，在实际上指出儒家的经书，如《诗》《书》及《史记》这样一些历史文献，要重新验证。"考信于六艺"的观点，变成六艺要以其他材料来检验。最后，王国维勇于破旧说，他是信而有证，信中有破，他赞成疑古，他反对那种不认真研究材料，轻率地怀疑古史的记载，认为这是"疑古太过"。

王国维考史获得的重大的成果，为马克思主义史学的建立、发展，提供了条件。郭沫若说："大抵在目前欲论中国的古学，欲清算中国的古代社会，我们是不能不以罗、王二家之业绩为其出发点了。"①王国维曾想从哲学上寻找历史研究的新途径，但最后放弃了自己的打算。这一方面，可以追溯到西方叔本华哲学对他的影响。他信奉德国叔本华的哲学，这给他的考史增添了理性思维的因素，但又局限了他对历史过程的探讨。

其三，诗文证史和推论源流的考史方法。陈寅恪先生的文史考据，具有卓识，其视野相当开阔。用诗文证史，以历史的记载去笺证诗文，又从诗文的材料中考订历史的真相。他在《元白诗笺证稿》《秦妇吟校笺》等著作中都成功地运用了这一考据方法。如他以杜甫的诗证唐史，并进而比较新旧《唐书》的记载，说："然则唐史新旧两书，一则保存当时名称，一则补充其他解释。各有所长，未可偏废。观此一例，即可推知。后人往往轻议子京，亦由不明此义，因特为标出而论证之如此"②。这又是诗文证史，进而比较并论定史著的价值。

陈寅恪通晓多种文字，这为他的历史研究提供了有效的手段。他用汉文、蒙文、梵文以及多种西方文字，译读、考订并且解决了历史中的疑难，如《蒙古源流作者世系考》就是这方面的代表作。他擅长于利用佛教的经籍，甚至从某些伪作中，考订出真实的历史事实，如《梁译大乘起信论伪智恺序中之真史料》就是一例。

---

① 郭沫若著作编辑出版委员会编：《郭沫若全集》（历史编），北京：人民出版社，1982年版，第8页。

② 陈寅恪：《金明馆丛稿二编》，第59页。

陈寅恪先生提出"分析因子，推论源流"的文史考订的方法，他在《隋唐制度渊源略论稿·叙论》中说：

> 夫隋唐两朝为吾国中古极盛之世，其文物制度流传广播，北逾大漠，南暨交趾，东至日本，西极中亚，而迄鲜通论其渊源流变之专书，则吾国史学之缺憾也。兹综合旧籍所载及新出遗文之有关隋唐两朝制度者，分析其因子，推论其源流，成此一书。

陈寅恪认为隋唐制度其因子有三：一是北魏、北齐，二是梁、陈，三是西魏、周。"在三源之中，此(西)魏、周之源远不如其他二源之重要。然后世史家以隋唐继承(西)魏、周之遗业，遂不能辨析名实真伪，往往于李唐之法制误认为(西)魏、周之遗物"。以下图，简要说明之：

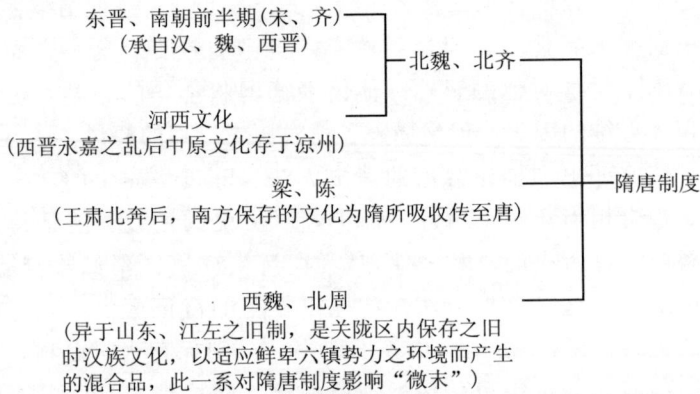

```
东晋、南朝前半期(宋、齐)┐
  (承自汉、魏、西晋)    │
                      ├─北魏、北齐─┐
河西文化               │           │
(西晋永嘉之乱后中原文化存于凉州)┘    │
                                  ├─隋唐制度
梁、陈                             │
(王肃北奔后，南方保存的文化为隋所吸收传至唐)┘

西魏、北周
(异于山东、江左之旧制，是关陇区内保存之旧
时汉族文化，以适应鲜卑六镇势力之环境而产生
的混合品，此一系对隋唐制度影响"微末")
```

隋唐制度来源

陈寅恪先生虽然没有能够把文化和社会、经济联系起来，考察制度的渊源流变，但是他的开阔的、联系的历史眼光，是乾嘉诸老所不可能具备的。他在《隋唐制度渊源略论稿·附论》中说："本书所论，极为简略，仅稍举例，以阐说隋唐二代制度之全体因革要点与局部发展历程而已。总而言之，二代之制度因时间与地域参错综合之关系，遂得演进，臻于美备，征诸史籍，其迹象明显，多可推寻，决非偶然或突然所致者也。"这本书以具体的研究，显示出一种历史考据方法。这种文史考据之学反映出他的史学思想中有着丰富的辩证法的因素。上海古籍出版社出版的《金明馆丛稿初编》的《出版说明》中写道：

陈寅恪先生继承和发扬了清代乾嘉学派和欧洲近代研究梵文、佛典的传统，以其深厚的文、史、哲以及语言文字知识，融会贯通，纵横驰骋，不断开拓学术研究的新领域，取得学术著述的新成果。在长达半个多世纪的研究、教学、著述事业中，尽管尚未摆脱传统士大夫思想的影响，但是，他治学的严肃认真、实事求是态度，却也使其学术成就达到了很高的境界。

没有辩证的思维，历史研究包括文献的考据虽然也会取得一定的成果，但是不可能进入一种新的境界。①

其四，实用主义的方法。胡适在《治学的方法与材料》一文中说："科学的方法，说来其实很简单，只不过'尊重事实，尊重证据'。在应用上，科学的方法只不过'大胆的假设，小心的求证'。"②他力图把杜威的实用主义的方法和中国传统的考据沟通起来，他说：

> 杜威对有系统思想的分析帮助了我对一般科学研究的基本步骤的了解。他也帮助了我对我国近千年来——尤其是近三百年来——古典学术和史学家治学的方法，诸如"考据学""考证学"等等。（这些传统的治学方法）我们把它们英译为 evidential investigation（有证据的探讨），也就是根据证据的探讨，（无征不信）。在那个时候，很少人（甚至根本没有人）曾想到现代的科学法则和我国古代的考据学、考证学，在方法上有其相通之处。我是第一个说这句话的人；我之所以能说出这话来，实得之于杜威有关的思想的理论。

又说：

> 近几十年来我总欢喜把科学法则说成"大胆的假设，小心的求证"。我总是一直承认我对一切科学研究法则中所共有的重要程序的理解，是得力于杜威的教导。事实上治学方法，东西双方原是一致的。双方之所以有其基本上相同之点，就是因为彼此都是从人类的常识出

---

① 参见陈寅恪：《金明馆丛稿初编》，上海：上海古籍出版社，1980 年版。
② 胡适：《胡适文存》，（三），合肥：黄山书社，1996 年版，第 93 页。

发的。①

科学方法中外相通，这是不错的。尊重事实、证据也是科学研究的前提。科学需要假设，问题是假设是建立在什么基础上，是根据一种主观的观念寻求证据？还是从事实出发，根据事物发展趋向提出假设？例如，胡适提出"中国不亡，是无天理"，在当时的中国找一些落后的事例来支撑自己的论点，并不困难，但这能说是科学的方法吗？

其五，"历史演进的方法"。这是顾颉刚进行古史辨中使用的方法。根据这个方法提出的"古史层累地造成"的理论的要点在前面已做了说明。古史辨的中心，是以历史进化的思想打破三代为黄金时代的观念。

胡适虽然指出"古史层累地造成"说，是对史学界一大贡献，但是他把古史辨作为他的"大胆假设，小心求证"方法的一次成功的实验。顾颉刚也说历史演进的方法得力于胡适。但两者是不同的，在顾氏那里，历史演进法只是一种手段，中心是打破不正确的历史观念，这是第一点。第二点，顾颉刚说古史是后人逐步造出来的，这想法不完全是一种"大胆假设"，他很大程度上是从民俗学及戏曲中得出的一种启发。他看到随着时间的推移，民间传说的内容不断增加，戏曲中一些情节也更为丰富，显然是后人在不断编造；由此他联想到古史材料，也是不断地由一些人根据某种需要进行编造。在这里也要看到，顾氏要恢复古史原来的面目，要打破人们对"高文典册"文献材料的迷信，他说："从前人对于学问，眼光太短，道路太窄，只以为信守高文典册，便是惟一的学问方法。现在知道学问的基础是要建筑于事实上的了。"②这样的学术方法论包含求实的史学思想。同时我们也要指出，历史演进法的观念与古史辨的中心思想有矛盾。按照历史演进法的思想，意味着每一代人的造伪的本领越来越高，这不能说是进化；在某种意义上说，是一种退化，与要"打破古代黄金世界"的学术旨趣相矛盾。这是历史观与方法论的矛盾。从这里倒是可以看出胡氏对顾颉刚影响带来的后果。

我们还要指出，胡适在《自述古史观书》中要顾颉刚"宁疑古而失之，不可信古而失之"③，顾颉刚则是由疑而求信，胡与顾分歧很明显。所以，两

---

①　唐德刚译：《胡适口述自传》，第 108 页。

②　顾颉刚：《顾颉刚古史论文集》，第 81 页。

③　顾颉刚编著：《古史辨》，（一），上海：上海古籍出版社，1982 年版，第 23 页。

人治学上既有联系，又相互区别，在方法论上也当作如是观。

陈垣（援庵）先生在中国近代文献学上占有重要的地位，"他在治学方法和撰述体例上，善于从个体看一般，从类例的探索中引导学者进窥问题的全貌"①。这精辟地指出陈先生治学特色。先生他把考史所得加以条理化，形成一定的治史法则。他在校勘《元典章》时，举例以明通则，总结出校勘四法：一为对校法。即以同书之祖本与别本对读，遇不同之处，则注于其旁。二为本校法。以本书前后互证，而抉摘其异同，知其谬误。三为他校法。即以他书校本书。四为理校法。即不凭本而凭理。这就把校勘工作提高到一个新的高度，校勘成为一门专门的学问。

另外，陈垣先生类辑论辨，以表隐微。他在《通鉴胡注表微》一书中，从胡三省的注文中，探索出胡氏的包含在注文中的思想，这实际是把史考作了发展：一是考史实、史文，二是考出思想、感情和观点。

陈垣治史善于钩稽排列，以窥史之全貌。《元也里可温教考》等论著，从各种材料中，钩稽出同类的内容，从而展示历史事物的全貌或全过程。总之，陈垣先生用近代的科学方法，整理文献，并进而归纳出文献学工作的法则，得出新的认识。考史、论史、述史结合起来，从而发展了传统的考据之学。

其六，是语言文字比较的考证法。这可以以傅斯年等为代表。傅斯年认为"语言即是思想"，"近代的历史学只是史料学，利用自然科学供给我们的一切工具，整理一切可逢着的史料"②。他把历史学与语言学研究结合在一起。在傅乐成写的《傅孟真先生年谱》中有一段罗家伦的回忆文字，说："（傅斯年）到了德国，因为一方面受柏林大学里当时两种学术空气的影响（一种是近代物理学，如爱因斯坦相对论，勃朗克的量子论，都是震动一时的学说；一种是德国历来以此著名的语言文字比较考据学）；一方面受在柏林的朋友们如陈寅恪、俞大维各位的影响，所以他到柏林大学去既听相对论，又听比较语言学。他有了许多科学的方法和理论，又回头发现他自己储藏很丰富的中国历史语言知识，在此中可以另辟天地。"这一段话可以帮助我们理解傅斯年的语言文字比较考据法的来源。他主张要有"直接研究的

① 白寿彝：《历史教育和史学遗产》，郑州：河南人民出版社，1983 年版，第 170页。

② 傅斯年：《历史语言研究所工作之旨趣》，《历史语言研究所集刊》，1928 年，第 1 本第 1 分册。

材料""扩张研究的材料"以及"扩张研究的工具",并且运用自然科学的方法去整理史学,说现代史学研究"已经成了一个各种科学方法之汇集"。但他说的"史学",实际是"史料","史料"即"史学",就是傅斯年的口号。此外,丁文江、梁启超等提倡用社会统计学方法来研究历史,即"用统计学的法则,拿数目字来整理史料,推论史迹"。

第三节 唯物史观和中国史学思想

唯物史观传入中国后,对中国传统的史学思想的更新,产生巨大的作用,有必要做出专门的讨论。

19 世纪末特别是 20 世纪初,马克思主义开始传入中国,但是有系统地宣传马克思列宁主义是在俄国十月革命后,李大钊同志对此做出了突出的贡献。他先后发表的《法俄革命之比较观》《庶民的胜利》和《Bolshevism(布尔什维主义)的胜利》等文章,传播了马克思列宁主义。他集中宣传唯物史观的文章还有 1919 年的《我的马克思主义观》,1920 年的《唯物史观在现代史学上的价值》《唯物史观在现代社会学上的价值》等。

李大钊是中国马克思主义史学的奠基人,这可以从几个方面加以阐明:一是他宣传的马克思主义的唯物史观。二是他的"史学思想史"的研究和教学,宣传的马克思主义唯物史观是近代欧洲思想史上发展的最高峰,是历史学成为一门科学的指导思想。史学思想史成为一门独立的学科,是始自李大钊。三是他具体论述历史学的性质和特点,批判各种非马克思主义历史观点。四是他开始用唯物史观研究中国的历史和社会。

李大钊宣传唯物史观,系统和完整地论述马克思主义唯物史观的要点。首先他是从整个马克思主义理论体系上来介绍唯物史观。在《我的马克思主义观》一文中,他说明马克思主义是由三个部分组成:一是马克思的历史论,二是经济论,三是社会主义运动论。又说:"他这三部理论,都有不可分的关系,而阶级竞争说恰如一条金线,把这三大原理从根本上联络起来。所以他的唯物史观说:'既往的历史都是阶级竞争的历史。'……其实他的学说是完全自成一个有机的有系统的组织,都有不能分离不容割裂的关系。"

李大钊以马克思主义的基本著作如《哲学的贫困》《共产党宣言》及《经济学批判》的序言(《政治经济学批判序言》)等,来阐释唯物史观的基本的要点,说明马克思主义的"独特的唯物史观"。他说唯物史观的要点有二:

其一是说人类社会生产关系的总和，构成社会经济的构造。这是社会的基础构造。一切社会上政治的、法制的、伦理的、哲学的，简单说，凡是精神上的构造，都是随着经济的构造变化而变化……

其二是说生产力与社会组织有密切的关系。生产力一有变动，社会组织必须随着他变动。……生产力在那里发展的社会组织，当初虽然助长生产力的发展，后来发展的力量到那社会组织不能适应的程度，那社会组织不但不能助他，反倒束缚他、妨碍他了。而这生产力虽然在那束缚他、妨碍他的社会组织中，仍是向前发展不已。发展的力量愈大，与那不能适应他的社会组织间的冲突愈迫，结局这旧社会组织非至崩坏不可。这就是社会革命。①

就总体来说，李大钊的话是抓住了唯物史观的要点。

20 世纪 20 年代，李大钊的史学思想史的研究和教学，是他宣传马克思主义活动的一个重要的组成部分。1920 年，李大钊印发了《史学思想史讲义》，在北京大学、朝阳大学、女子师范大学、师范大学、中国大学讲授史学思想史、社会学等课。他的史学思想史研究，重点研究欧洲近代的思想发展史。他着重介绍和研究文艺复兴时期法国的鲍丹（Jean Bodin，现译为博丹）、法国的启蒙思想家孟德斯鸠、意大利的历史哲学家韦柯（Giovanni Battista Vico，现译为维科），以及孔道西（Jean Antoine Codorcet，现译为孔多塞）、桑西门（Claude Henri de Saint-Simon，现译为圣西门），涉及的人物还有马基雅弗理、伏尔泰、康德、赫尔德、黑格尔、梯也里、米涅、基佐、孔德等。李大钊把这些思想家放在一定的历史条件下加以考察，肯定他们观点中合理的东西，指出其谬误，说明他们的史学思想从体系上看，是历史唯心论，但比起中世纪神学观有了进步，打破了古代世界是"黄金时代"的迷信。他以历史变化的观点说明史学思想也是在不断地发展。"历史观本身亦有其历史"，历史观"是随时变化的，是生动无已的，是含有进步性的"②。唯物史观是欧洲近代史学思想发展的结果，"自有马氏的唯物史观，才把历史学提到与自然科学同等的地位。此等功绩，实为史学界开一

---

① 中国李大钊研究会编著：《李大钊文集》，（3），北京：人民出版社，1999 年版，第 27、28 页。

② 中国李大钊研究会编著：《李大钊文集》，（3），第 229 页。

新纪元"①。

由此我们可以看出，史学思想史这一门学科，无论是对于史学的建设，还是对人们认识史学发展的前途，看清思想发展的趋向，都具有十分重要的意义。史学思想史成为一门独立的学科，是始自李大钊。他着重研究的是欧洲的史学思想发展的历史，但其中也包含了对中国史学思想史的思考，特别是对中世纪中国的神学史观、循环史观、倒退史观做的批判相当深刻，阐明史学的发展与史学思想进步的密切的关系。

李大钊以马克思主义的观点，说明史学的性质和内容。他的《史学要论》是中国第一部马克思主义史学理论的著作。首先他区别客观历史与记载的历史。他说：

> 历史不是只纪过去事实的纪录，亦不是只纪过去的政治事实的纪录。历史是亘过去、现在、未来的整个的全人类生活。换句话说，历史是社会的变革。再换句话说，历史是在不断的变革中的人生及为其产物的文化。那些只纪过去事实的纪录，必欲称之为历史，只能称为记述历史，决不是那生活的历史。②

他又说明，"今日的历史学，即是历史科学，亦可称为历史理论。史学的主要目的，本在专取历史的事实而整理之，记述之；嗣又更进一步，而为一般关于史的事实之理论的研究，于已有的记述历史以外，建立历史的一般理论。严正一点说，就是建立历史科学。此种思想，久已广布于世间，这实是史学界的新曙光"③。历史学要成为一门科学，必须要有理论的建设，这里重要的是掌握唯物史观。他说："今欲把历史与社会的概念弄得明明白白，最好把马克思（Karl Marx）的历史观略述一述。马克思述他的历史观，常把历史和社会关联在一起，纵着看人间的变迁，便是历史，横着看人间的现在，便是社会。"④《史学要论》在叙述历史观中，着重阐述唯物史观的要点。唯物史观对于研究历史的意义，李大钊在另一篇题为《史学概论》的文章中说："及后到了马克思，才把历史真正意义发明出来，我们可以从他的

① 中国李大钊研究会编著：《李大钊文集》，（3），第305页。
② 中国李大钊研究会编著：《李大钊文集》，（4），第384页。
③ 中国李大钊研究会编著：《李大钊文集》，（4），第388页。
④ 中国李大钊研究会编著：《李大钊文集》，（4），第379页。

唯物史观的学说里看出。"①"我们拿着新的历史眼光，去观察数千年前的故书陈籍，的确可以得着新的见解，找出真确的事实"②。由于历史观不断进步，历史要不断地改作。

《史学要论》进一步说明历史学的系统，论说历史理论和历史研究法容易相混，但"决非同物"。历史理论是构成广义史学的最重要部分。阐述历史学在科学中的地位，史学与相关的学问的关系，特别是史学与文学、哲学、社会学的关系。

李大钊为中国的马克思主义史学奠定了理论的基石，同时他开始用唯物史观来观察中国社会，思考中国的历史。他写的《原人社会于文字书契上之唯物的反映》，是用唯物史观研究中国古代历史的开始。他把文字记载与历史传说结合起来，以新的观点，说明古代的新旧石器、铜器、图腾、母系、父系社会的状况。这在当时中国古史研究中是开辟一条新的路径。《中国古代经济思想之特点》一文要"从经济思想上发见东西人有根本特异的地方"，这是以新的观点研究中国古代思想，探讨东西方思想发展的不同途径。他在历史的研究中，强调"以前的历史，几乎全是阶级的争斗史"③。

李大钊的《从印度航路发见以至〈辛丑条约〉帝国主义侵入东方大事年表》《大英帝国主义侵略中国史》《孙中山先生在中国民族革命史上之位置》等文，是中国最早以马克思主义观点研究中国近代史的文章。他指出，研究近代、现代的历史，要以马克思主义的观点为指导，特别是要用马克思主义的方法。他说："马克思批评当代历史事实的论文，是无产阶级研究马克思的人们绝好的材料的宝藏。我们现在要想根据马克思主义就中国现在的民族革命运动寻求一个显明的分析，最好是一读马克思当时关于中国革命的论文。从此我们不仅可以得到他的公式，我们更可以看出他怎样的应用他的研究的方法，以解剖那赤裸裸的历史事实，整理那粗生的材料，最后我们便可以得到一个明确的结果。"④

李大钊批判非马克思主义的观点，他的《我的马克思主义观》等许多文献都是战斗的作品。所以，李大钊宣传唯物史观，为中国马克思主义史学奠定了坚实的基础，为民族史学思想的更新打下了基础。但如何做到马克

①　中国李大钊研究会编著：《李大钊文集》，（4），第338页。
②　中国李大钊研究会编著：《李大钊文集》，（4），第340页。
③　中国李大钊研究会编著：《李大钊文集》，（4），第197页。
④　中国李大钊研究会编著：《李大钊文集》，（5），第97页。

思主义史学民族化，大钊同志还没有时间来得及进行深入的思考。

在宣传唯物史观上，陈独秀、蔡和森、瞿秋白、李达等都做出了贡献。他们没有脱离民族历史来应用唯物史观，从而为具有民族特点的马克思主义史学建设做出他们应有的贡献。

郭沫若的《中国古代社会研究》一书，是中国马克思主义史学家自觉地把马克思主义的唯物史观，应用到中国古代史研究的实际中去的著作。郭沫若说，他的研究是以马克思主义的观点作为指南，"本书的性质可以说是恩格斯的《家庭、私有制和国家的起源》的续篇"。"我们把中国实际的社会清算出来，把中国的文化，中国的思想，加以严密的批判，让你们看看中国的国情，中国的传统，究竟是否两样！"①他说明马克思主义的唯物史观对研究古代历史具有普遍的意义，他称自己的作品就是《家庭、私有制和国家的起源》的续篇，表明他的研究是以马克思主义作为自己的研究的指南。

郭沫若强调中国历史发展是遵循人类的共同的规律，但是他并没有抹杀中国历史的民族的特点，这是需要指出的，他是以中国历史的基本文献为研究的依据。他在研究中指出中国封建社会的长期性，说：

> 事实上周室东迁以后，中国的社会才由奴隶制逐渐转入了真正的封建制。从那时以后在农业方面中国才有地主和农夫的对立产生，工商业方面也才有师傅和徒弟的对立出现。春秋的五伯，战国的七雄，要那些才是真正的封建诸侯。

他还指出：

> 后来在秦统一了天下以后，在名目上虽然是废封建而为郡县，其实中国的封建制度一直到最近百年都是很肖然的存在着的。②

郭沫若关于中国封建社会的分期问题，后来又提出新的看法，史学界对历史分期问题开展过热烈的讨论，但是对他论述中国封建社会的长期性观点还没有给予足够的重视。其实这是谈中国国情，谈中国民族历史特点的一个大问题。20 世纪 30 年代，中国社会性质大论战、中国社会史大论战、中

---

① 郭沫若著作编辑出版委员会编：《郭沫若全集》，（历史编），第 9~10 页。
② 郭沫若著作编辑出版委员会编：《郭沫若全集》，（历史编），第 28 页。

国农村社会性质大论战，都涉及中国历史发展的道路的问题，归纳起来，是两个基本问题：一是中国历史发展是不是遵循人类历史发展的共同规律；二是中国历史的发展在遵循人类历史共同规律的同时，有没有自己的特点。

《中国古代社会研究》重点研究中国古代社会，但是反映郭沫若对中国历史的总过程的认识，因此这本书的意义不是局限在古代之一段历史上。《中国古代社会研究》一书，研究古代社会生活的各个方面，反映郭沫若对社会历史的经济基础和上层建筑，以及意识形态相互关系的认识。他在这本书中，以正确的观点，对中国传统文献进行了批判性的总结。对《周易》的研究就是一个很好的范例，他以唯物辩证法的眼光看待《周易》，指出其中的糟粕，又从《周易》中总结出中华民族丰富的辩证法的宝贵思想遗产。他说：

> 我现在研讨《周易》中思想，我要说它是一个辩证的观察，想来总不会有人骂我是牵强附会，是在用沟通中西的腐儒的惯技罢。……自然的观察和自然的认识今人比古人详密到不可思议的地步，辩证法自身也在不断的进展。我们不能够说古代的思辨就和现代的一样，也就和我们不能说墨子的论理该就是现代的逻辑。这点我们要分辨清楚，连这点我们都认不清，那他根本就不了解辩证法，那就是腐儒的态度了。①

辩证法的形式虽然是一样，但是各个时代的内容是进展着的。这里郭沫若提出了正确对待中国古代思想文化的总的原则，也给我们树立一个范例：怎样对中国传统文化进行扬弃，进行批判性总结，怎样总结中华民族文化中的精粹。他并且通过《周易》，透视中国古代社会的情形，"所以如果把这些表示现实生活的文句分门别类地划分出它们的主从出来，我们可以得到当时的一个社会生活的状况和一切精神生产的模型。让《易经》自己来讲《周易》，揭去后人所加上的一切神秘的衣裳，我们可以看出那是怎样的一个原始人在作裸体跳舞"②。这又给我们做出一个范例，也就是怎样利用古代的文献，包括儒家的经籍来解剖中国古代的社会。这中间难免有不成熟的地方，后来郭沫若也修正某些结论，但他提出的方法，无疑是正确的。

---

① 郭沫若著作编辑出版委员会编：《郭沫若全集》，（历史编），第 65 页。
② 郭沫若著作编辑出版委员会编：《郭沫若全集》，（历史编），第 38 页。

　　20 世纪 30 年代，关于中国社会史论战、中国社会性质论战、中国农村社会性质论战，在理论上、实际上是一次唯物史观和反对唯物史观的论战。论战提出的问题，实际上让人们思考，是以唯物史观思考中国历史前途、中国社会的出路，还是扭曲中国的历史和社会的性质，从而使中国继续陷在半殖民地半封建的灾难境地。通过论战，唯物史观进一步扩大了影响，马克思主义史学思想得到进一步的发展。有些学者在文章中提出了一些有意义的论述，也应当重视。论战促使人们对中国历史有更深的思考。

　　毛泽东同志在第一次、第二次国内革命战争时期，创造性地发展了马克思主义，以唯物史观来思考中国的历史前途和中国社会的发展方向，对中国马克思主义史学的发展做出了极大的贡献。在中国史学思想上，他强调对待马克思列宁主义要有正确的态度，"不应当把他们的理论当作教条看待，而应当看作行动的指南"；"因此，使马克思主义在中国具体化，使之在其每一表现中带着必须有的中国特性，即是说，按照中国的特点去应用它，成为全党亟待了解并亟须解决的问题"①。唯物史观是我们观察社会，研究历史的指南，而不是某种公式、教条。"马克思以前的唯物论，离开人的社会性，离开人的历史发展，去观察认识问题，因此不能了解认识对社会实践的依赖关系，即认识对生产和阶级斗争的依赖关系"②。

　　在《矛盾论》这篇文献中，毛泽东指出，马克思和恩格斯"综合了人类认识史的积极的成果，特别是批判地吸取了黑格尔的辩证法的合理的部分，创造了辩证唯物论和历史唯物论这个伟大的理论，才在人类认识史上起了一个空前的大革命"。《矛盾论》中关于运用对立统一的思想认识社会，认识历史的论述，关于用主要矛盾和次要矛盾变化来分析社会性质的论述等，是研究历史的指导思想。在唯物史观指导下，历史研究才能成为一门科学。

　　毛泽东指出，中国的历史和社会既遵循人类历史发展的共同规律，又有自己的特点。他说：

　　　　中华民族的发展（这里说的主要地是汉族的发展），和世界上别的许多民族同样，曾经经过了若干万年的无阶级的原始公社的生活。而从原始公社崩溃，社会生活转入阶级生活那个时代开始，经过奴隶社会、封建社会，直到现在，已有了大约四千年之久。

---

① 《毛泽东选集》，第 2 卷，北京：人民出版社，1991 年版，第 533～534 页。
② 《毛泽东选集》，第 1 卷，第 282 页。

又说：

> 中国自从脱离奴隶制度进到封建制度以后，其经济、政治、文化
> 的发展，就长期地陷在发展迟缓的状态中。这个封建制度，自周秦以
> 来一直延续了三千年左右。①

这里不仅仅涉及一个历史分期的问题，重要的是要看到毛泽东对历史特点
的思考，注意中国历史自己民族的特点的探讨，至于中国历史的具体的分
期，还要做进一步的讨论。

毛泽东创造性地运用政治、经济发展不平衡的理论，说明近现代中国
社会的性质是一个半殖民地半封建的社会，指出中国革命成功的途径，制
定一条新民主主义革命的路线，确定中国革命必须在农村建立革命根据地，
走农村包围城市，最后夺取城市的道路。这是以唯物史观科学说明中国社
会的性质，指明中国历史发展的前途。

关于历史学工作，毛泽东把它提到一个很高的位置上来加以认识。他
指出，马克思主义理论和方法，马克思列宁主义的态度，"就是不要割断历
史。不单是懂得希腊就行了，还要懂得中国；不但要懂得外国革命史，还
要懂得中国革命史；不但要懂得中国的今天，还要懂得中国的昨天和前
天"②。"我们所要的理论家是什么样的人呢？是要这样的理论家，他们能够
依据马克思列宁主义的立场、观点和方法，正确地解释历史中和革命中所
发生的实际问题。能够在中国的经济、政治、军事、文化种种问题上给予
科学的解释，给予理论的说明"③。这是以马克思列宁主义的理论，科学地
阐明历史学的社会功能，说明认识历史和认识现实的关系。

关于对待传统文化，包括史学遗产的态度的论述，凝含着时代的爱国
主义史学思想，凝含着民族自豪感。毛泽东说：

> 中国的长期封建社会中，创造了灿烂的古代文化。清理古代文化
> 的发展过程，剔除其封建性的糟粕，吸收其民主性的精华，是发展民

---

① 《毛泽东选集》，第 2 卷，第 622～623 页。

② 《毛泽东选集》，第 3 卷，第 801 页。

③ 《毛泽东选集》，第 3 卷，第 814 页。

族新文化提高民族自信心的必要条件；但是决不能无批判地兼收并蓄。必须将古代封建统治阶级的一切腐朽的东西和古代优秀的人民文化即多少带有民主性和革命性的东西区别开来。中国现时的新政治新经济是从古代的旧政治旧经济发展而来的，中国现时的新文化也是从古代的旧文化发展而来，因此，我们必须尊重自己的历史，决不能割断历史。但是这种尊重，是给历史以一定的科学的地位，是尊重历史的辩证法的发展，而不是颂古非今，不是赞扬任何封建的毒素。对于人民群众和青年学生，主要地不是要引导他们向后看，而是引导他们向前看。①

对待中国传统史学遗产的态度，在这里说得非常明确。

所以，毛泽东对唯物史观创造性的运用，表明对唯物史观的认识和运用在中国走向成熟，毛泽东运用唯物史观，解决中国历史和现实的问题，又丰富和发展了唯物史观理论。毛泽东晚年的一些错误和失误，并不是唯物史观本身的缺陷，而是毛泽东的一些做法，违背了自己当年提倡的一切从实际出发，要以唯物辩证法的眼光看待中国历史和社会这样一个唯物史观的原则。

毛泽东在《实践论》中说："通过实践而发现真理，又通过实践而证实真理和发展真理。从感性认识而能动地发展到理性认识，又从理性认识而能动地指导革命实践，改造主观世界和客观世界。"②这也是历史学的发展途径。

在抗日战争时期，国统区和革命根据地的马克思主义史学家和进步史学家，用唯物史观从事史学工作，写出各种历史著作，郭沫若、范文澜、吕振羽、翦伯赞、侯外庐诸位先生应用唯物史观认识中国历史和社会，论述中国思想、文化的变化和发展，在许多方面他们都做出了突出的贡献。在这方面，他们的工作成就突出地反映了唯物史观影响的发展和扩大，也反映了中国史学家应用唯物史观正在走向成熟。

其一，唯物史观在通史、思想史、社会史、民族史、文化史等各领域中，成了研究的指导思想，取得一批有突出成就的成果。

其二，在前一个时期的唯物史观发展的基础上，出现了各种专门宣传

---

① 《毛泽东选集》，第 2 卷，第 707~708 页。
② 《毛泽东选集》，第 1 卷，第 296 页。

唯物史观的著作。这些著作成为指导学人在研究中，应用唯物史观解决具体问题的历史哲学和史学方法论。有些史学家虽然不是马克思主义者，但是他们认识到要以唯物史观作为自己研究的指针，有的在研究中，表现出向马克思主义靠拢的倾向。

其三，把史学工作和抗日民族解放战争的斗争结合起来，揭露外国侵略者侵华的实质。爱国主义史学具有战斗性，也具有时代的内涵。

其四，通过研究，把马克思主义的唯物史观和中国历史的实际结合起来，出现马克思主义民族化的潮流。毛泽东是这样，其他的马克思主义史学家也都是坚持这样一条正确的道路。不可否认，当时有些地方也有这样或那样不足与缺点，但总的说，唯物史观在中国的传播和应用是健康的，日臻成熟的。刘大年引用毛泽东的话，"马克思主义必须和我国的具体特点相结合并通过一定的民族形式才能实现"。他接着说："范文澜同志就是因为熟谙传统文化，比较好地把马克思主义和我国的民族特点结合起来，造就了自己著作的个性，具有独特的风格。"①吕振羽在《创造民族新文化与文化遗产的继承问题》一文中，阐述了文化的批判和继承，以及建设民族化的马克思主义史学的观点。白寿彝在1988年纪念侯外庐学术讨论会上，强调侯外庐先生的史学贡献是"把马克思主义史学理论民族化"，说：

> 　　外庐同志的书，在四十年代的马克思主义史学地位中应有它的特殊地位。四十年代，马克思主义史学著做出版了很多，史学界的几大家都已出来，并有不同的著作、不同的贡献。但有一点，外老是突出的，这就是，他研究中国历史是想把马克思主义史学理论中国化，也可以说把马克思主义史学理论民族化。这一点很重要。别的马克思主义史学著作宣传了马克思主义的理论，也试图把马克思主义的理论同中国历史结合起来，但是把中国历史特点抓出来，这在外庐同志是最突出的。在这一点上，外庐同志比其他几位同志贡献更大。它反映了我们中国马克思主义史学发展到新的阶段，外庐同志的著作是这个阶段的标志。②

---

　　① 　中国社会科学院近代史研究所编：《范文澜历史论文选集》，北京：中国社会科学出版社，1979年版，第11页。

　　② 　白寿彝：《白寿彝史学论集（上）》，北京：北京师范大学出版社，1994年版，第415页。

侯外庐要求我们中国学人学会用自己的语言来讲解自己的历史与思潮，学会用新的方法来发掘自己民族优良的文化传统。他强调中国思想史的研究必须以研究社会史为基础。通过比较中国和西方历史的具体途径上的不同，研究中国历史的特点，进而分析中国古代思想的基本特征。

20世纪20年代，李大钊宣传马克思主义的唯物史观，开始用唯物史观观察、思考中国的历史和社会问题，为中国的马克思主义史学奠定了基础；30年代，郭沫若写出《中国古代社会研究》，应用唯物史观的基本的原理来研究中国古代社会，标志中国马克思主义史学的产生；经过一个时期的发展，到了40年代，中国的马克思主义史学在走向成熟的道路上得到进一步的发展。唯物史观思潮的发展，推进中国的历史学走向一个新的发展阶段。

唯物史观本身的发展同样是一条辩证的道路，在这条道路上，会有曲折的过程。唯物史观总是开辟人们发展认识的道路，不断深化人们的认识，而不是封闭人们的认识。唯物史观总是要向前发展的，恩格斯说：

> 每一时代的理论思维，从而我们时代的理论思维，都是一种历史的产物，它在不同的时代具有完全不同的形式，同时具有完全不同的内容。因此，关于思维的科学，也和其他各门科学一样，是一种历史的科学，关于人的思维的历史发展的科学。[1]

恩格斯的话指明了人类的认识和理论思维是随着时代的发展而发展，随着时代的变化而变化。这种变化既表现在形式上，也表现在内容上。

唯物史观具有实践的品格，随着社会实践的发展，唯物史观的理论受到检验，得到丰富和发展。在历史的长河中，注意总结新情况（包括自然科学的发展情况）、新经验，同时修正某些不符合实际的、具体的结论，这是坚持唯物史观本身的要求，也是唯物史观发展的表现。坚持实践第一的观点，唯物史观就永远显示它的活力。列宁说："只要以是否符合社会经济发展的现实过程作为学说的最高的和唯一的标准，那就不会有教条主义。"[2]

另外，如何注意吸收古代和近代的优秀思想，包括外国的优秀思想文化，以发展唯物史观，这同样是十分重要而且也是相当繁重的任务。唯物

---

① 《马克思恩格斯选集》，第4卷，第284页。

② 《列宁全集》，第1卷，北京：人民出版社，1984年版，第262页。

史观的发展是对旧的史观的辩证否定，是扬弃，而不是割裂古今的联系。因此，"马克思主义这一革命无产阶级的思想体系赢得了世界历史性的意义，是因为它并没有抛弃资产阶级时代最宝贵的成就，相反却吸收和改造了两千多年来人类的思想和文化发展中的一切有价值的东西"①。拒绝吸收古今中外的优秀的思想和文化，不可能使唯物史观得到发展，也不可能使史学思想得到发展。

应用唯物史观研究历史，显示唯物史观的意义，也是发展唯物史观的要求。如何应用唯物史观，具体研究中国历史，认识中国历史的道路、前途和特点，还是一个相当繁重的任务。以为应用唯物史观研究历史，"比解一个简单的一次方程式更容易"，这至少是对唯物史观的一种误解。一个时期，在历史的研究中确实存在简单化、公式化的弊病，这个教训要总结，通过总结来加深我们对唯物史观的认识。唯物史观在中国发展大半个世纪了，时代要求我们对这一历史做出认真的思考，进行总结，使民族史学走向世界。

第四节　史学思想的新发展

新中国成立后，中国社会发生了翻天覆地的变化，历史学掀开了新的一页。史学思想反映时代的大变动，体现出史学的民族性与时代性。

一、新中国成立后十七年的史学

六十余年的新中国史学，从大的方面来看，可以以十年"文化大革命"结束，特别是1978年党的十一届三中全会为界，分成前后两期。新中国成立后，历史学经过十七年的发展，继之是十年"文化大革命"时期。这近三十年，是中国历史学发展的第一个时期。具体地说，可以分成两个阶段：

第一个阶段，1949年到1966年，新中国成立后的十七年。中国历史学虽受到"左"的路线干扰，但从全局上说，历史学还是得到了前所未有的发展。

第二个阶段，1966年到1976年，即"文化大革命"的十年。这是一个特殊的时期，使史学发展饱受摧残，留给了人们痛苦的回忆。

---

① 《列宁选集》，第4卷，北京：人民出版社，1995年版，第362页。

党的十一届三中全会召开至今，新中国的历史进入新的发展时期，历史学也进入了新的发展时期，展现了新的风采。这是中国历史学发展的第二个时期。这三十多年可以以 1990 年分为两个阶段，也就是新中国成立以后史学发展的第三、第四阶段：

第三个阶段，1978 年到 1990 年，史学是在反省和各种思潮碰撞中向前发展。

第四个阶段，1990 年以后，历史学是在重新学习与深化认识中开拓、发展。

中国史学思想的发展同样经历了这样阶段性的变化。从 1949 年到 1966 年，也就是新中国成立后的十七年，是学习唯物史观，开始运用唯物史观指导研究中国历史的阶段，也是史学思想发生了显著的变化并取得重大成就的阶段。尽管史学发展在"左"的路线干扰下，经历了艰难曲折的过程，但从总的来说，还是不断前进的。史学思想讨论的课题，一定意义上说，是新中国成立前马克思主义史学的延续和扩展，只是规模更大，涉及面也更广，为改革开放时期史学思想的发展打下了基础。

新中国成立后十七年的史学，和前五十年相比，一个根本性的变化，是唯物史观的指导地位得到确立，这是百年史学发展的一个根本性转变，可以说，是几千年中国史学思想的一个根本性变化。学习唯物史观，作为自己研究的指导，基本上成了史学工作者的一种自觉，不说全部，至少是大多数史学工作者在主观上是这样要求自己的。要不要以马克思主义历史理论作为历史研究的指导，从全局上说，是没有争论了。但这个问题并没有完全解决，特别是在某些时期，这方面争论还是表现出来。

主观上要以马克思主义为指导去研究中国历史，并不等于大家对历史的看法没有分歧了。一个十分引人注意的现象是，每一个时期史学界都是提倡以唯物史观作为指导，但每一个时期的史学发生变化与进展却大不一样；并且，研究者都说自己是按照马克思主义的指导进行研究的，但每一个史学工作者对历史的看法却存在很大差异，有的甚至大相径庭。这是值得我们认真思考的。如何以马克思主义为指导，怎样才能做到以马克思主义为指导，由于对这样根本问题理解的差异，以及其他方面因素的影响，历史研究的结论不会是一样的。还应当指出，很多史学工作者对这些问题的回答又往往受一个时期的政治变动的影响。诸多因素都波及每一个阶段史学发展的走向。

新中国史学在这一时期发生的重大变化和取得的突出的成就，是明显的事实。这些在新中国成立四十周年和以后岁月里，都有专著和重要文章做出了论述①。这里要提出的一个十分重大的变化，即史学工作者努力学习马克思主义历史理论，并把马克思主义的历史理论同中国历史实际结合起来。尽管有不同的意见，但大家都在思考中国历史的具体道路与特点，思考如何以马克思主义指导历史学工作，从而显示出新中国史学的特色。20世纪50年代初，《马克思恩格斯全集》《列宁全集》《斯大林全集》《毛泽东选集》以及各种马克思主义经典著作的出版，促进了马克思列宁主义的学习，是中国马克思主义史学建设的理论基础工程。史学工作者学习、运用马克思主义解决中国历史的问题，推动了中国历史学的发展，推动中国史学思想进入了一个新阶段。这可以从史学思想研究对象上进行分析：

第一，探索中国历史行程，中国历史特点。二十世纪五六十年代的史坛争鸣相当激烈，古史研究中的争论有所谓的"五朵金花"，即中国古史分期问题、封建土地所有制问题、中国封建社会农民战争问题、中国资本主义萌芽问题和汉民族形成问题。与之相关的理论问题是亚细亚生产方式的讨论。中国古史分期问题的争论、中国近代史分期的争论、中国封建社会土地所有制的争论、资本主义萌芽问题与汉民族形成的问题的争论，在史学思想上是讨论中国历史发展的具体过程、阶段与特点，讨论中华民族历史的主体特点。

中国古史分期的争论并不是新中国成立以后发生的，这是中国近代史学史上相关争论的延长。马克思主义传入中国以后，对于中国历史行程各人有不同的理解，李大钊、瞿秋白、蔡和森、李达等对中国古代、近代历史行程有过自己的论述。20世纪30年代的"中国社会史性质"的论战，更是把对这个问题的争论，推向一个新阶段，在一定意义上说，成了国际史学界关注的课题。对这个问题的理解不只具有重要的学术价值，同时也具有重要的现实意义，争论实际关系到对中国近代社会性质的认识，关系到对中国向何处去的理论的思考。抗日战争时期无论是延安地区还是重庆地区的史学工作者，对中国历史发展历程的看法明显地存在着分歧。解放初期关于中国古史分期的争论是过去历史问题争论的延长，不同的是新中国史学工作者是在努力学习马克思主义历史理论基础上提出自己的看法，是在认识到人类历史发展有共同行程的基础上，具体思考中国历史的具体过程

---

① 参见周朝民等编著的《中国史学四十年》，萧黎主编的《中国历史学四十年》。还可见林甘泉先生等对百年史学总结的文章。

和特点。在这方面主要有西周封建说、春秋封建说、战国封建说、西汉封建说，以及东汉封建说、魏晋封建说，等等。各家说法不同，但有一个重要特点，都是努力以马克思主义历史理论为指导，从生产工具、生产力、生产关系和上层建筑、意识形态各个方面以，及它们之间的相互关系上，提出自己的思考。尽管在理论的掌握上，在史料的运用上，在研究的视角上有差异，但在主观上都是要以唯物史观的原理去分析问题。争论的激烈从一个方面表现出史学工作者对唯物史观学习的热情。

与之相关的还有近代史分期问题。而这主要也是如何看待从鸦片战争到五四运动这一段的历史。有的提出以阶级斗争为标志进行分期，其中主要有以三大革命高潮即太平天国运动、义和团运动和辛亥革命为标志具体分成七个阶段，也就是：1840 年到 1850 年，1851 年到 1864 年，1864 年到 1895 年，1895 年到 1900 年，1901 年到 1905 年，1905 年到 1912，1912 年到 1919 年。另外有的以近代社会主要矛盾的变化作为分期标准，将中国近代史分成四个时期；有的主张把阶级斗争与社会经济、生产方式的发展结合起来，认为中国近代史应分成五个阶段。此外还有二段说等各种意见。这些争论，实际上是如何认识中国近代社会的规律性与特点的问题，对中国近代社会认识的差异，也会影响对中国近代史诸问题的评价。

与中国历史特点认识相关的问题，还有封建土地所有制问题的讨论、资本主义萌芽问题的讨论。一部分学者认为中国自秦汉以来的封建社会是土地国有制贯穿其中，另一种是认为中国封建社会土地私有制占主导地位。另外，还有封建社会前后期的土地所有制有所不同说，或者认为中国封建社会中既有封建土地国有制也有其他的封建土地所有制，如大土地所有制、小农土地所有制。还有的提出所有制与占有制的区别，等等。与此相关的有地租形态的讨论，土地所有权的法权问题的讨论，等等。有的学者由对土地所有制的理解，进而论述中国思想史发展的过程与特点。今天反思这些争论，可以看出中国史学工作者，是在从更深层次上探求中国历史发展的过程和特点，而不是停留表面上对历史过程做出表象的描述。在中国古代史学史上，史学家提出过各种对历史过程、阶段的论述，近代史学家用进化论提出过中国历史过程论，意识到古代社会有所谓石刀期、铜刀期，或者有古代、中古、近古诸多提法；但比较起来，新中国的史学家的研究取得的认识，无论在深度上，还是在广度上，都是前所未有的。

关于汉民族形成的理解，是从民族学的角度探讨中国历史特点。如何从实际出发认识中国历史上的民族，是一个至关重要的问题。斯大林说，民族有四个特征，是历史上形成一个有共同语言、共同地域、共同经济生活及表现于共同的民族文化特点上的共同心理素质，这四个基本特征的稳定的共同体。以这样的定义，具体分析中国民族便产生不同的理解。由此，有关中国历史上各个民族的民族起源、民族关系、民族关系主流以及各个民族在中国历史发展中的作用等问题的讨论，同样成了大家关注的问题。这样的讨论不但对于人们认识中国是统一多民族国家的特点有重大的理论意义，而且对于巩固发展统一多民族国家也具有现实的意义。

新中国成立初期，史学工作者在关于中国古史、近代史分期的争论中，深化了对中国历史过程的认识。大家都是在努力学习马克思历史唯物主义基础上，通过自己的理解，提出自己的意见。应该特别指出，这一时期关于古史分期问题的不同见解，不是马克思主义与反马克思主义之间争论。中国古史分期讨论，又促进了对历史唯物主义基本观点的学习。由于种种原因，史学方面的争论为极"左"思潮干扰，关于中国历史特点认识的探索无法继续深入下去。

第二，思考中国历史发展的动力。这一问题同样也是中国历史特点的问题，但重点是要思考中国历史发展的动力。在五六十年代，对历史发展动力的理解，有不同的看法：有的认为阶级斗争是文明历史发展的动力，有的认为社会矛盾是推动历史前进的主要动力，还有的认为物质生产是社会发展的主要动力。

具体到中国历史发展动力的讨论，就是如何认识中国封建社会的农民战争问题，历史人物中杰出人物的作用问题。关于农民战争问题的争论涉及农民战争的性质、作用、特点以及中国农民战争史分期等。大家肯定农民战争对中国历史发展的重要意义，但对农民战争通过什么途径对历史发展产生作用，有不同的看法。历史上的农民战争打击了封建统治者，是怎样使封建社会在不断地得到发展？比较普遍的说法是"让步政策"说，认为是农民战争打击了封建统治者，迫使封建地主阶级不得不实行让步，轻徭薄赋，招辑流亡，恢复生产，从而推动了社会向前发展。和这种看法不相同的认为封建统治者不可能实行让步政策，是农民战争推翻旧王朝，削弱封建生产关系，从而推动了封建社会向前发展。围绕这两种基本看法，还对一些相关的观点展开了争论。应该说，史学界这些争鸣是正常的争论，大家同样是力图说明农民战争的作用。但不幸的是，有些不同的意见受到不应有的对待，甚至有的学者因此受到打击迫害。

和历史发展动力相关的一个重要问题，是如何评价历史人物的作用。

讨论最热烈的是对曹操等人的评价问题，50 年代关于对曹操、武则天评价的争论，史坛上沸沸扬扬，而且不只是在史学界，在文学界、哲学界，包括一般干部、学生也都卷入这一场争论中去；到了 60 年代，逐渐升华到对历史评价标准的讨论。争论的核心是如何认识历史人物，特别是杰出人物对历史发展所起的作用的问题，由此又引发出关于阶级分析法、历史主义理论的讨论。这一场争论对人们学习马克思主义历史理论是有意义的。

和中国历史特点相关的理论问题是对亚细亚问题的认识。应与 20 世纪 30 年代前后的亚细亚问题的讨论不同的是，这期间的不同意见不应当再被视作是政治上不同派别、不同路线争论的反映。50 年代初期开始的亚细亚问题的争论，主要是体现对中国历史道路的特点认识的不同。马克思在《〈政治经济批判〉批判序言》中说的"亚细亚"的形态是重大历史理论，中国学者对这个理论有不同的理解。有的学者认为这个形态是原始社会，这是原始社会说。有的认为亚细亚是东方特有的奴隶制，或认为是"早熟奴隶制"，有的认为是一种奴隶制的变种，还有的说是低级奴隶制等。各家看法差异很大，但总的说来是在探索中国历史发展道路的特点。

中国封建社会延续时间之长，在历史上也是仅见的。这是中国历史的特点，历史学家对此做出不同解说，或从生产方式上寻找原因，或从政治制度、上层建筑上去思考，或从经济关系，或从与周边外族的交争产生的影响上寻求解释。

第三，对史学工作的一系列重大问题的争论。如"史"与"论"的关系的讨论，有"以论带史"（包括"以论代史"）与"论从史出"的争论；有对史学工作重大问题展开争论，如"今"与"古"的关系，是"厚古薄今"还是"厚今薄古"的争论，也就是史学工作的重点是放在近代史、现代史，还是放在古代史上；还有对史学工作的"中"与"外"关系处理的问题的争议，具体说来，是讨论把外国史研究、教学放在整个历史学工作中的什么位置上。

这些问题是历史学工作的重大问题，现代史、党史的研究教学得到了加强，在提倡当代史编修的号召下，一个时期，出现过厂史、人民公社史、家史的编写的热潮。在外国史研究上，早在延安时期，毛泽东对"言必称希腊"而轻视中国史研究的倾向，提出过批评。新中国成立后，这一倾向有了改变。新中国成立后，外国史研究不再局限于欧洲史的"西洋史"研究，在世界史研究上，凸显出对国际共产主义运动史的研究，对亚洲、非洲史，特别是对东南亚人民的解放斗争史、文化史的研究。

第四，史学工作队伍的建设问题。这里包括如何处理好老专家与青年史学工作者之间的关系，如何处理好专业史学工作者与其他方面的史学工作者的关系，比如所谓的工、农、兵作者编修史书相关问题；也涉及历史教育有关问题，教材编写、课程设置一系列问题。随着 50 年代的高校院系调整，课程基本上按苏联的体系来设置。

　　由于对中国历史的特点认识各异，反映到史书的编纂上，较为明显的是中国古史分期的讨论影响到史书的编修。范文澜主编的《中国通史简编》，郭沫若主编的《中国史稿》，翦伯赞主编的《中国史纲要》，吕振羽的《简明中国通史》，以及侯外庐的《中国思想通史》全部出版。出版了多种近代史著作、中国革命史著作、中国共产党党史著作，也出版了各种专史、断代史著作。史学工作者的这些著作，可以说都是以马克思主义的历史理论为指导，努力反映历史的发展的实际。但由于每个史学家对中国历史过程与特点认识不一致，对历史发展动力认识以及对历史上人物评价的不同，这些都反映到历史著作上来。由于对唯物史观还处在学习阶段，因此有的著作难免有这样或那样的不足。

　　在"左"的路线的干扰下，尽管这一时期的历史著作在今天看来有许多不足和缺陷，但无可否认的是，一代马克思主义史学家做出了自己的努力与贡献。在中国史学史上，我们古代史家提出过究天人之际，通古史今之变等要求，有着丰富的历史兴衰论的理论。在古代史学史上出现过像司马迁这样一些伟大的史学家，写出过《史记》这样伟大的著作；近代史学家提出历史发展的公例公律思想等，一些史学家用历史进化论编写出中国通史著作以及各种专史。这无疑是我们中国丰富多彩的史学遗产。但比较起来，新中国成立后撰写出的历史著作，从史学思想上说，有着根本性的变化，这些历史作品以客观历史发展的规律学说米解释中国史进程，进而阐明了我们民族的历史既是遵守人类历史发展的共同规律，同时又有着自己的特点。历史发展的终极原因再不是用神意史观去解释，也不是把历史上的文化作为一种天马行空的现象来加以描述。史学著作表现出中华民族是一个伟大的民族，这种民族的精神在史书中得到体现。

　　新中国成立后的十七年，历史文献事业得到了很大的发展。这表现在《资治通鉴》、二十四史及明清史料的整理出版；编辑的《中国近代史料丛刊》达到十种六十四册之多，还有《中国近代经济史资料丛刊》、新民主主义革命的资料搜集与出版；等等。

　　地下考古文物发掘方面的成就是突出的。有关中国古史分期的讨论与对地下文物价值的认识结合起来，这是新中国史学发展一个引人注意的方面。蓝田人化石的发现，特别是 1965 年元谋人化石的发现，把中国历史一下推前 170 万年。大汶口等文化遗址的发掘，丰富了对中国原始社会的认识。二里头文化遗址的发掘、殷墟的新发现、侯马遗址的文物发掘与整理等，都大大推进了古史的研究。在新中国成立初，1950 年国家就组织了大规模殷墟发掘，大量甲骨文被发现、整理与释读，取得了很大的成绩，1956 年出版了《殷虚卜辞综述》。

十七年的史学成就是巨大的，中国史学发生了根本性的变化，但是十七年的史学问题也是相当严重的，而且越到后期越严重。

在"左"的路线的干扰下，理论上的创新遇到很大的障碍，马克思主义理论的民族化，难以继续进行下去。特别是在历次政治运动中，学术的争鸣与政治路线斗争纠缠在一起，学术上不同的观点被上纲上线，很多是学术见解的不同而被当作是反马克思主义的修正主义观点、右倾思想，学者因此受到批判、打击，乃至迫害。以阶级斗争为纲的政治路线贯彻到学术中，理论上探索是步履艰难，很多学术领域的探索成了禁区。要打破帝王将相体系，连帝王年号也取消了，古代史教学被削弱到十分可怜的地步，而且古代史的内容几乎成了农民战争史。以"左"的思想诠释"厚今薄古"只能变成对古代史学价值的否定；在打破王朝体系的口号下，史书的编写遇到特殊的困难。

简单化、教条化的学风影响到史学，因此，历史研究中公式化相当严重，也就可以理解。高校历史系的"拔白旗"，一批老专家受到打击；进大学不久的学生就开始写教材，说这是"破除迷信"，等等。这些蠢事，对史学发展起了破坏作用。在这样的形势下，加上历史教育体系的缺陷，史学队伍的建设必然受到影响。至于形成不同特点、不同风格的学派，更是不可能。

随着政治形势变化，史学家受到的迫害越来越严重，50 年代末开始的关于海瑞的讨论，到 1965 年，发展为对新编历史剧《海瑞罢官》上纲上线的批判，演变成对吴晗的迫害，实际上演变成一场政治斗争，成了"文化大革命"的导火索。

由于各种原因，十七年的史学受到苏联史学的影响，虽然不能全盘否定苏联史学对中国史学发展的作用，但无疑它对中国带来的负面影响也是明显的。

"文化大革命"十年的史学恰恰是膨胀了十七年的史学中"左"的路线，否定十七年的史学中积极的方面。1966 年到 1976 年这十年中的中国历史学，遭受到极大的摧残。"四人帮"打着"反对修正主义"的旗号，搞儒法斗争，以达到篡党夺权的目的，从根本上糟蹋了马克思主义。史学成了"四人帮"反党反人民的工具，在"打倒反动学术权威"的口号下，正直的史学工作者受到迫害。他们一方面是把历史学当成封资修的东西来批判；一方面把几千年的中国历史说成是儒法斗争的历史。历史学成了伪科学"影射史学"。教训相当深刻。

二、新时期史学

从 1976 年十年"文化大革命"结束以后，特别是从 1978 年党的十一届三中全会以后，中国历史学获得巨大的发展，这是时代给予的机遇。"文化大革命"结束，广大史学工作者怀着对"四人帮"破坏史学的愤恨，开始对"四人帮"否定中国历史学，以及他们迫害史学工作者的罪行进行清算，对"影射史学"展开批判。史学上的拨乱反正，为新时期史学发展做了清理地基的工作。

1978 年，中央党校内部刊物《理论动态》发表了题为《实践是检验真理的唯一标准》的文章，在《光明日报》《人民日报》和《解放军报》上转载后，在全国引起强烈的反响。这一年的 6 月 2 日，邓小平在全军政治工作会议上充分肯定这篇文章，指出："我们也有一些同志天天讲毛泽东思想，却往往忘记、抛弃甚至反对毛泽东同志的实事求是、一切从实际出发、理论与实践相结合的这样一个马克思主义的根本观点，根本方法。不但如此，有的人还认为谁要是坚持实事求是，从实际出发，理论和实践相结合，谁就是犯了弥天大罪。"又说："按照实际情况决定工作方针，这是一切共产党员所必须牢牢记住的最基本的思想方法、工作方法。实事求是，是毛泽东思想的出发点、根本点。"①党的十一届三中全会结束了"以阶级斗争为纲"的路线，确立"以经济建设为中心"的路线，恢复了实事求是的路线，对于历史学发展无疑有着巨大的意义。没有党的十一届三中全会的实事求是路线，中国社会要在这在三十多年中取得这样重大的成就是不可能的。正是有了这样的路线，中国历史学才可能获得巨大的发展。也正是有这条实事求是的路线，史学工作者的思想得到解放，突破了理论的禁区，历史研究的面貌发生新的变化，唯物史观在各种挑战中显示自己的活力。邓小平提出的关于

① 《邓小平文选》，第 2 卷，北京：人民出版社，1994 年版，第 114 页。

科学技术是第一生产力的论断，关于社会主义初级阶段的理论，关于社会主义市场经济的理论，关于中国知识分子的地位的论述，关于社会主义精神文明建设的论述等，对中国人民建设有中国特色的社会主义具有重大深远的意义，对于中国史学发展同样具有重大的理论与现实意义。

中国历史进入新的发展时期，中国历史学的发展也揭开了新的一页。实事求是，解放思想，创新史学，使史学在建设有中国特色社会主义中发挥它应有的作用，成了广大史学工作者的共同心声。否定了以阶级斗争为纲，也就为史学发展营造了宽松的学术环境，史学界思想空前活跃，展现出新的风貌。

此后的三十多年，史学研究取得重大的进展，史学园地繁花似锦：如通史研究与撰写，各种断代史的研究与史书编写；民族志、民族史、地方史志的编修，各种专史的研究与撰写，各种文化史研究与相关著作的撰修；外国史研究与相关作品的出版，社会史研究与写作，中外史学理论、史学史的研究与相关作品的出版；历史学古籍整理出版，各种文集、传记的出版；等等。在各地学术刊物上，历史研究与史学研究占有相当大的比重；史学理论与史学史研究有了公开发行的专门刊物。这些方方面面的成就，应当有专门篇章来论述。

改革开放以来，中国史学的变化反映出中国史学进入一个新的阶段，历史观念、史学思想出现了新的局面：

——提出新问题，深化对历史的认识。史学工作者重新思考关于历史过程和规律的问题，关于中国历史特点问题，这又涉及中国有没有奴隶制问题，有没有资本主义萌芽问题，涉及关于封建社会长期性、延续性的问题，关于专制主义、皇权主义的问题。此外，还有关于人民群众是不是历史发展的动力问题，关于历史人物评价的标准问题，关于农民战争重新评价方面诸问题等。有些问题是老问题，又有了新见解；有些是新提出的问题，做出新的探讨。冲破理论禁区，又坚持唯物史观的指导，这是新时期史学一个重要特点。

——历史研究领域扩大了，社会史、文化史的研究成了史学领域中的热门。值得注意的是我们的史学家以唯物史观为指导，研究中国历史，做出新的理论概括，如关于科学技术是第一生产力的认识等。又如白寿彝先生在主编多卷本《中国通史》中提出中国历史上多种生产方式并存的认识，关于生产力性质的认识，关于对国家职能的新认识，以及对关于民族关系等问题的深入思考。

——对外国史学研究的加强。20世纪80年代以前，中国对西方史学的认识很缺乏。1956年生活·读书·新知三联书店出版王造时译的黑格尔的《历史哲学》，1962年，还翻译出版了康恩等人的论文集《穷途末路的资产阶级历史哲学》，1963年商务印书馆出版齐思和译的鲁滨孙的《新史学》等。商务印书馆出版的汉译世界学术名著中有不少涉及西方史学思想的著作。只是在这些书中，我们对西方史学及其理论才有一点了解。

党的十一届三中全会以后，史学研究面向世界，西方史学理论及方法论作品或文集被译介过来近三十种之多①。此外，中国学人写出一批西方史学史、欧洲史学史及历史哲学之类的著作，还出版一些文集，这些作品扩大了学人的眼界，新的思潮、新的观念被介绍进来。由此又引发出对有关的史学理论问题的讨论，东方社会性质等问题讨论，史学认识论的讨论以及史学主体与客体等相关问题的讨论。

——民族史学发展史与近百年史学的总结。改革开放后，对中国史学遗产的价值重新思考，进而总结中国史学发展的过程和特点。各种史学史著做出现，是以前所不曾见的。这些著作从史学思想、历史编纂学、历史文学、历史教育各个方面，批判总结传统史学遗产，这实际上是在探讨中国民族史学的特点。史学理论、史学思想史、史学批评的研究深化，把中国史学放在社会、哲学发展的大背景下研究，重新审定中国民族史学在世界上的地位，为的是继承民族史学优秀传统，增强民族自信心，建设有特色的新史学，使史学在社会主义精神文明建设中发挥自己的作用。

近百年史学包括马克思主义史学发展史研究得到较大的发展，出现一批著作，出版了马克思主义史学家的专论和各种评传。

——对唯物史观重新学习与再认识。多年来，大家讨论了唯物史观与历史学理论的联系与区别，认识到不能把历史唯物主义与史学理论等同起来。基于这样的认识，学者写出一批史学概论著作和相关作品。这些年来，大家讨论了唯物史观与外国其他史学流派的关联，研究唯物史观在世界范围内的影响，系统总结唯物史观对中国近代史学发展的影响，写出多种近代史学史、马克思主义史学发展史。这更是以前所不曾有的。

三十多年来，中国史学思想在发展，出现过不同的理论热点。20世纪80年代初出现了"回到乾嘉去"的考据热；80年代中期在讨论历史方法时出现所谓的新、旧"三论热"；从80年代到90年代还有"文化热""新儒学热"

---

① 详见本书第一章第一节。

"国学热"。史学发展的长河波涛起伏，这是三十多年史学发展的景观。对不同时期的各种文化现象要，出分析，对一些问题要做出思考，笼统地肯定或否定都不是正确的态度。这里我们可以提出几个问题进行讨论：

第一，不能把马克思主义史学家的成就与其他史学家的成就完全对立起来。近代以来的史学发展过程中，每一个时期都出现过史学大家。这里有马克思主义史学家，也有其他史学家，他们的成就都是我们珍贵的文化遗产。他们在思想上有争论、斗争，也相互影响、吸收。我们注意到一种现象，抬高一些史学家而有意地或无意地贬低马克思主义史学家的成就，因此出现重排大师名录，新编丛书的情况。这是不公正的，也是不正确的。事实上，在中国近代史学史上，有成就的史学家的观点尽管有差异甚至是对立的，但他们又都是在相互吸收。胡适对李大钊很尊敬，称李大钊、梁启超、王国维和单不庵是他要纪念的朋友①；李大钊对傅斯年也给予了帮助。还是在 20 世纪 20 年代，顾颉刚就谈到对唯物史观理解，"他人我不知，我自己决不反对唯物史观"，"我们把古书和古史的真伪弄清楚了，这一层的根柢又打好了，将来从事唯物史观的人要搜取材料时就更方便了，不会得错用了"②。郭沫若在研究中国古史时，对王国维、罗振玉的成就给予很高的评价，说："大抵在目前欲论中国的古学，欲清算中国的古代社会，我们是不能不以罗、王二家之业绩为其出发点了。"③侯外庐对梁启超的学术成就与学术影响，同样给予相当高的评价。

在认识中国近代史学主流等问题上，存在不同的看法，可以讨论，但唯物史观在中国近代史学的巨大影响，要做出充分的估定，这是其一。其二，要重视中国马克思主义史学家，也要重视其他史学家的成就；不能在有不同学术特点、学术风格，当然也有不同的缺失的马克思主义史学家之间"画线"，进行褒与贬。

对当前各种文化思潮应当进行分析，而关键是我们要通过各种途径努力吸收各家的学术之长，作为发展我们新史学的参考和借鉴。

第二，要正确坚持唯物史观为指导对史学创新的重要性。在检讨近代史学特别是新中国史学的得与失时，有一种观点认为，新中国成立后史学上之所以出现失误，是因为马克思主义讲多了，认为史学著作单调、内容

---

① 参见胡适：《胡适文存》，（三），第 1 页。
② 顾颉刚：《顾颉刚古史论文集》，第 1 册，第 240、241 页。
③ 郭沫若著作编辑出版委员会编：《郭沫若全集》，（历史编），第 8 页。

贫乏，是由于强调马克思主义为指导所致，认为强调唯物史观为指导，对史学创新不利。

事实上，马克思主义的发展观是史学创新的理论基础。马克思主义认为，在客观世界中，只有永恒运动着的物质和关于这一物质运动、变化所依据的规律，除此以外，再也没有什么永恒的东西。反映客观世界的人类认识，也是在永恒地变化、发展。这种发展观，比起史学史上提出的"成一家之言""独断之学"，以及近代新史学提倡的史学革命，要更科学、更彻底。唯物史观具有实践的品格，它在社会实践中得到检验又随着社会实践的发展而发展，坚持实践第一的观点是唯物史观的根本要求，坚持实践第一的观点，唯物史观就能永远显示它的活力。

怎样做到以唯物史观为指导，还是要以实践为标准来衡量，并不是自己说了算数的。如果不是从立场、观点、方法理解以马克思主义为指导，只是照搬一些条文或者套用一些词句、语录，或者把马克思主义的历史理论当成某种公式来使用，都是从根本上背离了唯物史观的要求。1890年，恩格斯致保·恩斯特的信中说："我必须说明：如果不把唯物主义方法当作研究历史的指南，而把它当作现成的公式，按照它来剪裁各种历史事实，那它就会转变为自己的对立物。"①认为马克思主义规律学说是线性因果分析法，是一种公式，认为以唯物史观指导历史研究，使历史评价单薄、简单，这些看法是没有任何根据的。老一辈马克思主义史学家也总是反对历史简单化的倾向，范文澜就认为，"如果不适当地过度强调生产工具，这就难免把历史描绘成为没有人参加的（或者说没有人的能动性的）各种经济过程的平稳的自行发展，把历史唯物主义改变成为经济唯物主义，而生动活泼的人类历史可以用几个公式造成了"②。侯外庐说，要"注意马克思历史科学的民族化"，"在40年代我就说过：我们中国学人应当学会使用自己的语言来讲解自己的历史与思潮，学会使用新的方法来掘发自己民族的优良文化传统"③。造成历史研究中的简单化、公式化的毛病，是"左"的思潮的干扰与破坏，把这也说成是唯物史观指导的结果，是不正确的，也不符合事实。

史家在运用唯物史观研究历史的过程中，由于各种原因，会出现偏颇、

---

① 《马克思恩格斯选集》，第4卷，第688页。

② 中国社会科学院近代史研究所编：《范文澜历史论文选集》，第56页。

③ 中国社会科学院历史研究所中国思想史研究室编：《侯外庐史学论选集》，（上），第18页。

失误，要做具体分析。侯外庐先生在上面那段话的后面说，"我认为，学贵自得，亦贵自省，二者相因，不可或缺"。史家有这样的精神，就会不断提高运用唯物史观的水平，不断推进自己的研究。

史学工作要以唯物史观为指导，还在于唯物史观从根本上阐明了发展史学要批判继承传统中外史学遗产，这是因为马克思主义是辩证的发展观，是对旧事物辩证的否定，是扬弃，而不是割裂古今联系，它要求我们吸收和改造两千多年来人类思想发展中的一切有价值的东西。马克思主义从来没有封闭人们的认识，而是开拓了史学创新的康庄大道。史学思想发展史不断地证明了这样的道理。

第三，史学方法论与历史观不能割裂。以为仅靠一种方法就可以使史学发生一个大的变化，这实在是不可想象的事。

在中国近代史学史上，历史方法论热出现过两次，一次是在 20 世纪 20 年代，一次是在 20 世纪 80 年代中期。20 年代，随着西方的史学方法论传入，在中国出现了一股方法论热。这一思潮是在中国史学近代化过程中出现的，对于中国史学发展有一定的意义。古代史学，在究天人之际，在记时书事中凝含着一定方法，在辨伪考信中也都有自己的方法。史学近代化也包含着研究历史方法的进步，在 20 年代，在历史研究中，学人提倡归纳法、二重证据法、语言比较考据法、诗文证史法、推论源流法、历史演进法、历史统计法等。学者运用这些方法，进行历史研究、考证整理史料，取得了一定的成绩。但是需要说明的是，一定的方法论后面总有一定的历史观，这是其一。其二，有的学者把历史研究法归结为史料整理法，用这样的眼光研究历史，不可能使历史研究发生根本性的变化。

应该指出，西方的史学变化有不同的历史哲学，有对历史研究客体、主体的思考，也有历史知识、历史性质的探索，无论是实证的还是思辨的，都是有特定的方法。史学研究方法论成为新史学中的一个引人注目的论题，但他们关于史料的考订、材料的综合和史著编写方面的意见，同样服从他们的历史观点。国内研究方法论有各种意见，体现各种倾向，其中一种倾向是，仿佛史学方法可以作为一个孤立的东西对待，可以离开历史观点谈方法，进而谈论史学创新。这样做，不说是缘木求鱼，但收效甚微则是确信无疑。80 年代中期方法论热延续的时间不算短，这一次方法论热对历史研究产生的效果不够理想。

史学创新是一项系统工程，历史观与方法论是辩证统一的，过去忽视历史研究方法论的探讨，阻碍了历史研究的深入；提倡多学科综合的研究方法，同样也是与一定历史观点紧密相连。我们不能离开历史观孤立谈方法，即使历史观、方法论一致，学者在历史的认识上还会有差别。

第四，学术争鸣需要有宽松的环境。史学思想史告诉我们，把正常学术争论，说成是政治上派别斗争，并宣布一派为马克思主义派，另一派是反马克思主义派，进而加以打击迫害，这对学术极为不利，这方面的教训非常深刻。至于"文化大革命"时期的所谓的儒法分野早已不是学术争论的问题了。

第五，众手修书与成一家之言的关系处理。从延安以来，特别是20世纪50年代以来，在众手修书方面，我们有过成功的经验，集各方面专家之长，数十年磨一剑，撰写出为世所重的学术精品。当代的信息迅猛发展，有些重要作品、重大课题，仅凭一人精力，是难以完成的，因此，众手修书也是新时代史学发展的需要。我们要认真总结这方面的经验。但是，我们也看到，近年来史学界出现一种急功近利的倾向。在利益的驱动下，编大丛书、大套书，包装辉煌，内容一般，当然粗制滥造的还没有算在其中。这些史学作品，梓行问世，无益于人，轻一点说是浪费资金，重一点说是败坏风气，这与十七年时期大跃进时的"大呼隆"编书一样，是极不利于史学发展，不利于史学人才成长的。任何时候，都要提倡勤奋治学，即使是众手修书，也是要提倡个人深入钻研，离开这一条，史学要健康发展，要进行创新，只能是一句空话。

还有一点，是史学与政治关系的问题。20世纪50年代的史学在这方面给我们留下的教训是很深的。我们反对那种标签史学、比附史学，更反对影射史学。这样说，不等于说史学可以脱离现实，史学与政治没有关系。所谓"淡化意识形态"的提法，是自欺欺人之谈。作为意识形态的史学是社会存在的反映，必然对社会存在产生一定反作用，历来史学都是如此。当然关于20世纪50年代史学要谈的话题很多。在我们进入新世纪后，中国史学必然会迎来一个新的发展，适应时代。

有必要对20世纪下半期的台湾地区的史学思潮，做一简介。综合相关著述的看法，台湾地区的史学大致可以分成三个阶段。

首先，从50年代到60年代中期，为第一阶段。其次，从60年代中期到80年代的中期，具体一点说，是到1987年，为第二阶段。最后，从80年代后期到20世纪末，是第三阶段。

当然还可以再分若干小阶段。各个阶段的史学变化又有特点。台湾地区各个时期的史学变化虽然与大陆史学不同，但又有着民族文化渊源相承的关系，在不同阶段又受到大陆史学的影响，后期两岸学术交流，对推动、促进民族史学的发展有重要意义。

在第一阶段，是傅斯年领导的台湾大学，大陆的文史学界人士及来台读书学人直接影响台湾史学的发展。20 世纪 50 年代后的历史观念，"直接继承中国大陆学风的史料学派更是史学界的主流"①。

20 世纪 50 年代末与 60 年代初，台湾一批文史毕业生去美国各著名大学攻读史学博士学位者都必修《史学理论课》(Historiography)一课，而修读该课又要选读"历史相对客观论"的基本著作，导致学生观念产生转变。他们大致相信：其一，追求史实之绝对客观为不可能；其二，"史料处理"只是史学研究的一部分；其三，"史释"之不可避免。这些观念对于六七十年代的台湾史学界产生了非常大的影响。尔后，留美返台的学生创办了《思与言》，以及复刊的《食货月刊》等推波助澜，使台湾史学发生了相当大的变化。

大陆的"文化大革命"，也间接对台湾学风有所影响。并且，"针对此运动，台湾发起了中华文化复兴运动，对中国历史研究也是其中一部分，由于了解到在田野考古及社会经济研究上无法与大陆抗衡，同时并为了突出台湾地区研究之特色，当时台湾史学界有一些人倡导思想史的研究"，而这也是对传统史学另一种反映。

第三阶段，两岸学术交流开始活跃起来。应该说，这还是起步，但两岸学人都已表现出传承与弘扬民族史学之大旨。各类学术讨论会增进了两岸学人的了解，推进了学术的发展。至 20 世纪末，台湾有 14 所大学有历史系，其中有 13 个系、所有专门的刊物。② 不少刊物也注意发表大陆学人的论文。

从 1985 年，台湾中兴大学发起主办过中西史学史讨论会、史学史讨论会以及史学专业课程教学研讨会。1998 年的史学史讨论会，北京师范大学、复旦大学、杭州大学的 5 位学人参加了学术讨论，加强联系，促进了史学史的研究。

2004 年 12 月 18 日至 19 日，台湾中正大学发起主办"台湾当前史学发展(Workshop)"的研习座谈会。这次研习会上，学人对台湾史学历程做了回

---

① 古伟瀛、高明士编著：《战后台湾的历史学研究》，第 1 册《总论》，台北：台湾大学出版中心 2004 年版，第 4 页。

② 参见李恩涵：《傅斯年对台湾史学教研的影响》，《传记文学》，2004 年第八十五卷第 3 期（总 508 期）。

顾，论说西学的影响，阐明民族传统史学与台湾史学发展的密切关系。讨论了有关历史教育的问题，论说了经世史学的传统，讨论后现代主义的影响以及西方史学史问题，指出要在教学中，加强传统史学著作的研读。讨论了史学批评与史学思想等课题，指出面对世界史学的变化，做好对传统史学的系统总结，是当前海峡两岸史学的重要课题。

同样，大陆各种相关的学术会议，台湾学人积极参加，就共同感兴趣的问题和各自研究的专业进行研讨，加深了解，推动学术发展。

两岸的学术发展迫切要求进一步展开学术交流，学术的交流在不断发展，有些问题有必要做一分析：

——关于史学通识的问题。台湾史的研究，在台湾地区成为一种"显学"，反映出一种史学思潮[①]，许多问题还要进一步分析讨论，其中有一个问题，就是以怎样的观点与方法研究台湾史。但我们觉得有一个问题是要提出来的，这就是史学的通识。历史是相互联系的，研究断代史、专门史以及地域史，都要有史学的通识，要以古今联系的观点讨论一代社会、一个地区历史的变化。历史的联系、史学的联系，是真实的客观存在，是在长期历史过程中形成的。台湾地区的历史研究，是中国历史研究的组成部分。那种"去中国化"的意识，反映在历史研究上，表现在历史研究、历史教育的各个方面上，是错误的，受到岛内学人的强烈反对。在政治上，有人把台湾历史与祖国历史割裂开来，是把"台独"意识渗透到历史教育中去，危害相当大；在学术上，这违背了史学通识的"通古今之变"的原则。

——史学的时代性与民族性问题。二十世纪一百年来，总结史学发生的变化可以看出有两个大问题，即是既要注意到时代的变化，又要重视史学的民族传统。全盘西化固然走不通，但墨守传统而不知变，也是动辄制掣。讨论一代史学变化，评价一个时期的史学，以什么作为坐标轴，是大问题。如果总是以西方学术为坐标，评论史学的得失，是很难找到发展当代史学的根本之道的。

关于傅斯年的史学，可以讨论。他领导的史语所，到他逝世为止，印行专刊 30 种，单刊 25 种，集刊 22 种，《史料丛书》7 种，《中国考古报告集》2 种。两岸百年以来的史学历程中，影响一代史学发展的史学家，很多

---

① 参见施志汶：《"台湾史研究"的反思》，《台湾师范大学历史学报》，1994 年第22 期。

是出自其门下，或受到他直接或间接的影响①。他虽然是以兰克史学为旗帜，但应该说，他又是立在民族传统史学地基之上。因此，有的去美国留学的学生，在提倡社会科学史方法时，又是以新的"西学"反对原来的"西学"。我们应该以当代史学的实际，吸收世界上先进的学术思想和民族史学思想的精华，用自己的语言——借用某些学人的话说就是"自己的土语"——进行思考，来评论，来论衡。

——新世纪史学建设的道路。以 1901 年梁启超作《中国史叙论》，1902年作《新史学》为标志，中国史学走上了史学近代化的道路。此后，李大钊提出要建设现代史学，抗战时期，郭沫若、翦伯赞、侯外庐等人在重庆建立"新史学会"。20 世纪的"历史学"学科，是按照西方的学科体系，把传统的经、史、子之学打散后，进行学术的重组后形成的。这种变化影响到教育、学术、文化各方面，史学如西方一样职业化了。振兴民族史学，是海峡两岸学人的共识，要从民族大业上，看待这个问题。到了 21 世纪，两岸史学界都在思考发展民族史学的大问题，两岸学人的交流与合作，对于发展新世纪的史学是十分重要的。

三、全球化趋势下的史学

全球化趋势主要是指经济全球化的趋势，但全球化趋势又不仅体现在经济上，在信息、文化、生态等各个方面都能体察这种趋势带来的影响，感受它带来的震动。进入 21 世纪，应该说全球化已是不争的事实，"'全球化'是近年来国际国内使用频率越来越高的术语。自 20 世纪 80 年代中期以来，它以惊人的速度在世界上流行开来。人们普遍将全球化看作世纪之交发生的各种事件的世界历史背景"②。可以肯定的是，这种趋向出现，带来的冲击是巨大的。不只是经济面临着机遇与挑战，包括史学在内的文化同样遇到挑战，当然这也是史学发展的机遇。对全球化问题趋向还应当有不同的理解，我认为这是一种世界范围内的联系的增强，是一个过程、潮流，是一种历史发展趋势。因此，它对于我们思考历史理论，反思史学都是有意义的，史学工作者应当注意这种趋向，讨论这种趋向对新世纪史学，对

---

① 参见李泉：《傅斯年与中国近代实证史学》，《台湾大学历史学报》，1996 年第20 期。

② 梁志严：《全球化研究与社会学的范式转换》，《国外社会科学》，2000 年第3 期。

当代社会产生的效应，从而丰富我们的史学思想。

20 世纪的史学思想中一个重要问题，是对历史运动过程的认识；各种历史观点的争论一个十分重要方面，是对这个问题理解的差异。西方史学从传统史学向新史学的转化，以及新史学在 20 世纪下半期所发生的变化，产生了所谓的"新的新史学"(the new new history)①。它讨论的内容有所不同，有历史认识论方面的问题，有历史研究方法论方面的问题，有历史功能等方面问题，但与之相关的一个基本问题，还是历史过程问题。20 世纪中国传统史学嬗变及历史学走向近代化，史学思想的更新、多变，这些都和史学家对历史过程的看法分不开。中国马克思主义史学在发展过程中，史学界的争论以及马克思主义史学家之间发生的分歧，同样表现在对历史过程的认识上。

世纪之交的世界史学思潮对中国史学思想与理论的影响，应当重视。如近几十年中西方历史科学的三大新潮流：社会史潮流、新文化史潮流和新世界史或称全球史潮流(global history)②。在西方史学思潮方面，比较集中的问题之一，是环境史学、口述史学、生态史学以及妇女史等相关问题的提出。

在讨论西方史学理论与思潮上，后现代主义史学思潮的讨论，是一个重点。《史学理论研究》2004 年第 2 期在《后现代主义与历史学》标题下，发表了一组文章。编者在按语中说："无论人们如何评价，后现代主义思潮对史学的影响已是一个不争的事实。这种影响之一，是它深化了人们对史学本身的认识，引发了各种各样的思考和联想。不同于以往的史学理论和历史哲学，后现代主义没有提供有关历史发展的一般概念和模式，但它客观上却为史学发展开拓了新的空间。对此，我们应持一种开放和严谨的科学态度，借鉴其某些内容为我所用，并洞悉其某些消极内容以及可能产生的负面作用。"

史学界一个热门话题是史学的创新，21 世纪之初，史学界就对新世纪的史学发展展开了讨论。2002 年 5 月 25 日至 30 日，中国史学会和云南大学在昆明联合召开了"21 世纪中国历史学展望学术讨论会"。在史学理论、史学思想上进行创新，十分重要的是弘扬中华民族精神，爱国主义则是民

---

① 参见罗凤礼：《历史与心灵》，北京：中央编译出版社，1998 年版。

② 参见于尔根·科卡著、景德祥译：《20 世纪下半叶国际历史科学的新潮流》，《史学理论研究》，2002 年第 1 期。

族精神的核心和精髓。2004 年年初，中共中央发出了《关于进一步繁荣发展哲学社会科学的意见》，强调必须进一步提高对哲学社会科学重要性的认识，大力繁荣发展哲学社会科学。同年"五一"前夕，中央实施马克思主义理论研究和建设工程工作会议在京召开，包括历史学在内的各个课题组的研究工作已经全面启动。

总之，史学澎湃的潮流对史学思想和理论的发展是一股强大推动力量。

全球化趋向的事实是以新的历史实际，丰富、发展了我们对唯物史观关于历史理论的认识。这是 21 世纪史学思潮中的一个十分重要的问题。全球化趋向带来的是文化多样性，随之出现了思想的多元性，但唯物史观的意义仍然显示其活力。对于史学思想研究的前景，我们充满了希望。

首先，全球化趋向的事实，表明了人类历史有共同的行程。全球化是活生生的事实，它给人们展示了社会变化的走向。在这个地球村上生活着的各个国家、各个民族的差异很大，但发展的轨迹，在总体上显示出一种共同的趋向。这个趋向是真实存在的，不是臆造出来的，因而也是客观的。古代世界的各个国家与地区也有联系，但由于地理条件复杂等各种原因，古代世界的联系又是十分有限的、松散的，因而与后来全球化的联系有着根本的不同。有的学者讨论全球化趋向问题时，认为古代中、外史学史上的整体历史思想，也是全球化理论。但应该指出，这样的整体历史观念不同于近代关于历史客观过程的思想，更不可以说古代史学家就有了全球化的观念。

随着资本主义产生，世界市场形成，全球经济文化联系更为密切。同时，世界各个国家地区的联系，又是资本主义存在和发展不可缺少的条件，也只是到这个阶段，全球化才成为趋向。它的客观性得到充分的体现。资本主义发展，全球化的趋势也在增强，到了 20 世纪后半期，全球化趋势呈现出加速的态势。这就丰富了人们对人类历史进程的认识。全球化本身是一个过程。全球化趋向的理论不能代替历史过程的理论，但它丰富了人们对历史过程的认识。

其次，全球化趋向表明，人类各个国家各个民族的历史有自己的特点，但存在着共同的趋向，是有内在的必然性的。历史过程有没有客观规律？是 20 世纪历史理论争论的一个大问题。马克思主义唯物史观关于人类历史发展客观规律的思想，是一个完整的理论体系。以新康德主义的李卡尔特、文德尔班，以及新黑格尔主义的克罗齐等为代表的各种流派，提出的不同的学说，论证的方法也不同，但对马克思主义的唯物史观的否定，基本都是集中在关于客观历史过程及历史发展不平衡等根本理论问题上。

有的西方学者赞赏这样的观点：历史"不是一个一般规律的生产者，而是一般规律的消费者"，宣称是上帝主宰历史①。有的说："物理学着眼于规律，历史科学致力于特殊。"还有的谈到历史学的意义，说历史只能陶冶心智，"历史也不能够预言将来；它也不能够提供一套无处不可适用的规律来作为政客的指南；它不能够用历史类比的演绎法指出在我们自己的时代的任何争执中哪一方是正确的"。② 总之，他们或肯定否定历史过程的客观性，把历史过程的事实当作是主观的，甚至是神意的体现；或者根本否认历史客观过程的理论，不认为这种理论有任何价值。还有的把马克思主义历史客观过程的理论与实证主义理论，以及斯宾格勒的历史规律论等混为一谈。有的建立文明形态说、世界体系模式说，但这和马克思主义的历史过程的客观规律理论不是一回事。争议以各种形式在进行，从来没有停止过。

英国历史学家杰弗里·巴勒克拉夫（Geoffrey Barraclough）在《当代史学主要趋势》（*Main Trends of Research in the Social and Human Sciences：History*）中说，20 世纪史学，在二战以后，具体说是 1955 年前后，世界史学发生了重大变化。大约从 1955 年起，历史学研究进入迅速转变和反思时期，两次大战之间，可以说是新旧交替时期。那么在他写这本书时，历史学的趋势发生了什么令人注意的大事呢？该书的第四部分开篇说："如果说，当代历史研究中最强大的新趋势是从研究个别和具体转向研究普遍规律，是把历史学和社会科学都作为最终以人类为研究对象的科学的尝试，那么，第二项重大的变化无疑是历史学家的视野在时间和空间上的扩展。"③这毕竟表明了史学思想在发生变化。全球化趋向的"趋向"本质，是历史运动的"势"，是一种必然，因此这里面不是一般的因果联系，而是内在的、必然的联系。

唯物史观关于历史客观过程的思想，在 20 世纪不只是一个学术问题，更重要的是在对当代世界变化产生的影响上，它不断受到实践的检验。中

① 参见威廉·德雷著，王炜、尚新建译：《历史哲学》，北京：生活·读书·新知三联书店，1988 年版，第 10、202 页。

② 参见田汝康、金重远选编：《现代西方史学流派文选》，上海：上海人民出版社，1982 年版，第 98、185 页。

③ 杰弗里·巴勒克拉夫著、扬豫译：《当代史学主要趋势》，上海：上海译文出版社，1987 年版，第 148 页。

国近代以来的百年历史从正反两个方面，证明了马克思主义关于历史过程的理论正确性。今天全球化事实再一次证明了马克思主义历史理论的正确。

要指出的是，我们不能用全球化的论说代替历史过程论，但其确实丰富了历史过程理论。这里简要地说明几点：

——在全球化趋向下，世界上不同政治制度的国家不只有差异、矛盾的一面，同时，各个国家又有互补的一面。正是这样的联系发展促进了全球化趋向健康地向前发展，推动了新的历史进程。

——关于历史运动的趋势造成的原因，要看到各种因素的作用。全球化首先是经济的全球化，但在其中还有重要的方面，是科技全球化，特别是信息的全球化。对于科技是生产力，以及科技在历史发展中的重要作用，现在看得比过去更为清楚；对科技是第一生产力在全球化进程中的意义，有更深的体会。

全球化是世界生态环境保护的要求，而生态环境的要求，又是全球化趋向的内在联系之一。各国历史的发展，不只是各国之间相互影响、相互作用，同时又与自然相互联系、相互作用。史学工作者研究相关的课题，可以说是当代史学"究天人之际"的内容。

——全球化趋向使人们意识到文化对历史发展的作用。本民族的文化的发展，与吸收外国优秀文化是一个整体，全球化趋向又是各个民族文化发展的要求。

再次，全球化趋向与世界政治、经济、文化发展的不平衡是相互联系的。世界各个国家、民族没有差异，也就没有全球化趋向的问题。正因为有不平衡，而且这种不平衡的变动呈现出一种趋势，这才有全球化趋向的出现。全球化趋向表明，在这个过程中，平衡与不平衡的变动，构成了历史过程动态的曲线。一个时期的平衡只能是相对的，旧的平衡消失，新的不平衡又会出现。这意味着全球化趋向不可能泯灭民族的差别。我们要从全球范围内认识历史的变化，重视研究各个民族历史的特点，并且讨论全球化趋向出现对各个民族历史产生的多重影响。

唯物史观关于政治经济发展不平衡的理论，深刻地揭示各个民族在共同的发展过程中有自己的特殊性，各个国家的历史进程不会一样，在具体发展过程中会有跳跃的情形。世界上东西南北的政治经济是不平衡的。基于这样事实，各个国家、民族只能按着历史规律办事，承认多样性，坚持国家主权独立、领土完整，相互尊重，共同繁荣。但是霸权主义者却是要扩张，他们要把自己的"个人主义""文明模式""自由主义"及价值观强加给别的国家，力图把多极世界置于他的"一极"统治之下，是违背历史潮流的。

政治、经济、文化发展不平衡性在全球化趋向下，是有重要意义的法则，在文化上认识这一点十分重要。从国际历史科学大会，到讨论东方文化、儒学、易经等国际学术会议，以及各种报刊的专栏评论及论文，重要话题之一，是谈中华文化在全球化中的地位。正如有的学者谈道："可不可以这样说：越是经济走向全球化，就越需要重视全球各个民族之间的平等和相互尊重，包括尊重文化多元化这个事实。绝不可能在全世界只有一副面孔、一种文化，也不可能把某一种文化、某一种价值观念强加给所有其他民族和国家，要他们照搬照用，那是办不到的事情，也不利于人类文明的发展。"①

关于所谓世界史的"中心"问题。世界史的"欧洲中心"或者称"西方中心"论，在谈到全球化未来的发展时，还出现"华夏中心"说或者"东亚中心"说。应当看到，"欧洲中心"一类问题的提出，是殖民主义时代的产物，它不仅是说世界历史是以欧洲为中心，同时包含着人种优越论的成分，只有他们的种族是优秀的，力图使他们的权力永久地保持下去，这是问题的实质。历史发展的进程总是不平衡的，一个时期某个地区的历史发展较快，成为影响世界进程的主导方面，但不等于说是"中心"。从全球角度研究世界史这是无法回避的问题，而这也只能以唯物史观做出正确的说明。既要对各种"中心"论做出分析，又要区别古代世界史与近现代世界史发展历程的差异，对类似问题以动态眼光来处理，可能会更符合实际。

最后，全球化趋向表明，各国历史、各个民族历史的发展是相互联系的，不是孤立的。一个国家的盛衰，与整个世界变动有密切的关系；一个国家的兴亡是和其他的国家的变动联系在一起的。资本主义的兴盛是与殖民地国家的苦难联系在一起的；一个资本主义国家兴衰与另外的资本主义国家的盛衰变动又是相互关联的。

但事情还有另一个方面，靠损害别的国家、民族的利益来求得发展，最终自己也要尝到苦果。世界经济发展出现了新的局面，世界市场在更完全的意义上形成，世界科技的发展，各国经济、金融的萧条与繁荣，其影响早已超出一个国家的界限，"一荣俱荣，一损俱损"。一些发达国家按着民族自私原则，在这种变动中，掠取最大利益，而在经济、金融危机出现

① 金冲及：《经济全球化趋势下的中华文化走向》，《人民日报》，2001年1月4日，第九版。

时，又总是把损失转嫁到其他民族、其他国家。全球化过程充分说明，只有平等互利、共同发展，才能有共赢，才能有各民族的长远利益。

唯物史观又是开放的思维，因此，坚持唯物史观的指导，正是要求我们从多方面吸收世界上各种先进思想。世界上各种有益的史学思想，正是要求我们不断创新史学。

在全球化趋势下，历史学要适应新的形势，努力吸收世界上各种先进思想文化，弘扬民族史学优秀传统，把史学思想的研究推向新的阶段。

第十三章　关于中国史学思想的几个问题(上)

中国史学思想的历史向我们显示出它的丰富性和深邃性，尽管世界上很多学者并不承认这一点。不少人承认中国的历史编纂学是丰富的，但认为中国的史学思想没有多少可取的东西。因此，在展示中国史学思想发展的历程以后，有必要从这个过程中，总结中国史学思想的几个重要的方面。

这里有一个问题需要做一点解释，中国史学思想应当包括史学家与思想家的历史观点和史学观点。我们在前面研究诸子与理学家思想时，也是从这方面着眼的。我国历代思想家探索客观历史发展的过程，把人们对历史的认识推向前进。许多进步思想家关于历史的论述，是我国史学理论遗产中的瑰宝；而人们在总结中国史学遗产时，往往没有看到这座史学理论遗产的宝库。

中国历代史官可以说是职业的史学工作者，他们中间的优秀史学家，提出过精到的见解。但是也有不少史官，在记载历史时是恪守职责，在材料编纂、文字润饰上也是高手，而在解释历史时，这些史臣恪守祖训，因而缺少独到的见解，显示出思想上的苍白。如果史学思想的总结，限制在旧目录学中的史部书，而忽视别的作品，就有可能得出中国史学思想是贫乏的结论。

在总结史学思想时，我们应当十分注意历代思想家的见解，注意他们对历史的阐释，对史学的认识。许多思想家对历史过程的探讨，显示出他们的才华，他们同进步史学家一道，把人们对历史的认识推向前进。正是他们敏锐的思考，他们中间一些人的史学观点，不符合统治者的口味，被作为一种"异端"看待。许多思想家的有关作品通常没有被列在"史部"目录之下，这也是人们在总结中国史学思想时，往往忽视他们的思想的原因之一。这在中国史学发展上构成一种奇特的现象，不懂历史的人在秉笔写"国史"，而很多对历史有较好理解的人写出来的作品，又不被看作是史书，这些作品更没有正史那样的地位。

综上所述，讨论中国史学思想时，要注意史学家、思想家两个方面的贡献。我们在讨论西方史学思想时，注意思想家的观点，注意到诸如康德、黑格尔这样的思想家在历史哲学上的贡献；因此，我们更有理由，思考中国史学思想时，要充分注意总结思想家的观点和思想。

作为史学思想的历史著作，当然不可能把所有的思想家、哲学家和政治家的历史观点，以及一些史学方面的主张都收进来。在史学思想的著作中，只能研究在历史观点上有独到见解的，或者其历史认识对史学的发展有重大影响的论述。

与世界其他国家的史学思想相比，从中国史学思想史的发展过程上看，至少有这样几个观点是可以提出来的：一是通变的史学思想；二是历史借鉴的思想；三是经世致用的史学思想；四是历史编纂学的二重性主张。

第一节　通变思想的意义和价值

"通变"把"通"与"变"两者联系起来，作为一个完整的范畴提出来，这是中国史学家、思想家的一个突出的贡献，是中国历史思想和史学思想的一个很大的特色。"通"是联系，是连接、因依，"变"贯穿其中，是"通"的依据，"通"是"变"的表现，"变"有千姿百态，有大变、小变、剧变、渐变、量变、质变，而"通"也因此各自相异。史学史上的"通识"有高下之分，有深浅之别，重要的一点，是这种通识包含对历史中"变"的理解的不同。因此，仅仅讲通识还是不够的，还应当从"通"与"变"两个方面来研究中国史学思想史的有关论述，从总体上来把握，这就是"通变"思想。

历史是什么？这个问题困惑着不少中外史学家。其实，历史就是变化，没有变化，就不会有历史。通变思想的意义在于，从根本上说明历史是什么，这里归纳一下：

第一，通变思想指出，变化是事物发展的必然。一部《周易》，其主题，概括起来是两个字："通"与"变"。本书第二章，以及在论述司马迁、王夫之各个史学家思想的有关章节，已经谈到这一问题。《周易》的作者从对自然和社会人事现象的观察中，得出这一认识。没有"通"，则爻与爻之间，互相隔绝；没有"变"，则卦与卦、爻与爻之间永远凝固。大千世界中的一切事物都在变化中生长消亡。爻与卦是对事物通变发展的一种抽象与概括。"圣人有以见天下之赜，而拟诸其形容，象其物宜，是故谓之象。圣人有以

见天下之动，而观其会通，以行其典礼，系辞焉以断其吉凶，是故谓之
爻"。也就是说，圣人看到变化的世界，才以卦爻的形式做出了概括。

同时，以"通变"的精神行事，才能取得成效，通变思想也是一种变革
观。"是故形而上者谓之道，形而下者谓之器。化而裁之谓之变，推而行之
谓之通，举而错之天下之民，谓之事业"。又说："鼓天下之动存乎辞，化
而裁之存乎变，推而行之存乎通。神而明之存乎其人。默而成之，不言而
信，存乎德行。"①这就是说，只有有精审见解的人，达到一定思想境界的
人，才能以通变思想行事。近代王韬说：

> 《易》曰："穷则变，变则通"。知天下事未有久而不变者也。上古
> 之天下，一变而为中古。中古之天下，一变而为三代。自祖龙崛起，
> 兼并宇内，废封建而为郡县，焚书坑儒，三代之礼乐典章制度，荡焉
> 泯焉，无一存焉。三代之天下，至此而又一变。
>
> 自汉以来，各代递嬗，征诛禅让，各有其局，……至今日而泰西
> 大小各国，无不通和立约，叩关而求互市，举海外数十国悉聚于一中
> 国之中，见所未见，闻所无闻，几于六合为一国，四海为一家。秦汉
> 以来之天下，至此而又一变。②

他在《变法》篇中批驳西方人的言论，针对所谓"泰西之士尝阅中国史籍，以
为五千年来未之或变也"，王韬说："夫中国亦何尝不变哉！"所以，通变思
想是对中国历史的一种认识，又是一种变革历史的理论。从先秦诸子到司
马迁、王夫之以及近代的变法思想家，多是以通变的思想作为要求进行变
革的理论武器。

通变思想成为史学家思考历史过程的深邃思想，由于对"通"与"变"的
理解不一样，因此，就有不同的历史的观点。

其一，司马迁从物质、经济的变动说明历史的通变是一种必然。《史记
·货殖列传》说："故物贱之征贵，贵之征贱，各劝其业，乐其事，若水之
趋下，夜无休时，不召而自来，不求而民出之。岂非道之所符，而自然之
验邪？"在司马迁看来，历史的盛衰，霸业的兴起与衰落，社会风俗特征的
变化，都是经济变化的体现。所以《史记》"通古今之变"的思想，有着更为

---

① 《周易·系辞上》。

② 王韬：《弢园文新编》，第 15～16 页。

深刻的内容。

其二，孔子的损益的历史变化观。《论语·为政》篇载，子张问："十世可知也？"子曰："殷因于夏礼，所损益可知也；周因于殷礼，所损益可知也。其或继周者，虽百世可知也。"这里说的变与通，是另一回事。孔子心目中的夏、殷、周三代是盛世，但是三代中也有变化。能不能说孔子只承认历史只有量变，而没有质的变动？从《论语》中孔子的言论看，他最推崇的是周，特别是周公施政的时代。他说"甚矣吾衰也！久矣吾不复梦见周公"①，又说"周监于二代，郁郁乎文哉，吾从周"（《八佾》）。这里他没有说"吾从夏"，是可以说明问题的。因此，他是以三代的周，作为一个模范，他比较了三个朝代的政治治理与用人，说"周之德，可谓至德也已矣"（《泰伯》）。对于夏、殷二代的情况，他不是很清楚，说："夏礼吾能言之，杞不足征也；殷礼吾能言之，宋不足征也。文献不足故也，足则吾能征之矣。"（《八佾》）一个事实是，殷周之际的制度变动，按后世的王国维的说法，是一个大变动②。这一点，孔子由于文献的缺少，说不出详情，但并不是没有感受，他意识到三个朝代的刑法、礼制等方面存在很大的差异。从上面所引，可以得出两点结论：一是孔子说三代的变动，不但有一般的变动，也有大的变动；二是后世周朝政治的治理上是度越前代的。他说："齐一变，至于鲁；鲁一变，至于道。"（《雍也》）这个"道"，也是周公治理的道。后人在注《论语》时，说子张问十世，孔子回答的话，是表明孔子认定三纲五常不可变。这是理学家强加给孔子的，理学家为宣传天理永恒的需要，曲解孔子思想，如果我们仍然以理学的注解来判定孔子的历史观，那实在是大不幸。所以，孔子的损益史观，具有进化的因素，是一种制度上的通变史观。但在总体上，孔子说的损益，讲通与变，而这种"变"主要是渐变，这又是这种历史观的缺陷。后来儒家谈论历史的变化，很多是按孔子的思路，提出自己的主张。

其三，宋代的郑樵提出的"会通"思想，强调历史的联系、因依，强调"通"，却是削弱了"变"的内涵。他说："百川异趋，必会于海，然后九州无浸淫之患；万国殊途，必通诸夏，然后八荒无壅滞之忧。"这里重点在强调自然和社会都是相互联系、贯通的，不能割断古今的因依与联结。至于在这样的过程中有怎样的变动，郑樵并没有论及，这又是会通思想的不足。

---

① 《论语·述而》，下引《论语》于行文中注篇名。
② 王国维：《观堂集林》，北京：中华书局，1959年版，第451页。

从形式上看，"会通"的概念，也是取自《周易》，但是《周易》的变的思想，郑樵没有继承。章学诚在《文史通义》中作《释通》篇，对郑氏"通"的思想给以充分的肯定，但是没有看出郑樵说的"会通"与《周易》中的"会通"，已经有了一定的差别。

其四，董仲舒说历史贯通，则又是另一回事。他说："古之造文者，三画而连其中，谓之王。三画者，天、地与人也，而连其中者，通其道也。取天地与人之中以为贯而参通之，非王者，孰能当是？……天覆育万物，既化而生之，有养而成之，事功无已，终而复始，凡举归之以奉人。察于天之意，无穷极之仁也。"[1]所谓贯与通，是一种天的意志，是得天的意志的"王"，把天、地与人联结起来。这里说的是天命支配的变与通的思想。它丢弃《周易》中通变思想的精华，突出了天人感应的思想。这同司马迁的通变的史学思想是对立的。

第二，通变思想，强调历史的变化是有条件的。事物变化是在一定条件下发生的，因此，后世的变革也应当重视条件。所谓"变"，并不是任意的变。在政治上进行变革，只有重视条件进行变革，才能取得一定效果。所以，"通变"思想，又是中国历史上的变革思想中的精华。宋代的马端临谈到，后世一些人企图按《周礼》的办法管理天下，以行封建、置井田的办法解决社会危机，他认为这是一种不切实际的想法，说：

> 愚俱以为未然。盖《周礼》者，三代之法也。三代之时，则非直周公之圣可行，虽一凡夫亦能行之；三代而后，则非直王莽之矫诈，介甫之执愎不可行，而虽贤哲亦不能行。其故何也？盖三代之时，寰宇悉以封建，天了所治不过千里，公侯自百里以至五十里，而卿大夫又各有世食禄邑，分土而治，家传世守。民之服食日用，悉仰给于公上，而上之人所以治其民者，不啻如祖父之于其子孙，家主之于其臧获。田土，则少而授，老而收。于是乎有乡遂之官。……其事虽似烦扰，而不见其为法之弊者。盖以私土子人，痛痒常相关，脉络常相属。虽其时所谓诸侯卿大夫者，未必皆贤，然既世守其地，世抚其民，则自不容不视为一体。既为一体，则奸弊无由生，而良法可以世守矣。[2]

---

[1]　《春秋繁露》卷十一《王道通三》。

[2]　《文献通考》卷一百八十《经籍考七》

这就是说，井田之法，是三代时代条件下的产物，并不是什么个人的意愿所能决定的。那个时代，天子直接控制的地区很有限，经济关系简单，政府百官与百姓间的关系也是明晰的，在那样一个条件下，行井田，自是可行。但是到了后世，历史发生变化，马端临说：

> 自封建变而为郡县，为人君者，宰制六合，穹然于其上。而所以治其民者，则诿之百官、有司、郡守、县令；为守令者，率三岁而终更。①

时代变化了，历史的条件不一样，等级关系更是日益复杂，再要行封建，也是不可能的事。由此他得出一个结论：

> 则知《周礼》所载，凡法制之琐碎烦密者，可行之于封建之时，不可行之于郡县之后。必知时适变者，而后可以语通经学古之说也。②

他在另一处，又说，"夫封建者，古帝王所以建万世之长策，今其公心良法一不复存，而顾强希其美名以行之，上则不利于君，中则不利于臣，下则不利于民。而方追咎其不能力行，此书生之论，所以不能通古今之变也"③。这一段话在前面已经引过，其具体的内容这里不做更多的分析。明显的是，马端临论封建的观点，表述一种通变的思想，他强调事物的变化是有条件的，只有懂得条件的意义，才可以称得是理解"通变"的精神。

中国的思想史上，"通变"思想具有重大的价值，在于它既论述了事物的变化是绝对的，同时又指出事物的变化是有条件的。这既是观察历史的思想，又是思考时代变革的观点。

第三，通变思想还有一层重要的意思，这就是它说明对立的双方相互包含。司马迁的通古今的历史盛衰论中，提出"见盛观衰"的观点，也就是说"盛"中有"衰"，"盛"中有"衰"的因素，"衰"可复"盛"，在一定条件下，"衰"走向"亡"。盛衰变化又不是简单的盛衰循环。这在前面论司马迁的历史盛衰论时，已经作了分析。一些史家在"盛世"下却要说"危言"，也是从

---

① 《文献通考》卷一百八十《经籍考七》。
② 同上。
③ 《文献通考》卷二百七十五《封建考十六》。

这样一种思想出发的。

依据通变思想，对历史阶段划分有了可能，只讲通，或者只讲变，是无法区别历史发展的不同时期和阶段的。所谓上古、中古、近古和近世等阶段的区划，具体地体现出历史既是贯通的，又存在不同的变。通变思想在学术史上，表现为考镜学术源流的传统。吾舅马茂元先生从文学理论上谈通变的思想，说：

> "通"与"变"对举成文，是一个问题矛盾的两面；把"通变"连缀成为一个完整的词义，则是就其对立统一的关系而说的。……把继承和创新结合起来，才是"通变"的精义之所在。①

章学诚在《文史通义》中以通变思想提出变革史学的主张，他说：

> 《易》曰："穷则变，变则通，通则久。"纪传实为三代以后之良法，而演习既久，先王之大经大法，转为末世拘守之纪传所蒙，曷可不思所以变通之道欤？②

"通变"在《文史通义》中，成为史学变革的代名词。

应该说明，通变思想反映在各个学术领域内，但是这种思想是观察自然和社会的运动后得出来的，历史学的任务是从通与变两个方面把握历史的运动。

第二节　历史借鉴的思想

世界上几乎每一个民族，每一个国家，都重视从历史中寻求值得借鉴的经验教训，可以说，历史借鉴的思想，是每个民族史学思想的主体部分。中国史学思想中历史借鉴的思想尤其丰富、发达，从而具有自己的特色。

我们首先从理论上讨论历史借鉴的可能性与必要性。历史的发展中有重复性、常规性，历史又是不可重复的。如果历史不可重复，那么历史的借鉴也无从谈起；如果历史只有重复的一面，那么历史就不可能前进，历

---

① 马茂元：《晚照楼论文集》，上海：上海古籍出版社，1981年版，第62、65页。
② 《文史通义》内篇卷一《书教下》。

史的借鉴也无从谈起，如果有的话，只能是一种刻板的照搬前人的做法。结合中国历史分析这个问题，历史在变化中有重复性，这是因为人类的历史发展是建立在物质生产发展的基础之上。要想社会稳定和发展，就要使社会物质生产能不断进行，并且在一定规模的基础上进行扩大再生产。实现这一点，至少需要：

第一，物质生产者最起码、最基本的生活条件要有保障。一旦这个最低线被破坏，社会就会陷入混乱之中。在前资本主义社会中，生产是以劳动密集型为基本的特点，劳动者的生活状况往往是一个社会能不能安定的标志。"承弊易变，使民不倦"是司马迁从历史兴衰中总结出的一条根本性的认识。

强秦所以在很短时间里崩溃，根本的原因是暴政、苛敛。"男子力耕不足粮饷，女子纺绩不足衣服。竭天下之资财以奉其政，犹未足以澹其欲也。海内愁怨，遂用溃畔"①。历代说兴衰的，都关注到这一点。

在前资本主义社会中，有一条无形的生存线，一旦劳动生产者长时期生活在生存线下，社会将动荡。生产者的最基本的生活条件，是进行生产的必要条件，也是劳动力再生产的必要的条件。现代资本主义社会提出贫困线问题，也是要稳定社会。

第二，生产者与生产资料相结合的条件要得到满足。在封建社会里，土地问题始终是一个最根本的问题，其道理也在此。一旦农民与土地相分离，成为流民，社会的生产遭到破坏，社会也就动荡不安。中国思想史、史学史上关于历史兴衰的议论中，一个突出的内容是关于封建、井田的争论，其实质是要生产者与土地结合，维持社会的生产。《汉书·食货志》说："理民之道，地著为本。"杜佑看出这一层道理，说："谷者，人之司命也；地者，谷之所生也；人者，君之所治也。有其谷，则国用备；辨其地，则人食足；察其人，则徭役均。……夫《春秋》之义，诸侯不得专封，大夫不得专地。若使豪人占田过制，富等公侯，是专封也；买卖由己，是专地也。欲无流窜，不亦难乎。"②封建社会的兴衰总是与土地问题联结在一起的。

第三，与前二者相关的另一个重要问题，是统治者在一定的程度上的自律。封建统治者的所谓"清廉"，并不纯粹是一个道德上的内容。统治者"酗酒""侈靡""好女色"等，从另一个角度反映出劳动者生活的极度困苦。

---

① 《汉书》卷二十四上《食货志上》。
② 《通典》卷一。

统治者提倡他们的子孙要"体察民瘼"，其意图也是使其子孙能看到生产者的生活情形，给劳动者以最基本的生存的条件，使社会的生产能继续进行。唐太宗深明这样的道理，他对臣下说：

> 为君之道，必须先存百姓，若损百姓以奉其身，犹割股以啖腹，腹饱而身毙。若安天下，必须先正其身，未有身正而影曲，上治而下乱者。朕每思伤其身者不在外物，皆由嗜欲以成其祸。若耽嗜滋味，玩悦声色，所欲既多，所损亦大，既妨政事，又扰生民，且复出一非理之言，万姓为之解体。怨讟既作，离叛亦兴。①

第四，为维系生产的社会秩序与环境。封建社会的礼治，是统治者维护其统治的上层建筑，维护其等级统治的工具。这里我们应当看到这种礼，在当时的历史条件下，对社会生产活动的意义。

对于封建社会礼治的作用，我们应当看到它的两面性。一方面，它在维系社会的正常秩序上起作用。另一方面，在社会生产力进一步发展后，生产关系需要作更新、调整或作部分调整的时候，保守的社会势力，往往以维护旧的礼治为依据，反对对生产关系与上层建筑作必要变革，这时就显现出它保守乃至反动的性质。

从礼治上总结历史的兴衰，要看到这种观点所要维护的制度对生产发展的意义。所谓社会的环境，其含义是多方面的。这里有社会风气的问题，有人伦道德问题，还有一个重要的方面是周边的关系问题。能否正确地处理民族问题与周边的关系，直接地影响到社会的生产，影响社会秩序的安定。

与上述问题相关的是军旅之事。统治阶级利用军队武力作为维系统治的工具，这一点也应当从两个方面来分析。武力作为维系社会秩序的手段，是镇压敌对阶级反抗的暴力工具。对外，是反对外族侵略的措施，同时在一定的情况下又成为对外扩张的手段。历来统治阶级在总结历史兴亡时，十分重视总结军事在兴衰中的作用。

军事在历史兴亡中有着十分重要的作用，但决定兴亡的并不完全取决于武力。班固曾经认为秦朝之所以亡，是"销锋镝，弛武备"造成的结果。马端临不同意这样的看法，他说：

---

① 《贞观政要》卷一《君道》。

　　　　然愚以为秦之亡，非关于兵弛也。当时尽吞六雄，威震六合，彼
　　胡越僻在裔夷，岂能为纤芥之害，而发百万之师以戍之。骊山、阿房
　　之役，又复数十万健卒虚耗于无用之时，糜烂于不切之役。盖侧目倒
　　戈相挺而并起者，皆秦兵也。①

秦之亡，非在兵弛，而在其倒行逆施，"寡助之至，亲戚叛之"，百姓铤而
走险，士兵也侧目倒戈，强秦势在必亡。

　　上述几点，在历史中一再重复，证明这些直接作用于历史的兴衰。历
代史学家、思想家也总是围绕着这些方面，阐发自己对历史兴亡的看法，
从历史中寻求值得借鉴的东西。中国历史上的兴亡论，表现出的历史借鉴
思想显示出它的丰富性、广泛性。

　　但是历史又是不可重复的，历史具有一度性，历史的现象不可能重演，
也不可能在实验室通过一定的办法让它重复地出现。历史上经验教训也是
在一定条件下产生的，借鉴历史十分重要的是"条件"二字。即使历史上重
复的东西，也是在不可重复的事件中体现出来。史学史上，各种兴亡见解
之高低，也由此而表现出来。唐人李翰为《通典》作序说：

　　　　儒家者流，博而寡要，劳而少功，何哉？其患在于习之不精，知
　　之不明，入而不得其门，行而不由其道。……今《通典》之作，昭昭乎
　　其警学者之群迷欤！以为君子致用在乎经邦，经邦在乎立事，立事在
　　乎师古，师古在乎随时。必参古今之宜，穷终始之要，始可以度其古，
　　终可以行于今，问而辨之，端如贯珠，举而行之，审如中鹄。夫然，
　　故施于文学，可为通儒，施于政事，可建皇极。

史学要经世致用，是要借鉴历史的，这也就是李翰说的话，要"师古"，但
师古，并不是原封不动地照搬历史的经验，师古要"随时"。所谓"随时"，
李翰的解释是："参古今之宜，究终始之要。"中国思想家、史学家把历史的
借鉴与通变的思想结合在一起，这是中国史学思想中历史借鉴思想深刻的
地方。

　　为解决封建社会中的土地问题，一些思想家、史学家，提出要复井田、

────────────

　　① 《文献通考》卷一百四十九《兵考一》。

行封建，认为以这样的三代优良制度，可以解决社会的危机。马端临说，这是不能通古今之变的"书生之论"，这在前面我们已经讨论过。王夫之说："善师古者，旁通而善用之。"①所谓历史的借鉴，要以通变的眼光看待历史的经验教训。有的可以直接引以为用，如汉初招募失业之民归之于农；有的要作损益；有的在新的历史时势下，不可再搬用，如封建、井田一类的问题。对历史上的经验，应从精神上认识它，注意形成历史经验的一定的条件，要看到后世现实条件的变化与新历史时势的形成。王夫之说自己借鉴历史，写《读通鉴论》的旨趣是：

> 编中所论，推本得失之原，勉自竭以求合于圣治之本；而就事论法，因其时而酌其宜，即一代而各有弛张，均一事而互有伸诎，宁为无定之言，不敢执一以贼道。有自相距龃者矣，无强天下以必从其独见者也。若井田、封建、乡举、里选、寓兵于农、舍笞杖而行肉刑诸法，先儒有欲必行之者矣。袭《周官》之名迹，而适以成乎狄道者，宇文氏也；据《禹贡》以导河，而适以益其溃决者，李仲昌也。尽破天下之成规，骇万物而从其记诵之所得，浸使为之，吾恶知其所终哉！②

不顾条件，机械套用历史上的做法，不从实际出发，而从书本袭用成规，其恶果是严重的。所以，王夫之说他谈借鉴历史，但"宁为无定之言，不敢执一以贼道"。中国史学思想史上的历史借鉴思想在这一方面体现出其深刻性的一面。总结经验，得可以鉴，失亦可以鉴，既总结本朝兴起成功处，也从前代灭亡中看到教训。"见盛观衰"，在"盛"中要看到"衰"，进行"承弊易变"的改革。

封建时代君王如汉高祖、汉武帝、唐太宗等重视从历史中取鉴，对他们的统治起了重要作用。少数民族统治者，如辽圣宗、金世宗重视从汉唐历史中汲取经验教训。金世宗批评唐太宗不能有始有终以史为鉴，他的二十九年大定之治，与他重视历史有密切关系。

中国史学思想史上的历史借鉴思想，在一些人那里又有它各自的缺陷。其一，以天人感应的自然现象作为历史借鉴的内容，以肤浅的类比论历史的兴亡。其二，对科学技术在发展生产力中的作用，在振兴社会中的意义，

---

① 《读通鉴论》卷二《汉高帝》。
② 《读通鉴论·叙论四》。

基本上没有论述。因此，历代兴亡论多半是以要维持简单的社会再生产作为太平盛世的内涵。其三，很多历史兴衰论，着重强调维系纲常、名分、礼教的意义，这往往又成了同义语的反复。盛世的标准是纲常、名分、礼教得到保存；另一方面，要使社会达到三代那样的盛世，就必须保存纲常、礼教。用这样的方法，总结不出多少有价值的历史经验教训。其四，相当一部分的历史兴亡论，缺少通变的思想。

在中国史学思想史上，历史借鉴的思想有一个发展的过程。以《尚书》为代表的"殷鉴"思想，着重从前朝衰亡的事实中总结相应具体的经验教训，并且又和敬天的观点联系在一起。从《周易》到两汉的贾谊、司马迁等人历史借鉴的议论，突出发展了通变的历史兴衰论。从两汉到宋代《资治通鉴》《稽古录》，注意到以"类"的观点，进一步讨论历史兴亡的问题。随着宋明理学的兴起与发展，历史的借鉴思想向着哲理的高度发展，通变的历史借鉴思想也有了进一步的发展。到了近代，历史的借鉴，把中国历史的兴衰与世界历史的兴衰结合在一起，学者的总结中注意到科学技术力量对于国家兴衰的意义。

第十四章 关于中国史学思想的
几个问题(下)

第一节 经世致用的史学思想

中国史学家大多主张治史致用、治史明理，治史明治国安邦之理。问题是，史学通过怎样的途径以致用，所谓的"用"的内容有哪些方面，各家的看法不一样。通过总结历史的兴衰，作为借鉴，作为稳定社稷，"跻尧舜之治"的参考，上面说的历史借鉴的思想，也可以说是一种致用思想。另一种是通过历史的事例，对人们进行道德教育。汉代荀悦作《汉纪》，说到修史的目的，"夫立典有五志焉：一曰达道义，二曰彰法式，三曰通古今，四曰著功勋，五曰表贤能。于是天人之际，事物之宜，粲然显著，罔不备矣"①。他是把道德垂训作为史学的首要功用，写史书的一条首要目的是"达道义"，在五条中，道德的内容是主要的。这也是对史学致用的一种看法。还有一种看法，是"史"作为"解经""明天理"之用。朱熹说："如读书以讲明道义，则是理存于书；如论古今人物以别其是非邪正，则是理存于古今人物；如应接事物而审处其当否，则是理存于应接事物。"②古今之事、古今人物，都存有"理"，治史也当明理，明天理之正，这是理学家的普遍看法。

所以，治学、治史完全不讲"用"，在学术史上是极为少见的。通常所说的经世致用的史学，具有特定的含义。经世致用的史学思想中的"用"，着重在民生日用上。经世致用之学，并非完全排斥"经""理"，但讲"理"，不能脱离民生日用。一味讲正心诚意，脱离了民生日用，就不是一种"理"，朱熹与陈亮关于义利之争，很可以说明这一点。朱熹认为，义利不两立，

---

① 《后汉书》卷六十二《荀韩钟陈列传》。

② 《朱子语类》卷十八《或问下》。

如果"崇利"，就会"绌义"；陈亮则认为，义利可以双行，义与利并不是水火不容。陈亮在《上孝宗皇帝第一书》中说，他经过潜心的研究，明白了一个道理：

> 辛卯、壬辰之间，始退而穷天地造化之初，考古今沿革之变，以推极皇帝王伯之道，而得汉、魏、晋、唐长短之由，天人之际，昭昭然可察而知也。始悟今世之儒士自以为得正心诚意之学者，皆风痹不知痛痒之人也。举一世安于君父之仇，而方低头拱手以谈性命，不知何者谓之性命乎！陛下接之而不任以事，臣于是服陛下之仁。又悟今世之才臣，自为得富国强兵之术者，皆狂惑以肆叫呼之人也。不以暇时讲究立国之本末，而方扬眉伸气以论富强，不知何者谓之富强乎！①

陈亮把一味讲正心诚意而不达世务，不知真正富国强兵之术的理学家，称为"皆风痹不知痛痒之人"。这表明陈亮与理学家对"用"的理解，存在根本的分歧。

资鉴思想与经世思想有联系，可以说，经世思想是由资鉴的史学思想衍生出来的，它同样关心社稷的兴亡；但经世思想对民生日用给予更多的注意，包含积极的振兴民族的主张。下面对经世致用史学思想做详细一点的分析：

第一，重视典制的意义，从制度层面上讲"用"；通过制度、法规、措施的设立或变革，达到致用的要求。

宋代的永嘉学派，倡经制之学，以求见事功之学。黄宗羲说："永嘉之学，教人就事上理会，步步著实，言之必使可行，足以开物成务。"②吕祖谦治史，提倡"学者须当为有用之学"③。清人章学诚从理论上说明，经史一致，六经皆史，皆先王之政典，是从经史皆是关系民生实用的学问这一角度，提出他的命题。史学思想史上倡经世致用之学的，往往都是一个时代主张变革的思想家。

第二，面向社会实际，"喜谈经世之务"。一方面，这体现出实学的特点。顾炎武重实地的考察，他在《与潘次耕》书中说他"频年足迹所至，无三

---

① 陈亮著、邓广铭点校：《陈亮集》，北京：中华书局，1987年版，第9页。
② 《宋元学案》卷五十二《艮斋学案》。
③ 《左氏传说》卷五《令尹艻艾猎城沂使封人虑事》。

月之淹。友人赠以二马二骡，装驮书卷，……遨游四方"①。"事关民生、国命者，必穷源溯本，讨论其所以然。足迹半天下，所至交其贤豪长者，考其山川、风俗、疾苦、利病，如指诸掌"②。把文献记载与实地考察结合起来，这是顾氏治学的学风特点，也是具有经世思想学者的共同特点。一般说来，具有经世思想的学者，他们的眼界开阔，知识渊博，经、史、天文、地理、历法、算数以及民生日用，都在他们的研究的范围之中。经世史学的一个十分重要的特点，是在"经世"二字上，它取鉴于史，但又十分重视对现实的研究。从现实出发，研究历史，取鉴于史，结合现实找出解决现实社会问题的办法。

第三，重典制、融经史，探索"施政"之方。提倡经世致用之学的学者，把史学放在一个十分重要的地位。从吕祖谦"畜德致用"观点的实际内容，到顾炎武"经学即理学"的观点，而章学诚"六经皆史"的命题，再到龚自珍"尊史"的口号，都是把史学地位放在十分重要的位置上。中国经世史学从完整意义上说，是始于唐朝的杜佑，《通典》是一部经世史著。他在《食货典·序》中说："所纂《通典》，实采群言，征诸人事，将施有政。"在唐德宗贞元十七年(801 年)《献通典表》中直陈自己作史的旨趣，说经书"如日月之下临，天地之大德，百王是式，终古攸遵"。他说自己的治学：

> 臣既庸浅，宁详损益，未原其始，莫畅其终。尚赖周氏典礼，秦皇荡灭不尽，纵有繁杂，且有准绳。至于往昔是非，可为来今龟镜，布在方策，亦粗研寻。自顷缵修，年逾三纪，……但竭愚尽虑而已。③

清人王鸣盛在《十七史商榷》中对这段话，做了解释，说：

> 佑意以经学但可明道，非法制所垂。惟典礼为关法制，欲撇去经学以伸己之《通典》，且深讥世之说经者多疵病也。然此书中偶涉经处，每驳去古义，别创新说。……盖唐中叶经学已乱，故佑多徇俗。④

---

① 《顾亭林诗文集》卷六。
② 《日知录·潘耒原序》。
③ 《旧唐书》卷一百四十七《杜佑传》。
④ 《十七史商榷》卷九十《杜佑作通典》。

王鸣盛以尊经的汉学家的眼光来评杜佑，不能理解杜佑治史的用心，但他说出了杜佑治学上的特点，杜佑重典制，重实用，偶有涉及经的地方，杜佑不遵古义，而别创新说。应该说，这是优点，杜氏治学重在求致用。

杜佑是一位博学之士，《旧唐书》说他，"虽位极将相，手不释卷。质明视事，接对宾客，夜则灯下读书，孜孜不怠。与宾佐谈论，人惮其辩而伏其博，设有疑误，亦能质正"。

《四库全书总目提要》说，《通典》"详而不烦，简而有要，元元本本，皆为有用之实学，非徒资记问者可比"①。乾隆的《御制重刻通典序》对杜佑学术特点，做了更详细的说明：

> 唐宰相杜佑于为淮南节度书记时，始出己意，搜讨类次，勒成一书，名曰《通典》，为类八，为书二百卷。自唐肃、代间，上溯唐虞，虽亦稍据刘秩《政典》及《开元新礼》诸书。要其网罗百代，兼总而条贯之，斯已勤矣。……此书则佑自言征于人事，将施有政。故简而有要，核而不文。观其分门起例，由食货以讫边防，先养而后教，先礼而后刑，设官以治民，安内以驭外，本末次第，具有条理，亦恢恢乎经国之良模矣。

《序》将《通典》与《通志》《文献通考》三书做了一个比较，指出这部书的价值在于它体现"经国之良模"。所以，《通典》一书，从史学思想上说，它标志着经世史学思想形成了体系。

两宋时期，经世史学思想有了进一步的发展，宋代学术中的经制之学，以及陈龙川的永康之学，集中反映了经世学者的观点。吕祖谦开启浙东学术，中国的经世史学思想进一步发展，他把民生日用问题的考察与历史研究结合起来，主张"学者须当为有用之学"。到了明清两代，经世史学思想演变为实学思潮的内容。章学诚则从理论上对经世史学做了说明。

第四，近代的经世史学思想，适应时代的需求，融入救亡图存的爱国主义史学思潮。近代的两次边疆史地学研究高潮，是近代经世史学的直接体现。20世纪30年代，《禹贡》半月刊称他们的研究，继鸦片战争后第一次边疆史地学研究高潮之后，是"我国研究边疆学之第二回发动"②。他们说：

---

① 《四库全书总目》卷八十一。
② 《禹贡学会研究边疆计划书》，《史学史研究》，1981年第1期。

"士居今日，欲求经世致用，救亡图存之学，其道固有多端，而于吾国地理之研究居重要地位之一。"①

由借鉴思想衍生出的经世史学思想，突出对历史前途的关怀，对民生日用的关注，这个优良传统，一直为中国史学家所继承。

第二节　历史编纂学的二重性

前面对这个问题已有初步说明，史学的二重性反映了古代统治者的二重性需求。一个时代史学的特征只能从这个时代的政治经济中得到根本的说明。古代统治者要维持自己的统治，重视吸收前朝的兴亡教训，只能从历史的真实中寻找经验教训。王夫之曾经说过："直道之行于斯民者，五帝三王之法也，圣人之教也，礼乐刑政之兴废，荒隅盗贼之缘起，皆于史乎征之。"②因此，历代君王提倡"实录"与"直笔"的写史要求。有的君王，特别是盛世之君，为打消史臣的顾虑，还提出人君不可看当朝史臣的记录。"实录"精神并不是一种抽象的道德观念，而是封建地主阶级巩固统治需求的表现。开国的封建君王特别重视吸收前朝覆亡的教训，特别强调史家写史应有"实录"的精神。唐太宗时，一些史官写实录有"微文"，唐太宗对此不太愉快，太宗要借鉴历史，就一定要求如实地记载历史，所以他说："史官执笔，何烦有隐。宜即改削浮词，直书其事。"③为了用历史的成败来教育诸王，命魏徵"录古来帝王子弟成败事，名为《自古诸侯王善恶录》，以赐诸王"④。就是衰世之君中有些帝王也看到借鉴历史的意义，明朝的崇祯皇帝在讲官李明睿的奏疏上加批语，说："纂修实录之法，惟在据事直书，则是非互见。"⑤

另一方面，封建时代的君主，要为自己朝代的兴起寻找根据，在中世纪的认识水平上，只能乞助于天命的理论。所谓"天之所大奉使之王者，必有非人力所能致而自至者，此受命之符也"，"治乱废兴在于己，非天降命，

---

① 《本会此后三年中工作计划》，《禹贡》，1937 年七卷一、二、三合期。
② 《读通鉴论》卷十五《文帝》。
③ 《贞观政要》卷七《论文史》。
④ 《贞观政要》卷四《教戒太子诸王》。
⑤ 《日知录》卷十八《三朝典要》。

不可得反"①。天人感应论是天命论的具体化,这种天命感应说,既可以解释一代帝王的兴起是天意,又可以作为警戒封建帝王的一种手段,阻止封建帝王无限的放纵,延缓统治的衰变过程。"凡灾异之本,尽生于国家之失。国家之失乃始萌芽,而天出灾害以谴告之,谴告之而不知变,乃见怪异以惊骇之,惊骇之尚不知畏恐,其殃咎乃至"②。进而由天命论演绎出三统历史循环论,名分论等一整套的理论。

一方面要从历史中吸取真实的经验教训,要求历史的真实,追求实录直书的精神;另一方面,要求历史著作证明自己的政权是合乎天意的,因此,通过历史的作品宣传皇权神授,这又是在主观上要求曲解历史。真实的和虚幻的历史结合在一起,就构成封建史学的二重性。

从上面所说,我们得出一个认识,即史学的二重性适应封建统治者的需要,封建时代的统治者力图使史学带有这种二重性。历史著作把天人感应说和史实结合起来,比起"空言著书"的说教更能有效地维护封建的统治。二重性不是两个方面简单地组合,如实地记录史事和按统治者的口味解说历史,以至歪解、虚构历史,两者统一在史学中。这两个方面又相互影响,统治者要维护统治,吸取历史教训,制约着他们不能完全置历史事实于不顾;同时也由于此,封建时代史家的实录又总是有限度的,实录精神不能贯彻到底。

史学二重性不是凝固不变的,在史学史的发展过程中,二重性也在变化。

朝廷控制修史大权是稳固统治的手段。私人修史在大多数的时期里不是合法的,特别是修国史,一般人很难进行这项工作。有的人在一定的条件下也写国史,但这是一件不合法的事。班固的经历很是一个明证,"非法"著史差一点送掉他的性命。隋文帝开皇十三年(593年)五月癸亥的诏文说:"人间有撰集国史,臧否人物者,皆令禁绝。"宋人郑樵怕别人说他在私修国史,因此要受到国家的处罚,说:"呜呼,术业难成,风波易起,窃恐传者之误,谓擅修国史,将无容焉。"③历史上的"文字狱""私史案""实录案"等,都是统治者控制修史大权的证据。刘知幾反对众手修史,实际是对封建国家控制修史权的一种反抗。

---

① 《汉书》卷五十六《董仲舒传》。
② 《春秋繁露》卷八《必仁且智》。
③ 吴怀祺校补:《郑樵文集》,北京:书目文献出版社,1992年版,第39页。

　　这只是事件的一个方面，另一方面，一些史学家并没有屈服在高压统治之下。相对地说，封建王朝控制修史的大权，却无法禁绝所有的私人修史活动。这中间有一些史书，直面现实，也能直抒胸臆，说出一些实情，表达出一般百姓的观点；另外，史馆中也有秉笔实录之士。直笔与曲笔的斗争成为史学发展的一个推动力。朝廷也要求通过历史事实的总结，寻求治国平天下，维系统治的良方。随着社会的进步、文化的发展，印刷术的改进，民间的修史活动越来越多，在文网严密的统治下，野史、杂史不断地出现。各种因素成为一种制衡的力量，制约着史学在曲折的道路上向前发展。

　　古代传统史学二重性的变化，从史学内部的矛盾运动中，说明了史学发展的依据，反映了史学思想发展的途径。在思想史上，从最初的人神混一观念、天人相合思想，到人神相分，以及历史思想的世俗化，是人类认识的进步。中国中世纪的"天人相关"思想，可以说是中国思想史从天人相合到天人相分的中间环节。而中世纪的天人相关的思想也不是凝固不变的。回溯中世纪史学发展的历程，可以看出一种趋向，随着社会的发展，在直笔和曲笔的斗争中，在重天命和重人事的斗争中，天人相关的天命史观趋向淡化。二重性的理论，能够较好地说明古代社会史学思想发展的根据。

　　史学二重性说，能较好地说明史学遗产中精华和糟粕并存，说明史学遗产是丰富的，也是复杂的。如天命史观以及正统论、名分论、历史循环论往往是连在一起的。有的讲天命，在天命论的外衣下，却又有着重论述人事作用对历史兴亡变动的意义。有的解释历史，以天命论扭曲了历史的真实面目，但又提倡写史要如实记载历史，提倡写信史。同样讲历史是循环运动的，但对某一段的历史解释又有进化的思想，按照历史的实际描绘历史的进程。有的史书毫不逊色的可以称为"实录"，而解释历史时，却露出一副神巫的面孔，把历史曲解成是天意安排的行程。史学的研究是一件十分复杂的工作，简单化地给古代史学家划分成唯物、唯心两大派，不符合史学发展的事实。

　　依据史学二重性说，对历史典籍的价值，可以有较为客观的评估。二十四史的记载，诚然把历史的重心放在帝王将相的一边，但把它说成是"帝王的家谱"也不恰当。从史料学的角度看，二重性的认识表明包括正史在内的各种历史典籍的史料价值所在，也包括史臣从史实出发解读历史盛衰与社会治理的观念。那个时代的史书记载的事实基本是可信的，基本上可以作为历史研究的依据，具有重要的史料价值和思想价值。

史学二重性往往又被作为史家评论前代史书的原则。如班固评《史记》是两条标准，从"实录"的原则来看，有疏略处，但总的来看，班固很佩服司马迁。但司马迁对历史的理解，对历史的看法，班固是不同意的。班氏说："又其是非颇缪于圣人，论大道则先黄老而后六经，序游侠则退处士而进奸雄，述货殖则崇势利而羞贱贫，此其所蔽也。然自刘向、扬雄博极群书，皆称迁有良史之才，服其善序事理，辨而不华，质而不俚，其文直，其事核，不虚美，不隐恶，故谓之实录。"①史学批评有许多标准，但是史学二重性的原则是史学批评的重要标准。

史学二重性是史学二重价值在特定历史时期的反映。

历史学总是有两个方面：一是历史事实的记录和反映，也就是通常所说的史料学，这里主要是文献的材料。二是对历史事实的评价与解释，特别是对一个历史长过程的解释，说明它出现的原因与结果，并且对它做出评价。因而就有史学评论上的事实判断与价值判断。李大钊曾经把研究历史的任务归结为："一、整理事实，寻找它的真确的证据；二、理解事实，寻出它的进步的真理。"②但这两者又有联系，他在《史学要论》中说：

> 历史理论与记述历史，都是一样要紧。史学家固宜努力以求记述历史的整理，同时亦不可不努力于历史理论的研求。而今观于实际，则治史学者，类多致其全力于记述历史的整理，而于一般史实理论的研究，似尚置之度外，即偶有致力于此者，其成功亦甚微小，以致历史科学尚未充分发展至于成形。固然，关于考证个个史实的研究，虽在今日，仍不可忽视，因为历史的事实，总是在发展中，进步中，没有一个历史是完成的。一个记录的本身，可以始终于一定的范围作一结束，而其所记录的史实，则常须随着人们的新智识，新发现，加以改正，所以记述历史，亦要不断的改作才是。

历史学的两个方面存在差异，在实际上是史学主体与客体的矛盾，是对历史的相对认识与对历史的绝对认识的矛盾。这种矛盾的变化与发展，导致史学的变化与发展。史学的两个方面，相互依存，相互制约，是对立的又是统一的。在世界上，有的史学家，以编年史作为事实的"忠实的叙述"，

---

① 《汉书》卷六十二《司马迁传》。
② 中国李大钊研究会编著：《李大钊文集》，（4），第342页。

而把历史著作看作是"艺术的创作"。也有的认为这二者不同,整理史实是一种科学的方法,而解释、评价历史,是艺术、文化范畴的问题;有的由此认为,可以依今人的需要去编写历史。说法有多种多样,但都是把这二者分成截然不相干的部分,在实际上这是取消了完整意义上的史学。

我国古代的史学家、思想家,提出的各种史学主张,反映了史学二重性的史学思想;所以说,他们是把史学的两个方面,作为一个整体来把握的。即使一些史家主张史学只是记载史实,不必进行褒贬、议论,如郑樵、王鸣盛等,但他们的史著还是在做历史的批评和史学的评论。

古代史学具有二重性,对待史学的两个方面,一方面是主张作史要有直笔、实录的精神,另一方面在解说历史、评论历史时,特别是在解释朝代的更替时,往往以神意的观点、天人感应的思想,对历史的变动做出说明。评价历史事件、历史人物,在重大问题上是固守等级纲常礼教的标准,做出是非与善恶的判断。如果不能做到这一点,就要受到非难,"是非颇谬于圣人"。但就总体方面来看,直笔、实录的主张与历史兴衰论中重人事的思想在多数史学家那里,是主要的。所谓史学思想中的"二重性",不是一半对一半的折中论。总的说来,中国古代史学思想中求实的一面,是主要的,这与欧洲中世纪的史学思想有很大的差别。

应该指出,史学史上的直笔、实录精神和如实反映历史真相,往往不是一个意思,这在前面已经有交代。如史学史上表彰的"南董"精神,主要是表彰史学家不畏权势记录史实,同时坚持按照"书法"的要求,评价历史。《左传》宣公二年载:

> 乙丑,赵穿攻灵公于桃园,宣子未出山而复。大史书曰:"赵盾弑其君。"以示于朝,宣子曰:"不然。"对曰:"子为正卿,亡不越竟,反不讨贼,非子而谁?"宣子曰:"呜呼!诗曰'我之怀矣,自诒伊慼',其我之谓矣。"孔子曰:"董狐,古之良史也,书法不隐。赵宣子,古之良大夫也,为法受恶。惜也,越竟乃免。"

这里不是记录历史真相,而是如何看待赵盾的行为,评价赵盾没有及时讨伐赵穿弑君这件事。事实是,"弑君"的是赵穿,赵盾作为晋国的正卿,在内乱发生的时候,由于"亡不越竟,反不讨贼",在太史董狐的笔下,是真正的元凶,是"弑君"的人。《左传》在赵盾的话后面,接着记载:"宣子使赵穿逆公子黑臀于周而立之。壬申,朝于武宫。"这就是说,作为正卿的宣子非但没有讨伐"弑君"的赵穿，反而重用赵穿，派赵穿作为迎新君的使者。看来，宣子与这次政变脱不了干系。（这里也许有错简，太史记载也许在迎立新君之际。）孔子表扬董狐，一是因为他记载了这件事，明确责任人，二是董狐的"书法"正确，书"弑"。仔细分析一下，这样的做法，意在要大臣积极行动，防止"礼崩乐坏"。《左传》襄公二十五年载：

> 大史书曰："崔杼弑其君"。崔子杀之，其弟嗣书，而死者二人。其弟又书，乃舍之。南史氏闻大史尽死，执简以往。闻既书矣，乃还。

这个事例，也是两层含义，一是史官不畏强暴，记录真相；二是书法不隐。所以，"直笔"精神，也是两个方面：一是要求如实地记录历史真相；二是评价历史要合"书法"。根据"书法"的精神，即重新界定历史的是非责任。可见，史学史上说的"实录""直笔"不只是说要如实地记载历史，同样反映出史学二重性的判断。

史学上的两个方面之间的联系有多种情形：

首先，历史事实的记录。包括时间、地点、人物、过程的记载。这里有一个选择，对史事的"书"与"不书"，也就是"笔则笔，削则削"，笔削之中往往包含一定的看法与观点。《史记·孔子世家》说："至于为《春秋》，笔则笔，削则削，子夏之徒不能赞一辞。"《史记·十二诸侯年表》说孔子"西观周室，论史记旧闻，兴于鲁而次《春秋》。上记隐，下至哀之获麟，约其辞文，去其烦重，以制义法，王道备，人事浃"。

即使是时间的确定，一方面是写史的需要，"记事者，以事系日，以日系月，以月系时，以时系年，所以纪远近，别同异也"①。另一方面也往往有深意，《春秋》开篇书"元年春王正月"，按过去的一些学者的看法，内中包含"大意"，有的说《春秋》自隐公而始者，天下无复有王也"②。顾炎武是另一种看法，他说："《春秋》王正月，必鲁史本文也。言王者，所以别于夏、殷，并无他义。""已为天子，则谓之'正'，而复加'王'，以别于夏、殷，《春秋》王正月是也"。③ 这些意见是不是合乎《春秋》原作的旨意，且不说，但至少是这些阐释者的看法。欧阳修反对有人在《春秋》记事时间的起

---

① 《十三经流疏·春秋左传正义·春秋序》。
② 《春秋尊王发微》卷一《元年春王正月》。
③ 《日知录》卷四《王正月》。

止上面做文章，说这样处理记事的时间上的起与止，没有什么特别的意思，"义在《春秋》，不在起止"①。但即使不求之过深，史家写史，确定上下限，总有一定的想法。

其次，历史记载的取舍，一般说来是求实的；但在有些情况下，它又包含某种思想、观点。在中国古代，以圣人之是非为是非，以六经的是非为是非，并不少见。司马迁在写史时，提出选择历史材料的标准，"总之，不离古文者近是"，"择其言尤雅者"②。宋代史学家往往在考史中，以史实是否合乎天理之正，作为史实是否可信的标准。这些都表明考史常常与对史家历史的认识联结在一起。

再次，史事与历史人物的评论。史学家评论历史事件与历史人物，总是从一定的观点出发。关于事件的得失、是非、经验教训及意义与影响，史家总是从一定的角度、观点出发，以一定的思想、认识做出判断。在古代社会，一定的阶级、集团受到他们自身利益的驱使，他们对历史的看法与真实历史会有偏离。此外，还有这样的一些原因，使得史学家在认识历史上与历史真实之间存在误差。其一，史料特别是文献史料，本来反映的历史的事实，就是有限的、不完全的，历史要记载下来，就要把活的历史凝固在有限的时空里。这样记载下来的事件和人物与生动活泼的真实的历史，就存在差异。其二，记载历史的人自身素质与其他一些条件，造成对历史反映的差别。评论历史的史学家，从文献中概括出自己的认识，这已经是二度认识历史了。在判断之前，他们要再现历史，这和原来的历史的真实，差别就更大。一方面，要求对历史认识与记录做到客观、真实；另一方面，在认识、评论历史时存在差别甚至扭曲历史的真相。由于新的历史史料的发现，和对史料认识手段的改进，以及人的认识的发展，历史科学的进步，又会修正、发展对历史的认识。

最后，历史过程、历史兴亡的解释。这和前面的认识相仿，但由于时间上跨度大，认识上的难度也更大。在古代，史学一方面要总结出真实的兴亡的原因；另一方面要说明社稷出现与存在，是合乎天意的，合乎天理的，他们往往又要曲解历史。这种曲解编造，不能完全随意，它受前者的制约；同样，随着时代的进步，对历史过程的认识也在深化。这一过程无限地逼近真实的历史，但是这样的认识又是不可穷尽的。李大钊说：

---

①　《居士集》卷十八《春秋或问》。
②　《史记》卷一《五帝本纪》。

这样讲来，我们所谓活的历史，不是些写的纪的东西，乃是些进展的行动的东西。写的纪的，可以任意始终于一定的范围内，而历史的事实的本身，则永远生动无已。不但这整个的历史是活的东西，就是这些写入纪录的历史的事实，亦是生动的，进步的，与时俱变的。……有实在的事实，有历史的事实，实在的事实，虽是一趟过去，不可复返的。但是吾人对于那个事实的解喻，是生动无已的，随时变迁的，这样子成了历史的事实。所谓历史的事实，便是解喻中的事实。解喻是活的，是含有进步性的，所以历史的事实，亦是活的，含有进步性的。只有充分的纪录，不算历史的真实，必有充分的解喻，才算历史的真实。历史的真实，亦只是暂时的，要时时定的，要时时变的，不是一成不变的。……一切的历史，不但不怕随时改作，并且都要随时改作。改作的历史，比以前的必较近真。Grote 作的《希腊史》，比 Herodotus 的《希腊史》真确的多，就是这个原故。这不是 Grote 的天才，比 Herodotus 的天才高，亦不是 Herodotus 比 Grote 爱说谎，时代所限，无可如何。①

史学的两个方面的矛盾与统一，以及随着社会的发展，史学两者的矛盾的运动，是史学思想发展的内在原因。中国古代的史学二重性是中国古代史学思想上的重要特点。

第三节　治学论与方法论

治学论与方法论，是在中国学术史发展过程中形成的，是中国史学思想史的重要组成部分，也是不可或缺的部分。在本书相关章节中，已涉及这个问题。中国近代的历史研究方法的著作，是中国史学的一大宗，但主要是介绍西方的近代历史研究法。客观地说，这些著作对于学习研究是有价值的，今后仍然要做好这方面研究与介绍的工作，但在同时，我们还要重视我们民族在这方面的成就。近代学人在研究中国传统学术时，对于古代的治学上的优良传统，对于历史编纂法，对于疑经疑史及辨伪求信，对于乾嘉学术的方法论的意义等，有了一定的论述。下面提出几个方面的史

---

① 中国李大钊研究会编著：《李大钊文集》，（4），第 381～384 页。

学思想，可以作为治史者之借鉴：

　　第一，治史境界的追求。中国史学家治史，十分重要的方面是把治史作为民族兴衰的大业，作为关注民生的大事来看待。孔子修《春秋》体现他对一代时势的认识，《史记》的编撰，司马迁视之为"继《春秋》，绍明世"的大事。宋人张载说："为天地立志，为生民立道，为去圣继绝学，为万世开太平。"①这是他治学的信念与追求。顾炎武提出"文须有益于天下"，他说：

> 　　文之不可绝于天地间者，曰明道也，纪政事也，察民隐也，乐道人之善也。若此者有益于天下，有益于将来，多一篇，多一篇之益矣。若夫怪力乱神之事，无稽之言，剿袭之说，谀佞之文，若此者，有损于己，无益于人，多一篇，多一篇之损矣。②

可以说，在中国史学史上，大凡有成就的史学家，都不是把治史作为个人的一己私事，总是体现出对民族大业的关心。近代的史家是把治史作为爱国的大事，作为关注人类前途的大事提出来的。

　　我们今天治史，应当继承这样的传统，也只有秉持这样的理念，治史才会有动力。

　　第二，自觉创新的意识。司马迁提出的"成一家之言"，白寿彝先生指出：

> 　　在史学领域进而提出'家'的概念，并在实践上实现了'成一家之言'，这在司马迁个人，是超越前人的成就，在史学的发展上，标志着我国史学已经规模具备地成长起来了。

他还说：

> 　　在今天，我们是社会主义的时代，我们的要求应该跟司马迁有本质上的不同。但在马克思主义理论的指导下，为了建设社会主义精神

---

　　①　张载：《张载集》，北京：中华书局，1978年版，第320页；又见第376页，文作"为天地立心，为生民立道，为去圣继绝学，为万世开太平"。

　　②　《日知录》卷十九《文须有益于天下》。

文明，我们，特别是中青年同志，也要有敢于"成一家之言"的勇气。①

郑樵以为，"凡著书者，虽采前人之书，必自成一家言"②。

钱大昕在《十驾斋养新录·自序》中特别引张载的诗，以阐明自己一生在学问创新上的追求：

> "芭蕉心尽展新枝，新卷新心暗已随；愿学新心养新德，长随新叶起新知。"③张子厚《咏芭蕉》句也。先大父尝取"养新"二字，榜于读书之堂。大昕儿时侍左右，尝为诵之，且示以"温故知新"之旨。今年逾七十，学不加进，追惟燕翼之言，泚然汗下。

章学诚强调，治史应当继承"通史家风"与"独断之学"的精神，史学衰微，是无创新的结果，"史学绝，而著作无专家"。而有没有创新特点，成为评判史著的标准，他说学问有两类：一为独断之学，二为考索之功。著作有撰述，有比次之书。在史部书中，他有更为详尽的说明：

> 世士以博稽言史，则史考也；以文笔言史，则史选也；以故实言史，则史纂也；以议论言史，则史评也；以体裁言史，则史例也。唐宋至今，积学之士，不过史纂、史考、史例；能文之史，不过史选、史评。古人所为史学，则未之闻矣。④

在创新过程中，史家是不断推进自己的研究，人们经常谈论的王国维关于做学问的"三种境界"说，可以解读为坚持创新历程的三个阶段。细评王国维氏的《人间词话》，"昨夜西风凋碧树，独上高楼，望尽天涯路；衣带渐宽终不悔，为伊消得人憔悴；众里寻他千百度，蓦然回首，那人却在灯火阑珊处"。可以体会，如果没有创新的欲望，不可能攀上高楼，没有创新欲

---

① 白寿彝：《中国史学史论集》，北京：中华书局，1999 年版，第 107 页。
② 《通志·总序》。
③ 诗见张载：《张载集》，第 369 页，诗的最后一句"长随新叶起新知"，原为"旋随新叶起新知"。
④ 《上朱大司马论文》，《章学诚遗书·章氏遗书补遗》，文物出版社 1985 年版，第 612 页。

望，更不可能忍耐坚持，并且得到那"蓦然回首，那人却在灯火阑珊处"的发现和快乐。中国历代史家创造出的光辉史学与这种自觉创新意识有着紧密的关系。

第三，融汇众家以成一家的思路。这是和史学创新相关的另一个话题。中国史学思想史显示出，融汇众家之长才能成为新一家，墨守一家则难有创新可言。司马迁形成史学一家，史之成"家"是始于史迁，在于他学术上包纳融汇的胸怀。他的家学是："学天官于唐都，受《易》于杨何，习道论于黄子。"人文与自然的认识的融会。而《易传》的"天下一致而百虑，同归而殊途"的观念，是总结"六家"的基本思路，《论六家之要指》说："夫阴阳、儒、墨、名、法、道德，此务为治者也，直所从言之异路，有省不省耳。"

郑樵的史学思想受到肯定的多在史学议论与批评上，而他重视文字音韵的实学，却是没有被人们重视。他批评空疏的义理之学，在文字学上作的《尔雅注》，在音韵学上写的《七音略》，其成就是相当高的，近人周祖谟说："案樵博涉群书，淹贯古今，虽生于南宋理学方盛之际，而不操穷理尽性之说，而独以考证实学为务，故著述甚富，自成一家。其注《尔雅》，不以孙炎郭璞之旧说为然，而直以六艺经文为证，即汉唐诸经之笺疏亦在所不取，故能推陈出新，卓然有以自立。"①师法天地人文，不以一隅之偏以自大，方可成为大家。

又如戴震，他作为清代汉学皖派之首领。戴震治学是"由声音、文字以求训诂，由训诂以寻义理，实事求是，不偏主一家，亦不过骋其辩以排击前贤"②。戴震推崇这样的读书法："学者莫病于株守旧闻，而不复能造新意；莫病深好立异说，不于求之语言之间以至其精微之所存。夫精微之所存，非强著书邀名者所能至也。"③所以在论戴氏之学，应该看到其特点："东原之学，苞罗旁蒐于汉、魏、唐、宋诸家，靡不统宗会元，而归于自得；名物象数，靡不穷源知变，而归于理道。本朝之治经者众矣，要其先之以古训，析之以群言，究极乎天地人之故，端以东原为首。"④

黄宗羲在编撰《明儒学案》时，特别提出"学要有宗旨，但不可有门户"。

---

① 周祖谟：《问学集》，(下册)，北京：中华书局，1966 年版，第 687 页。
② 钱大昕：《戴先生震传》，戴震：《戴震全书》，(七)，合肥：黄山书社 1997 年版，第 12～13 页。
③ 戴震：《戴震文集》，北京：中华书局，1980 年版，第 150 页。
④ 王昶：《戴东原先生墓志铭》，戴震：《戴震文集》，第 263～364 页。

所以当今史学不能只局限在中学上，或在中西上，而是要以开阔眼光认识中外学术的交流与吸收，以推进民族史学的发展。

第四，"采铜于山"的治学途径。这是治学论，又是方法论，顾炎武说：

> 尝谓今人纂辑之书，正如今人之铸钱。古人采铜于山，今人则买旧钱，名之曰废铜，以充铸而已。所铸之钱既已粗恶，而又将古人传世之宝，舂锉碎散不存于后，岂不两失之乎？承问《日知录》又成几卷，盖期之以废铜，而某自别来一载，早夜诵读，反复寻究，仅得十余条，然庶几采山之铜也。①

科学研究重在新的开拓，这就要从源头上进行探索，不能以作二传手为满足，也就是不能从表面上"强以立新"，应当是"采铜于山"的艰深探索的过程。王鸣盛从另一角度说：

> 尝谓好著书不如多读书，欲读书必先精校书。校之未精而遽读，恐读亦多妄矣；读之不勤而轻著，恐著且多妄矣。二纪以来，恒独处一室，覃思史事，既校始读，亦随读随校，购借善本，再三雠勘，又搜罗偏霸杂史、稗官野乘、山经地志、谱牒簿录，以暨诸子百家、小说笔记、诗文别集、释老异教，旁及于钟鼎尊彝之款识、山林冢墓、祠庙伽蓝碑碣断阙之文，尽取以供佐证，参伍错综，比物连类，以互相检照，所谓考其典制事迹之实也……
>
> 噫嘻，予岂有意于著书者哉，不过出其读书、校书之所得，标举之以诒后人，初未尝别出新意，卓然自著为一书也。如所谓横生意见，驰骋议论以明法戒，与夫强立文法，擅加与夺褒贬，以笔削之权自命者，皆予之所不欲效尤者也。然则予盖以不著为著，且虽著而仍归于不著者也。②

我们注意到，王鸣盛的治史路径值得思考，他求新，反对那种横生意见的"好著书"者，他说"以不著为著，且虽著而仍归于不著"，从源头上说，这才是"著"。

---

① 《日知录·又与人书十》。
② 《十七史商榷·序》。

在这个问题上，人们常引朱熹《观书有感》诗，以明治史当从源头上着手，朱熹诗云："半亩方塘一鉴开，天光云影共徘徊。问渠那得清如许？为有源头活水来。"应该说只是从材料上理解朱熹的话，并不准确，这首诗可以引朱熹自己的话作注，朱熹《读书法》有说明："今人读书未多，义理未至融会处，若便去看史书，考古今治乱，理会制度典章，譬如作陂塘以溉田，须是陂塘中水已满，然后决之，则可以流注滋殖田中禾稼。若是陂塘中水方有一勺之多，遽决之以溉田，则非徒无益于田，而一勺之水亦复无有矣。"①所以说，他说的源头首先是"读书多"，再就是"义理融会"。所谓学术的源头，一是从材料上找到原始的，二是以当时的时代高度上的理论，去融会理解材料。因此，"采铜于山"说，应该有新解。

第五，方法的重视。中国史学家在治史上有一套完整的方法论，有待我们做进一步总结。

其一，治史在史料上要博采。上面所引很可以说明问题。

其二，读书要有疑。朱熹说："读书无疑者，须教有疑；有疑者，却要无疑，到这里方是长进。"②

其三，如实直书与辨伪考订之法。南宋的郑樵有一系列论，他反对任意褒贬，反对以神意说解说历史，以为"纪传者，编年纪事之实迹，自有成规，不为智而增，不为愚而减"③，又说："使樵直史苑，则地下无冤人。"④在推崇西方的实证方法的同时，是否也要注意我们民族史学在这方面的论述？

中国史学家在治史中对文献有疑古辨伪，也有求信考辨，形成了完整的方法，胡应麟等人即是。梁启超在《中国历史研究法》中说过，乾嘉诸老的考订之法，实是归纳之法。

其四，"类例的方法"。对收集的文献，要有类例以统驭。郑樵说："类书，犹持军也。若有条理，虽多而治；若无条理，虽寡而纷。类例不患其多也，患处多之无术耳。"又说："类例既分，学术自明，以其先后本末具在。"⑤

---

① 《朱子语录》卷十一《读书法下》。

② 同上。

③ 《通志·总序》。

④ 吴怀棋校补：《郑樵文集》，第49页。

⑤ 《通志》卷七十一《编次必谨类例论六篇》。

其五，史书编纂法。如长编法其中包括主编法。李焘说："臣窃闻司马光之作《资治通鉴》也，先使僚属采撷异闻，以年月日为'丛目'，'丛目'既成，乃修长编。唐三百年，范祖禹实掌之。光谓祖禹：'长编宁失于繁，无失于略。'当时祖禹所修长编，盖六百余卷，光细删之，止八十卷。"①而主编法，在司马光是相当明确的。刘羲仲在《通鉴问疑》中说："君实访问道原疑事，每卷不下数条。论议甚多，不能尽载，载其质正旧史差谬者。然道原在书局，止类事迹，勒成长编，其是非予夺之际，一出君实笔削，而羲仲不及见。"当然，这样的主编也有失误处，但相对于史馆中不负责的史臣造成的诸多弊端来说，司马光的主编法是成功的。

另外，还有史书编纂法，包括赵翼说的史书叙事法，本书前面有论说。

当然，重要的还有史学通识，在史书编修上体现的方法论的意义。这里可以引美国鲁滨孙的《新史学》所论，做一比较。《新史学》指出"历史观点""历史眼光"②的问题，在西方不是历史学家首先注意到的，而是首先被自然科学家所重视，史学家只是"偶然地加以利用"。他说："按理说，历史学家应该首先发现这种具有重大意义的发展的理论。但是奇怪的是，历史学家不但不是第一个理解到历史观点的重要性，反而让动物学家、生物学家和地质学家去发现。更糟的是，我们可以说：虽然自然科学家已经充分发展这个创见，但是历史学家却至今还是偶然地加以利用。"

如果说，西方近代的历史著作缺乏历史眼光，那么，古代中国史学却是另一番景观。史家十分重视讨论历史盛衰，在观察历史盛衰"通古今之变"中，寻求盛衰之"所以然"，寻求盛衰之故，这样的方法论更具有重要的价值。

总之，中国史学思想中的方法论，对于后世治史、编修史书，有重要参考价值。以为只有西方史学才有历史研究法，而忽视对民族史学方法论的总结，这种认识是不全面的。

---

① 《续资治通鉴长编·进续资治通鉴长编表》。

② 何炳松译为"史心"（见《何炳松文集》，第三卷，北京：商务印书馆，1996年版，第86页），齐思和译本于此节，译为"历史观点""历史眼光"（《新史学》，北京：商务印书馆1989年版，第55、57页）。在《新史学》的第八章是"用历史眼光来看保守精神"，英文原文是"The Conservative Spirit in the Light of History"。尽管文字不一，但可以体会到鲁氏强调历史眼光的重要。从全书分析，书中提到的"历史眼光""历史连续性"和"历史观"，和我们通常说的"历史意识""历史思维"意思相通。中外史学比较，不能纠缠词语表面意思，不可做简单的比附。

跋

　　和吴怀祺教授同在史学研究所共事已十余年，每当同时往所里去或同时从所里往宿舍区走，我们都会边走边谈，而所谈大抵皆为学术问题。他治中国史学史，我对于中国学术思想也颇有兴趣，因此所谈往往在这方面。积时既久，遂觉所见相通或相近之处不少，而谈兴亦益浓。

　　吴先生在撰写《中国史学思想史》的过程中，也曾和我谈到他写此书的旨趣，以及对于若干问题的学术见解。他的话常常启发出我的兴趣，我也会不时谈些个人看法。这样即兴式的学术交流使我对他的这本书有了一个大体上的了解。所以我也乐意在此写一些管窥所见，勉强算是平日交谈的继续；如果竟能对读此书者起到一些前驱导路的作用，那就更是始望所不敢及了。

　　或许有人会这样想，我们最需要了解的是现实，为了了解现实而知道一些历史，这也就够了。现在又由历史而史学史，再由史学史而史学思想史，岂非于我们远了一些？我说，这个问题要看你怎么样来说。如果只想求得一知半解，那么你是会觉得史学思想史是比较遥远的。如果你想对现实和历史有一种深入的认识，那么情况就完全是另一样了。因为，如果想深入了解现实，那就要深入了解历史；如果想深入了解历史，那就不能不了解史学；如果想深入了解史学，那就不能不了解史学史；如果你再想深入了解史学史，那就不能不了解史学思想的历史了。所以，只要变换一个视角，史学思想史对于我们就不是一个遥远的问题，而是一个深化认识所必经的途径了。所以，我以为，为了深入了解现实和历史，这一本《中国史学思想史》还是很值得一读的。

　　再就本书特点而论，著者很重视从分析史学思想的矛盾中来展现史学的发展过程。关于这一点，平时和他有过不少交流，因而也略有了解。我以为，他重视这一点是很有道理的。在此略谈一点个人的理解。众所周知，历史是在矛盾的过程中发展的。具体矛盾很多，可以用各种形式表现于各个方面、各个层次。如果总起来说，历史的矛盾则不外沿（旧）与革（新）两个方面。这种矛盾不是任何外在力量可以强加给历史的，而是历史本身所固有的不可或缺的基本属性。因为，历史从总体来说就是包含了不变和变这样矛盾着的两个方面的一条长河。如果没有不变或者"沿"，那么历史的长河就断裂了，就不再成其为历史；如果没有变或者"革"，那么历史的长河就应该是静止不动的，这样也就不复有历史的存在了。甚至于即使我们从历史的长流中截取任何一点（并令这一点的时间接近于零），那么这一点本身也必然具有沿和革的两个方面。因为，非如此，它就不能成为历史长流中的一个起作用的因子，也就不配入历史之流。因此，沿与革这一对矛盾着的方面，同样都是历史能得以存在的必要条件。如果以上所说有欠具体，那么，也可以这样说，即历史中的矛盾不仅存在于全过程中，而且存在于随时随地的一切人物与事件中。

历史既然如此充满矛盾，那么由对于历史的反省而产生的史学自然也会充满矛盾。既然史学充满矛盾，那么由对于史学的反省而产生的史学思想又焉能不充满矛盾？

当然，如果只按我这里所说的来理解，那么事情就是干巴巴的，反而不能引起大家的兴趣。不过，我这里所提的问题也许是值得思考的。假如读者诸君对这样的问题有兴趣，那么吴先生的这一本书是把史学思想发展中的矛盾，按照历史时代的不同而展现了其各自的时代特点，并使之衍为一条史学思想的历史之流。我想，读这本书，一定会是既有趣味又有启发的事。至于具体的趣味与启发，这里难以备说，还是请读者诸君在阅读中来自己品味吧。

刘家和

1996 年 9 月于北京师范大学

第一版后记

今年 5 月就已经完成了《中国史学思想史》的三校，当时，我是这样写《后记》的：

> 《中国史学思想史》最后一次校对完成后，我不知道是否可以松一口气。窗外，云疏天淡，杏花如雪，春天，又是一个春天，接着的当是耕耘与收获的季节。究竟年成怎样还说不好，但到底有了一丝希望。离收获时节还有一段时日，得格外勤奋。

但到底还是没有能够松一口气，在出版社的支持下，又出了几次样稿，各方又把样稿校了多遍。认真地算了一下，方方面面共同校核书稿，加在一起有 10 遍之多。即使这样，自己还是不敢交出付印，而时间不允许没完没了地做下去，只能狠下一条心"杀青"，翻翻日历，已经是 12 月了。窗外，北国冰封，又在孕育着一个新的春天。

《中国史学思想史》勾勒了中国史学思想发展的过程，提出了一些问题和自己的想法。我一向认为，人们认识历史、社会，从事社会变革的活动，总是受一定的历史观点、史学思想的影响。从这个意义上说，关心史学思想的问题，不应当只是史学圈子内的人。我是史学工作者，有责任有义务研究这类问题，建设好史学思想史这门学科。我想，会有更多的人关心这类问题的讨论。促使我研究史学思想史和写这本书，还有别的缘由。我们国家历史典籍丰富，恐怕谁也无法否认。但是要说中国史学有丰富而深邃的思想，就不是所有的人都认同这一点。在有些西方学人看来，仿佛只有他们的脑袋绝顶聪颖，能对历史提出高明的见解，而中国的史学家像傻子一样，只知道编编抄抄，一代一代编那些无穷无尽的王朝史、帝王家谱。如果说由于语言障碍，读不懂中国文献，造成了误解，还可理解，但如果以一种偏见（包括我们族人中的偏见）来谈中国史学，我们是不会同意的。

我们要用自己的研究来抗争，展示中国史学思想宝库的珍宝，并说明今天批判地继承这份珍贵遗产的重要意义。

这些都表明了研究史学思想史的重要性、必要性，特别是在 20 世纪即将过去的时候，为了建设新世纪的史学，研究史学思想史，更是不可或缺的。

为了认识中国史学思想的精髓，要认真地读自家的史著，发掘自家的宝藏。仅此还不够，还有一个怎样比较的问题和扩大视野的问题。西方人都爱把他们的哲学家关于历史的理论和史学家的认识，放在一起，作为史学思想，这本不错；而我们还是按照传统目录学确定的天地，把历代思想家的作品，划到史学圈子外面去，只留下来史部中著作。要这样比，实在太不公平。即使是史部著作也是有先进的东西，和落后的渣子，不能笼统地说中国史学思想十分贫乏。20 世纪 80 年代后期，我曾写过一篇文章，谈自己的想法。近年史学史研究，注意到思想家的贡献，但要有系统地把史学家、思想家放在一起研究，还有许多工作要做。要把中国史学思想全面地展现出来，给世人看一看，现在只能说还是刚刚起步，恐怕一代人是做不完的。路虽然很长，但总要起步的。

20 世纪把史学思想史作为一门学科来进行研究，最早的是李大钊同志，是他给这门学科奠定了基础。其后，侯外庐先生、白寿彝先生以及其他老一辈学者，开启了门径，做出了示范。在他们的业绩与精神鼓舞下，我开始这一门学科的研究。当深入祖国丰富史学遗产宝库中探宝时，真是眼前美景道不尽，我越研究越有兴味；没有这些动力，是很难把研究坚持下去的。

历史是什么，这个问题困扰了多少中外史学家。英国史学家卡尔还就这个问题写了一本书，但直到现在也还没有一个一致的看法。在中国古代史领域中涉及这个问题，一般都上溯到甲骨文、《说文》。从语源上、字源上分析"史"的含义；从古代的大史、小史以及左史、右史称谓上、功能上，说明史官的职能。这不能说不对，但读了那些大致相同的旁征博引的解释，还是没有弄清什么是历史。李大钊同志指出，要区分客观的历史与人们书写的历史，在中国史学史上这是一个划时代的认识，为我们研究史学思想史奠定了理论基础。

历史是什么？在我看，历史是变化、是差异。没有变化，也就没有历史；没有差异，事物老是一个模样，这个事物也就不可能有自己的历史。可以说，自然事物是如此，社会事物也是这样，史学是反映客观事物变化的。从这个角度看，中国古代思想家，提出通变的史学思想，实在是太可贵了。通变思想是相互联系的两个方面：一是事物总是要变的；二是变中有不变，事物前后总是有联系的、贯通的。变化不是割断与过去事物的一切联系，不能一说变，似乎一下就彻底中断了与过去的联结；但事物也不会因为前后相通，就没变化。司马迁以"究天人之际，通古今之变"作为写史的指导思想，这是说要研究自然与社会人事之间的相通与不同，要研究古今的联系与变化；而且古今变化是盛衰之变，盛中有衰，衰可以复盛，历史变动中有量的变化又有质的变化。这在实际上回答了什么是历史。王夫之以通变思想审视古今的历史变动，辩证法的思想处处闪光。在中国史学思想史上，也有从另外的角度，论说历史通变，但这不是通变思想的精粹。

一本书不应当是几个章节的简单汇编，或者从表象上给史学分几个阶段，我想，其中应当有一个一以贯之的想法。这里涉及另一个问题，这就是我想说的史学的二重性问题。史学与文学不同，与哲学也不同，恐怕这个二重性，在原始历史意识中就可以看出其萌芽的形态；在封建社会里，还体现在历史编纂学的原则中。这些，本书在有关的章节中专门谈到了。一本书也如同一首交响曲，一开始展现主题，经过一个过程，而达到高潮，即使一首差的交响曲大概也是这样的。从原始的历史意识开始，就可以看出史学这样的一种特性。这以后逐步开展，《汉书》可以说是封建史学二重性的典型，到了封建社会后期，二重性内容发生了衍变。以这样一条线索，论说中国史学的特征与发展，避免"碎化"，给人一个较为完整的认识，而且它也符合中国史学的实际。

关于史学的社会意义，一个重要方面是历史借鉴，历史总能为人们提供智慧，有政治方面的，也有经济方面的、文化教育方面的，还有科技方面的。借鉴历史又不仅只是借鉴中国的历史，还有外国的；谈历史借鉴，又不限在古代史方面，在特定意义上说，近代史、当代史方面的经验，尤其具有重要的意义。只能从历史的一度性、常规性、重复性上出发，才能对这个问题有一个理论的说明。历史借鉴与通变思想相联系，充分认识"条件"在历史借鉴中的重要性。

史学的发展，总是和社会政治变化，和哲学的进展等内容联结在一起。所以毫不奇怪，这本书把史学与经学、玄学、理学等各种思潮联系起来，在各个章节中，我对中国史学思想有关问题提出一些想法，提出一些问题，不敢说都是成熟的，但却是自己的严肃思考。在各位师友的帮助下，我会进一步反思。

没有学过史学史的同志，读读这本书，对了解中国史学发展可能有一点帮助。学过史学史的同志，读这本书，也不算太多地浪费时间。因为这本书从另一个角度审视中国史学发展的历史，详人之所略，略人之所详，着重从思想、思潮方面展开探讨。读这本书，多少可以看到一些不同的思路。

如果我在学术上有一点进步，那是时代的玉成，也是各位师友帮助、激励的结果。我有幸在北京师范大学史学研究所工作，这有一个很好的学术群体，老所长白寿彝先生创建这个所，开启求实、创新的良好学风，龚书铎先生担任所长后，保持、发扬这个好传统。在这里工作我不敢有一点偷懒、懈怠。

这里特别要感谢我的导师白寿彝先生，是先生引我进入学术研究的园地。先生是当代著名的史家，也是一位哲人，每一位到先生那里去的人都有体会，先生每一次谈话都给人以启发。与先生谈话，如坐春风之中。我是在先生的指导下，在研究中慢慢地体悟到研究史学思想的重要性和研究的途径。先生鼓励我，为这本书写了序。先生八十七岁高龄，为了写序，在春节前后用了半个多月时间，要刘雪英同志为他读了三校样稿的不少章节，还订正了原稿中一些讹误，最后又要了全书的目录复印稿，这才落笔。先生治学上的谨严态度，在写这篇序上也充分地反映出来。先生在序中说，这本书对中国史学史学科建设有所推进。一本书对一门学科能有所推进，就十分难得了。先生的话是对这本书积极的肯定，又是给我今后的研究指出了方向。

刘家和先生为这本书写了跋，是对我的勉励和理解。在学术探求的过程中，他给了我很多教益与启发，在这里我要谢谢刘家和先生。

校外也有不少友人，如施丁、肖黎及曹月堂诸位先生，在本书付印之前曾经给了我支持和帮助。

安徽人民出版社曹文益先生对这部书的出版，非常关注，为了繁荣学术研究，为了开拓新的学术研究领域，曹兄不知受了多少累。举一个小例子，为了节省长途电话费，我在星期天打长途到他家里，询问书稿的事，接电话的是嫂夫人，她告诉我曹兄还在办公室里校对我的书稿，这让我大受感动。为了书稿早日面世，他究竟放弃多少休息时间，我是不知道的。这部书稿是在计算机上写成的，电脑写作是快，但一不小心，往往就会出现令人啼笑皆非的讹错，更何况这是我第一次用电脑写长篇学术作品，因此曹兄校这部书稿难免要受苦受累。但他从来没有向我说起这些，也没有任何抱怨的话语，反倒劝我要注意劳逸结合。在整个书稿的出版过程中，他十分尊重作者，同时提出很多好的意见。为了封面装帧得体，他先后寄来四种设计，要我选择。一部学术著做出版，能得到责编这样的厚爱、理解，恐怕是不多见的。所以这部学术作品，也是我们学术友谊的产品。我要感谢编者，不是没有内容的套话。

这本书的目录，我译成英文，并不是"趋时"，只是想使看到这本书的外国学人，对书中内容有一个大概的了解，因为有些问题的讨论，他们也许有兴趣。英文目录请北京师范大学外语系周流溪教授校订，校内外不少友人与同学，也曾经帮助我校对部分样稿。他们是人民出版社的吴海平先生、陈鹏鸣博士，我所的博士生周文玖、硕士生徐彬等同志。书中有的地方涉及训诂语源考订，没有出注文，如刘知幾的"幾"，在此处不能简化为"几"。责编曹文益先生提出这个问题，是对的。但当今几乎所有文章中，包括大标题，甚至书名都印成"几"。《现代汉语词典》也没有特别说明。我查段玉裁《说文解字注》，又查上海辞书出版社的《中国历史大辞典·史学史卷》及《辞海》等书，的确不能简化。我又请教几位先生，在长途电话上谈了几次，最后决定用"幾"。

原稿曾提到《东都事略》的作者王称，有写王偁。余嘉锡先生《四库提要辨证》从版本源流上考订出应为"称"。但据《说文解字注》《广雅疏证》《说文通训定声》等书看，写"偁"，并非讹误。《康熙字典》说"偁"是"称"本字，《四库提要辨证》作者有误，但写"偁"亦可。这些地方要出注文，直是一篇札记，本书很难收进去。

谢谢北京师范大学中文系教授郭预衡先生为本书题写书名。

为这部书设计封面的是贾愚兄，我对贾兄书画之精早有耳闻，而真正相识是在一个令人心碎的场合。先父吴孟复先生是去年春节辞世的，父亲一生辛劳，于文于史多有贡献，自己倾心迷恋学术事业，爱自己的学生，却不知道爱惜自己。晚年身患重病，在呼吸都十分困难的情况下，还在伏案工作。我在学术上有长进，也和父亲的熏陶、教诲分不开。学生十分尊敬、爱戴这位老师。父亲离开人世在大年初二，噩耗传出，学生前来悼念，"三千弟子哭先生"的场面震人心弦，贾愚兄泪如倾盆雨，哭倒在父亲的遗像前。后来得知我有一部书稿要出版，他一定要求为书稿设计封面，我知道他是以此来寄托自己对老师的怀念。

春天，校完三校样后，我的心里难以平静。父亲离开人世已经一年多了，此时我真不知怎样来表述自己的心情。野塘花落，匆匆又过了清明时节。我知道人去了，是不会知道什么的，但我仍然希望父亲知道这部书出版了。春意深深，思绪绵绵，泪眼问花花不语，只有把怀念深深埋在心底。我会知道今后该怎样走自己的路。

1996 年 5 月 4 日初稿

1996 年 12 月 12 日二稿

第二版后记

《中国史学思想史》作为"普通高等教育'十一五'国家级规划教材"由商务印书馆出版。关于本次增订有几点说明。

第一，《中国史学思想史》展示中国史学思想、史学思潮发展大势，论述了中国史学思想在各个时期的特点，从中国文化的大背景下，讨论史学和经学、玄学、理学、事功之学、经世之学、实学之间的关系，论述了近代史学思潮和马克思主义在中国的传播。

《中国史学思想史》对中国传统史学的治史优良传统和治学论、治史方法论做了必要的总结，因此，本书也是新型的史学史。特别是在掌握历史要籍或史部目录学的有关知识后，学习史学思想史，本书的特点就更可以体现出来。

十多年来，《中国史学思想史》作为历史系本科（我国台湾高校称为大学部）和硕、博士研究生等各个层次的教材，受到海内外学人的广泛欢迎。

《中国史学思想史》在1996年由安徽人民出版社出版；2005年，台北的文史哲出版社出版了繁体字版，内容没有大的变动。

这次修订做了比较大的修订与增补：

——增加了20世纪下半期中国史学思想发展大势的内容。

——增加了有关二十四史史学思想的论述。

——增加了一篇附录二，这样两篇附录合成一个整体，体现出传统的历史编纂学的概貌。

——增加了《治学论与方法论》一节。这对青年学者认识治学和从事史学工作，是有益的。

——调整、合并了原书的有关内容。

第二，《中国史学思想史》吸收了我近年来对20世纪史学研究的成果，论说了学科的特点、研究对象和研究方法。分析了20世纪一百年的史学近代化历程；讨论了近代史学话语权的变动以及全球化趋势下民族历史学的走向等问题。这些对于认识史学在振兴民族文化上的地位和价值，有重要的意义，对于提升历史系学生的素养，也是有意义的。

第三，为适应教学，对原书的章节做了一些变动。建议使用本书为教材，有的章节可以系统讲解，有的可以让学生在阅读本书后，进行讨论。总之，研究式的学习对于思想史的教学，尤为重要。

《中国史学思想史》是高等学校历史学系的史学理论及史学史的教材，亦可作为大学文科思想史、文化史等各个相关专业教学、研究的参考书。

十分感谢商务印书馆为出版这本书所付出的辛勤劳动。责任编辑丁波博士从策划到审校各环节上，付出了大量精力。著作室郑殿华编审对本书的出版给予大力支持。本书出版，还要感谢北京师范大学历史学院和社会科学处的同志。

最后，本书的修订再版也是我对先师白寿彝先生的怀念。1996 年，先生为这本书写了序，给我鼓励，但今天先生却不能看到本书修订版的样行，思之及此，涕泗涟涟。如果说，这些年来我能有一点进展，那是先生对我教育的结果。

吴怀棋
2007 年 8 月于北京师范大学

第三版后记

　　《中国史学思想史》是一本面向历史学本科高年级和研究生的专业课教材，1996年初版于安徽人民出版社。第一版在教学实践中，发现一些尚需改进之处，笔者在随后的十年中不断修订、增补、调整、合并原书的内容，使之更加适合教学，更有利于学生阅读和学习。2007年，增订版在商务印书馆出版发行，并列入"普通高等教育'十一五'国家级规划教材"。增订版出版至今又历十年，其间多次重印，受到很多教师和学生的好评。2005年，本书在我国台湾地区文史哲出版社出版，用于台湾高校本科教学，并得到两岸学界的一致肯定。

　　2015年北京师范大学历史学院与北京师范大学出版社合作，面向"十三五"期间本科教学需要，全面修订和完善历史学本科专业教材。本书作为其中之一，再次修订，并由北京师范大学出版社出版。

　　《中国史学思想史》（第3版）是在前两版基础上，修订增补而成，保持了旧版的结构框架，对相关知识进行补充和完善，增加了近十年来史学史研究的最新成果，将教学与科研相结合，更加贴合学界研究的新趋势，更加符合历史教学实践和人才培养的需要。

　　本书的修订得到了北京师范大学历史学院的大力支持，学院领导多次出面协调相关部门，为本书出版工作提供支持。感谢北京师范大学出版社的大力支持和辛勤劳动，历史学科刘松弢、焦鹏航两位编辑认真审校，付出了大量精力。

　　本书初版至今历时20年，经历了一个不断完善的过程，受时间所限，本次再版仍感有所不足，其中不完备之处，欢迎广大读者批评指正。最后，感谢学界同仁和同学的选用和支持。

吴怀棋

2016年6月于北京太月园